经典传家

经典回到生活　阅读从心开始

经典传家

『经典传家』丛书遴选了清代《四库全书》的精华，而且每一种书在注释、译文、解读等方面做了大量的、扎实的工作。

——傅璇琮

国学就是中国人的学问。『经典传家』是一套非常适合大众阅读的国学经典丛书。国学的传承和发展迫切需要好的大众读本。

——毛佩琦

《四库全书》浩如烟海，真正的必读经典就这百余部。

——任德山

国学是相互通融的，切忌断章或是割裂。今人只有从《周易》等原始经典入手，才能真正找到进入国学的门径。

——刘君祖

经典传家

经典传家系列丛书

图解庄子

庄子 著

崇贤书院 释译

黄山书社

《庄子》阅读指南

权威专家保证书稿质量

从题解、注释、译文等各个方面入手，以最精致的品质呈现给读者最权威的《庄子》全集。

图文配合让您轻松读懂庄子的智慧

百余幅优秀的古代版画对庄子思想进行深入而有趣的阐释，献给读者一种全新的阅读体验。

题解

- 庄子核心思想的总结和梳理。
- 使读者对庄子的思想有总体的把握。

选字注音

- 将生僻字单独标注音标。
- 将古今读音相异的字单独注出读音。

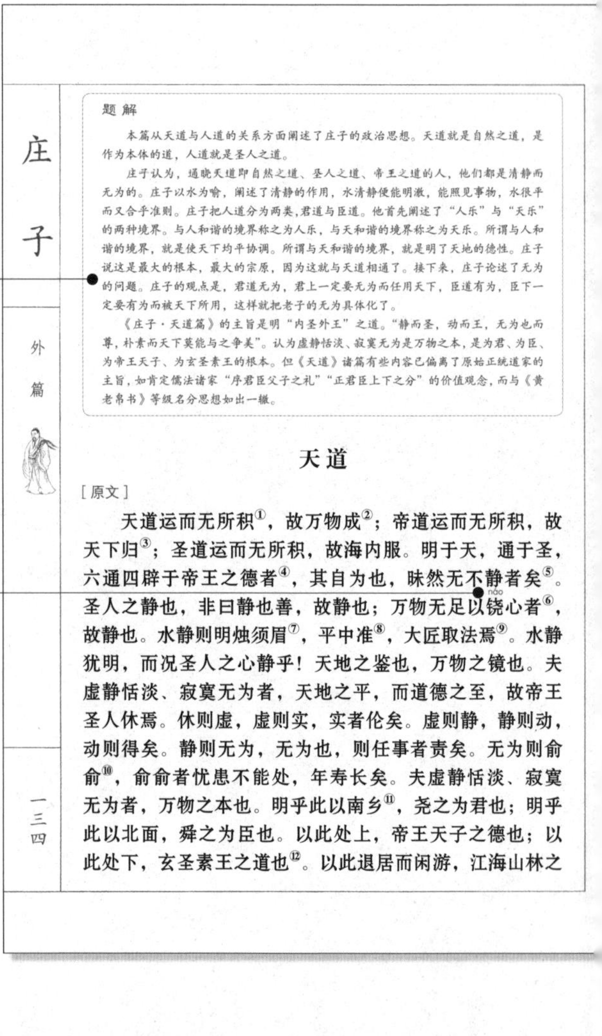

庄子

外篇

题解

本篇从天道与人道的关系方面阐述了庄子的政治思想。天道就是自然之道，是作为本体的道，人道就是圣人之道。

庄子认为，通晓天道即自然之道、圣人之道、帝王之道的人，他们都是清静而无为的。庄子以水为喻，阐述了清静的作用，水清静便能明澈，能照见事物，水很平而又合乎准则。庄子把人道分为两类,君道与臣道。他首先阐述了“人乐”与“天乐”的两种境界。与人和谐的境界称之为人乐，与天和谐的境界称之为天乐。所谓与人和谐的境界，就是使天下均平协调。所谓与天和谐的境界，就是明了天地的德性。庄子说这是最大的根本，最大的宗原，因为这就与天道相通了。接下来，庄子论述了无为的问题。庄子的观点是，君道无为，君上一定要无为而任用天下，臣道有为，臣下一定要有为而被天下所用，这样就把老子的无为具体化了。

《庄子·天道篇》的主旨是明“内圣外王”之道。“静而圣，动而王，无为也而尊，朴素而天下莫能与之争美”。认为虚静恬淡、寂寞无为是万物之本，是为君、为臣、为帝王天子、为玄圣素王的根本。但《天道》诸篇有些内容已偏离了原始正统道家的主旨，如肯定儒法诸家“序君臣父子之礼”“正君臣上下之分”的价值观念，而与《黄老帛书》等级名分思想如出一辙。

天道

[原文]

天道运而无所积[1]，故万物成[2]；帝道运而无所积，故天下归[3]；圣道运而无所积，故海内服。明于天，通于圣，六通四辟于帝王之德者[4]，其自为也，昧然无不静者矣[5]。圣人之静也，非曰静也善，故静也；万物无足以铙(náo)心者[6]，故静也。水静则明烛须眉[7]，平中准[8]，大匠取法焉[9]。水静犹明，而况圣人之心静乎！天地之鉴也，万物之镜也。夫虚静恬淡、寂寞无为者，天地之平，而道德之至，故帝王圣人休焉。休则虚，虚则实，实者伦矣。虚则静，静则动，动则得矣。静则无为，无为也，则任事者责矣。无为则俞俞[10]，俞俞者忧患不能处，年寿长矣。夫虚静恬淡、寂寞无为者，万物之本也。明乎此以南乡[11]，尧之为君也；明乎此以北面，舜之为臣也。以此处上，帝王天子之德也；以此处下，玄圣素王之道也[12]。以此退居而闲游，江海山林之

一三四

《庄子》阅读指南

挖掘《庄子》的当今价值

紧扣当今人们的现实困境，用独特的视角解读《庄子》，让您体悟人生，品味逍遥。

重现经典的魅力和权威

编者以拳拳弘扬中国传统经典之心，将此书献给所有爱读书、却还未读过传统经典的中国读书人。

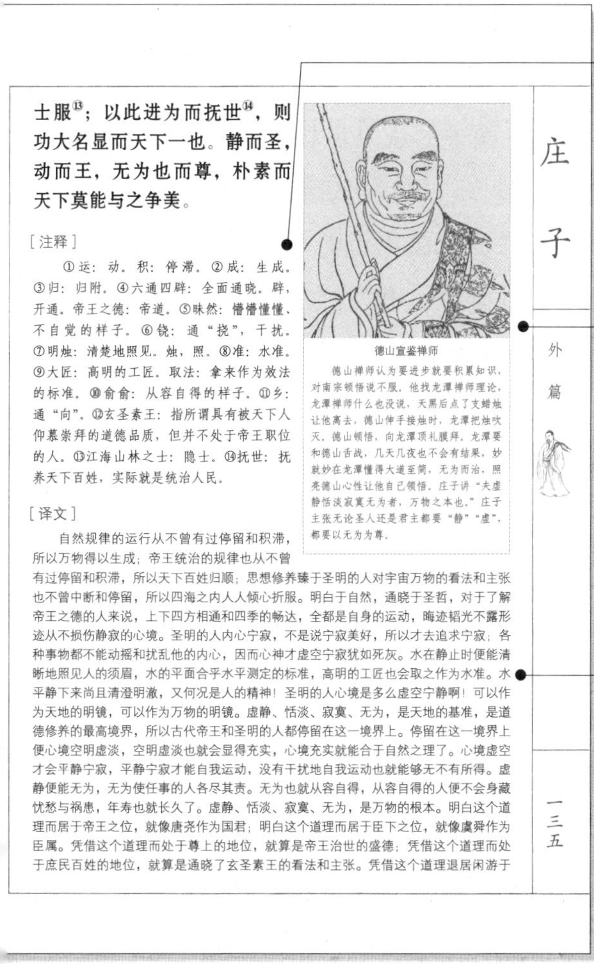

士服⑬；以此进为而抚世⑭，则功大名显而天下一也。静而圣，动而王，无为也而尊，朴素而天下莫能与之争美。

［注释］

①运：动。积：停滞。②成：生成。③归：归附。④六通四辟：全面通晓。辟，开通。帝王之德：帝道。⑤昧然：懵懵懂懂、不自觉的样子。⑥铙：通“挠”，干扰。⑦明烛：清楚地照见。烛，照。⑧准：水准。⑨大匠：高明的工匠。取法：拿来作为效法的标准。⑩俞俞：从容自得的样子。⑪乡：通“向”。⑫玄圣素王：指所谓具有被天下人仰慕崇拜的道德品质，但并不处于帝王职位的人。⑬江海山林之士：隐士。⑭抚世：抚养天下百姓，实际就是统治人民。

德山宣鉴禅师

德山禅师认为要进步就要积累知识，对南宗顿悟说不服。他找龙潭禅师理论，龙潭禅师什么也没说，天黑后点了支蜡烛让他离去，德山伸手接烛时，龙潭把烛吹灭。德山顿悟，向龙潭顶礼膜拜。龙潭要和德山舌战，几天几夜也不会有结果，妙就妙在龙潭懂得大道至简，无为而治，照亮德山心性让他自己领悟。庄子讲“夫虚静恬淡寂寞无为者，万物之本也。”庄子主张无论圣人还是君主都要“静”“虚”，都要以无为为尊。

［译文］

自然规律的运行从不曾有过停留和积滞，所以万物得以生成；帝王统治的规律也从不曾有过停留和积滞，所以天下百姓归顺；思想修养臻于圣明的人对宇宙万物的看法和主张也不曾中断和停留，所以四海之内人人倾心折服。明白于自然，通晓于圣哲，对于了解帝王之德的人来说，上下四方相通和四季的畅达，全都是自身的运动，晦迹韬光不露形迹从不损伤静寂的心境。圣明的人内心宁寂，不是说宁寂美好，所以才去追求宁寂；各种事物都不能动摇和扰乱他的内心，因而心神才虚空宁寂犹如死灰。水在静止时便能清晰地照见人的须眉，水的平面合乎水平测定的标准，高明的工匠也会取之作为水准。水平静下来尚且清澄明澈，又何况是人的精神！圣明的人心境是多么虚空宁静啊！可以作为天地的明镜，可以作为万物的明镜。虚静、恬淡、寂寞、无为，是天地的基准，是道德修养的最高境界，所以古代帝王和圣明的人都停留在这一境界上。停留在这一境界上便心境空明虚淡，空明虚淡也就会显得充实，心境充实就能合于自然之理了。心境虚空才会平静宁寂，平静宁寂才能自我运动，没有干扰地自我运动也就能够无不有所得。虚静便能无为，无为使任事的人各尽其责。无为也就从容自得，从容自得的人便不会身藏忧愁与祸患，年寿也就长久了。虚静、恬淡、寂寞、无为，是万物的根本。明白这个道理而居于帝王之位，就像唐尧作为国君；明白这个道理而居于臣下之位，就像虞舜作为臣属。凭借这个道理而处于尊上的地位，就算是帝王治世的盛德；凭借这个道理而处于庶民百姓的地位，就算是通晓了玄圣素王的看法和主张。凭借这个道理退居闲游于

庄子 外篇

一三五

注释

- 准确、权威、客观，极具启发性。
- 扩大读者的文学视野，提高读者的文学素养。

精美古版画

- 原汁原味的古代精美版画。
- 精挑细选，清晰优美。
- 营造阅读氛围，拓展想象空间。

译文

- 服从并忠实原文。
- 准确地表达文章的涵义。
- 帮助读者正确地理解经典。

总序

国学是什么？简单说，就是中国人之所以成为中国人的学问。因此，国学不仅包括数千年积累流传下来的经典，比如“四书五经”、《老子》《庄子》《孙子》《史记》《汉书》、唐诗、宋词，也包含研究中国人思维方式、生活方式、行为方式乃至娱乐方式的各种学问。广言之，国学研究的对象不仅包括文献，也包括实物；不仅包括物质文化遗产，也包括非物质文化遗产，如我国各民族的建筑、服饰、饮食、音乐、绘画、医药、戏曲等等。

国学是不断丰富、不断发展的学问。上面说的从“四书五经”到唐诗、宋词就是一个不断丰富发展的过程。近代以来，国学的研究范围还在不断地扩大，比如敦煌学、甲骨学，是随着有关文物的出土而兴起的；比如红学，是随着文学理论和学术风气的发展变化而兴起和发展的。随着时间的推移和学术的进步，必将有更多的学问被纳入国学研究的范围。

数千年来，中国人做学问形成了自己独特的理论和方法，比如思想理论、史学理论、文学理论，以及训诂学、考据学、音韵学等等。但这些理论和方法并不是一成不变的。比如，在史学研究领域，由于地下文物的出土，王国维等人提出了以地下文物与传世文献相补充互证的“二重证据法”。近代以来，西风劲吹。国人主动借鉴西方学术研究的理论和方法，研究中国学问。王国维借鉴尼采的哲学理论研究中国的文学戏剧，胡适以杜威的实验主义研究中国的“国故”。国学从来没有拒绝外国学问的融合，佛教传入中国后，经过改造，形成了中国独特的佛学、因明学；自明朝末年西学传入中国后，中国的天文学、数学等就已经融入了西学的因素。马克思主义传入中国后，不少人用马克思主义理论研究中国历史文化，它们自然也成为了国学的一部分。因此，国学又是开放的、随时代而进步的。那么，当今我们研究、振兴国学，不允许也不应该倒退，不允许也不应该僵化。

然而，国学又是与西学明显区分的。国学是西学的对应物，是与西学完全不同的学术体系。在近代，西学挟坚船利炮强势进入中国之后，中国人还视自我，对于中国固有之学问的称呼出现了中学、国故学、国粹、国学这样的名称。面对“帝国主义”的强大，中国人自愧不如，一方面拼命地学习、引进西学，另一方面拼命地贬低、抛弃国学。虽然也有一些人，如张之洞为保护中华文化之根本，提出“中学为体，西学为用”，如胡适，提出“整理国故”，以“再造文明”“建立民族自信心”，但其声音终被时代所淹没。国学一再被严重曲解和轻视，造成了中国历史文化的大断裂。也许，这一历史过程是必然的。但回顾过去，中国在走向独立富强的过程中，国学所付出的代价实在太大、太惨重了。

新中国成立后，饱受屈辱的中国人从此站立了起来，民族自信心大大加强，但没有能够及时认识到国学在新时代的重要性，甚至仅存的一点点国学遗产也进一步成为被抛弃的对象。改革开放三十年之后，走向富强的国人终于幡然醒悟，保护和振兴国学逐渐成为全民的共识。一个强大的自立于世界民族之林的国家，必然要有与之相匹配的伟大的民族文化。中国人，从领导者、学术界到普通百姓，都在重新发现国学的现代价值。同时，在走向全球化的进程中，东西方各国也把目光投向了中国。中国学问，中国的一切都在被重新评价。中国不仅为了自身的建设和发展需要从传统文化中汲取智慧，而且也面临着以优秀的中华文化向全人类贡献智慧的责任和挑战。

那么，这套经典传家丛书的编纂就是可喜的，编纂者的初衷和努力就是可敬的。希望这套丛书能发挥点滴作用，如同涓涓细水与千百万有志者的努力一道汇成大潮，去迎接中华民族的伟大复兴！

是为序。

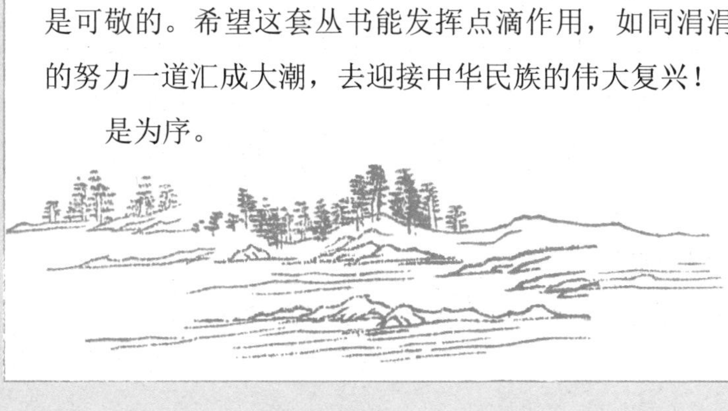

毛佩琦

二〇一五年五月

前言

物质世界的日益丰富丝毫不能改变人类精神世界的孱弱。西方医治人类精神的方案是用基督来拯救，而东方开据的医方为庄子的逍遥。今天的人类有着空前的文明，同时人类离自然也越来越远：生态失衡，环境恶化；极度的快感背后是人类精神世界里无法言说的痛苦：精神紧张、寂寞空虚、纸醉金迷、人格扭曲、道德败坏、信仰危机。人们疯狂地追逐外物，却忘掉了心灵世界的内在修养。

这样，一些思想家、哲学家又回归到东方，以东方的智慧来医治现代人的“文明病”。于是，博大睿智的老庄哲学，以其独特魅力重新展现在世人面前。

《庄子》，让我们领悟到超脱的生活哲学，懂得顺其自然。庄子生活在人世之中却又超脱于人世之外，庄子站在更高的境界对人生作了解读。庄子对养生、生死、仁义、交友、快乐等等都有非常独到而深刻的论述。“相濡以沫”感动了多少人，而庄子却说“泉涸，鱼相与处于陆，相以湿，相濡以沫，不如相忘于江湖”。很多人都乐生悲死，而庄子却认为生死如昼夜更替，完全出于自然，我们不必好昼而恶夜，因而无须乐生而悲死。庄子又用井底之蛙、夜梦骷髅、丑女效颦等故事教给我们如何在这人世间生活。我们的生活中充满了条条框框，但我们习以为常并没人觉出它们是条条框框，也没有意识到它们对自己的生活产生了影响。《庄子》能让我们跳出自己狭窄的视野，给自己一个更为宽广的心灵空间，让我们的思想从人们习以为常的条条框框中解放出来。正如台湾著名教授傅佩荣所说，“真正看懂庄子会明白世界上总有路可走”。

庄子的文章想象丰富，语言生动而不流俗，文笔奇诡而又富于变化，具有浓厚的浪漫主义色彩。《庄子》一书的文体形态对后世散文、诗、赋和小说的创作都产生了深远的影响。郭沫若在《鲁迅与庄子》一文中高度赞扬庄子说：“秦汉以来的一部中国文学史，差不多大半是在他的影响下发展。”庄子的很多文章采用了寓言故事形式，富有幽默讽刺的意味，读起来很有趣味。“吐故纳新”“望洋兴叹”“贻笑大方”“相濡以沫”“朝三暮四”“庖丁解牛”“邯郸学步”“东施效颦”“井底之蛙”“越俎代庖”等等，这些我们耳熟能详的成语，都是从《庄子》的寓言故事转化而来的，正如闻一多所说：“寓言成为一种文艺，正是从庄子开始的。”

为了让大家都能充满乐趣地读懂《庄子》，我们在编辑此书时做了以下工作：

以图释文。为本书配图时，我们在大量的中国古代版画中精心挑选，所选图片出处繁多，包括《帝鉴图说》《三才图会》《尔雅音图》《天工开物》《马骀画宝》等等古籍，几乎涵盖了所有古代版画的优秀作品。在选图方面我们坚持宁缺毋滥的原则，每一幅图都保证清晰，每一幅图都能与文意对应。用最直观的方式，最大限度地帮助读者读懂《庄子》。

本书配有译文和题解。译文字斟句酌，不仅保证准确无误，还力求还原庄子汪洋恣肆的语言特色。译文帮助读者读懂《庄子》，题解则能帮助读者更深刻地了解庄子的思想。本书的题解是对《庄子》各篇思想的总结和梳理，能够让读者对庄子的核心思想有一个总体的把握，使《庄子》一书更加清晰易懂。为了方便读者阅读理解，我们把生僻字、古今异读的字都加以注音。

我们一直苦苦追寻，绕了一大圈之后才发现，珍宝就在我们自己家里。闻一多曾说：“中国人的文化上永远留着庄子的烙印。”《庄子》培育了中华民族的精神特质，而书中的智慧，值得我们放在枕畔案边，一辈子翻阅。

崇賢書院

目录

内篇

逍遥游 …… 001
齐物论 …… 011
养生主 …… 029
人间世 …… 033
德充符 …… 050
大宗师 …… 061
应帝王 …… 079

外篇

骈拇 …… 087
马蹄 …… 092
胠箧 …… 096
在宥 …… 103
天地 …… 115
天道 …… 134
天运 …… 147
刻意 …… 161
缮性 …… 166
秋水 …… 171
至乐 …… 186
达生 …… 195
山木 …… 211

田子方 …… 224
知北游 …… 238

杂篇

庚桑楚 …… 253
徐无鬼 …… 268
则阳 …… 290
外物 …… 306
寓言 …… 318
让王 …… 325
盗跖 …… 342
说剑 …… 359
渔父 …… 365
列御寇 …… 374
天下 …… 387

内　篇

题解

《逍遥游》为《庄子》的首篇，是庄子的代表篇目之一。文章先为主题作铺垫，不惜笔墨，用大量寓言、重言铺张渲染，从鲲鹏展翅到列子御风而行，将深邃的思想和浓郁的情感无形地贯注于行文之中。然后画龙点睛地阐发主题，以“至人无己，神人无功，圣人无名”一句，轻轻带出主题。最后在至人游于“无何有之乡”的袅袅余音中收笔。

《逍遥游》描述了一种无所依的精神自由的逍遥境界：世上万物纷纭，虽有“小大之辩”，但“犹有所待者”，都要依赖客观条件。鹏是大鸟，只有凭借九万里风才能起飞；蜩与鸴鸟是小虫小鸟，只能在蓬蒿间自由飞翔。真正的逍遥者，追求一种超越时空限制的绝对自由，是“乘天地之正，御六气之辩，以游无穷者”，达到无己、无功、无名的境地。文章后面部分，论述什么是真正的有用和无用，要把无用当作有用，说明不能为物所滞，以保持灵动和生机。

本文具有很高的文学价值，它以神话传说熔铸成篇，构思宏伟，气势磅礴，笔墨恣肆，洋洋洒洒，寓说理于寓言和生动的比喻中。文中的一系列寓言，都写得奇幻无比而又穷形尽相。比喻的运用，繁复灵活，令人应接不暇，回味无穷，很符合作者本人那飘逸、洒脱的个性，形成独特的风格，富有浪漫主义色彩。

逍遥游

[原文]

北冥有鱼[1]，其名为鲲(kūn)[2]。鲲之大，不知其几千里也。化而为鸟，其名为鹏[3]。鹏之背，不知其几千里也；怒而飞[4]，其翼若垂天之云[5]。是鸟也，海运则将徙于南冥[6]。南冥者，天池也[7]。

《齐谐(xié)》者[8]，志怪者也[9]。《谐》之言曰：“鹏之徙于南冥也，水击三千里[10]，抟扶摇而上者九万里[11]。去以六月息者也[12]。”野马也[13]，尘埃也，生物之以息相吹也。天之苍苍[14]，其正色邪[15]？其远而无所至极邪？其视下也[16]，亦若是，则已矣[17]。

且夫水之积也不厚，则其负大舟也无力[18]。覆杯水于

释鸟

化而为鸟，其名为鹏。

坳(ào)堂之上[19]，则芥为之舟[20]；置杯焉则胶[21]，水浅而舟大也。风之积也不厚，则其负大翼也无力[22]。故九万里则风斯在下矣，而后乃今培风[23]；背负青天而莫之夭阏者[24]，而后乃今将图南[25]。

蜩(tiáo)与学鸠(jū)笑之曰[26]："我决起而飞[27]，枪榆枋(fāng)而止[28]，时则不至而控于地而已矣[29]，奚以之九万里而南为[30]？"适莽苍者[31]，三飡而反[32]，腹犹果然[33]；适百里者，宿舂(chōng)粮[34]；适千里者，三月聚粮[35]。之二虫又何知[36]！

小知不及大知[37]，小年不及大年[38]。奚以知其然也？朝菌不知晦朔(huì shuò)[39]，蟪蛄(huì gū)不知春秋[40]，此小年也。楚之南有冥灵者[41]，以五百岁为春，五百岁为秋；上古有大椿(chūn)者[42]，以八千岁为春，八千岁为秋，此大年也。而彭祖乃今以久特闻[43]，众人匹之[44]，不亦悲乎！

汤之问棘也，是已[45]："穷发之北有冥海者[46]，天池也。有鱼焉，其广数千里，未有知其修者，其名为鲲。有鸟焉，其名为鹏，背若泰山，翼若垂天之云，抟扶摇羊角而上者九万里[47]，绝云气[48]，负青天，然后图南，且适南冥也。斥鴳笑之曰[49]：'彼且奚适也？我腾跃而上，不过数仞而下[50]，翱翔蓬蒿(péng hāo)之间[51]，此亦飞之至也[52]。而彼且奚适也？'"

此小大之辩也[53]。

故夫知效一官[54]，行比一乡[55]，德合一君而徵一国者[56]，其自视也亦若此矣[57]。而宋荣子犹然笑之[58]。且举世而誉之

而不加劝[59]，举世而非之而不加沮[60]，定乎内外之分[61]，辩乎荣辱之境[62]，斯已矣。彼其于世未数数然也[63]。虽然，犹有未树也[64]。夫列子御风而行[65]，泠然善也[66]，旬有五日而后反[67]。彼于致福者[68]，未数数然也。此虽免乎行，犹有所待者也[69]。

若夫乘天地之正[70]，而御六气之辩[71]，以游无穷者[72]，彼且恶乎待哉[73]！

故曰：至人无己[74]，神人无功[75]，圣人无名[76]。

［注释］

①北冥：北海。冥，同“溟”，指海。下文“南冥”类此。②鲲：大鱼。③鹏：传说中的神鸟。④怒：奋发的样子。⑤垂天：天边。垂，通“陲”，边际。⑥海运：指海啸。⑦天池：天然形成的大池。⑧《齐谐》：书名。出于齐国，内容多诙谐怪异。⑨志怪：记载怪异的事情。志，记述。⑩水击：两翼击水飞行，拍打水面。⑪抟扶摇而上：盘旋着向上空飞。抟，盘旋。扶摇，回旋直上的大风。⑫息：止息。⑬野马：游气浮动于天地之间，状如野马奔驰。⑭苍苍：深蓝色。⑮正色：本色。⑯其视下也：鹏鸟在空中向下看。⑰若是：像这样。⑱负：承载。⑲覆：倒。坳堂：堂中低洼处。⑳芥为之舟：小草可以作为坳堂之水的小船。芥，小草。㉑胶：粘住。㉒大翼：指代大鹏。㉓培：凭借。㉔夭阏：阻挡，遏止。㉕图南：打算向南飞。㉖蜩：蝉。学鸠：斑鸠。㉗决起：迅速飞起。㉘枪：突，即碰上。榆：榆树。枋：檀木。㉙控：投。㉚奚以：为何。之：往。为：疑问助词，犹“呢”。“奚以……为”，相当于“为什么要……呢”。㉛莽苍：野色迷茫的样子，此处指郊野。㉜三飡：指一日三飡，飡同“餐”。反：通“返”。㉝果然：饱的样子。㉞宿舂粮：隔夜捣舂食粮。意即做较多的干粮准备。㉟三月聚粮：花三个月的时间来积蓄食粮。㊱之二虫：指蜩与学鸠。古时通称动物为虫。之，此。㊲知：通“智”。㊳年：寿命。㊴朝菌：一种朝生暮死的菌类植物。晦朔：每月的头一天叫朔，尾一天叫晦。这里犹言早晚。㊵蟪蛄：寒蝉。春秋：指整年。商代和西周前期一年只分春秋二季。寒蝉春生夏死，或夏生秋死，因此它只能经历某一二个季节，而不可能晓得整年。㊶冥灵：树名。㊷椿：香椿。㊸彭祖：传说中人物，姓钱名铿，尧时人，历经夏、商、周各朝，活八百岁，封于彭，又年寿长，故称彭祖。以久特闻：因长寿而特别著名。㊹匹之：和他相比。㊺汤：商汤，商朝第一个王。棘：人名，即夏革，商汤时贤大夫。是已：“是也”，就是这样的，表示肯定。㊻穷发：不毛之地。发，毛，这里指草木。旧说，地以草木为发。㊼羊角：形容旋风旋转如羊角状态。㊽绝：超越。㊾斥鴳：生活在小池泽的一种小雀。斥，小池泽。鴳，小雀。㊿仞：周人以八尺为

一仞。汉代以七尺为一仞。㉛翱翔：展翅回旋地飞。蓬蒿：本指蓬与蒿两种草，这里引申作草野。㉜飞之至：飞翔中最得意的境界。至，最。㉝辩：通“辨”，区别。㉞效：胜任。㉟比：投合，迎合。㊱而：古通“能”，能力。征：信，取信。㊲其：指上述四种人。此：指斥鴳自以为“飞之至”这件事。㊳宋荣子：一说姓宋名荣，即《天下》篇中的宋钘。犹然：笑的样子。㊴举世：整个社会。誉：赞扬。劝：勉励。㊵非：非议。沮：沮丧。㊶定：确定。内：主观。外：客观。《天下》篇说宋钘以禁攻寝兵为外，以情欲寡浅为内”。㊷境：界限。㊸数数：常常。然：这样。㊹未树：指道德上还未到家。树，立。㊺列子：姓列名御寇，郑国人，春秋时期思想家。御：驾驭。㊻泠然：轻快的样子。㊼旬有五日：十五日。有，通“又”。反：通“返”。㊽致：追求。福：备，无所不顺谓之备。㊾有所待：指依赖于风。待，凭借，依靠。㊿正：与辩对举。(71)六气：说法很多，最早指阴、阳、风、雨、晦、明六气。辩：同“变”。正是根本的，辩是派生出来的。(72)无穷：指无限的时间与空间，即绝对自由的境界。(73)恶乎待：何须待，意即什么都不依赖。(74)至人：指思想道德达到最高境界的人。无己：忘掉自己，清除自我中心。(75)无功：不求有功。(76)无名：不求名声。

[译文]

北方的大海里有一条鱼，它的名字叫作鲲。鲲的体积，真不知道大到几千里；变化成为鸟，它的名字就叫鹏。鹏的脊背，真不知道长到几千里；当它奋起而飞的时候，那展开的双翅就像天边的云。这只鹏鸟啊，随着海上汹涌的波涛迁徙到南方的大海。南方的大海是个天然的大池。

《齐谐》是一部专门记载怪异事情的书，这本书上记载说：“鹏鸟迁徙到南方的大海，翅膀拍击水面激起三千里的波涛，海面上急骤的狂风盘旋而上直冲九万里高空，离开北方的大海用了六个月的时间方才停歇下来。”春日，林泽原野上蒸腾浮动犹如奔腾的雾气，低空里沸沸扬扬的尘埃，都是大自然里各种生物的气息吹拂所致。天空是那么湛蓝，难道这就是它真正的颜色吗？抑或是高旷辽远没法看到它的尽头呢？鹏鸟在高空往下看，不过也就像这个样子罢了。

再说水汇积不深，它浮载大船就没有力量。倒杯水在庭堂的低洼处，那么小小的芥草也可以把它当作船；而搁置杯子就粘住不动了，因为水太浅而船太大了。风聚积的力量不雄厚，它托负巨大的翅膀便力量不够。所以，鹏鸟高飞九万里，狂风就在它的身下，然后方才凭借风力飞行，背负青天而没有什么力量能够阻遏它了，然后才像现在这样飞到南方去。

寒蝉与小灰雀讥笑它说：“我从地面急速起飞，碰着榆树和檀树的树枝，常常飞不到而落在地上，为什么要到九万里的高空而向南飞呢？”到迷茫的郊野去，带上三餐就可以往返，肚子还是饱饱的；到百里之外去，要用一整夜时间准备干粮；到千里之外去，三个月以前就要准备粮食。寒蝉和灰雀这两个小东西懂得什么！

小聪明赶不上大智慧，寿命短比不上寿命长。怎么知道是这样的呢？清晨的菌类不会懂得什么是晦朔，寒蝉也不会懂得什么是春秋，这就是短寿。楚国南边有叫冥灵的大龟，它把五百年当作春，把五百年当作秋；上古有叫大椿的古树，它把八千年当作春，把八千年当作秋，这就是长寿。可是彭祖到如今还是以年寿长久而闻名于世，人们与他攀比，岂不可悲可叹吗？

商汤询问棘的话是这样的："在那草木不生的北方，有一个很深的大海，那就是'天池'。那里有一种鱼，它的脊背有好几千里，没有人能够知道它有多长，它的名字叫作鲲，有一种鸟，它的名字叫鹏，它的脊背像座大山，展开双翅就像天边的云。鹏鸟奋起而飞，翅膀拍击急速旋转向上的气流直冲九万里高空，穿过云气，背负青天，这才向南飞去，打算飞到南方的大海。斥鷃讥笑它说：'它打算飞到哪儿去？我奋力跳起来往上飞，不过几丈高就落了下来，盘旋于蓬蒿丛中，这也是我飞翔的极限了。而它打算飞到什么地方去呢？'"

这就是小与大的不同了。

所以，那些才智足以胜任一个官职，品行合乎一乡人心愿，道德能使国君感到满意，能力足以取信一国之人的人，他们看待自己也像是这样哩。而宋荣子却讥笑他们。世上的人们都赞誉他，他不会因此越发努力，世上的人们都非难他，他也不会因此而更加沮丧。他清楚地划定自身与物外的区别，辨别荣誉与耻辱的界限，不过如此而已呀！宋荣子他对于整个社会，从来不急急忙忙地去追求什么。虽然如此，他还是未能达到最高的境界。列子能驾风行走，那样子实在轻盈美好，而且十五天后方才返回。列子对于寻求幸福，从来没有急急忙忙的样子。他这样做虽然免除了行走的劳苦，可还是有所依凭啊。

至于遵循宇宙万物的规律，把握"六气"的变化，遨游于无穷无尽的境域，他还仰赖什么呢！

因此说，道德修养高尚的"至人"能够达到忘我的境界，精神世界完全超脱物外的"神人"心目中没有功名和事业，思想修养臻于完美的"圣人"从不去追求名誉和地位。

[原文]

尧让天下于许由[1]，曰："日月出矣，而爝(jué)火不息[2]，其于光也，不亦难乎！时雨降矣，而犹浸灌[3]，其于泽也[4]，不亦劳乎！夫子立[5]，而天下治，而我犹尸之[6]，吾自视缺然[7]。请致天下[8]。"

许由曰："子治天下，天下既已治也。而我犹代子，吾将为名乎？名者实之宾也[9]。吾将为宾乎？鹪鹩(jiāo liáo)巢于深林[10]，不过一枝；偃(yǎn)鼠[11]饮河，不过满腹。归休乎君，予无所用天下为！庖人虽不治庖[12]，尸祝不越樽俎(zūn zǔ)而代之矣[13]。"

肩吾问于连叔曰[14]："吾闻言于接舆[15]，大而无当[16]，往而不返[17]。吾惊怖其言[18]，犹河汉而无极也[19]；大有径庭[20]，

雀

山雀在大深林里筑巢也不过是占用一根树枝而已。正如老子所说“祸莫大于不知足，咎莫大于欲得。故知足之足，常足矣。”庄子认为人不应为外物所累，这和老子的知足常乐有异曲同工之妙。

不近人情焉。”

连叔曰：“其言谓何哉？”

曰：“‘藐(miǎo)姑射之山㉑，有神人居焉，肌肤若冰雪，绰约若处子㉒；不食五谷，吸风饮露，乘云气，御飞龙，而游乎四海之外。其神凝，使物不疵疠而年谷熟㉓。’吾以是狂而不信也㉔。”

连叔曰：“然！瞽(gǔ)者无以与乎文章之观㉕，聋者无以与乎钟鼓之声。岂唯形骸(hái)有聋盲哉㉖？夫知亦有之㉗。是其言也，犹时女也㉘。之人也㉙，之德也，将旁礴(bó)万物以为一㉚，世蕲(qí)乎乱㉛，孰弊弊焉以天下为事㉜。之人也，物莫之伤，大浸稽天而不溺㉝，大旱金石流、土山焦而不热。是其尘垢秕糠㉞，将犹陶铸尧舜者也㉟，孰肯分分然以物为事㊱。”

宋人资章甫而适诸越㊲，越人断发文身㊳，无所用之。尧治天下之民，平海内之政，往见四子藐姑射之山㊴、汾水之阳㊵，窅然丧其天下焉㊶。

[注释]

①许由：古代尧时的隐士。姓许，名由，字仲武，颍川阳城人。②爝火：小火把。③浸灌：浇地。④泽：润泽作物。⑤夫子：古时对男子的尊称，这里指许由。⑥尸：主治。⑦缺然：指不够资格做君主的样子。⑧致：送。⑨宾：从属、次要的东西。⑩鹪鹩：小鸟名，善于筑巢，俗称巧妇鸟。⑪偃鼠：地行鼠，喜饮河水。⑫庖人：厨师。治庖：治理厨房的工作。⑬尸祝：祭祀中执祭板对神主祷祝的人。樽：酒器。俎：古时祭祀时盛牛羊的礼器。⑭肩吾、连叔：都是神话传说中的人物，

得道的隐士或山神，事迹不可考。⑮接舆：孔子时的隐士，《论语》说他是楚狂人。⑯大而无当：堂皇而不切实际。当，底。⑰往而不返：这里指说开去就收拢不回来。意即漫无边际。故下句说“无极”。⑱惊怖：表示惊怪非常。⑲河汉：指银河系，俗称天河。⑳径：门外路。庭：堂前地。㉑藐姑射：又名姑射、石孔山，在今山西临汾西。㉒绰约：姿态柔美的样子。处子：处女。㉓疵疠：疾病。年谷：指庄稼。㉔狂：诳语，荒诞的言论。㉕瞽者：盲人。与：参与，指参与欣赏。文章：文采。观：景象。㉖形骸：形体。㉗知：通“智”。㉘时：是。女：同“汝”，你。㉙之人：这种人，指神人。㉚旁礴：混同。㉛蕲：求。乱：治。㉜弊弊：忙碌疲惫的样子。㉝大浸：大水所淹。稽：至。㉞尘垢：尘土和淤垢。秕糠：秕谷和谷皮，比喻琐碎无用的东西。㉟陶铸：造就。㊱物：事，指世务。㊲资：购取。章甫：古代的一种礼帽。诸：于。㊳断发：剪了头发。文身：一种民族风俗，用针在人体上刺上花纹，有的染色，有的不染色，一般用作图腾标志。㊴四子：指王倪、啮缺、被衣、许由。实际是虚设人物。㊵汾水：在今山西中部，黄河第二支流。阳：水的北岸与山的南面称为阳，反面为阴。㊶窅：通“杳”。窅然：深远的样子。这是指尧入于混沌恍惚的精神状态，故把所统治的天下都遗弃掉。丧：遗弃。

［译文］

尧打算把天下让给许由，说：“太阳和月亮都已升起来了，可是小小的炬火还在燃烧不熄；它要跟太阳和月亮的光亮相比，不是很难吗？雨水及时降落了，可是还在不停地浇水灌地；如此费力的人工灌溉对于整个大地的润泽，不显得徒劳吗？先生如能居于国君之位天下一定会获得大治，可是我还空居其位；我自己越看越觉得能力不够，请允许我把天下交给你。”

许由回答说：“你治理天下，天下已经获得了大治，而我却还要去替代你，我将为了名声吗？‘名’是‘实’所派生出来的次要东西。我将去追求这次要的东西吗？鹪鹩在森林中筑巢，不过占用一棵树枝；鼹鼠到河边饮水，不过喝满肚子。你还是打消念头回去吧，天下对于我来说没有什么用处啊！厨师即使不下厨，祭祀主持人也不会越俎代庖的！”

肩吾向连叔求教：“我从接舆那里听到谈话，大话连篇没有边际，一说下去就回不到原来的话题上。我十分惊恐他的言谈，就好像天上的银河没有边际，跟一般人的言谈差异甚远，确实是太不近情理了。”

连叔问：“他说的是些什么呢？”

肩吾转述道：“‘在遥远的姑射山上，住着一位神人，皮肤润白像冰雪，体态柔美如处女，不食五谷，吸清风饮甘露，乘云气驾飞龙，遨游于四海之外。他的神情那么专注，使得世间万物不受病害，年年五谷丰登。’我认为这全是虚妄之言，一点也不可信。”

连叔听后说：“是呀！对于瞎子没法同他们欣赏花纹和色彩，对于聋子没法同他们聆听钟鼓的乐声。难道只是形骸上有聋与瞎吗？思想上也有聋和瞎啊！这话似乎就是说的你肩吾呀。那位神人，他的德行，与万事万物混同一起，以此求得整个天下的治理，谁还会忙忙碌碌把管理天下当回事！那样的人哪，外物没有什么能伤害他，滔天的大水不能淹没他，天下大旱使金石熔化、土山焦裂，他也不感到灼热。他所留下的尘埃以及

瘪谷糠麸之类的废物，也可造就出尧舜那样的圣贤人君来，他怎么会把忙着管理万物当作己任呢！”

北方的宋国有人贩卖帽子到南方的越国，越国人不蓄头发满身刺着花纹，没什么地方用得着帽子。尧治理好天下的百姓，安定了海内的政局，到姑射山上、汾水北面，去拜见四位得道的高士，不禁怅然若失，忘记了自己居于治理天下的地位。

［原文］

惠子谓庄子曰[1]：“魏王贻我大瓠(hù)之种[2]，我树之成而实五石[3]，以盛水浆，其坚不能自举也[4]；剖之以为瓢，则瓠落无所容[5]。非不呺然大也[6]，吾为其无用而掊(pǒu)之[7]。”

庄子曰：“夫子固拙于用大矣。宋人有善为不龟(jūn)手之药者[8]，世世以洴(píng)澼(pì)絖(kuàng)为事[9]。客闻之，请买其方以百金[10]。聚族而谋曰：‘我世世为洴澼絖，不过数金；今一朝而鬻(yù)技百金[11]，请与之。’客得之，以说(shuì)吴王。越有难，吴王使之将，冬与越人水战，大败越人，裂地而封之[12]。能不龟手，一也；或以封[13]，或不免于洴澼絖，则所用之异也。今子有五石之瓠，何不虑以为大樽而浮乎江湖[14]，而忧其瓠落无所容？则夫子犹有蓬之心也夫[15]！”

被神仙化了的庄子

惠子谓庄子曰：“吾有大树，人谓之樗(chū)[16]。其大本拥肿而不中绳墨[17]，其小枝卷曲而不中规矩，立之涂[18]，匠者不顾。今子之言，大而无用，众所同去也。”

庄子曰：“子独不见狸狌(shēng)乎[19]？卑身而伏[20]，以候敖者[21]；东西跳梁[22]，不辟高下；中于机辟[23]，死于罔(wǎng)罟(gǔ)[24]。今夫斄(lí)牛[25]，其大若垂天之云。此能为大矣，

而不能执鼠㉖。今子有大树，患其无用，何不树之于无何有之乡㉗，广莫之野㉘，彷徨（pángháng）乎无为其侧㉙，逍遥乎寝卧其下。不夭斤斧㉚，物无害者，无所可用，安所困苦哉？”

［注释］

①惠子：宋人惠施，曾任梁惠王相，是先秦名家学派的代表人物。②魏王：魏惠王，因魏国建都大梁，所以又称梁惠王。贻：赠。大瓠：大葫芦。③树：种植。成：结成葫芦。实五石：装满能有五石的容量。④坚：硬度。自举：经得住的意思。⑤瓠：假借为“廓”。廓落，很大的样子。⑥呺然：空虚巨大的样子。⑦掊：击破。⑧不龟手：使手不被冻裂。龟，通“皲”，皮肤因寒冷或干燥而破裂。⑨洴澼：漂洗。絖：通“纩”，细绵絮。⑩方：指不龟手的药方。金：古代货币单位，一金就是一方寸一斤重的铜。⑪鬻技：出卖技术。技，指制药的技能。⑫裂地：割出一块地方。封之：封赐给他。⑬或：有人。以封：因此而得到封地。⑭虑：考虑。樽：葫芦形似酒樽，缚在腰上游泳，古称腰舟。⑮蓬之心：如有蓬草蔽塞的心。蓬，草名。蓬心狭窄而弯曲，借以比喻见识迂曲浅陋，不畅达。⑯樗：木名，俗称臭椿树。⑰大本：主干。拥肿即臃肿，肥短而不端正。中：符合。绳墨：与下句的“规矩”，都是木匠常用工具。绳墨划直线，规划圆，矩划方。⑱立之涂：立在路上。涂，通“途”。⑲狸：野猫。狌：黄鼠狼。⑳卑：低。㉑敖：通“遨”，遨游。㉒梁：通“踉”，跳跃。㉓中：触到。机辟：捕禽兽的工具，装有开关的机件。㉔罟：网类。㉕斄牛：牦牛。㉖执：捉拿。㉗无何有：虚无。乡：地方。㉘广莫：辽阔。㉙彷徨乎：放任不拘的样子。㉚夭：摧折。斤：大斧头。

［译文］

惠子对庄子说：“魏王送我大葫芦种子，我将它培植起来后，结出的果实有五石容积。用大葫芦去盛水浆，可是它的坚固程度承受不了水的压力。把它剖开做瓢也太大了，没有什么地方可以放得下。这个葫芦不是不大呀，我因为它没有什么用处而砸烂了它。”

庄子说：“先生实在是不善于使用大东西啊！宋国有一户善于调制不皲手药物的人家，世世代代以漂洗丝絮为职业。有个游客听说了这件事，愿意用百金的高价收买他的药方。全家人聚集在一起商量：‘我们世世代代在河水里漂洗丝絮，所得不过数金，如今一下子就可卖得百金。还是把药方卖给他吧。’游客得到药方，来游说吴王。正巧越国发难，吴王派他统率部队，冬天跟越军在水上交战，大败越军，吴王划割土地封赏他。能使手不皲裂，药方是同样的，有的人用它来获得封赏，有的人却只能靠它在水中漂洗丝絮，这是使用的方法不同。如今你有五石容积的大葫芦，怎么不考虑用它来制成腰舟，而浮游于江湖之上，却担忧葫芦太大无处可容？看来先生你还是心窍不通啊！”

惠子又对庄子说：“我有棵大树，人们都叫它‘樗’。它的树干却疙里疙瘩，不符合绳墨取直的要求，它的树枝弯弯扭扭，也不适合圆规和角尺取材的需要。虽然生长在道

路旁，木匠连看也不看。现今你的言谈，大而无用，大家都会鄙弃它的。”

庄子说：“先生你没看见过野猫和黄鼠狼吗？低着身子匍匐于地，等待那些出洞觅食或游乐的小动物。一会儿东，一会儿西，跳来跳去，一会儿高，一会儿低，上下窜越，不曾想到落入猎人设下的机关，死于猎网之中。再有那牛，庞大的身体就像天边的云；它的本事可大了，不过不能捕捉老鼠。如今你有这么大一棵树，却担忧它没有什么用处，怎么不把它栽种在什么也没有生长的地方，栽种在无边无际的旷野里，你可以悠然自得地徘徊于树旁，悠游自在地躺卧于树下。大树不会遭到刀斧砍伐，也没有什么东西会去伤害它。虽然没有派上什么用场，可是哪里又会有什么困苦呢？”

题解

《齐物论》表述了庄子的“天地与我并生，而万物与我为一”的思想，强调自然与人是有机的生命统一体，肯定物我之间的同体融合。“齐物”的意思即是“物齐”或“‘物论’齐”，即把形色性质不同之物、不同之论，把不平等、不公正、不自由、不和谐的现实世界种种的差别、“不齐”，视之为无差别的“齐一”。这就要求我们以不齐为齐一，即提升自己的精神境界，在接受、面对真实生活的同时，调整身心，超越俗世，解脱烦恼。此篇希望人们不必执定于有条件、有限制的地籁、人籁之声，而要倾听那自然和谐、无声之声、众声之源的“天籁”，以消解彼此的隔膜、是非、时空、价值、知性、名言、概念、识见及烦、畏乃至生死的系缚，从有限进入无限之域。庄子以相对主义的视域，反对唯我独尊，不承认有绝对的宇宙中心，反对各是其是，各非其非，主张破除成见，善于站在别人的立场，更换视域去理解别人，而不以己意强加于人。

本篇庄子惯用的以对话开篇。关键的问题是颜成子游所提的：“形固可使如槁木，而心可使如死灰乎？”哀莫大于心死，问题拆开来便是：为何死心，死者何心，如何死法？庄子的解答是，人生各种是非与苦难的根源，全系于这一会产生物欲的“心”上。《齐物论》中的“与接为构，日以心斗”，“与物相刃相靡，其行尽如驰”便是世俗人生的一种写照。而人对物的利用、占有，是以我与物的对立为前提的，故要齐论、齐物，从根本上讲还要齐物我，庄子区分了两种“我”，“吾丧我”就是要用见道的天籁的真我把以前的“我”转化掉。人世间一切的是非争论都是由偏执自我之见而产生，只有做到“莫若以明”，即根据发自于道体的智慧和光明，摒除了偏见和独断之后才能达到真正本真的人自身，也即无心。无心也靠心，只不过有心之心是心与物分，而无心之心则追求心与物化（或曰齐）。所谓“天地与我并生，而万物与我为一”，这也是庄周梦蝶所要象征的涵义；“昔者庄周梦为蝴蝶，栩栩然蝴蝶也，自喻适志，不知周也。俄然觉，则蘧蘧然周也。不知周之梦为蝴蝶与？蝴蝶之梦为周与？周与蝴蝶则必有分矣，此之谓物化”，这种着重个人经验、主观感受的特点，使《齐物论》呈现浓厚的心学色彩。

总之，齐物论、齐万物与齐物我，思路上是相互贯通且层层递进的。而且，其所涉范畴，无论是是非、有无，还是物我，都具深刻的哲学涵义。既谈到了从无到有的本体论问题，也涉及到了主体与客体关系的认识论问题。在本体论问题上，主要倾向是主观唯心主义，但也有某些唯物主义因素；在认识论问题上，主要表现是万物齐一和否定是非的相对主义和不可知论，但也有较丰富的辩证法内容。套用今日的用语，就是认识论、世界观与人生观是统一的。《齐物论》是庄子哲学思想的代表作。这篇文章不只是打开庄学宝库的一把钥匙，就《庄子》在中国哲学传统中的影响而言，它也是我们领会中国古典哲学特质的非凡经典。

齐物论

[原文]

南郭子綦隐机而坐[1]，仰天而嘘，荅焉似丧其耦[2]。颜

成子游立侍乎前③，曰：“何居乎④？形固可使如槁（gǎo）木，而心固可使如死灰乎？今之隐机者，非昔之隐机者也。”

子綦曰：“偃，不亦善乎，而问之也！今者吾丧我⑤，汝知之乎？汝闻人籁（lài）而未闻地籁⑥；汝闻地籁而未闻天籁夫⑦！”

子游曰：“敢问其方⑧。”

子綦曰：“夫大块噫（yì）气⑨，其名为风。是唯无作，作则万窍怒呺⑩。而独不闻之翏翏乎⑪？山陵之畏佳⑫，大木百围之窍穴⑬，似鼻，似口，似耳，似枅⑭，似圈⑮，似臼⑯，似洼者，似污者；激者，謞者，叱（chì）者，吸者，叫者，譹者，宎者⑰，咬者。前者唱于而随者唱喁（yú）⑱。泠风则小和，飘风则大和⑲，厉风济则众窍为虚⑳。而独不见之调调、之刁刁乎㉑？”

子游曰：“地籁则众窍是已，人籁则比竹是已㉒。敢问天籁。”

子綦曰：“夫天籁者，吹万不同，而使其自已也，咸其自取，怒者其谁邪㉓！”

慧能禅师

两个僧人看见风吹幡动就争论起来。一个说风动，一个说幡动。慧能说：“不是风动，也不是幡在动，是心在动。”子游问什么是天的音律，子綦说：“风吹动孔窍发出声响，这是它们自己的声音，可是那使它们动起来的又是什么呢？”

［注释］

①南郭子綦：楚昭王庶弟，楚庄王司马。居住在南郭，故以此作为称号。隐：凭靠。机：案。②荅焉：形体死寂的样子。故下文问“形固可使如槁木”。丧其耦：丧失了与真君相对立的东西，如功、名等。故下文问“心固可使如死灰乎”。③颜成子游：姓颜成，名偃，字子游，故称颜成子游。④居：故，缘由。⑤吾：指今日得道的我。我：指没有忘功、忘名的我，亦即

上面所说的“耦”。⑥籁：箫，古代的一种管状乐器，这里泛指从空虚地方发出的声响。人吹而能成为乐音的竹管叫人籁，风吹而能发出声响的洞穴叫地籁。⑦天籁：指各物因其各自的自然状态而自鸣。⑧方：道理。⑨大块：指天地。噫气：本指人呃逆出气，这里说天地吐气，与《逍遥游》篇“以息相吹”意近，是一种形象的说法。⑩窍：洞穴。呺：通“号”，吼叫。⑪而：你。翏翏：悠长的风声。⑫畏佳：通“嵔崔”，高大参差的样子。⑬围：两手合抱的范围。⑭枅：木制的酒器。⑮圈：杯盂。⑯臼：舂米的器具，一般用石头制成。⑰宎：像风吹到深谷的那种深而沉的声响。⑱于、喁：表示相应和的声音。前者：指风。随者：指窍穴。⑲泠风：清风，也就是小风。⑳厉风：烈风。济：停止。虚：指没有声。㉑调调、刁刁：都是形容摇动的样子。㉒比竹：多支竹管并列而成的乐器，如笙竽之类。比，并。㉓怒：发动。

[译文]

南郭子綦靠几静坐，仰面朝天，缓慢吐气，形体木然，仿佛精神脱离了身躯。颜成子游立侍在跟前，问说：“怎么这个样子啊？形体安定本来可以使它像枯干的树木，而精神岂能可以使它像熄灭的灰烬呢？你现在靠几而坐的情况，不是你过去靠几而坐的情况了。”

子綦回答说：“偃，你问的问题，不也是很好的吗！如今我是忘掉了功名利禄的我，你知道这一点吗？你听到过人造的箫声，却没听到过地上自然形成的音响，你听到过地上自然形成的音响，却没听到过天空中自然形成的音响吧！”

子游说：“请问三籁的道理？”

子綦说：“大地发出的气，它的名字叫风。这风不作则已，一发作则上万种不同的孔穴都会怒吼起来。你没有听过大风呼啸的声音吗？山林高大参差不齐的地方，百围大树上的孔穴，有的像鼻孔，有的像嘴，有的像耳朵眼儿，有的像舂臼，有的像深大的洼地。有的像浅小的池塘；大风吹这些孔穴所发出的声音，有的像湍急的流水声，有的像大火燃烧声，有的像呵叱声，有的像抽泣声，有的像叫喊声，有的像号哭声，有的声音深沉，有的声音哀切，前面的风声唱着，后面的风声随应着。微风则相和的声音小，疾风则相和的声音大，烈风停止了，则所有的孔穴就都空寂无声了，你难道没看见风吹林木枝叶还在摇摇曳曳地摆动着吗？”

子游说：“地籁的声音不过是从众多的孔穴中发出来的罢了，人籁的声音不过是从用多种竹管并起来所制作的乐器中发出来的罢了。请问天空中自然的音响是怎么回事呢？”

子綦说：“风吹万窍而声音不同，然而使它们发作或停止的都是它们自己。都是自然状态所致，发动它们的还能是谁呢！”

[原文]

大知闲闲①，小知间间②；大言炎炎③，小言詹詹(zhān)④。其寐也魂交⑤，其觉也形开⑥，与接为搆(gòu)⑦，日以心斗。缦(màn)者，

窖(jiào)者[8]，密者。小恐惴(zhuì)惴，大恐缦缦[9]。其发若机栝(kuò)[10]，其司是非之谓也；其留如诅盟，其守胜之谓也；其杀若秋冬[11]，以言其日消也；其溺之所为之，不可使复之也；其厌也如缄(jiān)[12]，以言其老洫(xù)也[13]；近死之心，莫使复阳也。喜怒哀乐，虑叹变慹(zhé)[14]，姚(yáo)佚(yì)启态[15]；乐出虚，蒸成菌。日夜相代乎前，而莫知其所萌。已乎，已乎！旦暮得此，其所由以生乎！

非彼无我，非我无所取。是亦近矣，而不知所为使。若有真宰，而特不得其眹[16]。可行已信；而不见其形，有情而无形。

百骸(hái)[17]、九窍、六藏[18]，赅而存焉[19]，吾谁与为亲？汝皆说之乎？其有私焉？如是皆有为臣妾乎？其臣妾不足以相治乎？其递(dì)相为君臣乎[20]？其有真君存焉[21]？如求得其情与不得，无益损乎其真[22]。一受其成形，不亡以待尽。与物相刃相靡(mí)[23]，其行尽如驰，而莫之能止，不亦悲乎！终身役役而不见其成功，苶(nié)然疲役而不知其所归[24]，可不哀邪！人谓之不死，奚益？其形化[25]，其心与之然[26]，可不谓大哀乎[27]？人之生也，固若是芒乎[28]？其我独芒，而人亦有不芒者乎？

［注释］

①闲闲：宽裕的样子。②间间：细加分别的样子。③炎炎：火猛气盛的样子。④詹詹：啰啰嗦嗦。⑤魂交：心神烦乱。⑥形开：四体不安。⑦搆：交合，引申为周旋。⑧窖：深沉。⑨缦缦：沮丧落魄的样子。⑩机：弩上发射的机关。栝：箭末扣弦的部位。⑪杀：肃杀，严酷摧残。⑫厌：闭藏。缄：封闭。⑬洫：本指田沟或城池，有自封自守的意思。⑭慹：通“蛰”，蛰伏不动，这里指心神不动，犹今说无动于衷。⑮姚佚启态：浮躁，放纵，张狂，作态。⑯眹：借为朕，迹象，征兆。⑰骸：骨节。⑱六藏：心、肝、脾、肺、肾、命门。⑲赅：齐备。⑳递相：互相。㉑真君：指百骸、九窍、六藏的主宰者。㉒真：天然的本性。㉓相刃：互相伤害。相靡：

互相摩擦。㉔苶然：困顿、精神不振的样子。㉕形化：形体变化，即幼年变为青年、壮年、老年，以至死亡。㉖与之然：和形体一齐变化。㉗大哀：非常可悲。大，通“太”。㉘芒：愚昧。

［译文］

大智过于广博，小智过于精细。大言盛气凌人，小言喋喋不休。他们睡时也心神交错烦乱，他们醒时也形体不得安宁。与社会接触构合纠葛，整天钩心斗角。有的显得漫不经心，有的却冥思苦想，有的则小心谨慎。对小的恐惧提心吊胆，对大的恐惧垂头丧气。他们的心计就像箭在弦上，伺机而搬弄是非；他们闭口犹如盟誓过，为了以守取胜；他们衰败好似秋风冬寒的景象，这是说他们一天天在消弱；他们沉溺在所作所为的活动之中，再也无法使他们恢复原状；他们隐藏心灵不言不语，说明他们老而枯竭败坏；接近死亡的心灵，再也不能使它恢复生机。高兴、愤怒、悲哀、欢乐，忧虑、叹息、变态、恐惧，轻浮、安逸、放荡、骄淫：像乐声从空虚的乐器中产生出来，又像菌类从地上的蒸气中产生出来一样。交互更替在眼前，而不知道它们是怎样萌发出来的。算了吧，算了吧！一旦懂得了这些情态发生的道理，也就懂得了它们所以发生的根由了！

没有客体的彼，就没有主体的我；没有主体的我，客体的彼也就无法体现。这样主体与客体也就近似统一了，然而不知道它受谁支配。好似有个真我，但是却看不见它的迹象。可以从它的行为中得到信息，却看不到它的形体，它是真实可信的，却没有具体的形象。

众多骨节，九个孔穴，六个内脏，都兼备地存在我的身上，我和哪个最亲近呢？它们你都喜欢呢，还是有所偏爱呢？如此不是都把它们当成臣妾了吗？它们是臣妾就不能相互支配吗？还是让它们轮流做君臣呢？难道果然另有真君存在吗？即使求得真君的真实情况与否，对它的本真是无所益损的。人一旦享受而形成形体，就认为躯体是常驻不变的而等待最后的耗尽。和外物相接触，既有相互矛盾之时，也有切中事理之时，他的心追逐外物像奔驰一样不能止步，这不是很可悲吗！一辈子劳劳碌碌而看不见他的成功，精神不振，疲于劳役，而不知道他的归宿，这不是很可悲吗！这样的人生虽然说他不死，又有什么益处呢？他的形体在不断地衰老，他的思想又随着形体的变化而消失，这能不叫作最大的悲哀吗？人生在世，本来就是如此的愚昧吗？难道只是我愚昧无知，而别人也有不愚昧无知的吗？

［原文］

夫随其成心而师之[1]，谁独且无师乎？奚必知代而心自取者有之[2]？愚者与有焉。未成乎心而有是非，是今日适越而昔至也。是以无有为有。无有为有，虽有神禹，且不能知，吾独且奈何哉！

夫言非吹也[3]，言者有言，其所言者特未定也。果有

弘忍遇师

弘忍七岁时，遇到道信禅师，道信问他：“你姓什么？”弘忍说：“姓（信）佛。”道信问：“如此，你没有姓。”弘忍说：“佛不是姓（信）空嘛。”佛法无边，无边即是大，大即是空。庄子的思想和禅理一样深奥，辩证地去理解还是能领悟一些的。比如：“方生方死，方死方生。”正在生成的，同时也正在死亡；正在死亡的同时也正在生成。站在生死之外自然能够看透生死。

言邪？其未尝有言邪？其以为异于鷇(kòu)音④，亦有辩乎⑤，其无辩乎？

道恶乎隐而有真伪？言恶乎隐而有是非？道恶乎往而不存？言恶乎存而不可？道隐于小成，言隐于荣华⑥。故有儒墨之是非，以是其所非而非其所是。欲是其所非而非其所是，则莫若以明。

物无非彼，物无非是。自彼则不见，自是则知之。故曰：彼出于是，是亦因彼。彼是，方生之说也⑦，虽然，方生方死，方死方生；方可方不可，方不可方可。因是因非，因非因是。是以圣人不由⑧，而照之于天，亦因是也。

是亦彼也，彼亦是也。彼亦一是非，此亦一是非。果且有彼是乎哉？果且无彼是乎哉？彼是莫得其偶⑨，谓“之道枢(shū)⑩。枢始得其环中，以应无穷。是亦一无穷，非亦一无穷也。故曰莫若以明”。

[注释]

①成心：已形成偏执的见解。②知代：懂得事物的变化。代，更，变化。③言非吹也：辩论与风吹不同。意指辩论出于成见，风吹发于自然。④鷇音：初生小鸟的叫声。比喻不带任何含义的话语。鷇，还要哺喂的小鸟。⑤辩：通“辨”，辨别。⑥荣华：指花言巧语。⑦彼是方生：彼此的观念是相对而生，相依而成的。⑧不由：指不走是非对立的路子。⑨莫得其偶：不能互相对立。偶，对立面。⑩道

枢：道的关键。

［译文］

若依据自己的成见作为是非标准，那么谁没有一个标准呢？何必是了解事物发展变化的有心地的人才有呢？愚昧的人也是有的。如果说没有形成主观成见，便有了是非观念，这就像惠施的“今天到越国去而昨天就到了。”的观点一样，这是把“无有”看成有。把“无有”看成有就是神明的大禹尚且不能理解，我又有什么办法呢！

言论不是吹风，发表言论的人都有所说的内容，但他们的言论又都自以为得当而不能有定论。他们果真有这些言论呢？还是没有过这些言论呢？他们自以为自己的言论不同于刚出蛋壳的小鸟叫声，到底是有分别呢，还是没有分别呢？

道是怎么被隐蔽而有真伪的呢？言论是怎样被隐蔽而有是非的呢？道是无真伪之分的在什么地方不存在呢？言论是无是非的在哪些方面又有不可的呢？道的本质隐蔽在片面认识的后面，言论的性质隐蔽在花言巧语之中，因此才有儒墨显学的是非之争，他们都各自肯定对方之所非，而非议对方之所是，如要肯定对方的所非而非议对方的所是，则不如以空明的心去反映事物的实情。

宇宙间的事物没有不是彼的，也没有不是此的，从彼方看不见此方，从此方来看就知道了。所以说，彼方是出于此方，此方也依存于彼方。彼此是相互并存的。虽然如此，生中有死的因素而向死转化，死中有生的因素则能向生转化，肯定中有否定因素而向否定转化，否定中有肯定因素而向肯定转化；由是而得非，由非而得是，因此，圣人不经由是非之途而只是如实地反映自然，也就是因任自然这条道理。

此也是彼，彼也是此。彼有一个是非，此也有一个是非，果真有彼此之分吗？果真无彼此之分吗？彼此都没有它的对立面，这就是万物为一的规律。符合道的规律才能得到它的运转的圆机，以顺应无有穷尽的发展变化。“是的”发展变化是无穷尽的，“非的”发展变化也是无穷尽的。所以说不如以空明的心去反映事物的实情。

［原文］

以指喻指之非指，不若以非指喻指之非指也；以马喻马之非马，不若以非马喻马之非马也。

天地一指也，万物一马也。

可乎可，不可乎不可。道行之而成，物谓之而然。恶乎然？然于然。恶乎不然？不然于不然。物固有所然，物固有所可。无物不然，无物不可。故为是举莛（tíng）与楹（yíng）[1]，厉与西施[2]，恢恑憰怪[3]，道通为一。其分也，成也；其成也，毁也。凡物无成与毁，复通为一。唯达者知通为一，为是不用而寓诸庸[4]。庸也者，用也；用也者，通也；通也者，

朝三暮四

朝三暮四和朝四暮三，两种喂猴的方法，从本质上说名和实都没有什么区别，但是猴子的快乐与否却是不同的。主观上对事物的看法，导致的结果是不一样的。

得也。适得而几矣。因是已。已而不知其然谓之道。

劳神明为一，而不知其同也[5]，谓之朝三。何谓朝三？狙(jū)公赋芧(xù)[6]，曰：“朝三而暮四[7]。”众狙皆怒。曰：“然则朝四而暮三。”众狙皆悦。名实未亏而喜怒为用[8]，亦因是也。是以圣人和之以是非而休乎天钧[9]，是之谓两行。

古之人，其知有所至矣[10]。恶乎至？有以为未始有物者，至矣，尽矣，不可以加矣。其次，以为有物矣，而未始有封也[11]。其次，以为有封焉，而未始有是非也。是非之彰也[12]，道之所以亏也；道之所以亏，爱之所以成。果且有成与亏乎哉？果且无成与亏乎哉？有成与亏，故昭氏之鼓琴也；无成与亏，故昭氏之不鼓琴也。昭文之鼓琴也，师旷之枝策也[13]，惠子之据梧也[14]，三子之知，几乎皆其盛者也，故载之末年。唯其好之也，以异于彼；其好之也，欲以明之彼。彼非所明而明之，故以坚白之昧终。而其子又以文之纶终，终身无成[15]。若是而可谓成乎，虽我亦成也。若是而不可谓成乎，物与我无成也。是故滑疑之耀[16]，圣人之所图也[17]。为是不用而寓诸庸，此之谓以明。

［注释］

①莛：草茎。楹：房柱。②厉：丑陋的女人。西施：春秋时越国人，以美貌

著称，故代指美女。③恢：诙谐。恑：通“诡”，狡猾。憰：通“谲”，欺诈。怪：奇异。④为是：因此。不用：指不用成或毁的观点去看问题。寓诸庸：托付于循环往复的变化。寓，托付。⑤一：指一管之见，一面之词。同：指同非彼此相通。⑥狙：猕猴。赋：给，分发。芧：橡子。⑦朝三暮四：早上发三个，傍晚发四颗。⑧名：橡子的数目。实：实际给的橡子。亏：减少。⑨和：调和。休：本义为人凭依在树下休息，故有无为任之的意思。天钧：自然调和的意思。⑩知：认识。有所至：达到最高的境界。⑪封：界限。⑫彰：明。⑬师旷：字子野，精通音律，晋平公的乐师。枝：拄。策：打鼓棒。⑭惠子：惠施。据：依靠。梧：梧桐。⑮纶：琴弦，指代琴。⑯滑疑：意即能言善辩、能乱是非异同。滑，乱。疑，同“稽”，同的意思。耀：炫耀。⑰图：革除。

[译文]

用指的概念来说明具体的指不是指，不如用不是指的概念来说明一般的指不是具体的指。用马的概念来说明具体的马不是马，不如用不是马的概念来说明一般的马不是具体的马。

其实天地之大就是一指，万物千差万别不过就是一马。

肯定自有肯定的道理，否定自有否定的道理。道路是人走出来的，事物的名称是人叫出来的，怎样才算对的？对的就是对的；怎样算是不对的？不对的就是不对的。怎样算是肯定？肯定就是肯定；怎样算是否定？否定就是否定。万物各有其存在的依据，万物各有其合理性，没有什么事物是不对的，没有什么事物是不可肯定的。所以为了说明这个道理，可举草茎和大柱子小大相同，丑女和西施丑美一样，千奇百怪一切情态，从道的观点来看，都是齐一无别的。万物总体的分就是众体的成，新事物的成又是旧事物的毁。一切事物没有成与毁的分别，还是把它们看成是齐一的。只有这样，通达的人才会通晓万物齐一的道理。因此，不用成毁的观点看问题，而托付于循环往复的观点看问题，按循环往复的变化行事，就是无用之用，就无所不通，无所不通，就无所不得。达到满意而有所得也就差不多了。听任自然吧，把万物看成齐一而不去了解它的所以然，这就叫作道。

耗费自己的聪明才智才了解万物齐一，和了解万物的本来面貌就是一样的，这两者没有什么差别，可以把它叫作“朝三”。什么叫“朝三”呢？养猕猴的老人在分给猕猴橡子时说：“早晨三颗而晚上四颗。”所有的猴子都非常愤怒。老人又说：“那么就早晨四个而晚上三个吧。”所有的猴子都非常喜悦。其实名义和实际都没有什么变化，然而却使猴子喜怒不同，这就是顺应猴子的心理作用罢了。所以，圣人调和是非而不去争论，这就是“因是”“以明”两个轮子缺一不能行走的道理。

古时候的人，他们的认识有最高境界。什么是最高境界？他们认为宇宙未曾形成万物的始初时刻，认识是最高的，尽美尽善的，再不能增加什么认识了。其次，则认为宇宙开始有了万物时，万物之间是没有分别界限的。再次，认为有了分别的界限，但未曾有是非之别。是非观念明显了，道的观念也就因此而亏损了。道的观念之所以亏损，是因偏私观念的形成。果真有所谓成就和亏损呢？果真还是没有成就和亏损呢？有成就和亏损，犹如昭文的弹琴；没有成功和亏损，犹如昭文不弹琴。昭文弹琴，师旷指挥，

惠施依靠梧桐树的辩论，这三位先生的认识和才智接近最高峰了，所以载誉于晚年。正因为他们各有所好，而炫异于别人，他们各以所好去让别人领悟，用不是别人所非了解不可的东西而硬让别人去了解，因此以“坚白论”的糊涂观念而终身。然而昭文的儿子继续昭文的事业，而终生无所成就。如果说这就是所谓成就，那么像我这样的也算有成就了。如果说这不可以称为成就，那么天下的事物和我都不能算是有成就。所以，那些迷乱世人的炫耀的言论，圣人是一定摒弃的。所以圣人不用这种言论，而是把认识寄寓于各物自身的功用上，这就叫作心地如镜地反映事物。

［原文］

今且有言于此，不知其与是类乎？其与是不类乎？类与不类，相与为类，则与彼无以异矣。

虽然，请尝言之。有始也者[1]，有未始有始也者，有未始有夫未始有始也者。有有也者，有无也者，有未始有无也者[2]，有未始有夫未始有无也者。俄而有无矣，而未知有无之果孰有孰无也。今我则已有谓矣，而未知吾所谓之其果有谓乎，其果无谓乎？

天下莫大于秋毫之末[3]，而大山为小[4]；莫寿于殇(shāng)子[5]，而彭祖为夭[6]。天地与我并生，而万物与我为一。既已为一矣，且得有言乎？既已谓之一矣，且得无言乎？一与言为二，二与一为三。自此以往，巧历不能得[7]，而况其凡乎！故自无适有以至于三，而况自有适有乎！无适焉，因是已。

夫道未始有封，言未始有常[8]，为是而有畛(zhěn)也[9]，请言其畛：有左，有右，有伦[10]，有义[11]，有分，有辩，有竞，有争，此之谓八德。

六合之外[12]，圣人存而不论[13]；六合之内，圣人论而不议。春秋经世先王之志[14]，圣人议而不辩。故分也者，有不分也；辩也者，有不辩也。曰：何也？圣人怀之[15]，众人辩之以相示也[16]。故曰辩也者，有不见也。

夫大道不称[17]，大辩不言[18]，大仁不仁，大廉不嗛，大勇不忮(zhì)[19]。道昭而不道，言辩而不及，仁常而不周，廉清而

不信，勇忮而不成。五者无弃而几向方矣⑳。

故知止其所不知，至矣。孰知不言之辩，不道之道？若有能知，此之谓天府㉑。注焉而不满，酌(zhuó)焉而不竭，而不知其所由来，此之谓葆光㉒。

不用利口

汉文帝一日游幸上林苑，来到虎圈就询问虎的情况，上林苑管簿的官员答不上来，但是有个管虎圈的啬夫却把老虎的情况详细地说了出来。文帝因此很喜欢啬夫，想要重用他。文帝侍臣说：“岂效此夫喋喋利口捷给哉？今以啬夫口辩而超迁之，恐天下随风而靡，争为口辩而无实也。”文帝因此没有重用啬夫。正如庄子所说“大道不称，大言不辩”。“不辩”才是辩论的最高境界。

[注释]

①有始也者：宇宙万物有它的开始。②有未始有无也者：有未曾有“无”的“无”。③秋毫：动物秋天换的新毛。新毛最小，故用来比喻微小的东西。④太山：泰山。⑤殇子：夭折的小孩。⑥夭：短命。⑦巧历：善于计算的人。不能得：不能算尽这个数。⑧言未始有常：言未曾有定论。常，是非意准。⑨为是：因此。畛：界限。⑩伦：次序等级。⑪义：宜。⑫六合：天地。因天地间为东、南、西、北、上、下六方所包围，故称六合。⑬圣人：指道家的圣人而非指孔丘。⑭春秋：指史书。经世：指治世之事，即社会政事。⑮怀之：指胸中囊括万物。⑯辩之：指分别彼此，争辩是非。相示：争相显示。⑰称：称道，说明。⑱大辩：善于辩论的人。不言：不说。⑲不忮：不会有害人之心。⑳几：近乎。向：转向。㉑天府：指圣人的心胸，形容它宽广，能包罗一切。㉒葆光：隐藏着的光辉。后人用葆光比喻善藏。

[译文]

现在姑且在这里发表些议论，不知道这些议论与其他人的议论是同类呢？还是不同类呢？同类也好，不同类也好，既然都是议论，那也就是同类了，那也就与其他人的议论没有什么差别了。

抑或如此，还是请你允许我说清楚。宇宙有它的开始，有它的未曾开始的开始，更有个未曾开始的未曾开始的开始。宇宙有它的有，有它的无，更有它的未曾有无的无，还更有它未曾有无的未曾有的无。顷刻间产生了有和无，然而却不知道这个有无果真是有，果真是无。现在我发表了这些议论，然而却不知道果真说了这些话呢，还是果真没说过这些话呢？

天底下没有什么东西是比秋天动物新换毛发的末端还要大的东西了，而泰山是小的；

貂蝉

貂蝉，四大美女之一。中国古代四大美女指貂蝉、西施、王昭君和杨贵妃。四大美女享有“闭月羞花之貌，沉鱼落雁之容”。可是我们不是鱼和鸟，怎么能够知道鱼沉雁落是因为觉得她们美好呢？这就是庄子辩证思想的可爱之处。

没有比未成年死去的人更长寿的，而活八百岁的彭祖却是短命的早亡者。天地万物都和我们同生于无，都与我同为一体。既然已经说过合为一体了，还能再说什么呢？既然已经说了与万物一体了，又怎能说没有说什么呢？万物一体的存在加上我所说的言论就成为二，二再加上一就成三，从此往下推算，最高明的数学家也不能得出最后的答案，何况一般的人呢？所以从无到有，以至于推出三来，何况从有到有的推演呢？不要再往下推演了，还是听任自然算了。

大道从来是没有界限的，言论从来是没有定准的，因为有了从无到有，才有了差别的界限，请允许我谈一谈它的区别界限，有左，有右，有伦序，有合宜，有分粗，有辨细，有竞弱，有争强，这是界限的八种表现。

宇宙以外的事情，圣人只观察而不考核其类属；宇宙以内的事情，圣人只是论说而不加以评议。《春秋》是记载治理社会的编年史，是先王治事的记录。圣人只评议而不争辩。所以说，有有分别的，就有不分别的；有可以争辩的，就有不可以争辩的。这种说法是什么意思呢？就是说，圣人把“存而不论”“论而不议”“议而不争”的观点藏在心中不让别人知道，百家争鸣的众人却争辩不休而相互夸耀以自胜。所以说这样的辩者只能是各执一词，具有只见己之是，不见己之非的片面性。

大道是用不着声扬的，善辩的人是不用言说的，最仁的人是不能偏爱的，最廉洁的人是不去表示谦逊的，最勇敢的人是不伤害人的。道如显示彰明就不是道，言如争辩就有所达不到的，仁有常爱而不周，廉到极清白就不信实，勇到害人逆物就不会取得成功。这五者虽有残缺而接近道的一隅了。

所以，明智的人止于他所不知的境地，就是极点了。谁能知道不用语言的辩论，不用声扬的道呢？如果有谁能知道这一点，这就称得上是天然的府库了。这种府库，注入多少东西都不会盈满，取出多少东西也不会枯竭，而且不知道它的源流来自何处，这就叫作隐藏起来的光明。

[原文]

故昔者，尧问于舜曰：“我欲伐宗、脍（kuài）、胥（xū）敖[1]，南面而不释然[2]。其故何也？”

舜曰：“夫三子者[3]，犹存乎蓬艾之间[4]。若不释然[5]，何哉？昔者十日并出[6]，万物皆照，而况德之进乎日者乎[7]！”

啮(niè)缺问乎王倪曰[8]：“子知物之所同是乎[9]？”曰：“吾恶乎知之！”“子知子之所不知邪？”曰：“吾恶乎知之！”“然则物无知邪？”曰：“吾恶乎知之！虽然，尝试言之。庸讵(jù)知吾所谓知之非不知邪[10]？庸讵知吾所谓不知之非知邪？且吾尝试问乎汝：民湿寝则腰疾偏死[11]，鳅(qiū)然乎哉[12]？木处则惴(zhuì)栗(lì)恂(xún)惧(jù)[13]，猨猴然乎哉[14]？三者孰知正处？民食刍豢(chú huàn)[15]，麋(mí)鹿食荐[16]，蝍蛆(jū)甘带[17]，鸱(chī)鸦耆鼠[18]，四者孰知正味？猨猵狙(jū)以为雌[19]，麋与鹿交，鳅与鱼游。毛嫱(qiáng)、丽姬[20]，人之所美也；鱼见之深入，鸟见之高飞，麋鹿见之决骤[21]。四者孰知天下之正色哉[22]？自我观之，仁义之端，是非之涂，樊(fán)然淆(xiáo)乱[23]，吾恶能知其辩！”

啮缺曰：“子不知利害，则至人固不知利害乎？”王倪曰：“至人神矣！大泽焚而不能热[24]，河汉沍而不能寒[25]，疾雷破山，飘风振海而不能惊。若然者，乘云气，骑日月，而游乎四海之外。死生无变于己，而况利害之端乎！”

瞿(qú)鹊子问乎长梧子曰[26]：“吾闻诸夫子：‘圣人不从事于务[27]，不就利[28]，不违害，不喜求[29]，不缘道[30]；无谓有谓，有谓无谓，而游乎尘垢之外。’夫子以为孟浪之言[31]，而我以为妙道之行也。吾子以为奚若？”

长梧子曰：“是黄帝之所听荧也[32]，而丘也何足以知之！且汝亦大早计，见卵而求时夜[33]，见弹而求鸮炙(xiāo zhì)[34]。

“予尝为女妄言之[35]，女以妄听之奚？

“旁日月[36]，挟宇宙，为其吻合，置其滑涽[37]，以隶相尊[38]。众人役役，圣人愚芚(chūn)[39]，参万岁而一成纯[40]。万物尽然，而以是相蕴[41]。

“予恶乎知说生之非惑邪！予恶乎知恶死之非弱丧而不知归者邪！”

"丽之姬[42]，艾封人之子也，晋国之始得之也，涕泣沾襟；及其至于王所，与王同筐床[43]，食刍豢，而后悔其泣也。予恶乎知夫死者不悔其始之蕲(qí)生乎[44]！

"梦饮酒者，旦而哭泣；梦哭泣者，旦而田猎。

"方其梦也，不知其梦也。梦之中又占其梦焉，觉而后知其梦也。

"且有大觉而后知此其大梦也[45]。而愚者自以为觉，窃窃然知之[46]。君乎[47]，牧乎[48]，固哉[49]！

"丘也，与女皆梦也；予谓女梦，亦梦也。是其言也，其名为吊诡[50]。万世之后，而一遇大圣，知其解者，是旦暮遇之也。

"既使我与若辩矣，若胜我，我不若胜，若果是也，我果非也邪？我胜若，若不吾胜，我果是也，而果非也邪？其或是也，其或非也邪？其俱是也，其俱非也邪？我与若不能相知也，则人固受黮暗[51]，吾谁使正之？

"使同乎若者正之[52]？既与若同矣，恶能正之！使同乎我者正之？既同乎我矣，恶能正之！使异乎我与若者正之？既异乎我与若矣，恶能正之！使同乎我与若者正之？既同乎我与若矣，恶能正之！然则我与若与人，俱不能相知也，而待彼也邪？

"何谓和之以天倪？"

曰："是不是，然不然。是若果是也，则是之异乎不是也，亦无辩；然若果然也，则然之异乎不然也，亦无辩。化声之相待[53]，若其不相待，和之以天倪(ní)[54]，因之以曼衍(yǎn)[55]，所以穷年也。忘年忘义[56]，振于无竟[57]，故寓诸无竟。"

[注释]

①宗、脍、胥敖：上古时代的三个小国。②南面：南向。古代帝王的座位是南向的，故以南面指帝位。这里引申为临朝。不释：放心不下。指在伐还是不伐的问题上犹豫不定。③三子：指三国国君。古代多以国君指代国家。④蓬：蓬蒿。艾：艾草。⑤若：你，指尧。⑥十日并出：古代的寓言，比喻光明普照万物的意思。⑦进乎：超过。⑧啮缺、王倪：传说是尧时贤人。尧的老师叫许由，许由的老师叫啮缺，啮缺的老师叫王倪。⑨子：先生。所同是：所同之是，指被人们所共同肯定的道理。是，肯定。⑩庸讵：何以。庸，用。讵，何。⑪湿寝：睡在湿的地方。疾：病。偏死：半身瘫痪。⑫鳅：泥鳅。⑬木处：居处在树上。惴栗：害怕得发抖的样子。恂惧：害怕。⑭猨：同“猿”。⑮刍豢：指牛羊猪狗等禽兽。食草的叫刍，食谷的叫豢。⑯荐：茂盛的草。⑰蝍蛆：蜈蚣。甘：可口。带：蛇。⑱鸱：猫头鹰。鸦：乌鸦。⑲猵狙：猕猴的一种。⑳毛嫱：古代美女。㉑决骤：迅速奔跑。㉒正色：真正漂亮的容貌。㉓樊然：杂乱的样子。淆：错杂。㉔大泽：大草泽。热：作动词用，使之感到热。㉕河：黄河。汉：汉水。沍：河水冻结。㉖瞿鹊子：孔子后学。长梧子：被封在长梧，故又被称为长梧封人。㉗务：世务。㉘就：趋就，这里有追逐的意思。㉙喜求：热衷于追求。㉚缘道：意即害道。缘，废弃。㉛孟浪：荒诞。㉜听荧：听了感到惑乱。荧，眼花缭乱。㉝时夜：司夜。五更时分鸡啼报晓，故古人称鸡为司夜。㉞弹：指打鸟用的弹丸。鸮：鸮鸟，似斑鸠，青绿色，肉美味好吃。㉟妄：随便，姑且。㊱旁：依傍。㊲置：任。滑涽：昏乱。㊳以隶相尊：把下贱的看作同样尊贵。㊴芚：通“钝”。指浑然无所察觉或识别的样子。㊵参：糅合。一：一体，整个。㊶相蕴：相互包藏。㊷丽之姬：晋献公夫人。㊸筐床：安床，君主所睡的床。㊹蕲：求。㊺大觉：指领悟了大道而觉醒。大梦：指一辈子不觉悟，如长期睡觉一般。㊻窃窃然：这里指自以为明察的样子。窃窃，察察，明察。㊼君：这里代指高贵者。㊽牧：牧圉，养马的人。这里代指卑贱者。㊾固：固陋。㊿其：指愚者。名：称。吊诡：极其怪异之谈。51黮暗：昏暗不明的样子。52正：评判。53化声之相待：变化的声音是相待而成的。54天倪：自然。55曼衍：散漫流行，不拘常规。56忘年：不计岁月。忘义：不讲仁义。57振：畅。竟：通“境”。

[译文]

古代，尧问舜说：“我想讨伐宗、脍、胥敖三国，在临朝的时候却觉得很不高兴。这是什么原因呢？”

舜说：“那三位君主还在草莽之中，你却很不愉快，这是为什么呢？在古代，十个太阳同时出现，万物都被它们的光照耀着。何况那德业超过太阳的人呢？”

啮缺问王倪说：“你知道万物有所共同肯定的道理吗？”王倪回答说：“我怎么知道这些呢！”啮缺又问说：“你知道你所不知道的东西吗？”王倪说：“我怎么知道呢！”啮缺再问说：“那么万物就没法知道了吗？”王倪说：“我怎么知道这些呢！虽然如此，还是让我试试谈一谈这个问题。怎么知道我所说的知不是知道呢？怎么知道我所说的

不知并不是知呢？现在姑且让我问你：人在潮湿的地方睡觉就会腰痛而偏瘫，泥鳅是这样吗？人在树上居住就惊恐不安而发抖，猿猴也是这样吗？这三种动物究竟谁最了解真正舒适的处所呢？人吃牛羊猪狗，麋鹿吃蒿草，蜈蚣吃蛇，猫头鹰和乌鸦爱吃老鼠，这四种动物究竟谁知道真正好吃的美味呢？雄猕猴与母猿相配为雌雄，麋鹿和鹿相交媾，泥鳅和鱼相交尾。毛嫱、丽姬是世人认为最美的人，然而鱼见到她们就潜入水底，鸟见到她们就飞向高空，麋鹿见到她们就疾速奔跑，这四种动物究竟是谁知道天下真正的美色呢？依我看来，仁与义的端倪，是和非的途径，杂乱无章，我怎么能知道它们之间的区别呢！”

啮缺说：“你不知道利害关系，难道至人也不知道利害关系吗？”王倪说：“至人太神妙了！山泽燃烧而不能使他感到热，江河封冻而不能使他感到冷，疾雷劈山、暴风震海而不能使他感到惊恐。像这样的至人，乘着云气，骑着日月，而遨游于四海之外，死生都不能使他自己发生变化，何况利害这样的小事呢！”

瞿鹊子问长梧子说：“我听孔夫子说过：‘圣人不去从事世俗的事情，不贪图利益，不回避危害，不喜欢追求世欲，不拘泥于道欲；没有说话就等于说话了，说了话就等于没有说话，而遨游于世俗之外。’孔夫子认为这些都是轻率的言论，而我认为这些正是可以身体力行的妙道。你以为怎样？”

长梧子说：“这些话黄帝听了也会感到疑惑不解，而孔丘怎么会了解呢？而且你也太求之过急了，见到鸡蛋便想得到报晓的雄鸡，见到弹丸就想吃到烤鹏鸟肉。

“我尝试给你随便说说，你也就随便听听吧。

“何不依傍着日月，挟持着宇宙，与日月宇宙万物合为一体，任凭是非杂乱不齐，把奴仆同样看作是尊贵的人。那些世俗的人们劳苦不休地追求知识，圣人则表现为愚昧无知的样子，浑同历代变异而不为是非所乱。万物都是如此，而互相蕴含于齐一之中。

“我怎么知道对活着高兴而不迷惑呢？我怎么知道对死亡感到厌恶而不像少年流浪在外不知回家的人呢？

“丽戎国有个美女，是戎国在艾地戍守边界人的女儿。当晋国开始得到她的时候，哭得泪水湿透了衣襟；等她到了晋献公的王宫里，和国王睡在一张方正而安适的床上，同吃美味的牛羊猪狗肉时，才后悔当初不该哭泣。我怎能知道死了不后悔当初不该贪生呢？

“梦中开怀畅饮，醒了之后却要痛哭流涕；梦中痛哭流涕，醒了又去狩猎取乐。

“当他正在梦中，不知他是在做梦，睡梦中还占卜问他梦中之梦的吉凶，醒了之后才知道是在做梦。

“只有特别清醒的人才知道人生是一场大梦，而愚昧无知的人，自以为很清醒，表现出明察一切的样子，觉得他什么都知道。什么君主啊，什么臣子啊，太浅陋了！

“我看孔丘和你都在做梦，我说你们在做梦，我也在做梦。这些言论可以把它称为怪异的言论，也许万世之后会遇到一位大圣人能了解这个道理，那也是旦暮相遇的偶然现像。

“即使我与你进行辩论，你胜了我，我没有胜你，你肯定对，我肯定错吗？我胜了你，你没有胜我，我肯定对，你肯定错吗？是我们两个人有一方是对的，有一方是错的呢？还是我们双方都对，或者都错呢？我与你都不知道，别人本来就受到它的蒙蔽而暗淡不明。我们请谁来评判是非呢？

“假使请观点和你的观点相同的人来评判，他既然和你的观点相同了，又怎样评判呢？假使请观点和我的观点相同的人来评判，他既然和我的观点相同了，又怎么能评判呢？假使请观点和你我观点都不同的人来评判，他既然与我和你的观点都不同，又怎么能评判呢？假使请观点和你我都相同的人来评判，他既然与我和你的观点都相同，又怎么能评判呢？那么，我和你和其他别人都不评定谁是谁非了，还等待谁来评判呢？

“什么叫作混同于自然来调和一切是非呢？”

说：“有是就有不是，有对就有不对。如果真的是是的，那么，是的不同于不是的也就不须分辨了：那些辩论的言词化作声音而相互对立，因为不能相互评判，所以就像没有对立一样，混同于自然之分，顺应着无穷的变化，从而享尽一生。对的果真是对的，那么，对的不同于不对的也就不须分辨了。如果凭借着随事物变化的声音来分是非，就和不凭借它一样。只有用‘天倪’来和同是非，凭借着它来推衍事理，这才可以安稳地度过自己的一生。忘掉生死岁月，忘掉是非仁义，就能畅游于无穷的境界，这样也就把自己寄托在不能穷尽的境域了。”

［原文］

罔(wǎng)两问景曰①：“曩(nǎng)子行②，今子止；曩子坐，今子起；何其无特操与③？”

景曰：“吾有待而然者邪④！吾所待又有待而然者邪！吾待蛇蚹、蜩(tiáo)翼邪⑤！恶识所以然？恶识所以不然？”

昔者庄周梦为蝴蝶，栩(xǔ)栩然蝴蝶也⑥，自喻适志与⑦！不知周也。俄然觉，则蘧(qú)蘧然周也⑧。不知周之梦为蝴蝶与，蝴蝶之梦为周与？周与蝴蝶，则必有分矣。此之谓“物化”。

［注释］

①罔两：影子的影子。景：古“影”字。②曩：从前。③无特操：指影子随物而动，缺乏独立性。④有待：有所依赖。⑤蛇蚹：蛇蜕。⑥栩栩然：生动活泼的样子。栩栩，即翩翩。⑦喻：晓，觉得。适志：得意。与：通“欤”，句末助词。⑧蘧蘧然：惊疑的样子。梦醒之后，想到自己又是庄周，故感到惊奇而又疑惑。

［译文］

影子的影子问影子说：“过去你行走，现在你又停下；过去你坐着，现在你又站起来；为什么你不能独立的操持呢？”

影子回答说：“我是有依赖条件才这样的呀！我所依赖的东西又有所依赖才这样的

呀！我依赖蛇腹下的鳞皮和蝉的翅膀才这样的呀！我怎能知道为什么会是这样的？我怎能知道为什么不会是这样的？”

曾经庄周梦见自己变为蝴蝶，栩栩如生飞舞自得的蝴蝶，自己为适合心意而感到愉快，竟然忘掉自己是庄周了。顷刻间梦醒了，才惊奇地意识到自己仍然是庄周。不知道是庄周在梦中变成了蝴蝶呢，还是蝴蝶在梦中变为庄周呢？庄周和蝴蝶毕竟是有区别的。这种物我的变化就叫作物化。

题解

《养生主》篇的宗旨乃是教人顺着事物的自然之理，而不被物所拘泥；忘却情感的悲欢无常，而不违反天命。

庄子虽然也很注意养生问题，但其实他所说的“养生”更是要教人养自己的心性，以求不要伤害自己的精神。“指穷于为薪，火传也，不知其尽也”。说烛和树枝的燃烧，有完的时候，但是火可以传续下去，没有穷尽的时候。就是以柴比喻人的形体，用火比喻人的精神。形体有毁灭的时候，精神可以永远不死。善于养生的人不仅重视形体，而且保贵精神。善于养生的人能看破生死，不为情感所动，就像秦失吊老聃时，只是随着别人哭了几声就出来了，这是因为老聃是应时生的，应时死的，此乃顺天之理。善于养生的人要求的是精神上的适意，不是物质的享受，若人求利禄，往往会被利禄剥夺了自由。庄子的养生论，既非杨，亦非墨，似老子又别于老子。后人虽称庄子为道家，但他并不主张“求长生不老”，也不主张纵欲。

养生主

[原文]

吾生也有涯①，而知也无涯。以有涯随无涯，殆已②；已而为知者③，殆而已矣。为善无近名，为恶无近刑。缘督以为经④，可以保身，可以全生⑤，可以养亲⑥，可以尽年⑦。

[注释]

①涯：限，边界。②殆：危险，这里指疲惫。已：句末助词，犹“了”。③已：指已经如此。为知：追求知识。④缘：因循，沿着。督：督脉，沿背脊中央贯彻人体上下，人体中奇经八脉之一，为人体阳脉之总纲。经：贯通南北，也指纲纪。⑤全生：保全自己的生理。⑥亲：指“真君”，即精神。⑦年：年寿。指自然寿命。

遣使求仙

秦始皇好神仙，迷信方士之言派人寻不死之药，终不可得，至死方悔为方士所欺。关于养生，庄子主张遵循自然之法来“保身”“全生”“养亲”。

[译文]

我们的生命有限，知识却是无穷的，用有限的生命去追求无穷的知识，那是很危险的。只知道追求知识的人，也就只有危困不安地结束一生了。做好事不要求取名声，做坏事不要触及刑罚。依循自然之理来作为常则，可因此保养身体，可因此具全天性，可因此养护精神，可因此享尽天赋的寿命。

［原文］

庖(páo)丁为文惠君解牛①，手之所触，肩之所倚，足之所履(lǚ)，膝之所踦(yǐ)②，砉(huā)然响然③，奏刀騞(huō)然④，莫不中音；合于《桑林》之舞⑤，乃中《经首》之会⑥。

文惠君曰：“嘻，善哉！技盖至此乎？”

庖丁释刀对曰：“臣之所好者道也，进乎技矣。始臣之解牛之时，所见无非全牛者。三年之后，未尝见全牛也。方今之时，臣以神遇而不以目视⑦，官知止而神欲行⑧。依乎天理⑨，批大郤(xì)道大窾(kuǎn)因其固然⑩，枝经肯綮(qìng)之未尝⑪，而况大軱乎⑫！良庖岁更刀，割也；族庖月更刀⑬，折也。今臣之刀十九年矣，所解数千牛矣，而刀刃若新发于硎⑭。彼节者有间，而刀刃者无厚；以无厚入有间，恢恢乎其于游刃必有余地矣⑮。是以十九年而刀刃若新发于硎。虽然，每至于族⑯，吾见其难为，怵然为戒⑰，视为止⑱，行为迟。动刀甚微，謋(huò)然已解⑲，牛不知其死也，如土委地。提刀而立，为之四顾，为之踌躇满志，善刀而藏之⑳。”

两朝褒赠

宋太祖询问治世养生之道，傚曰：“治世莫若爱民，养生莫若寡欲。”宋太祖甚爱其言。同是养生之道，庄子的养生之境界更高，庄子认为养生要像庖丁解牛一样，物我两忘，做到游刃有余的生活。

文惠君曰：“善哉！吾闻庖丁之言，得养生焉。”

［注释］

①庖丁：厨工。文惠君：梁惠王。解：

分解，宰。②踦：通“倚”，抵住。③砉、响：都是状声词，形容解牛的声音。④奏刀：进刀。騞：状声词，牛体被解开时发出的声音。⑤《桑林》：商汤王时的乐曲名。用这个曲配乐的舞蹈则叫《桑林之舞》。⑥《经首》：尧时咸池乐曲中的一章。会：音律，节奏。⑦神：神气。遇：指接触牛体。⑧官：器官。神欲行：喻心神自运，而随心所欲。⑨依：按照。天理：天然的生理结构。⑩批：击。郤：指筋骨间的空隙。道：引刀而入。窾：洞穴，指骨节间的窍穴。⑪肯：附在骨头上的肉。綮：筋骨连结的地方。⑫大軱：大骨，即髀骨。⑬族庖：指一般的厨子。⑭新发于硎：刚从磨刀石上磨过。发，磨出。硎，磨刀石。⑮恢恢乎：宽绰的样子。游刃：刀口的运转。⑯族：指骨头结聚的地方。⑰怵然：小心谨慎的样子。为戒：为之警戒。⑱视为止：视力因此而集中，喻眼神专注。⑲謋然：象声词，形容牛体解开时发出的声音。⑳善：通“拭”，擦拭。

［译文］

有一个厨师名叫丁，替梁惠王宰牛，手所接触的地方，肩膀所靠着的地方，脚所踩着的地方，膝盖所顶着的地方，都发出皮骨相离的声音，刀子刺进去时发出更大的响声，这些声音没有不合乎音节的。和《桑林》的舞乐相合拍、和《经首》的节奏同步调。

梁惠王说：“嘻，好啊！你的技术怎么能达到这样的地步呢？”

庖丁放下刀子回答说：“臣下所喜好的是原理，已经超过技巧了。刚开始我在宰牛的时候，看见的都是整头的牛。三年以后，看见的再也不是整头的牛了。到了现在这个时候，臣下只是用心神去接触，不必用眼睛去看，感官的知觉停止了，全靠精神意念在活动。顺着天然的肌理结构，劈开筋骨间大的空隙，再引向骨节间大的空隙，顺着牛体本来的结构使刀。从来没有碰到过经络相连或筋肉盘结的地方、更何况大的骨头呢！技术高明的厨工每年换一把刀，因为他用刀子去割肉。一般的厨工每月换一把刀，因为他用刀子去砍骨头。现在臣下的这把刀用了十九年了，宰杀过的牛好几千头了，可是刀锋却像刚从磨刀石上磨出来的一样。牛身上的骨节是有空隙的，而刀锋并不厚，用这样薄的刀锋刺入有空隙的骨节中，当然是可以宽绰而有余地运转刀锋了，因此用了十九年，刀锋仍像刚从磨刀石上磨出来的一样。虽然这样，可是每当碰到筋骨交错的地方，我知道那里难以下刀，就特别小心翼翼，目光凝聚，动作缓慢地进行着。当刀子轻轻地动了一下，哗啦一声，骨肉就已经分离，像一堆泥土散落在地上了。我抽回刀子站立着，为这件事得意地四下环顾，也因此感到洋洋得意，心满意足。然后把刀擦拭干净，收藏起来。”

梁惠王说：“好啊！我听了庖丁的话，领悟到保养生命的道理了。”

［原文］

公文轩(xuān)见右师而惊曰①：“是何人也？恶乎介也②？天与，其人与？”曰：“天也，非人也。天之生是使独也，人之貌有与也。以是知其天也，非人也。”

泽雉十步一啄(zhì)[3]，百步一饮，不蕲(qí)畜乎樊中[4]。神虽王[5]，不善也[6]。

老聃(dān)死[7]，秦失吊之[8]，三号而出。弟子曰：“非夫子之友邪？”曰：“然。”“然则吊焉若此，可乎？”曰：“然。始也吾以为其人也，而今非也。向吾入而吊焉[9]，有老者哭之，如哭其子；少者哭之，如哭其母。彼其所以会之[10]，必有不蕲言而言[11]，不蕲哭而哭者。是遁(dùn)天倍情[12]，忘其所受[13]，古者谓之遁天之刑。适来，夫子时也[14]；适去，夫子顺也。安时而处顺，哀乐不能入也，古者谓是帝之县解[15]。”

指穷于为薪，火传也，不知其尽也。

[注释]

①公文轩：姓公文，名轩，传说是宋国人。右师：本是官职，这里指的是当过右师的一个人。②恶乎：何以。③泽雉：生活在草泽中的野鸡。④樊：笼。⑤王：通“旺”，旺盛，饱满。⑥不善：不乐，因为被关着而无自由。⑦老聃：姓李名耳，字聃，人称老子。⑧秦失：老子的朋友。⑨向：刚才。⑩彼：指哭者。会：聚集。⑪言：借为唁。⑫遁天：逃避自然。倍情：违背真情。⑬所受：指禀受的本性。⑭适：偶然。时：应时。⑮县解：自然地解除。

[译文]

公文轩看见右师惊讶地说：“这是什么人，为什么少了一只脚呢？是天造成的，还是人造成的呢？”右师说：“这是天造成的，不是人造成的，天生注定我只有一只脚。因为人的形体是有两只脚的，因此是天造成的，不是人造成的。”

沼泽里的野鸡，走十步才能啄取一口食物，走一百步才能喝到一口水，可是它并不希望被蓄养在笼子里，虽然神气十足，生活却不愉快。

老聃死了，秦失前去吊唁，只哭了几声就出来了。老聃的弟子问他说：“你不是我老师的朋友吗？”秦失说：“是的。”老聃的弟子又问：“那么，像你这样吊唁可以吗？”秦失说：“是的，起先我把他当作是个人，可是现在不是了，刚才我进去吊唁的时候，有老年人哭他，如同哭自己的儿子，有年轻人哭他，如同哭自己的母亲一般。他们来这里致祭所表现出来的种种情状，必然有不想说却又说出的话，不想哭却又哭的情形。这就是逃遁天理，违背实情，忘记了他所秉受的天性。古时候把这种情形叫作‘遁天之刑’。来到世间，是先生最好的时机；离开世间，是先生顺应天理的结果。安于时遇，随顺自处，喜怒哀乐的情感自不能入于胸中。古时候把它叫作‘帝之悬解’。”

烛薪有烧完的时候，火却永远传下去，不会有穷尽的时候。

题解

《人间世》篇主旨在描述人际关系的纷争纠结，以及处人、自处之道。庄子处于一个权谋狡诈的战争时代，统治者凶暴贪婪，人民横遭杀戮，社会动荡不安。庄子揭露了人间世的险恶面，而他提供的处世与自处之道却是无奈的。庄生的哲学让人能够化险为夷，在险能安。庄子知命之不可违抗，知人在命运面前无能为力，既不抗拒，也不怨愤，也不颓废，而是以一种恬然达观的态度，以一种无可奈何的态度来对待自己，是一种只求适应并不求改变的乱世人生哲学。

本篇大致上的纲要是“心斋”和“无用之大用”。心斋即虚以待物，人间的种种纷争追根究底在于求名用智。“名”“智”为造成人间纷争的根源，去除求名斗智的心念，使心境达于空明的境地是为“心斋”。达到忘掉一切纷争和痛苦甚至忘掉形体与自我地步，心斋和坐忘均为庄子应世之重要法则，也是他寻求乱世中的解脱办法。而“无用之大用”的价值观念实际上是提出人的社会价值和自身存在的矛盾。“无用”即不被当道者所役用。不沦为工具价值，乃可保全自己，进而发展自己。

人间世

[原文]

颜回见仲尼[1]，请行。

曰：“奚之？”曰：“将之卫。”曰：“奚为焉？”曰：“回闻卫君[2]，其年壮，其行独[3]，轻用其国，而不见其过；轻用民死，死者以国量乎泽，若蕉[4]，民其无如矣[5]，回尝闻之夫子曰：‘治国去之，乱国就之[6]，医门多疾[7]。’愿以所闻思其则，庶几其国有瘳（chōu）乎[8]！”

仲尼曰：“嘻！若殆（dài）往而刑耳[9]！夫道不欲杂，杂则多，多则扰，扰则忧，忧而不救。古之至人，先存诸己而后存诸人。所存于己者未定，何暇至于暴人之所行！

“且若亦知夫德之所荡而知之所为出乎哉[10]？德荡乎名，知出乎争。名也者，相轧也[11]；知也者，争之器也。二者凶器，非所以尽行也。且德厚信矼（kòng）[12]，未达人气[13]，名闻不争，未达人心。而强以仁义绳墨之言术暴人之前者[14]，是以人恶有其美也，命之曰菑（zāi）人[15]。菑人者，人必反菑之，若殆为人

孔子小像

菑夫！且苟为悦贤而恶不肖，恶用而求有以异⑯？若唯无诏⑰，王公必将乘人而斗其捷⑱。而目将荧之⑲，而色将平之，口将营之⑳，容将形之㉑，心且成之。是以火救火，以水救水，名之曰益多，顺始无穷。若殆以不信厚言㉒，必死于暴人之前矣！

“且昔者桀（jié）杀关龙逄㉓，纣杀王子比干㉔，是皆修其身以下伛（yǔ）拊（fǔ）人之民㉕，以下拂其上者也㉖，故其君因其修以挤之。是好名者也。昔者尧攻丛枝、胥（xū）敖，禹攻有扈（hù）㉗，国为虚厉㉘，身为刑戮（lù），其用兵不止，其求实无已㉙。是皆求名、是皆求名实者也。而独不闻之乎？名实者，圣人之所不能胜也，而况若乎！虽然，若必有以也，尝以语我来！”

［注释］

①颜回：姓颜名回，字子渊，孔丘弟子。仲尼：孔丘的字。②卫：春秋时诸侯国，在今河南汤阴南。③独：专横独断。④国：域，区域。量：量度。乎：坼裂。蕉：通“焦”。⑤民其无如矣：老百姓无所依归了。⑥就：这里指进去救治。⑦医门：医家之门。疾：指病人。⑧有瘳：可以治好。瘳，病愈。⑨殆：大概，差不多。⑩荡：失去。出：外露。⑪轧：倾轧。⑫德厚：道德纯厚。信矼：行为诚实。矼，憨实的样子。⑬达：了解。人气：他人的感情。⑭绳墨：本指木匠划线用的工具，这里引申为法度规矩。术：借为述，陈述。⑮菑：害。⑯恶：何。而：你。⑰诏：诰诫，诤谏。⑱王公：指卫君。人：指颜回。捷：巧辩。⑲荧：眩惑。⑳口将营之：口里只顾得营救自己。㉑形之：指表现出理屈顺从的样子。㉒殆：将。不信：不被信任。厚言：指反复诤谏。厚，多。㉓桀：夏桀王。关龙逄：桀时贤臣，因忠谏桀而被杀。㉔纣：商纣王。王子比干：纣王叔父，因忠谏纣王而被挖心。㉕伛拊：通“呕呴”，怜爱。人之民：指国君之民。㉖拂：违逆，触犯。㉗扈：夏时国名。在今

陕西户县北。㉘国：指以上四国。为：成了。虚：通“墟”，废墟。厉：厉鬼。古时说人无后而死则变为厉鬼。㉙实：实利。已：止。

［译文］

颜回拜见老师仲尼，请求同意他出远门。

孔子说：“到哪里去呢？”颜回回答：“打算去卫国。”孔子说：“去卫国干什么呢？”颜回说：“我听说卫国的国君，他正年轻，办事专断；轻率地处理政事，却看不到自己的过失；轻率地役使百姓使人民大量死亡，死人遍及全国不可胜数，就像大泽中的草芥一样，百姓都失去了可以归往的地方。我曾听老师说：‘治理得好的国家可以离开它。治理得不好的国家却要去到那里，就好像医生门前病人多一样。’我希望根据先生的这些教诲思考治理卫国的办法，卫国也许还可以逐步恢复元气吧！”

孔子说：“嘻！你恐怕去到卫国就会遭到杀害啊！推行大道是不宜掺杂的，杂乱了就会事绪繁多，事绪繁多就会心生扰乱，心生扰乱就会产生忧患，忧患多了也就自身难保，更何况拯救国家。古时候道德修养高尚的至人，总是先使自己日臻成熟方才去扶助他人。如今你自己的道德修养方面还没有什么建树，哪里还有什么工夫到暴君那里去推行大道！

“你懂得道德毁败和智慧表露的原因吗？道德的毁败在于追求名声，智慧的表露在于争辩是非。名声是互相倾轧的原因，智慧是互相争斗的工具。二者都像是凶器，不可以将它推行于世。一个人虽然德行纯厚诚实笃守，可未必能和对方声气相通，一个人虽然不争名声，可未必能得到广泛的理解。而勉强把仁义和规范之类的言词述说于暴君面前，这就好比用别人的丑行来彰示自己的美德，这样的做法可以说是害人。害人的人一定会被别人所害，你这样做恐怕会遭到别人的伤害呀！况且，假如说卫君喜好贤能而讨厌恶人，那么，哪里还用得着等待你去才有所改变？你果真去到卫国也只能是不向卫君进言，否则卫君一定会紧紧抓住你偶然说漏嘴的机会马上向你争辩。你必将眼花缭乱，而面色将佯作平和，你说话自顾不暇，容颜将被迫俯就，内心也就姑且认同卫君的所作所为了。这样做就像是用火救火，用水救水，可以称之为错上加错。有了依顺他的开始，以后顺从他的旨意便会没完没了，假如你未能取信便深深进言，那么一定会死在这位暴君面前。

“从前，夏桀杀害了敢于直谏的关龙逢，商纣王杀害了力谏的叔叔比干，这些贤臣他们都十分注重自身的道德修养并以臣下的地位抚爱人君的百姓，同时也以臣下的地位违逆了他们的国君，所以他们的国君就因为他们道德修养高尚而排斥他们、杀害了他们。这就是喜好名声的结果。当年帝尧征伐丛枝和胥敖，夏禹攻打有扈，三国的土地变成废墟，人民全都死尽，而国君自身也遭受杀戮，原因就是三国不停地使用武力，贪求别国的土地和人口。这些都是求名求利的结果，你偏偏就没有听说过吗？名声和实利，就是圣人也不可能超越，何况是你呢？虽然这样，你必定有所依凭，你就试着把它告诉我吧！”

［原文］

颜回曰：“端而虚[1]，勉而一[2]，则可乎？”曰：“恶[3]，

恶可！夫以阳为充孔扬[4]，采色不定[5]，常人之所不违，因案人之所感[6]，以求容与其心[7]，名之曰日渐之德不成[8]，而况大德乎！将执而不化[9]，外合而内不訾(zī)[10]，其庸讵(jù)可乎[11]！”

“然则我内直而外曲[12]，成而上比[13]。内直者，与天为徒[14]。与天为徒者，知天子之与己皆天之所子[15]。而独以己言蕲(qí)乎而人善之[16]，蕲乎而人不善之邪？若然者，人谓之童子[17]，是之谓与天为徒。外曲者，与人之为徒也。擎(qíng)跽(jì)、曲拳[18]，人臣之礼也，人皆为之，吾敢不为邪？为人之所为者，人亦无疵(cī)焉[19]，是之谓与人为徒。成而上比者，与古为徒，其言虽教，谪(zhé)之实也[20]；古之有也，非吾有也。若然者，虽直而不病[21]，是之谓与古为徒。若是则可乎？”

仲尼曰：“恶，恶可！大多政法而不谍[22]，虽固亦无罪[23]。虽然，止是耳矣[24]，夫胡可以及化[25]！犹师心者也[26]。”

颜回曰：“吾无以进矣，敢问其方[27]”仲尼曰：“斋[28]，吾将语若！有心而为之[29]，其易邪？易之者，皞天不宜[30]。”颜回曰：“回之家贫，唯不饮酒不茹荤者数月矣[31]。如此，则可以为斋乎？”曰：“是祭祀之斋，非心斋也[32]。”回曰：“敢问心斋。”仲尼曰：“若一志[33]，无听之以耳而听之以心，无听之以心而听之以气[34]！听止于耳[35]，心止于符[36]。气也者，虚而待物者也。唯道集虚[37]。虚者，心斋也。”

颜回曰：“回之未始得使[38]，实自回也[39]；得使之也，未始有回也。可谓虚乎？”

夫子曰：“尽矣[40]。吾语若！若能入游其樊而无感其名[41]，入则鸣[42]，不入则止。无门无毒[43]，一宅而寓于不得已[44]，则几矣[45]。绝迹易，无行地难[46]。为人使易以伪[47]，为天使难以伪。闻以有翼飞者矣，未闻以无翼飞者也；闻以

有知知者矣，未闻以无知知者也[48]。瞻彼阕(què)者[49]，虚室生白[50]，吉祥止止[51]。夫且不止，是之谓坐驰[52]，夫徇(xún)耳目内通而外于心知[53]，鬼神将来舍，而况人乎！是万物之化也，禹舜之所纽也[54]，伏戏几蘧(qú)之所行终[55]，而况散焉者乎[56]！”

伏羲

伏羲，又作伏戏、皇羲、太昊等，《史记》中称伏牺。所处时代约为旧石器时代中晚期，是中华民族人文始祖。相传为中国医药学鼻祖之一。伏羲根据天地间阴阳变化之理，创制八卦。此外，他还模仿自然界中的蜘蛛结网而制成网罟，用于捕鱼打猎。

［注释］

①端：端庄、正派。虚：虚豁、谦逊。“端”指外表，“虚”指内心。②勉：勤恳努力。一：这里是始终如一，忠贞不二的意思。③恶：叹词，驳斥之声；与下句疑问代词用法的“恶”不同。④阳：指刚猛之盛气。充：满，充斥于心。孔：甚，很。扬：露于外表。⑤采色：这里指面部表情。“采色不定”犹言“喜怒无常”。⑥案：压抑，压制。⑦容与：放纵。⑧渐：浸渍，润泽。⑨执：固守己见。⑩外合：外表赞同。訾：非议。“不訾”意思是不愿对自己的言行做出反省。⑪其：那，那样。庸讵：怎么。⑫直：正直，光明正大。曲：弯曲，含有俯首曲就的意思。⑬成：成就，指心中有数，已有成熟的主张和看法。一说引用现成的话。上：上世，指古代。“上比”意思是跟古代的做法相比较。⑭天：自然。⑮所子：所养育的子女。⑯蕲：祈求，希望得到。善之：以之为善，把这样的言论看作是正确的。⑰童子：未成年的人。⑱擎：举，这里指手里拿着朝笏。跽：长跪。曲拳：躬身屈体。⑲疵：诽谤。⑳谪：“谪”的异体字；谴责、责备。㉑病：怨恨、祸害。㉒大：太。政：通作“正”，端正、纠正的意思。谍：当。㉓固：固陋，执着而不通达。㉔止是：只此。耳矣：罢了。㉕胡：何，怎么。㉖师：讲作以……为师。心：这里指内心的定见。㉗敢：表示谦敬之词，相当于今天“斗胆地”“冒昧地”之意。方：办法。㉘斋：斋戒，指祭祀前的清心洁身，这里专指清心。㉙有心：指怀有积极用世之心。㉚皞：明亮。“皞天”，即青天，苍天之意。宜：当，合适。㉛茹：吃。荤：旧注指荤辛，即葱蒜之类的菜。㉜心斋：内心的斋戒。㉝一：专一。“一志”意思是凝寂虚忘，摒除杂念，心思高度专一。㉞气：“气”在中国古代哲学中是一极为重要的概念，指构成宇宙万物的本原。但这里是指虚以待物的心境。㉟“听止于耳”一句，联系下句当是“耳止于听”之误倒。㊱符：合。㊲虚：这里指纯净、空明的境界。㊳得使：意思是禀受了心斋的教诲。㊴自：疑是“有”

字之误。㊵尽：详尽，指颜回的上述言论对于“心斋”的理解，说得十分深透。㊶樊：篱笆，喻指卫君统治的范围，并暗含追名逐利之场所的意思。感其名：为名利地位所动。㊷入：采纳进谏。㊸毒：通作“垟”，累积土石用作保卫门栏的土台，喻指索求门径的标的。㊹一：心思高度集中。宅：这里用指心灵的位置。“一宅”意思就是心灵安于凝聚专一，全无杂念。㊺几：近，意思是做到了这一步就接近于大道，符合“心斋”的要求了。㊻无行地：行走却不践地，喻指做了什么事都不留下痕迹。㊼使：驱使。伪：假。㊽有知知者：知，智慧、才能之意。知，意即认识、了解。㊾瞻：望。阕：空虚。㊿虚室：空灵的精神世界。白：洁净，指什么也不存在的虚无的心理状态。51止止：意思是止于凝静的心境。52坐驰：形体坐在那里而心里却驰骋于他处。53徇：使。内通，向内通达。外：这里是排除的意思。心知：心智。54纽：枢纽，关键。55伏戏、几蘧：传说时代的远古帝王。“伏戏”多写为“伏羲”。终：到底，遵循始终。56“散焉者”指疏散的人，即普通、平常的人。

［译文］

颜回说：“我外表端庄内心虚豁，勤奋努力终始如一，这样就可以了吗？”孔子说：“唉，这怎么可以呢！卫君刚猛暴烈盛气露于言表，而且喜怒无常，人们都不敢有丝毫违背他的地方，他也借此压抑人们的真实感受和不同观点，以此来放纵他的欲望。这真可以说是每日用道德来感化都不会有成效，更何况用大德来劝导呢？他必将固守己见而不会改变，表面赞同而内心里也不会对自己的言行做出反省，你那样的想法怎么能行得通呢？”

“如此，那我就内心秉正诚直而外表俯首曲就，内心自有主见并处处跟古代贤人作比较。内心秉正诚直，这就是与自然为同类。跟自然为同类，可知国君与自己都是上天养育的子女。又何必把自己的言论宣之于外而希望得到人们的赞同，还是希望人们不予赞同呢？像这样做，人们就会称之为未失童心，这就叫跟自然为同类。外表俯首曲就的人，是跟世人为同类。手拿朝笏躬身下拜，这是做臣子的礼节，别人都这样去做，我敢不这样做吗？做一般人臣都做的事，人们也就不会责难了吧，这就叫跟世人为同类。心有成见而上比古代贤人，是跟古人为同类。他们的言论虽然很有教益，指责世事才是真情实意。这样做自古就有，并不是从我才开始的。像这样做，虽然正直不阿却也不会受到伤害，这就叫跟古人为同类。这样做便可以了吗？”

孔子说：“唉，怎么可以呢？太多的事情需要纠正，就是有所效法也会出现不当，虽然固陋而不通达也没有什么罪责。即使这样，也不过如此而已，又怎么能感化他呢！你好像是太执著自己内心成见的人哩。”

颜回说：“我没有更好的办法了，冒昧地向老师求教方法。”孔子说：“斋戒清心，我将告诉你！如果怀着积极用世之心去做，难道是容易的吗？如果这样做也很容易的话，苍天也会认为是不适宜的。”颜回说：“我颜回家境贫穷，不饮酒、不吃荤食已经好几个月了，像这样，可以说是斋戒了吧？”孔子说：“这是祭祀前的所谓斋戒，并不是‘心斋’。”颜回说：“我请教什么是‘心斋’。”孔子说：“你必须摒除杂念，专一心思，不用耳去听而用心去领悟，不用心去领悟而用凝寂虚无的意境去感应！耳的功用仅只在于聆听，心的功用仅只在于跟外界事物交合。凝寂虚无的心境才是虚弱柔顺而能应待宇宙万物的，只有大道才能汇集于凝寂虚无的心境。虚无空明的心境就叫作‘心斋’。”

颜回说：“我不曾禀受过‘心斋’的教诲，所以确实存在一个真实的颜回；我禀受了‘心斋’的教诲，我便顿时感到不曾有过真实的颜回。这可以叫作虚无空明的境界吗？”孔子说：“你对‘心斋’的理解实在十分透彻。我再告诉你，假如能够进入到追名逐利的环境中遨游而又不为名利地位所动，卫君能采纳你，你就阐明你的观点，不能采纳你就停止不说，不去寻找仕途的门径，也不向世人提示索求的标的，心思凝聚全无杂念，把自己寄托于无可奈何的境域，那么就差不多合于‘心斋’的要求了。一个人不走路容易，走了路不在地上留下痕迹就很难。受世人的驱遣容易伪装，受自然的驱遣便很难作假。听说过凭借翅膀才能飞翔，不曾听说过没有翅膀也能飞翔；听说过有智慧才能了解事物，不曾听说过没有智慧也可以了解事物。看一看那空旷的环宇，空明的心境顿时独存精白，而什么也都不复存在，一切吉祥之事都消逝于凝静的境界。至此还不能凝止，这就叫形坐神驰。倘若让耳目的感观向内通达而又排除心智于外，那么鬼神将会前来归附，何况是人呢！这就是万物的变化，是禹和舜所把握的要领，也是伏羲、几蘧所遵循始终的道理，何况普通的人呢！”

［原文］

叶公子高将使于齐①，问于仲尼曰：“王使诸梁也甚重②，齐之待使者，盖将甚敬而不急。匹夫犹未可动，而况诸侯乎！吾甚栗之。子常语诸梁也曰：‘凡事若小若大，寡不道以欢成③。事若不成，则必有人道之患④；事若成，则必有阴阳之患⑤。若成若不成而后无患者，唯有德者能之。’吾食也执粗而不臧⑥，爨(cuàn)无欲清之人⑦。今吾朝受命而夕饮冰，我其内热与！吾未至乎事之情，而既有阴阳之患矣；事若不成，必有人道之患。是两也⑧，为人臣者不足以任之，子其有以语我来！”

仲尼曰：“天下有大戒二⑨：

亲尝汤药

汉文帝，名恒，高祖第三子，初封代王。帝奉养生母薄太后没有一点懈怠。薄太后经常生病，汉文帝三年目不交睫，衣不解带，汤药非口亲尝不进，以仁孝闻名天下。诗曰：“仁孝临天下，巍巍冠百王。莫庭事贤母，汤药必亲尝。”真可谓“子之爱亲，命也”。

其一，命也；其一，义也。子之爱亲，命也，不可解于心；臣之事君，义也，无适而非君也，无所逃于天地之间。是之谓大戒，是以夫事其亲者，不择地而安之，孝之至也；夫事其君者，不择事而安之，忠之盛也；自事其心者[10]，哀乐不易施乎前，知其不可奈何而安之若命，德之至也。为人臣子者，固有所不得已。行事之情而忘其身[11]，何暇至于悦生而恶死！夫子其行可矣。”

“丘请复以所闻：凡交近则必相靡以信[12]，远则必忠之以言，言必或传之。夫传两喜两怒之言[13]，天下之难者也。夫两喜必多溢美之言，两怒必多溢恶之言。凡溢之类妄，妄则其信之也莫，莫则传言者殃。故法言曰[14]：‘传其常情[15]，无传其溢言，则几乎全。’

“且以巧斗力者，始乎阳[16]，常卒乎阴[17]，大至则多奇巧[18]；以礼饮酒者，始乎治[19]，常卒乎乱，大至则多奇乐[20]。凡事亦然。始乎谅[21]，常卒乎鄙[22]；其作始也简[23]，其将毕也必巨。

“夫言者，风波也；行者，实丧也[24]。夫风波易以动，实丧易以危。故忿（fèn）设无由[25]，巧言偏辞。兽死不择音[26]，气息茀（bó）然[27]，于是并生心厉[28]。克核大至[29]，则必有不肖之心应之[30]，而不知其然也。苟为不知其然也，孰知其所终！故法言曰：‘无迁令，无劝成[31]，过度益也[32]。’迁令劝成殆事[33]，美成在久，恶成不及改，可不慎与！

“且夫乘物以游心[34]，托不得已以养中[35]，至矣。何作为报也！莫若为致命，此其难者。”

[注释]

①叶公子高：楚庄王玄孙，被封于叶，字子高，名诸梁。②王：指楚王。重：责任重大。③寡不道以欢成：很少不合于道而能愉快成事的。④人道：指人为的祸患，即对人君的惩罚。⑤阴阳之患：指或悲或喜的感情会引起身体阴阳失调，伤

害身心。⑥执：取，拣择。臧：善，精美。⑦爨：烧火做饭。⑧两：双。指双重之患。⑨戒：法则。指人生是以为戒的大法。⑩自事其心者：懂得调养自己心性的人。⑪行事之情：按实际行事。行，实行，执行。情，情实。忘其身：忘却自身的得失哀乐。⑫交：交往。指国家间的外交。相靡以信：以信任相亲怜。靡，亲顺。⑬两喜：双方都高兴。两怒：双方都愤怒。⑭法言：古代格言。⑮常情：实情。⑯阳：公开。⑰阴：秘密。卒：最后。⑱大至：即"太至"，太甚，太过。奇巧：异乎寻常的机巧，此指阴谋诡计。⑲治：有规矩。⑳奇乐：异乎寻常的娱乐，此指醉欢取乐。㉑谅：信，诚实。㉒鄙：险恶。㉓作：发生。简：微小。㉔实丧：得失。有所作为则必有得失。㉕忿设无由：愤怒的发作没有别的原因。设，立，形成。㉖不择音：意即狂乱而叫。㉗茀：通"勃"，气息急促的样子，表示怒气发作。㉘厉心：心上恶意。㉙克核：限制要求。㉚不肖：不善。应之：报答之。㉛无劝成：意即任之自然。劝成，促成。不要加上任何主观作用来促进它。㉜过度：超越分寸。益："溢"字古体，泛滥，越轨。㉝殆事：害事。㉞乘物以游心：心神任随外物的变化而遨游。㉟养中：保养心性。

渔翁饮酒

以礼饮酒者，始乎治，常卒乎乱，大至则多奇乐。凡事亦然。

[译文]

叶公子高将要出使齐国，他向孔子请教："楚王派我诸梁出使齐国，责任重大。齐国接待外来使节，总是表面恭敬而内心怠慢。平常老百姓尚且不易说服，何况是诸侯呢！我心里十分害怕。您常对我说：'事情无论大小，很少有不通过言语的交往可以获得圆满结果的。事情如果办不成功，那么必定会受到国君惩罚；事情如果办成功了，那又一定会忧喜交集酿出病害。事情办成功或者办不成功都不会留下祸患，只有道德高尚的人才能做到。'我每天吃的都是粗糙不精美的食物，烹饪食物的人也就无须解凉散热。我今天早上接受国君诏命到了晚上就得饮用冰水，恐怕是因为我内心焦躁担忧吧！我还不曾接触到事的真情，就已经有了忧喜交加所导致的病患；事情假如真办不成，那一定还会受到国君惩罚。成与不成这两种结果，做臣子的我都不足以承担，先生你大概有什么可以教导我吧！"

孔子说："天下有两个足以为戒的大法：一是天命，一是道义。做儿女的敬爱双亲，这是自然的天性，是无法从内心解释的；臣子侍奉国君，这是人为的道义，天地之间无论到什么地方都不会没有国君的统治，这是无法逃避的现实。这就叫作足以为戒的大法。所以侍奉双亲的人，无论什么样的境遇都要使父母安适，这是孝心的最高表现；侍

奉国君的人，无论办什么样的事都要让国君放心，这是尽忠的极点。注重自我修养的人，悲哀和欢乐都不容易使他受到影响，知道世事艰难，无可奈何却又能安于处境、顺应自然，这就是道德修养的最高境界。做臣子的原本就会有不得已的事情，遇事要能把握真情并忘掉自身，哪里还顾得上眷恋人生、厌恶死亡呢！你这样去做就可以了！

“不过我还是把我所听到的道理再告诉你：凡与邻近国家交往一定要用诚信使相互之间和顺亲近，而与远方国家交往则必定要用语言来表示相互间的忠诚。国家间交往的语言总得有人相互传递。传递两国国君喜怒的言词，乃是天下最困难的事。两国国君喜悦的言辞必定添加了许多过分的夸赞，两国国君愤怒的言词必定添加了许多过分的憎恶。大凡过度的话语都类似于虚构，虚构的言词其真实程度也就值得怀疑，国君产生怀疑传达信息的使者就要遭殃。所以古代格言说：‘传达平实的言词，不要传达过分的话语，那么也就差不多可以保全自己了。’

“况且以智巧相互较量的人，开始时平和开朗，后来就常常暗使计谋，达到极点时则大耍阴谋诡计。按照礼节饮酒的人，开始时规规矩矩合乎人情，到后来常常就一片混乱大失礼仪，达到极点时则荒诞淫乐、放纵无度。无论什么事情恐怕都是这样：开始时相互信任，到头来互相欺诈；开始时单纯细微，临近结束时便变得纷繁巨大。

“言语犹如风吹的水波，传达言语定会有得有失。风吹波浪容易动荡，有了得失容易出现危难。所以愤怒发作没有别的什么缘由，就是因为言词虚浮而又片面失当。猛兽临死时什么声音都叫得出来，气息急促喘息不定，于是迸发伤人害命的恶念。大凡过分苛责，必会产生不好的念头来应付，而他自己也不知道这是怎么回事。假如做了些什么而他自己却又不知道那是怎么回事，谁还能知道他会有怎样的结果！所以古代格言说：‘不要随意改变已经下达的命令，不要勉强他人去做力不从心的事，说话过头一定是多余、添加的。’改变命令或者强人所难都是危险，成就一桩好事要经历很长的时间，坏事一旦做出悔改是来不及的。行为处世能不谨慎吗？

“至于顺应自然而使心志自在遨游，一切都寄托于无可奈何以养蓄神智，这就是最好的办法。有什么必要在意回报！不如原原本本地传达国君所给的使命，这样做有什么困难呢！”

[原文]

颜阖(hé)将傅卫灵公太子①，而问于蘧(qú)伯玉曰②：“有人于此③，其德天杀④。与之为无方⑤，则危吾国；与之为有方，则危吾身。其知适足以知人之过，而不知其所以过。若然者，吾奈之何？”

蘧伯玉曰：“善哉问乎！戒之，慎之，正汝身也哉！形莫若就⑥，心莫若和。虽然，之二者有患。就不欲入⑦，和不欲出⑧。形就而入，且为颠为灭⑨，为崩为蹶(jué)⑩。心和而出，且为声为名，为妖为孽⑪。彼且为婴儿⑫，亦与之为婴

儿；彼且为无町畦(tǐng qí)[13]，亦与之为无町畦；彼且为无崖，亦与之为无崖[14]。达之入于无疵(cī)。

“汝不知夫螳螂(táng láng)乎？怒其臂以当车辙(zhé)[15]，不知其不胜任也，是其才之美者也[16]。戒之，慎之！积伐而美者以犯之[17]，几矣。

“汝不知夫养虎者乎？不敢以生物与之，为其杀之之怒也；不敢以全物与之，为其决之之怒也；时其饥饱[18]，达其怒心[19]。虎之与人异类而媚养己者[20]，顺也；故其杀者，逆也。

蘧瑗

蘧瑗，字伯玉，卫国大臣，贤人。

“夫爱马者，以筐盛矢[21]，以蜄盛溺[22]。适有蚊虻(méng)仆缘[23]，而拊(fǔ)之不时[24]，则缺衔毁首碎胸[25]。意有所至而爱有所亡[26]，可不慎邪！”

［注释］

①颜阖：姓颜名阖，相传为鲁国贤人。卫灵公太子：蒯聩。傅：古时贵族子弟的老师。②蘧伯玉：姓蘧，字伯玉，名瑗，相传为卫国的贤大夫。③人：指太子。④德：性。天杀：天生嗜杀。⑤与之：对他。无方：没有原则。⑥形：表面。就：近，附和。⑦入：陷入。⑧出：表露，显露。⑨颠：倒，堕落。灭：毁坏，败坏。⑩崩：垮。蹶：跌倒，失败。⑪妖、孽：都是凶恶的象征。⑫婴儿：比喻天真无知。⑬町：田界。畦：田园中分成的小区域。⑭崖：通“涯”。⑮怒：奋举。当：通“挡”。辙：本指车轮碾过的痕迹。此指车轮。⑯是：以……为是，依恃。⑰积：多次，屡屡。伐：夸耀。而：你。犯之：独犯太子。⑱决：裂，撕开。时：假借为“伺”，等候。⑲达：引导。⑳媚：柔顺。㉑矢：屎。㉒蜄：大蛤。此处指大蛤壳，做装马尿用。溺：尿。㉓适：偶然。仆缘：附着。仆，附。缘，攀。㉔拊：拍打。㉕缺衔：咬断口勒。毁首碎胸：毁坏笼头和肚带。㉖意：主观意图。

[译文]

颜阖将被请去做卫国太子的师傅，他向卫国贤大夫蘧伯玉求教："如今有这样一个人，他的德行天生就凶残嗜杀。跟他朝夕与共如果不符合法度与规范，势必危害自己的国家；如果合乎法度和规范，那又会危害自身。他的智慧足以了解别人的过失，却不了解别人为什么会出现过错。像这样的情况，我该怎么办呢？"

蘧伯玉说："问得好啊！要警惕，要谨慎，首先要端正你自己！表面上不如顺从依就以示亲近，内心里不如顺其秉性暗暗疏导。即使这样，这两种态度仍有隐患。亲附他不要关系过密，疏导他不要心意太露。外表亲附到关系过密，会招致颠仆毁灭，招致崩溃失败。内心顺性疏导显得太露，将被认为是为了名声，也会招致祸害。他如果像个天真的孩子一样，你也姑且跟他一样像个无知无识的孩子；他如果同你不分界线，那你也就跟他不分界线。他如果跟你无拘无束，那么你也姑且跟他一样无拘无束。慢慢地将他思想疏通引入正轨，便可进一步达到没有过错的地步。"

"你不了解那螳螂吗？奋起它的臂膀去阻挡滚动的车轮，不明白自己的力量全然不能胜任，还自以为才高智盛很有力量。警惕呀，谨慎呀！经常夸耀自己的才智而触犯了他，就危险了！

"你不了解那养虎的人吗？他从不敢用活物去喂养老虎，因为他担心扑杀活物会激起老虎凶残的怒气；他也从不敢用整个的动物去喂养老虎，因为他担心撕裂动物也会诱发老虎凶残的怒气。知道老虎饥饱的时刻，通晓老虎暴戾凶残的秉性。老虎与人不同类却向饲养人摇尾乞怜，原因就是养老虎的人能顺应老虎的性子，而那些遭到虐杀的人，是因为触犯了老虎的性情。

"爱马的人，以精细的竹筐装马粪，用珍贵的蛤壳接马尿。刚巧一只牛虻叮在马身上，爱马之人出于爱惜随手拍击，没想到马儿受惊便咬断勒口、挣断辔头、弄坏胸络。意在爱马却失其所爱，能够不谨慎吗！"

[原文]

匠石之齐[1]，至于曲辕(yuán)[2]，见栎(lì)社树[3]。其大蔽数千牛，絜之百围[4]，其高临山[5]，十仞而后有枝[6]，其可以为舟者旁十数[7]。观者如市，匠伯不顾，遂行不辍[8]。弟子厌观之[9]，走及匠石，曰："自吾执斧斤以随夫子，未尝见材如此其美也。先生不肯视，行不辍，何邪？"

曰："已矣，勿言之矣！散木也[10]，以为舟则沉，以为棺椁(guǒ)则速腐[11]，以为器则速毁，以为门户则液樠[12]，以为柱则蠹(dù)[13]。是不材之木也，无所可用，故能若是之寿。"

匠石归，栎社见梦曰[14]："女将恶乎比予哉？若将比予于文木邪[15]？夫柤(zhā)、梨、橘、柚[16]、果、蓏(luǒ)之属，实

熟则剥[17]，剥则辱；大枝折，小枝泄[18]。此以其能苦其生者也[19]，故不终其天年而中道夭，自掊(pǒu)击于世俗者也[20]。物莫不若是。且予求无所可用久矣，几死，乃今得之，为予大用。使予也而有用，且得有此大也邪？且也若与予也，皆物也，奈何哉其相物也？而几死之散人，又恶知散木！”

万树园

万树园在承德避暑山庄平原区东北部，是避暑山庄内七十二景之一，有乾隆帝御书“万树园”碣。庄子在此篇借用大而无用的“栎社树”和有用的其他的树，来讨论了生存的道术。人们只知“有用”好，而不知道“无用”的更大好处。“有用”要受限制甚至毁坏，不若“无用”保存自由本真。

匠石觉而诊其梦[21]。弟子曰：“趣取无用[22]，则为社，何邪[23]？”

曰：“密[24]！若无言！彼亦直寄焉[25]，以为不知己者诟厉也[26]。不为社者，且几有翦(jiǎn)乎[27]！且也彼其所保与众异，而以义喻之，不亦远乎！”

［注释］

①匠石：名叫石的木匠。②曲辕：地名。③栎：树名。社树：被拜为土地神的树。④絜：用绳子计量圆筒形物体的粗细。⑤临山：临居山顶，高出山顶。⑥仞：古代长度单位，一仞长八尺或七尺。⑦为舟：造船。旁：读为“方”，且。⑧遂：竟。辍：停止。⑨厌观：用心观察个够。⑩散木：没有用的木材。⑪棺：棺内。椁：外棺。⑫樠：树名，树心有油脂流出。⑬蠹：蛀木虫。⑭见梦：托梦。⑮文木：纹理正常，可做木料的树。⑯柤：通“楂”，即山楂。⑰果蓏：有核叫果，无核叫蓏。剥：打击。⑱泄：通“曳”，拉，牵扭。⑲苦其生：使一生受苦。⑳掊：打。㉑诊：通“畛”，告。㉒趣取：追求。趣，通“趋”。㉓为社：做土地神。㉔密：保密。㉕直寄：特意寄托。直，特。㉖诟：侮辱。厉：病。㉗翦：砍伐。

[译文]

匠人石去齐国，来到曲辕这个地方，看见一棵被世人当作神社的栎树。这棵栎树树冠大到可以遮蔽数千头牛，用绳子绕着量一量树干，足有十丈粗，树梢高临山巅，离地面八十尺处方才分枝，用它来造船可造十余艘。观赏的人群像赶集似的涌来涌去，而这位匠人连瞧也不瞧一眼，不停步地往前走。他的徒弟站在树旁看了个够，跑着赶上了匠人石，说："自我拿起刀斧跟随先生，从不曾见过这样壮美的树木。可是先生却不肯看一眼，不住脚地往前走，为什么呢？"

（匠人石回答）说："算了，不要再说它了！这是一棵什么用处也没有的树，用它做成船定会沉没，用它做成棺椁定会很快朽烂，用它做成器皿定会很快毁坏，用它做成屋门定会流脂而不合缝，用它做成屋柱定会被虫蛀蚀。这是不能取材的树。没有什么用处，所以它才能有如此寿命。"

匠人石回到家里，梦见社树对他说："你将用什么东西跟我相提并论呢？你打算拿可用之木来跟我相比吗？那楂、梨、橘、柚都属于果树，果实成熟就会被打落在地，打落果子以后枝干也就会遭受摧残，大的枝干被折断，小的枝丫被拽下来。这就是因为它们能结出鲜美果实才苦了自己的一生，所以常常不能终享天年而半途夭折，自身招来了世俗人的打击。各种事物莫不如此。而且我寻求没有什么用处的办法已经很久很久了，几乎被砍死，这才保全住性命，无用也就成就了我最大的用处。假如我果真是有用，还能够获得延年益寿这一最大的用处吗？况且你和我都是'物'，你这样看待事物怎么可以呢？你不过是个几近死亡没有用处的人，又怎么会真正懂得没有用处的树木呢？"

匠人石醒来后把梦中的情况告诉他的弟子。弟子说："旨意在于求取无用，那么又做什么社树让世人瞻仰呢？"

匠人石说："闭嘴，别说了！它只不过是在寄托罢了，反而招致不了解自己的人的辱骂和伤害。如果它不做社树的话，它还不遭到砍伐吗？况且它用来保全自己的办法与众不同，而用常理来了解它，那不就相去太远了吗？"

[原文]

南伯子綦(qí)游乎商之丘①，见大木焉，有异，结驷(sì)千乘②，隐将芘(bì)其所藾③。子綦曰："此何木也哉？此必有异材夫！"仰而视其细枝，则拳曲而不可以为栋梁；俯而视其大根，则轴解而不可以为棺椁(guǒ)④；咶(shì)其叶⑤，则口烂而为伤；嗅之，则使人狂酲(chéng)⑥三日而不已。

子綦曰："此果不材之木也，以至于此其大也。嗟呼神人，以此不材！

"宋有荆氏者⑦，宜楸(qiū)、柏、桑⑧。其拱把而上者⑨，求狙(jū)猴之杙(yì)者斩之⑩；三围四围，求高名之丽者斩之⑪；七围八围，

贵人富商之家求椫傍者斩之⑫。故未终其天年，而中道之夭于斧斤，此材之患也。故解之以牛之白颡（sǎng）者与豚（tún）之亢鼻者⑬，与人有痔（zhì）病者不可以适河⑭。此皆巫祝以知之矣，所以为不祥也。此乃神人之所以为大祥也。”

大树

不成材的树木就是因为其不成材才免遭砍伐，因此成就它长成巨树成为异材。“此乃神人之所以为大祥也。”也就是说，神人就这样因为不材而成为异材的。

［注释］

①商之丘：商丘，宋国国都，在今河南商丘。②驷：四马拉一车。千乘：千辆车。③芘：通“庇”。藾：荫。④轴解：木心不坚实。轴，本指车轮中心的圆柱。这里借指树心。⑤咶：同“舐”，舔。⑥酲：醉酒。⑦荆氏：宋地名。⑧楸：落叶乔木，干高叶大，木材质地细密。⑨拱：两手合握。把：一手所握。⑩杙：小木桩。⑪高名：荣华高大。丽：屋栋。⑫椫傍：单幅板的棺材。⑬颡：额。豚：小猪。亢：高。⑭适河：把童男童女沉河祭神。

［译文］

南伯子綦在商丘一带游乐，看见长着一棵出奇的大树，上千辆驾着四马的大车，荫蔽在大树树荫下歇息。子綦说：“这是什么树呢？这树一定有特异的材质啊！”仰头观看大树的树枝，弯弯扭扭的树枝并不可以用来做栋梁；低头观看大树的主干，树心直到表皮旋着裂口并不可以用来做棺椁；用舌舔一舔树叶，口舌溃烂受伤；用鼻闻一闻气味，使人像喝多了酒，三天三夜还醒不过来。

子綦说：“这果真是什么用处也没有的树木，以至长到这么高大。唉，精神世界完全超脱物外的‘神人’，就像这不成材的树木呢！”

宋国有个叫荆氏的地方，很适合楸树、柏树、桑树的生长。树干长到一两把粗，做系猴子的木桩的人便把树木砍去；树干长到三四围粗，地位高贵名声显赫的人家寻求建屋的大梁便把树木砍去；树干长到七八围粗，达官贵人富家商贾寻找整幅的棺木又把树木砍去。所以它们始终不能终享天年，总是半道上被刀斧砍伐而短命。这就是材质有用带来的祸患。因此古人祈祷神灵消除灾害，总不把白色额头的牛、高鼻折额的猪以及患有痔漏疾病的人沉入河中用作祭奠。因为这些情况，巫师认为他们都是很不吉祥的。不过这正是“神人”所认为的世上最大的吉祥。

［原文］

支离疏者[1]，颐隐于脐(qí)[2]，肩高于顶[3]，会撮指天[4]，五管在上[5]，两髀(bì)为胁[6]。挫针治繲(jiè)[7]，足以糊口；鼓筴播精[8]，足以食十人。上征武士，则支离攘(rǎng)臂而游于其间[9]；上有大役，则支离以有常疾不受功[10]；上与病者粟，则受三钟与十束薪[11]。夫支离其形者，犹足以养其身，终其天年，又况支离其德者乎！

［注释］

①支离疏：作者杜撰的人名，意为支离破碎，形体不全。②颐：面颊。隐于脐：藏在肚脐里。③顶：头顶。④会撮：发髻。⑤五管：五脏的脉管。⑥髀：大腿。⑦挫针：缝衣。挫，按。治：治理。繲：衣服。⑧鼓筴播精：卜卦算命。筴，占卜之蓍草。精，精米。⑨支离：支离疏简称。攘：捋起袖子。⑩不受功：不用服役。功，工作。⑪钟：量的单位，六斛四升为一钟。

［译文］

有个名叫支离疏的人，下巴隐藏在肚脐下，双肩高于头顶，后脑下的发髻指向天空，五官的出口也都向上，两条大腿和两边的胸肋并生在一起。他给人缝衣浆洗，足够糊口度日；又替人筛糠簸米，足可养活十口人。国君征兵时，支离疏捋袖扬臂在征兵人面前走来走去；国君有大的差役，支离疏因身有残疾而免除劳役；国君向残疾人赈济米粟，支离疏还领得三钟粮食十捆柴草。像支离疏那样形体残缺不全的人，还足以养活自己，终享天年，又何况像形体残缺不全那样的德行呢！

［原文］

孔子适楚，楚狂接舆(yú)游其门曰："凤兮凤兮，何如德之衰也！来世不可待，往世不可追也[1]。天下有道，圣人成焉[2]；天下无道，圣人生焉[3]。方今之时，仅免刑焉。福轻乎羽，莫之知载；祸重乎地，莫之知避。已乎已乎，临人以德[4]！殆乎殆乎，画地而趋！迷阳迷阳，无伤吾行[5]！吾行郤曲[6]，无伤吾足！"

山木自寇也[7]，膏火自煎也[8]。桂可食，故伐之；漆可用，故割之。人皆知有用之用，而莫知无用之用也。

［注释］

①追：追及，挽回。②成：指成就他们的事业。③生：指求生、保全生命。④临人：待人，这里指教人。⑤迷阳：一种多刺的草。行：脚胫。⑥郤曲：郤，字书作“迟”。弯曲，艰难。⑦自寇：自讨砍伐。⑧膏：油脂。自煎：自讨燃烧。

［译文］

孔子去到楚国，楚国隐士接舆有意来到孔子门前，说：“凤鸟啊，凤鸟啊！你怎么怀有大德却来到这衰败的国家！未来的世界不可期待，过去的时日无法追回。天下得到了治理，圣人便成就了事业；国君昏暗天下混乱，圣人也只得顺应潮流苟全生存。当今这个时代，怕就只能免遭刑辱。幸福比羽毛还轻，而不知道怎么取得；祸患比大地还重，而不知道怎么回避。算了吧，算了吧！不要在人前宣扬你的德行！危险啊，危险啊！人为地划出一条道路让人们去遵循！遍地的荆棘啊，不要妨碍我的行走！曲曲弯弯的道路啊，不要伤害我的双脚！”

山上的树木皆因材质可用而自身招致砍伐，油脂燃起烛火皆因可以燃烧照明而自取熔煎。桂树皮芳香可以食用，因而遭到砍伐，树漆因为可以派上用场，所以遭受刀斧割裂。人们都知道有用的用处，却不懂得无用的更大用处。

题解

本篇的中心在于讨论人的精神世界，庄子在《德充符》篇中说的“德”，并非我们通常理解的一般意义上的道德或者德性，在本篇中“德”是指一种心态，即修道者的内涵。庄子认为世间万物均由“道”所生，但万物尽管千差万别，归根到底又都统一为“道”。从这两点出发,体现在人的观念形态上便应是“无形”与“无情”。“无形”就是物我俱化，死生同一;“无情”就是不存在善恶、是非、荣辱、贵贱。这种“无形”与“无情”的精神状态就是庄子笔下的“德”。“充”指充实;“符”则是验证的意思。“德充符”三字，就是庄子所说的“德充于中而符应于外”。与《大学》中说的“诚于中而行于外”,《孟子》所谓的“充实而有光辉”，是类似的意思。

文中最重要的观念是“才全德不形”和“全德”，是在强调高境界人物在外在形象上的隐匿，及内心境界上的完满与平和。“全德”者不以外貌展示，他们追求智慧的充实、心境的祥宁，而不务于外表的风采。所以《德充符》全文是在说“境界”，是说人的主体修养意境为何的文章。文章借许多人形体残缺不全反而德行充足为验证，说明不应以貌取人，而要重视人的内心世界。庄子认为，要达到德行充足的境地，必须“无形”“无情”，宠辱不惊，达到物我俱化的境地，从而自然流露出生命的力量。

德充符

[原文]

鲁有兀者王骀(tái)[1]，从之游者，与仲尼相若，常季问于仲尼曰[2]:“王骀，兀者也，从之游者，与夫子中分鲁[3]。立不教，坐不议，虚而往，实而归。固有不言之教，无形而心成者邪[4]？是何人也？”

仲尼曰:“夫子，圣人也，丘也直后而未往耳[5]。丘将以为师，而况不若丘者乎！奚假鲁国[6]！丘将引天下而与从之。”

常季曰:“彼兀者也，而王先生[7]，其与庸亦远矣[8]。若然者，其用心也，独若之何？”

仲尼曰:“死生亦大矣，而不得与之变，虽天地覆坠[9]，亦将不与之遗[10]。审乎无假而不与物迁，命物之化而守其宗也[11]。”

常季曰：“何谓也？”

仲尼曰：“自其异者视之，肝胆楚越也；自其同者视之，万物皆一也。夫若然者，且不知耳目之所宜，而游心乎德之和；物视其所一而不见其所丧，视丧其足犹遗土也。”

常季曰：“彼为己[12]。以其知得其心，以其心得其常心[13]，物何为最之哉[14]？”

静水照人

“人莫鉴于流水，而鉴于止水，唯止能止众止。”王骀的无言之教如同静水照人一样，不会给人压力，使人保全纯正的本心，能深刻的影响人。

仲尼曰：“人莫鉴于流水[15]，而鉴于止水[16]，唯止能止众止[17]。受命于地，唯松柏独也正，在冬夏青青；受命于天，唯尧舜独也正，幸能正生[18]，以正众生。夫保始之征[19]，不惧之实。勇士一人，雄入于九军。将求名而能自要者[20]，而犹若是，而况官天地[21]，府万物[22]，直寓六骸（hái）[23]，象耳目[24]，一知之所知，而心未尝死者乎！彼且择日而登假[25]，人则从是也。彼且何肯以物为事乎！”

［注释］

①兀者：被处刑断足的人。王骀：庄子杜撰的人名。②常季：孔子弟子。③中分：对半分。④无形而心成：潜移默化之功。⑤未往：未能追随。⑥奚假：何止。⑦王：胜过，此指做先生的师长。⑧庸：常人。⑨覆：指天塌下来。坠：指地陷下去。⑩之：指天地。遗：失，指天塌地陷。⑪命：主宰。宗：根本。⑫为己：修养自己。⑬常心：永恒不变的思想，实指天道。⑭最：聚，归依。⑮鉴：照。⑯止水：静止的水。⑰唯止众止：只有静止的水才能留住众人停下来临照。⑱正生：使自己的心性纯正。生，通“性”。⑲保始之征：遵守事先许下的诺言。保，守。征，信，

指信诺。⑳自要：自律，自己要求自己。㉑官：主宰。㉒府：包藏。㉓直寓六骸：只是以人体为寄托。直，但。寓，寄托。六骸，头、身、四肢，即指代人体。㉔象耳目：以耳目为虚象，意即徒有耳目之形而没有视听的作用。象，虚象，形式。㉕登假：升至。

［译文］

鲁国有个被砍掉一只脚的人，名叫王骀，可是跟从他学习的人却跟孔子的门徒一样多。孔子的学生常季向孔子问道："王骀是个被砍去了一只脚的人，跟从他学习的人在鲁国却和先生的弟子相当。他站着不能给人教诲，坐着不能议论大事；弟子们却空怀而来，学满而归。难道确有不用言表的教导，身残体秽内心世界也能达到成熟的境界吗？这又是什么样的人呢？"

孔子回答说："王骀先生是一位圣人，我的学识和品行都落后于他，只是还没有前去请教他罢了。我将把他当作老师，何况学识和品行都不如我孔丘的人呢！何止鲁国，我将引领天下的人跟从他学习。"

常季说："他是一个被砍去了一只脚的人，而学识和品行竟超过了先生，跟平常人相比相差就更远了。像这样的人，他运用心智是怎样与众不同的呢？"

仲尼回答说："死或生都是人生变化中的大事了，可是死或生都不能使他随之变化；即使天翻过来地坠下去，他也不会因此而丧失、毁灭。他通晓无所依凭的道理而不随物变迁，听任事物变化而信守自己的要旨。"

老子观井

老子观井见水得到这样的感悟：有道德的上善之人，有像水一样的柔性。水性柔顺，明能照物，滋养万物而不与万物相争，有功于万物而又甘心屈尊于万物之下。

常季说："这是什么意思呢？"

孔子说："从事物千差万别的一面去看，邻近的肝胆虽同处于一体之中也像是楚国和越国那样相距很远；从事物都有相同的一面去看，万事万物又都是同一的。像这样的人，将不知道耳朵眼睛最适宜何种声音和色彩，而让自己的心思自由自在地遨游在忘形、忘情的浑同境域之中。外物看到了它同一的方面却看不到它因失去而引起差异的一面，因而看到丧失了一只脚就像是失落了土块一样。"

常季说："他运用自己的智慧来提高自己的道德修养，他运用自己的心智去追求自己的理念。如果达到了忘情、忘形的境界，众多的弟子为什么还聚集在他的身边呢？"

孔子回答说："一个人不能在流动的水面照见自己的身影而是要面向静止的水面，只有静止的事物才能使别的事物也静止下来。各种树木都受命于地，但只有松树、柏树无论冬夏都郁郁青青；每个人都受命于天，但只有虞舜道德品行最为端正。幸而他们都善于端正自己的品行，因而能端正他人的品行。保全本初时的迹象，心怀无所畏惧的胆识；勇士只身一人，也敢称雄于千军万马。一心追逐名利而自我索求的人，尚且能够这样，何况那主宰天地，包藏万物，只不过把躯体当作寓所，把耳目当作外表，掌握了自然赋予的智慧所通解的道理，而精神世界又从不曾有过衰竭的人呢！他定将选择好日子升登最高的境界，人们将紧紧地跟随着他。他还怎么会把聚合众多弟子当成一回事呢！”

[原文]

申徒嘉[1]，兀者也，而与郑子产同师于伯昏无人[2]。

子产谓申徒嘉曰：“我先出则子止，子先出则我止。”其明日，又与合堂同席而坐[3]。

子产谓申徒嘉曰：“我先出则子止，子先出则我止。今我将出，子可以止乎，其未邪？且子见执政而不违[4]，子齐执政乎[5]？”

申徒嘉曰：“先生之门，固有执政焉如此哉？子而说子之执政而后人者也[6]？闻之曰：‘鉴明则尘垢(gòu)不止，止则不明也。久与贤人处则无过。’今子之所取大者[7]，先生也，而犹出言若是，不亦过乎！”

子产曰：“子既若是矣，犹与尧争善，计子之德[8]，不足以自反邪？”

申徒嘉曰：“自状其过[9]，以不当亡者众[10]，不状其过，以不当存者寡，知不可奈何，而安之若命，唯有德者能之。游于羿(yì)之彀(gòu)中[11]。中央者，中地也[12]；然而不中者，命也。人以其全足笑吾不全足者多矣[13]，我怫(fú)然而怒[14]；而适先生之所，则废然而反[15]。不知先生之洗我以善邪[16]？吾与夫子游十九年矣，而未尝知吾兀者也。今子与我游于形骸之内[17]，而子索我于形骸之外[18]，不亦过乎！”

子产蹴然改容更貌曰[19]：“子无乃称[20]！”

[注释]

①申徒嘉：姓申徒名嘉，郑国人。②伯昏无人：庄子杜撰的人名。③合堂：

同在一个屋里。④执政：宰相。⑤齐：一般高下。⑥后人：看不起别人。⑦取大：求取学问道德。取，求。大，指学问德性。⑧计：权衡。⑨状：陈述。过：过错。⑩亡：指亡足。⑪羿：传说中射箭的能手。彀中：射程之内。彀，使劲张弓。⑫中地：射中的境地。⑬全足：双足齐全。⑭怫然：脸上变色的样子。⑮废然：指怒气消除的样子。反：通“返”。⑯洗我以善：意即以善教育我。⑰形骸之内：指心灵。⑱形骸之外：外貌，指腿而言。⑲蹴然：脸上显出不安的样子。蹴，变色。⑳子无乃称：你别那样说了。称，称述。

[译文]

申徒嘉是个被砍掉了一只脚的人，跟郑国的子产同拜伯昏无人为师。

子产对申徒嘉说：“我先出去那么你就留下，你先出去那么我就留下。”到了第二天，子产和申徒嘉同在一个屋子里、同在一条席子上坐着。

子产又对申徒嘉说：“我先出去那么你就留下，你先出去那么我就留下。现在我将出去，你可以留下吗，抑或是不留下呢？你见了我这执掌政务的大官却不知道回避，你把自己看得跟我执政的大臣一样吗？”

申徒嘉说：“伯昏无人先生的门下，哪有执政大臣拜师从学的呢？你津津乐道执政大臣的地位，把别人都不放在眼里吗？我听说过这样的话：‘镜子明亮尘垢就没有停留在上面，尘垢落在上面镜子也就不会明亮。长久地跟贤人相处便会没有过错。’你拜师从学追求广博精深的见识，正是先生所倡导的大道。而你竟说出这样的话，不是完全错了吗？”

子产说：“你已经如此形残体缺，还要跟唐尧争比善心，你估量你的德行，受过断足之刑还不足以使你有所反省吗？”

申徒嘉说：“自个儿陈述或辩解自己的过错，认为自己不应当形残体缺的人很多；不陈述或辩解自己的过错，认为自己不应当形整体全的人很少。懂得事物之无可奈何，安于自己的境遇并视如命运安排的那样，只有有德的人才能做到这一点。一个人来到世上就像来到善射的后羿张弓搭箭的射程之内，中央的地方也就是最容易中靶的地方，然而却没有射中，这就是命。用完整的双脚笑话我残缺不全的人很多，我常常脸色陡变怒气填胸；可是只要来到伯昏无人先生的寓所，我便怒气消失回到正常的神态。真不知道先生用什么善道来洗刷我的呢？我跟随先生十九年了，可是先生从不曾感到我是个断了脚的人。如今你跟我心灵相通、以德相交，而你却用外在的形体来要求我，这不又完全错了吗？”

子产听了申徒嘉一席话深感惭愧，脸色顿改而恭敬地说：“你不要再说下去了！”

[原文]

鲁有兀者叔山无趾①，踵(zhǒng)见仲尼②，仲尼曰：“子不谨，前既犯患若是矣。虽今来，何及矣！”

无趾曰：“吾唯不知务而轻用吾身，吾是以亡足。今吾来也，犹有尊足者存③，吾是以务全之也④。夫天无不覆，地无不载，吾以夫子为天地，安知夫子之犹若是也！”

孔子曰："丘则陋矣。夫子胡不入乎，请讲以所闻！"

无趾出。

孔子曰："弟子勉之！夫无趾，兀者也，犹务学以复补前行之恶，而况全德之人乎⑤！"

无趾语老聃曰："孔丘之于至人，其未邪？彼何宾宾以学子为⑥？彼且蕲(qí)以諔(chù)诡(guǐ)幻怪之名闻⑦，不知至人之以是为己桎(zhì)梏(gù)邪⑧？"

老聃曰："胡不直使彼以死生为一条，以可不可为一贯者，解其桎梏，其可乎？"

无趾曰："天刑之⑨，安可解！"

［注释］

①叔山无趾：居于叔山，脚趾被割去，故称。这又是庄子杜撰的名字。②踵见：踵行而求见。③尊足者：比足还尊贵的东西。④务全之：竭力保全它。⑤全德：道德完美。⑥宾宾：恭敬的样子。以：而。学子：学于子，指向老聃学习。⑦諔诡：奇异。⑧桎梏：镣铐。在脚叫桎，在手叫梏。⑨天刑之：天对他的惩罚。

［译文］

鲁国有个被砍去脚趾的人，名叫叔山无趾，靠脚后跟走路去拜见孔子。孔子对他说："你极不谨慎，早先犯了过错才留下如此的后果。虽然今天你来到了我这里，可是怎么能够追回以往呢！"

叔山无趾说："我只因不识事理而轻率作践自身，所以才失掉了脚趾。如今我来到你这里，还保有比双脚更为可贵的道德修养，所以我想竭力保全它。苍天没有什么不覆盖，大地没有什么不托载，我把先生看作天地，哪知先生竟是这样的人！"

孔子说："我孔丘实在浅薄。先生怎么不进来呢，请把你所知晓的道理讲一讲。"

叔山无趾却走了。

孔子对他的弟子说："你们要努力啊。叔山无趾是一个被砍掉脚趾的人，他还努力进学来补救先前做过的错事，何况道德品行乃至身形体态都没有什么缺欠的人呢！"

叔山无趾对老子说："孔子作为一个道德修养至上的人，恐怕还未能达到吧？他为什么不停地来向你求教呢？他还在祈求奇异虚妄的名声能传扬于外，难道不懂得道德修养至尚的人总是把这一切看作是束缚自己的枷锁吗？"

老子说："怎么不径直让他把生和死看成一样，把可以与不可以看作是齐一的，从而解脱他的枷锁，恐怕这样也就可以了吧？"

叔山无趾说："这是上天加给他的处罚，哪里可以解脱！"

［原文］

鲁哀公问于仲尼曰：“卫有恶人焉[1]，曰哀骀(tái)它[2]。丈夫与之处者[3]，思而不能去也[4]。妇人见之，请于父母曰‘与为人妻，宁为夫子妾’者，十数而未止也。未尝有闻其唱者也[5]，常和人而矣[6]。无君人之位以济乎人之死[7]，无聚禄以望人之腹[8]。又以恶骇天下，和而不唱，知不出乎四域，且而雌雄合乎前[9]。是必有异乎人者也。寡人召而观之[10]，果以恶骇天下。与寡人处，不至以月数，而寡人有意乎其为人也[11]；不至乎期年[12]，而寡人信之。国无宰[13]，寡人传国焉。闷然而后应[14]，氾然而若辞[15]。寡人丑乎[16]，卒授之国。无几何也，去寡人而行，寡人恤焉若有亡也[17]，若无与乐是国也。是何人者也？”

仲尼曰：“丘也尝使于楚矣，适见㹠子食于其死母者[18]，少焉眴(shùn)若，皆弃之而走[19]。不见己焉尔，不得类焉尔。所爱其母者，非爱其形也，爱使其形者也[20]。战而死者，其人之葬也不以翣(shà)资[21]；刖者之屦(jù)[22]，无为爱之；皆无其本矣。为天子之诸御[23]，不爪翦[24]，不穿耳；取妻者止于外，不得复使。形全犹足以为尔，而况全德之人乎！今哀骀它未言而信，无功而亲，使人授己国，唯恐其不受也，是必才全而德不形者也[25]。”

微服过宋

孔子离开宋国到郑国去，与弟子们走散了，一个人站在东门下。一个郑国人对子贡说：“东门有个人，额头像尧，脖子像皋陶，肩膀像子产，从肩往下比禹矮三寸，狼狈不堪像条丧家狗。”子贡说给孔子，孔子说：“说我长得像古代圣贤，不像吧！丧家之狗，是这样吧。”孔子听闻别人说自己丑陋毫不为意。正如庄子认为的：最根本有修养之道在于心，而不在于形。

哀公曰：“何谓才全？”

仲尼曰：“死生存亡，穷达贫富，贤与不肖，毁誉、饥渴、寒暑，是事之变，命之行也；日夜相代乎前[26]，而知不能规乎其始者也[27]。故不足以滑和[28]，不可入于灵府[29]。使之和豫通而不失于兑[30]；使日夜无隙而与物为春[31]，是接而生时于心者也[32]。是之谓才全。”

“何谓德不形？”

曰：“平者，水停之盛也[33]。其可以为法也[34]，内保之而外不荡也。德者，成和之修也[35]。德不形者，物不能离也。”

哀公异日以告闵(mǐn)子曰[36]：“始也吾以南面而君天下，执民之纪而忧其死[37]，吾自以为至通矣。今吾闻至人之言，恐吾无其实[38]，轻用吾身而亡其国。吾与孔丘，非君臣也，德友而已矣[39]。”

［注释］

①恶人：容貌丑恶的人。②哀骀它：庄子杜撰的人名。③丈夫：男子。④思：思慕。⑤唱：倡导立说。⑥和人：附和别人。⑦君人之位：人君的地位。济：救。⑧禄：粮食。望：本指月满。这里用满的意思。⑨雌雄：男女。⑩寡人：国君自谦之称。实为道德不足的人。寡，少。⑪有意乎其为人：觉得他有过人之处。⑫期年：一周年。⑬宰：主持国政的大臣。⑭闷然：无心的样子。⑮氾然：漠不关心的样子。若辞：像拒绝一样。⑯丑：羞耻。⑰恤焉：忧虑的样子。⑱豘：通“豚”，小猪。食：指食奶。⑲眴若：惊慌而目动的样子。⑳使其形者：指母猪的精神。使，主宰。㉑翣：棺材的装饰品。㉒刖：古代一种把脚割掉的酷刑。屦：鞋子。㉓诸御：各种侍从人员。㉔爪翦：剪指甲。㉕才全：才性完美。德不形：道德不体现在外貌上。㉖相代：轮流交替。㉗知：智力。规：假借为窥，观察。始：开端。㉘滑：乱。和：和顺。㉙灵府：指心灵。㉚和豫：和顺逸乐。兑：通“悦”。㉛无隙：无间断。为春：变得像春天一样有生气。㉜时：指四时。㉝水停之盛：水最平静的状态。㉞法：水准，准则。㉟成和之修：养成和顺的修养。㊱异日：他日。闵子：姓闵，名损，字子骞，鲁人，孔子弟子。㊲纪：纲纪。㊳实：指治国忧民的实际。㊴德友：以道德相交的朋友。

［译文］

鲁哀公向孔子问道：“卫国有个面貌十分丑陋的人，名叫哀骀它。男人跟他相处，

常常想念他而舍不得离去。女人见到他便向父母提出请求，说‘与其做别人的妻子，不如做哀骀它先生的妾’，这样的人已经十多个了而且还在增多。从不曾听说哀骀它倡导什么，只是常常附和别人罢了。他没有居于统治者的地位而拯救他人于濒临败亡的境地，他没有聚敛大量的财物而使他人吃饱肚子。他面貌丑陋使天下人吃惊，又总是附和他人而从没提倡什么，他的才智也超不出他所生活的四境，不过接触过他的人无论是男是女都乐于亲近他。这样的人一定有什么不同于常人的地方。我把他召来看了看，果真相貌丑陋足以惊骇天下人。跟我相处不到一个月，我便对他的为人有所了解；不到一年时间，我就十分信任他。国家没有主持政务的官员，我便把国事委托给他。他神情淡漠地回答，漫不经心又好像在加以推辞。我深感羞愧，终于把国事交给了他。没过多久，他就离开我走掉了，我内心忧虑像丢失了什么，好像整个国家没有谁可以跟我一道共欢乐似的。这究竟是什么样的人呢？”

孔子说：“我孔丘也曾出使到楚国，正巧看见一群小猪在吮吸刚死去的母猪的乳汁，不一会又惊惶地丢弃母猪逃跑了。因为不知道自己的同类已经死去，母猪不能像先前活着时那样哺育它们。小猪爱它们的母亲，不是爱它的形体，而是爱支配那个形体的精神。战死沙场的人，他们埋葬时无须用棺木上的饰物来送葬，砍掉了脚的人对于原来穿过的鞋子，没有理由再去爱惜它，这都是因为失去了根本。做天子的侍女，不剪指甲不穿耳眼；婚娶之人只在宫外办事，不会再到宫中服役。为保全形体尚且能够做到这一点，何况德性完美而高尚的人呢？如今哀骀它他不说话也能取信于人，没有功绩也能赢得亲近，让人乐意授给他国事，还唯恐他不接受，这一定是才智完备而德不外露的人。”

鲁哀公问：“什么叫作才智完备呢？”

孔子说：“死、生、存、亡，穷、达、贫、富，贤能与不肖、诋毁与称誉，饥、渴、寒、暑，这些都是事物的变化，都是自然规律的运行；日夜更替于我们的面前，而人的智慧却不能窥见它们的起始。因此它们都不足以搅乱本性的谐和，也不足以侵扰人们的心灵。要使心灵平和安适，通畅而不失怡悦，要使心境日夜不间断地跟随万物融会在春天般的生气里，这样便会接触外物而萌生顺应四时的感情。这就叫作才智完备。”

“什么叫作德不外露呢？”

孔子说：“均平是水留止时的最佳状态。它可以作为取而效法的准绳，内心里充满蕴含而外表毫无所动。所谓德，就是事得以成功、物得以顺和的最高修养。德不外露，外物自然就不能离开他了。”

有一天鲁哀公把孔子这番话告诉闵子，说：“起初我认为坐朝当政统治天下，掌握国家的纲纪而忧心人民的死活，便自以为是最通达的了，如今我听到至人的名言，真忧虑没有实在的政绩，轻率作践自身而使国家危亡。我跟孔子不是君臣关系，而是以德相交的朋友呢。”

［原文］

闉(yīn)跂支离无脤说(shèn shuì)卫灵公[1]，灵公说之[2]；而视全人，其脰(dòu)肩肩[3]。瓮(àng)盎大瘿(yǐng)说齐桓公[4]，桓公说之；而视全人，其脰肩肩。故德有所长，而形有所忘。人不忘其所忘，而忘其所不忘，此谓诚忘[5]。故圣人有所游，而知为孽[6]，

约为胶⑦，德为接，工为商⑧。圣人不谋，恶用知？不斫(zhuó)⑨，恶用胶？无丧，恶用德？不货，恶用商？四者，天鬻(yù)也⑩；天鬻者，天食也。既受食于天，又恶用人⑪！有人之形，无人之情。有人之形，故群于人，无人之情，故是非不得于身。眇乎小哉⑫，所以属于人也！謷(áo)乎大哉⑬，独成其天！

卖盆景

“不货，恶用商？”如果根本不想从买卖中谋利，哪里用得着经商？庄子以此为喻深入浅出的说明圣人没有真情，没有是非，混同于自然。

[注释]

①闉跂、支离无脤：按形状杜撰的人名。说：游说，劝说别人，使他听从自己的意见。②说：通“悦”。③脰：颈。④瓮㼜大瘿：杜撰人名。意为像瓦瓮那么大的肿瘤。瓮㼜，装东西的陶器。瘿，长在脖子上的一种囊状肉瘤。⑤诚：真。⑥知：智谋。孽：妖孽。⑦约为胶：结合是因为有胶粘。约，结合。⑧工：工巧。⑨斫：斫开，指人为地分开。⑩鬻：养。天鬻、天食，都是说明禀受于天然。⑪人：人为。⑫眇：细小。⑬謷乎：伟大。

[译文]

一个跛脚、伛背、没有屁股的人游说卫灵公，卫灵公十分喜欢他；再看看那些身体完整的人，他们的脖颈实在是太细太细了。一个颈瘤大如瓮盎的人游说齐桓公，齐桓公十分喜欢他；再看看那些形体完整的人，他们的脖颈实在是太细太细的了。所以，在德行方面有超出常人的地方而在形体方面的缺陷别人就会有所遗忘，人们不会忘记所应当忘记的东西，而忘记了所不应当忘记的东西，这就叫作真正的遗忘。因而圣人总能自得地出游，把智慧看作是祸根，把盟约看作是禁锢，把推展德行看作是交接外物的手段，把工巧看作是商贾的行为。圣人从不谋虑，哪里用得着智慧？圣人从不砍削，哪里用得着胶着？圣人从不感到缺损，哪里用得着推展德行？圣人从不买卖以谋利，哪里用得着经商？这四种做法叫作天养。所谓天养，就是禀受自然的饲养。既然受养于自然，又哪里用得着人为！有了人的形貌，不一定有人内在的真情。有了人的形体，所以与人结成群体；没有人的真情，所以是与非都不会汇聚在他的身上。渺小呀，跟人同类的东西！伟大呀，只有浑同于自然！

[原文]

惠子谓庄子曰：“人故无情乎？”

庄子曰：“然。”

惠子曰：“人而无情，何以谓之人？”

庄子曰：“道与之貌[1]，天与之形，恶得不谓之人？”

惠子曰：“既谓之人，恶得无情？”

庄子曰：“是非吾所谓情也。吾所谓无情者，言人之不以好恶内伤其身，常因自然而不益生也[2]。”

惠子曰：“不益生，何以有其身[3]？”

庄子曰：“道与之貌，天与之形，无以好恶内伤其身。今子外乎子之神，劳乎子之精，倚树而吟，据槁梧而瞑。天选子之形，子以坚白鸣[4]！”

[注释]

①与：赋予。②因：顺。不益生：无须培养性情。③有其身：维持身体健康。④坚白：坚白论，这是当时名家辩论的重要命题。鸣：争鸣。

[译文]

惠子对庄子说：“人原本就是没有情的吗？”

庄子说：“是的。”

惠子说：“一个人假若没有情，为什么还能称作人呢？”

庄子说：“道赋予人容貌，天赋予人形体，怎么能不称作人呢？”

惠子说：“既然已经称作了人，又怎么能够没有情？”

庄子回答说：“这并不是我所说的情呀。我所说的无情，是说人不因好恶，而致伤害自身的本性，常常顺其自然而不随意增添些什么。”

惠子说：“不添加什么，靠什么来保有自己的身体呢？”

庄子回答说：“道赋予人容貌，天赋予人形体，可不要因外在的好恶而致伤害了自己的本性。如今你外露你的心神，耗费你的精力，靠着树干吟咏，凭依几案闭目假寐。自然授予了你的形体，你却以‘坚’‘白’的诡辩而自鸣得意！”

题解

《大宗师》中的“大”是赞美之词，宗即宗主，师就是学习、效法。篇名即表达了“以道为师”的思想。也就是说，宇宙中可以作为宗主师法者，唯有“大道”。既然道的生命是无限的，那么在一定的意义上我们也可以说万物的生命也是无限的。在《大宗师》中庄子以寓言的形式描写了子祀、子舆、子犁、子来四位莫逆之交的生死观，也即他本人的生死观。如借子桑户的丧礼表达庄子以性情之真来作为礼之真实内涵的哲学意境。本篇的寓言故事中都会有朋友或病或死。朋友数量的逐一递减，使得这三个寓言相互勾连起来，构成整篇《大宗师》文本的中心线索。

所谓生死，不过如昼夜的更替，我们不必好昼而恶夜，因而无须乐生而悲死。这才算领悟了生命的大道，也可以说是解放了为形躯所限的“小我”，而成为与变化同体的“大我”了。庄子认为，人们通过修养去体验大道、接近大道，可以超越人们对于生死的执着和外在功名利禄的系缚。他的修养原则是“不以心损道，不以人助天”，依此而可以达到“寥天一”的境界。其生命体验、审美体验的方式是直觉主义的“坐忘”。“坐忘”即通过暂时与俗情世界绝缘，忘却知识、智力、礼乐、仁义，甚至我们的形躯，达到精神的绝对自由，进入所谓无古今、无生死、无烦恼的宁静意境。庄子的意思是去心知之执，解情识之结，破生死之惑，以便与道同体，与天同性，与命同化。

大宗师

[原文]

知天之所为①，知人之所为者，至矣。知天之所为者，天而生也；知人之所为者，以其知之所知，以养其知之所不知，终其天年而不中道夭者，是知之盛也。虽然，有患。夫知有所待而后当②，其所待者特未定也③。庸讵知吾所谓天之非人乎？所谓人之非天乎？且有真人而后有真知。

何谓真人？古之真人，不逆寡④，不雄成⑤，不谟士⑥。若然者，过而弗悔，当而不自得也；若然者，登高不栗，入水不濡（rú）⑦，入火不热。是知之能登假于道者也若此⑧。

古之真人，其寝不梦，其觉无忧⑨，其食不甘⑩，其息深深⑪。真人之息以踵，众人之息以喉。屈服者，其嗌言若哇⑫。其耆欲深者⑬，其天机浅⑭。

古之真人，不知说生，不知恶死；其出不䜣（xīn）⑮，其入不

距[16]；翛（xiāo）然而往[17]，翛然而来而已矣。不忘其所始，不求其所终；受而喜之，忘而复之，是之谓不以心捐道[18]，不以人助天。是之谓真人。

若然者，其心忘，其容寂，其颡頯（kuí）[19]；凄然似秋[20]，煖然似春[21]，喜怒通四时，与物有宜而莫知其极。故圣人之用兵也，亡国而不失人心；利泽施乎万世，不为爱人，故乐通物，非圣人也；有亲[22]，非仁也；天时，非贤也；利害不通，非君子也；行名失己[23]，非士也；亡身不真[24]，非役人也。若狐不偕[25]、务光[26]、伯夷、叔齐[27]、箕子[28]、胥馀[29]、纪他[30]、申徒狄[31]，是役人之役[32]，适人之适[33]，而不自适其适者也[34]。

张三丰

张三丰，名通，又名全一，字君实，又字君宝，号玄玄子，他不修边幅，人称张邋遢。明朝皇帝给了他三个赐号。即明英宗赐他为“通微显化真人”；明宪宗特封为“韬光尚志真仙”；明世宗赠封他为“清虚元妙真君”。史书记载张三丰龟形鹤背，大耳圆目，须髯如戟，寒来暑往仅一衲衣，雨雪天气蓑衣着身。庄子心中的真人无忧无虑，无喜无悲，忘生忘死，冥合于大道。

古之真人，其状义而不朋[35]，若不足而不承，与乎其觚（gū）而不坚也[36]，张乎其虚而不华也[37]；邴邴乎其似喜乎[38]！崔乎其不得已乎[39]！滀乎进我色也[40]，与乎止我德也；厉乎其似世乎！謷乎其未可制也[41]；连乎其似好闭也[42]，悗（mèn）乎忘其言也[43]。以刑为体[44]，以礼为翼，以知为时[45]，以德为循[46]。以刑为体者，绰乎其杀也[47]；以礼为翼者，所以行于世也；以知为时者，不得已于事也；以德为循者，言其与有足者至于丘也；而人真以为勤行者也。故其好之也一，其弗好之也一。其一也一，其不一也一。其一与天为徒，其不

一与人为徒。天与人不相胜也㊽，是之谓真人。

［注释］

①所为：作用。②所待：所依赖的，指知识所反映的对象。当：得当。③特：但。④不逆寡：不以失败为不顺利。逆，违逆。寡，失。⑤雄成：力求成功。⑥不谟士：不对任何事情有所考虑。谟，谋。士，假借为事。⑦濡：沾湿。⑧登假：升至，达到。⑨觉：醒。⑩甘：精美。⑪息：呼吸。⑫嗌言：咽塞在喉头的话。嗌，咽喉窒塞。哇：呕。⑬耆：通“嗜”，嗜欲。⑭天机：自然的生机。⑮出：生。䜣：同“欣”，欢喜。⑯入：死。距：通“拒”，抗拒。⑰翛然：自由自在的样子。⑱捐：背。⑲颡：额。頯：中部宽广两边显角的样子。⑳凄然：严肃的样子。㉑煖然：温和的样子。㉒亲：偏爱。㉓行名：趋步于名声。失己：指丧失自己的天性。㉔亡身不真：死亡而失于自然。㉕狐不偕：姓狐，字不偕。传说尧让天下给他而不肯接受，而且投河而死。㉖务光：传说夏时人，后来商汤王让天下给他而不肯接受，负石投庐水自杀。㉗伯夷、叔齐：商时孤竹君的两个儿子，周武王灭商，他们认为这是以暴易暴，表示不食周粟，饿死在首阳山上。㉘箕子：殷纣王叔父。因为谏说纣王而被关进监牢，后又要他做奴仆，于是装成疯子。㉙胥馀：箕子之名。㉚纪他：商汤时逸民，担心汤让天下给自己，故投水而死。㉛申徒狄：闻说汤要让天下，于是投河而死。㉜役人之役：把别人的事当作自己的来做。㉝适人之适：把别人的快意当作自己的快意。㉞自适其适：以自己的快意为快意。意即任性自然。㉟其状：指真人的情态。㊱觚：棱角。㊲张：开阔，广大的样子。㊳邴乎：焕发的样子。㊴崔乎：运动的样子。㊵滀乎：水聚的样子。形容充实而有光辉。㊶謷：高远。制：裁度。㊷连乎：形容沉默不语。㊸悗乎：形容无心而忘言。悗，无心的样子。㊹刑：刑法。体：主体。㊺知：通“智”，智慧。时：时变。㊻循：依据。㊼绰：宽广的样子。㊽相胜：相侵犯，相抵触。

［译文］

知道自然的作为，并且了解人的作为，这就达到了认识的极点。知道自然的作为，是懂得事物出于自然；了解人的作为，是用他智慧所通晓的知识哺育、熏陶他智慧所未能通晓的知识，直至自然死亡而不中途夭折，这恐怕就是认识的最高境界了。虽然这样，还是存在忧患。人们的知识一定要有所依凭方才能认定是否恰当，而认识的对象却是不稳定的。怎么知道我所说的本于自然的东西不是出于人为呢，怎么知道我所说的人为的东西又不是出于自然呢？况且有了“真人”方才有真知。

什么叫作“真人”呢？古时候的“真人”，不倚众凌寡，不自恃成功雄踞他人，也不图谋琐事。像这样的人，错过了时机不后悔，赶上了机遇不得意。像这样的人，登上高处不颤栗，下到水里不会沾湿，进入火中不觉灼热。这只有智慧能通达大道境界的人方才能像这样。

古时候的“真人”，他睡觉时不做梦，他醒来时不忧愁，他吃东西时不求甘美，他呼吸时气息深沉。“真人”呼吸凭借的是着地的脚跟，而一般人呼吸则靠的只是喉咙。

被人屈服时，言语在喉前吞吐就像哇哇地曼语。那些嗜好和欲望太深的人，他们天生的智慧也就很浅。

古时候的“真人”，不懂得喜悦生存，也不懂得厌恶死亡；出生不欣喜，入死不推辞；无拘无束地就走了，自由自在地又来了。不忘记自己从哪儿来，也不寻求自己往哪儿去，承受什么际遇都欢欢喜喜，忘掉死生像是回到了自己的本然，这就叫作不用心智去违背大道，也不用人为的因素去帮助自然。这就叫“真人”。

叔齐

像叔齐这样的人，都是被役使世人的人所役使，不是能使自己得到安适的人。

像这样的人，他的内心忘掉了周围的一切，他的容颜淡漠安闲，他的面额质朴端严；冷肃得像秋天，温暖得像春天，高兴或愤怒跟四时更替一样自然无饰，和外界事物合宜相称而没有谁能探测到他精神世界的真谛。所以古代圣人使用武力，灭掉敌国却不失掉敌国的民心；利益和恩泽广施于万世，却不是为了偏爱什么人。乐于交往取悦外物的人，不是圣人；有偏爱就算不上是“仁”；伺机行事，不是贤人；不能看到利害的相通和相辅，算不上是君子；办事求名而失掉自身的本性，不是有识之士；丧失身躯却与自己的真性不符，不是能役使世人的人。像狐不偕、务光、伯夷、叔齐、箕子、胥馀、纪他、申徒狄，这样的人都是被役使世人的人所役使，都是被安适世人的人所安适，而不是能使自己得到安适的人。

古时候的“真人”，神情巍峨而不矜持，好像不足却又无所承受；态度安闲自然、特立超群而不执着顽固，襟怀宽阔虚空而不浮华；怡然欣喜像是格外地高兴，一举一动又像是出自不得已！容颜和悦令人喜欢接近，与人交往德性宽和让人乐于归依；气度博大像是宽广的世界！高放自得从不受什么限制，绵邈深远好像喜欢封闭自己，心不在焉的样子又好像忘记了要说的话。把刑律当作主体，把礼仪当作羽翼，用已掌握的知识去等待时机，用道德来遵循规律。遵刑律为主体的人，那么杀了人也是宽厚仁慈的；把礼仪当作羽翼的人，用礼仪的教诲在世上施行；用已掌握的知识去等待时机的人，是因为对各种事情出于不得已；用道德来遵循规律，就像是说大凡有脚的人就能够登上山丘，而人们却真以为是勤于行走的人。所以说人们所喜好的是浑然为一的，人们不喜好的也是浑然为一的。那些同一的东西是浑一的，那些不同一的东西也是浑一的。那些同一的东西跟自然同类，那些不同一的东西跟人同类。自然与人不可能相互对立而相互超越，具有这种认识的人就叫作“真人”。

[原文]

死生，命也，其有夜旦之常[1]，天也。人之有所不得与[2]，皆物之情也。彼特以天为父[3]，而身犹爱之，而况其

卓乎[4]！人特以有君为愈乎己，而身犹死之，而况其真乎！

泉涸[5]，鱼相与处于陆，相呴以湿[6]，相濡以沫[7]，不如相忘于江湖[8]，与其誉尧而非桀也，不如两忘而化其道。

夫大块载我以形[9]，劳我以生，佚我以老，息我以死。故善吾生者，乃所以善吾死也。

夫藏舟于壑[10]，藏山于泽，谓之固矣。然而夜半有力者负之而走，昧者不知也[11]。藏小大有宜，犹有所遁[12]。若夫藏天下于天下而不得所遁，是恒物之大情也[13]。特犯人之形而犹喜之[14]。若人之形者，万化而未始有极也，其为乐可胜计邪！故圣人将游于物之所不得遁而皆存。善夭善老[15]，善始善终，人犹效之，又况万物之所系[16]，而一化之所待乎[17]！

[注释]

①夜旦：日夜。常：永恒的现象。②与：参与，干预。③彼：指人。特：仅，只是。④卓：卓越。⑤涸：水干。⑥相呴以湿：用湿气互相呼吸。⑦相濡以沫：用口沫互相沾湿。濡，沾湿。⑧相忘：相互忘掉。⑨大块：天地，亦即自然。载：承受，寄托。⑩壑：山沟。⑪昧：当为“寐”之假借。⑫遁：失。⑬恒物：常物。大情：基本性质。⑭特：仅。犯：借为范。范，冶铸模型。用作动词，引申为铸造。⑮夭：少。⑯系：从属。⑰一化：一切变化。所待：所依赖的，指主宰一切的大道。

观鱼图

相濡以沫，不若相忘于江湖。

[译文]

死和生均非人为之力所能安排，犹如黑夜和白天交替那样永恒地变化，完全出于自然。有些事情人是不可能参与和干预的，这都是事物自身变化的实情。人们总是把天看作生命之父，而且终身爱戴它，何况那特立高超的“道”呢！人们还总认为国君是一定超越自己的，而

且终身愿为国君效死，又何况应该宗为大师的“道”呢！

泉水干涸了，鱼儿困在陆地上相互依偎，互相大口出气来取得一点湿气，以唾沫相互润湿，不如生活在江湖里相互彻底地忘记。与其赞誉唐尧的圣明而非议夏桀的暴虐，不如把他们都忘掉而融化混同于“道”。

大地把我的形体托载，并且用生存来劳苦我，用衰老来闲适我，用死亡来安息我。所以，把我的存在看作好事的，也就因此而可以把我的死亡看作是好事。

将船儿藏在大山沟里，将渔具藏在深水里，可以说是十分牢靠了。然而半夜里有个大力士把它们连同山谷和河泽一块儿背着跑了，睡梦中的人们还一点儿也不知道。将小东西藏在大东西里是适宜的，不过还是会有丢失。假如把天下藏在天下里而不会丢失，这就是事物固有的真实之情。人们只要承受了人的形体便十分欣喜，至于像人的形体的情况，在万千变化中从不曾有过穷尽，那快乐之情难道还能够加以计算吗？所以圣人将生活在各种事物都不会遗失的环境里而与万物共存亡。以少为善以老为善，以始为善以终为善，人们尚且加以效法，又何况那万物所联缀、各种变化所依托的“道”呢！

［原文］

夫道，有情有信①，无为无形；可传而不可受，可得而不可见；自本自根②，未有天地，自古以固存；神鬼神帝③，生天生地；在太极之上而不为高④，在六极之下而不为深⑤，先天地生而不为久，长于上古而不为老。狶(xī)韦氏得之⑥，以挈(qiè)天地⑦；伏羲氏得之⑧，以袭气母⑨；维斗得之⑩，终古不忒⑪；日月得之，终古不息；堪坏得之⑫，以袭昆仑；冯夷得之⑬，以游大川；肩吾得之⑭，以处大山⑮；黄帝得之，以登云天⑯；颛顼得之⑰，以处玄宫⑱；禺(yú)强得之⑲，立乎北极；西王母得之⑳，坐乎少广㉑，莫知其始，莫知其终；彭祖得之，上及有虞㉒，下及五伯㉓；傅说得之㉔，以相武丁，奄(yǎn)有天下㉕，乘东维，骑箕(jī)尾，而比于列星。

［注释］

①情：实。信：真。②自本自根：自为根本。③神鬼神帝：能使鬼和上帝变得神灵。④太极：最大的极限。⑤六极：天地四方、上下的极限。⑥狶韦氏：传说中远古的帝王。得之：指得到了大道。⑦挈：提举，这里有开辟的意思。⑧伏羲氏：相传是创造畜牧业时代的帝王。⑨袭：合。气母：阴阳。⑩维斗：北斗。⑪忒：差错。⑫堪坏：昆仑山神。⑬冯夷：河神，亦称河伯。⑭肩吾：泰山神。⑮大山：泰山。⑯登云天：传说轩辕黄帝在首山采铜，在荆山铸鼎。鼎成，有龙垂在鼎上迎接

黄帝，于是黄帝和臣妾七十二人，乘云驾龙，登天化仙。⑰颛顼：又称高阳氏，古代五帝之一，为北方帝。⑱玄官：北方帝官。⑲禺强：水神，居住在北方。⑳西王母：传说中的女神。㉑少广：山名。㉒有虞：舜的时代。㉓五伯：五霸，齐桓公、晋文公、秦穆公、楚庄王、宋襄公，分别为春秋时霸主。㉔傅说：传说殷代贤臣。他原是在傅岩从事版筑的奴隶，后被殷高宗（武丁）任用为相，治理天下。傅说死后，其精神升天，乘骑在东维、箕尾两星之间，与众星并列。㉕奄：才。

［译文］

“道”是真实而又确凿可信的，然而它又是无为和无形的；“道”可以感知却不可以口授，可以领悟却不可以面见；“道”自身就是本、就是根，还未出现天地的远古时代“道”就已经存在；它引出鬼帝，产生天地；它在太极之上却并不算高，它在六极之下不算深，它先于天地存在还不算久，它长于上古还不算老。豨韦氏得到它，用来统驭天地；伏羲氏得到它，用来调和元气；北斗星得到它，永远不会改变方位；太阳和月亮得到它，永远不停息地运行；堪坏得到它，用来入主昆仑山；冯夷得到它，用来巡游大江大河；肩吾得到它，用来驻守泰山；黄帝得到它，用来登上云天；颛顼得到它，用来居处玄宫；禺强得到它，用来立足北极；西王母得到它，用来坐镇少广山。没有人能知道它的开始，也没有人能知道它的终结。彭祖得到它，从远古的有虞时代一直活到五伯时代；傅说得到它，用来辅佐武丁，统辖整个天下，乘驾东维星，骑坐箕宿和尾宿，而永远排列在星神的行列里。

［原文］

南伯子葵问乎女偊(yǔ)曰①：“子之年长矣，而色若孺子②，何也？”

曰：“吾闻道矣。”

南伯子葵曰：“道可得学邪？”

曰：“恶！恶可！子非其人也。夫卜梁倚有圣人之才而无圣人之道③，我有圣人之道而无圣人之才，吾欲以教之，庶几其果为圣人乎④！不然，以圣人之道告圣人之才，亦易矣。吾犹告而守之，参(sān)日而后能外天下⑤；已外天下矣，吾又守之，七日而后能外物⑥；已外物矣，吾又守之，九日而后能外生⑦；已外生矣，而后能朝彻⑧；朝彻，而后能见独⑨；见独，而后能无古今；无古今，而后能入于不死不生⑩。杀生者不死，生生者不生。其为物⑪，无不将也⑫，无不迎也；无不毁也，无不成也。其名为撄(yīng)宁⑬。撄宁也者，

撄而后成者也。”

南伯子葵曰：“子独恶乎闻之？”

曰：“闻诸副墨之子⑭，副墨之子闻诸洛诵之孙⑮，洛诵之孙闻之瞻明⑯，瞻明闻之聂许⑰，聂许闻之需役⑱，需役闻之于讴⑲，于讴闻之玄冥⑳，玄冥闻之参寥㉑，参寥闻之疑始㉒。”

［注释］

①南伯子葵：南伯子綦。葵、綦上古音同。女偊：得道的人。也是庄周杜撰的人物。②色：神色。孺子：小孩。③卜梁倚：姓卜名梁倚。④庶几：疑惑之词，犹或许。⑤参：通“三”。外天下：把天下置之度外。即忘掉世故俗务。⑥外物：把周围的东西置之度外。⑦外生：把生死置之度外。⑧朝彻：形容心境清明洞彻。彻，通畅。⑨见独：指洞见独立无待的道。⑩不死不生：无所谓死，无所谓生。⑪其为物：他对于万物。⑫将：送。⑬撄宁：虽受干扰而宁静自如。撄，触犯，干扰。宁，平静。⑭副墨之子：比喻书册。⑮洛诵之孙：意指传诵。⑯瞻明：所见。⑰聂许：所闻。⑱需役：所为。⑲于讴：歌谣。⑳玄冥：渺茫。㉑参寥：参悟虚寂。㉒疑始：疑测天地万物的起源。

太山老父

太山老父，和女偊一样也是位鹤发童颜的得道之人。太山老父在八十五岁衰老将死之时，在一个道士的点化之下得道。在庄子看来到底什么是道呢？文中借女偊告诉我们如何得道，即：外天下、外物、外生、朝彻、见独、无古今、无生死。道即是不分古今、不分生死、物我两忘、万物同一的境界。

［译文］

南伯子葵向女偊问道：“你的岁数已经很大了，可是你的容颜却像孩童，这是什么缘故呢？”

女偊回答：“我得‘道’了。”

南伯子葵说：“‘道’可以学习吗？”

女偊回答说：“不！怎么可以呢！你不是可以学习‘道’的人。卜梁倚有圣人明敏的才气却没有圣人虚淡的心境，我有圣人虚淡的心境却没有圣人明敏的才气，我想用虚淡的心境来教导他，恐怕他果真能成为圣人哩！然而却不是这样，把圣人虚淡的心境传告具有圣人才气的人，应是很容易的。我还是持守着并告诉他，三天之后便能遗忘天下；既已遗忘天下，我又凝寂持守，七天之后能遗忘万物；既已遗忘外物，我又凝寂持守，九天之后便能遗忘自身的存在；既已遗忘存在的生命，而后心境便能如朝阳一般清新明彻；能够心境如朝阳般清新明彻，而后就能够感受那绝无所待的‘道’了；既已感受了‘道’，而后就能超越古今的时限；既已能够超越古今的时限，而后便进入无所谓生、无所谓死的境界。摒除了生也就没有死，留恋于生也就不存在生。作为事物，‘道’无不有所送，也无不有所迎；无不有所毁，也无不有所成，这就叫作‘撄宁’，就不受外界事物的纷扰，而后保持心境的宁静。”

南伯子葵又问：“你偏偏是怎么得‘道’的呢？”

女偊又回答说：“我从副墨（文字）的儿子那里听到的，副墨的儿子从洛诵（背诵）的孙子那里听到的，洛诵的孙子从瞻明（目视明晰）那里听到的，瞻明从聂许（附耳私语）那里听到的，聂许从需役（勤行不怠）那里听到的，需役从于讴（吟咏领会）那里听到的，于讴从玄冥（深远虚寂）那里听到的，玄冥从参寥（高旷寥远）那里听到的，参寥从疑始（迷茫而无所本）那里听到的。”

[原文]

子祀(sì)、子舆(yú)、子犁(lí)、子来四人相与语曰[1]：“孰能以无为首，以生为脊，以死为尻[2]，孰知死生存亡之一体者，吾与之友矣。”四人相视而笑，莫逆于心[3]，遂相与为友。

俄而子舆有病，子祀往问之。曰：“伟哉！夫造物者，将以予为此拘拘也[4]！”曲偻发背[5]，上有五管[6]，颐隐于齐[7]，肩高于顶，句赘指天[8]。阴阳之气有沴[9]，其心闲而无事，跰(pián)𨇤而鉴于井[10]，曰：“嗟乎！夫造物者又将以予为此拘拘也！”

子祀曰：“汝恶之乎？”

曰：“亡，予何恶！浸假而化予之左臂以为鸡[11]，予因以求时夜[12]；浸假而化予之右臂以为弹，予因以求鸮(xiāo)炙[13]；浸假而化予之尻(kāo)以为轮[14]，以神为马，予因以乘之，岂更驾哉[15]！且夫得者时也，失者顺也；安时而处顺，哀乐不能入也。此古之所谓县解也。而不能自解者，物有结之。且夫物不胜天久矣，吾又何恶焉！”

俄而子来有病，喘喘然将死，其妻子环而泣之[16]。子犁往问之，曰：“叱！避！无怛(dá)化[17]！”倚其户与之语曰[18]：“伟哉造化[19]！又将奚以汝为，将奚以汝适？以汝为鼠肝乎？

以汝为虫臂乎？”

子来曰：“父母于子，东西南北，唯命之从。阴阳于人[20]，不翅于父母；彼近吾死而我不听，我则悍矣[21]，彼何罪焉！夫大块载我以形，劳我以生，佚(yì)我以老，息我以死。故善吾生者，乃所以善吾死也。今之大冶铸金[22]，金踊跃曰[23]：‘我且必为镆铘(mò yé)[24]。’大冶必以为不祥之金。今一犯人之形[25]，而曰‘人耳人耳’，夫造化者必以为不祥之人。今一以天地为大炉，以造化为大冶，恶乎往而不可哉！”

成然寐[26]，蘧(qú)然觉[27]。

［注释］

①“子祀”句：四人无可考，疑亦杜撰人名。②尻：屁股。③莫逆于心：都觉得顺心。④拘拘：拘挛不直的样子。⑤曲偻：鸡胸驼背。发背：背曲向上突露。⑥五管：五脏脉管。⑦颐：面颊。齐：假借为脐。⑧句赘：颈椎。⑨沴：因气不和顺而引起伤害。这里形容阴阳之气错乱不调。⑩跰𨇤：步履蹒跚。⑪浸假：假如。⑫时夜：司夜，指鸡啼报晓。⑬鸮炙：鸮鸟的烤肉。⑭轮：代指车。⑮更：再求。驾：车乘。⑯环：指绕着走。⑰怛：惊恐。⑱倚：靠着。户：单扇门。⑲造化：指道，以一切物化皆为道所造。⑳阴阳：指自然。㉑悍：凶顽不顺。㉒冶：铁匠。铸：铸造。金：铁器。古称铁为恶金或黑金。㉓踊跃：跳起来。㉔镆铘：宝剑名。㉕犯：通“范”，范铸，铸造。㉖成然寐：熟睡。成，熟。㉗蘧然：自得的样子。

锻冶金器

锻冶工匠铸造金器时，金属跳起来说“我必将成为良剑镆铘”，锻冶工匠定会认为这是不祥之物。天地即火炉，造物者即工匠。万物都不可胜过自然，应顺应自然，哪怕鄙薄轻蔑。

［译文］

子祀、子舆、子犁、子来四个人在一块摆谈说：“谁能够把无当作头，把生当作脊柱，把死当作尻尾，谁能够通晓生死存亡浑为一体的道理，我们就可以跟他交朋友。”四个人都会心地相视而笑，心心相契却不说话，于是相互交往成为朋友。

不久子舆生了病，子祀前去探望他。子舆说：“伟大啊，造物者！把我变成如此曲屈不伸的样子！腰弯背驼，五脏穴口朝上，下巴隐藏在肚脐之下，肩部高过头顶，弯曲的颈椎形如赘瘤朝天隆起。”阴阳二气不和酿成如此灾害，可是子舆的心里却十分闲逸好像没有生病似的，蹒跚地来到井边对着井水照看自己，说：“哎呀，造物者竟把我变成如此曲屈不伸！”

子祀说：“你讨厌这曲屈不伸的样子吗？”

子舆回答：“没有，我怎么会讨厌这副样子！假令造物者逐渐把我的左臂变成公鸡，我便用它来报晓；假令造物者逐渐把我的右臂变成弹弓，我便用它来打斑鸠烤熟了吃。假令造物者把我的臀部变化成为车轮，把我的精神变化成骏马，我就用来乘坐，难道还要更换别的车马吗？至于生命的获得，是因为适时，生命的丧失，是因为顺应；安于适时而处之顺应，悲哀和欢乐都不会侵入心房。这就是古人所说的解脱了倒悬之苦，然而不能自我解脱的原因，则是受到了外物的束缚。况且事物的变化不能超越自然的力量已经很久很久，我又怎么能厌恶自己现在的变化呢？

不久子来也生了病，气息急促将要死去，他的妻子儿女围在床前哭泣。子犁前往探望，说：“嘿，走开！不要惊扰他由生而死的变化！”子犁靠着门跟子来说话：“伟大啊，造物者！又将把你变成什么，把你送到何方？把你变化成老鼠的肝脏吗？把你变化成虫蚁的臂膀吗？”

子来说：“父母对于子女，无论东西南北，他们都只能听从吩咐调遣。自然的变化对于人，则不啻于父母；它使我靠拢死亡而我却不听从，那么我就太蛮横了，而它有什么过错呢！大地把我的形体托载，用生存来劳苦我，用衰老来闲适我，用死亡来安息我。所以把我的存在看作是好事，也因此可以把我的死亡看作是好事。现在如果有一个高超的冶炼工匠铸造金属器皿，金属熔解后跃起来说‘我将必须成为良剑镆铘’，冶炼工匠必定认为这是不吉祥的金属。如今人一旦承受了人的外形，便说‘成人了，成人了’，造物者一定会认为这是不吉祥的人。如今把整个浑一的天地当作大熔炉，把造物者当作高超的冶炼工匠，用什么方法来驱遣我而不可以呢？”

于是子来安闲熟睡似的离开人世，一会儿又好像惊喜似的醒过来而回到人间。

［原文］

子桑户、孟子反、子琴张三人相与语曰[1]：“孰能相与于无相与[2]，相为于无相为[3]？孰能登天游雾，挠挑无极[4]；相忘以生[5]，无所终穷[6]？”

三人相视而笑，莫逆于心，遂相与为友。

莫然有间而子桑户死[7]，未葬。孔子闻之，使子贡往侍事焉[8]。或编曲，或鼓琴，相和而歌曰：“嗟来桑户乎！嗟来桑户乎！而已反其真[9]，而我犹为人猗[10]！”子贡趋而进曰[11]：“敢问临尸而歌[12]，礼乎？”

二人相视而笑曰[13]：“是恶知礼意！”

子贡反，以告孔子，曰：“彼何人者邪？修行无有[14]，

而外其形骸⑮，临尸而歌，颜色不变⑯，无以命之，彼何人者邪？”

孔子曰：“彼，游方之外者也⑰；而丘，游方之内者也⑱。外内不相及，而丘使汝往吊之，丘则陋矣。彼方且与造物者为人⑲，而游乎天地之一气。彼以生为附赘县疣(yóu)⑳，以死为决𤴯(huàn)溃痈㉑，夫若然者，又恶知死生先后之所在！假于异物，托于同体；忘其肝胆，遗其耳目；反覆终始，不知端倪㉒；芒然彷徨乎尘垢之外㉓，逍遥乎无为之业。彼又恶能愦愦然为世俗之礼㉔，以观众人之耳目哉！”

子贡曰：“然则夫子何方之依？”

孔子曰：“丘，天之戮(lù)民也㉕。虽然，吾与汝共之㉖。”

子贡曰：“敢问其方。”

孔子曰：“鱼相造乎水㉗，人相造乎道。相造乎水者，穿池而养给；相造乎道者，无事而生定㉘。故曰，鱼相忘乎江湖，人相忘乎道术。”

子贡曰：“敢问畸人。”

曰：“畸人者㉙，畸于人而侔(móu)于天㉚。故曰，天之小人，人之君子；人之君子，天之小人也。”

孔子

孔子，名丘，字仲尼，春秋末期的思想家和教育家，儒家的创始人。

[注释]

①子桑户、孟子反、子琴张：皆为庄子杜撰的人物。②相与于无相与：相交在无所谓相交的关系中。③为：帮助。④挠挑：跳跃。又有循环往复的意思。无极：无穷。⑤相忘以生：互相把生命忘却。⑥终穷：指死。⑦莫然：平静无事的样子。有间：顷刻之间。⑧侍事：指处理丧事。⑨反其真：返归大道，指死亡。⑩猗：句尾助词。⑪趋：急步

走。⑫临尸：对着尸体。⑬二人：指孟子反、子琴张。⑭修行无有：信仰、实践虚无之道。⑮外其形骸：把他们的身体置之度外。⑯颜色不变：面不改容。指没有一点悲伤的表情。⑰游方之外：超脱于现实世界，即所谓出世。⑱游方之内：所谓入世。方之内，指现实世界。⑲为人：为偶。⑳附赘：附属在身体上多生的肉块。悬疣：长在身上的毒疮。县，通“悬”。疣，俗称千日疮。㉑决、溃：破而流浓。疣、痈：都是毒疮之类。㉒倪：边际，尽头。㉓尘垢：指现实世界，犹尘世。㉔愦愦然：昏乱、糊涂的样子。世俗之礼：指儒家的礼。㉕戮：刑戮。㉖共：通“拱”，向，向往。㉗相造：适宜。㉘无事：虚静。生定：指心性恬淡，不为是非、爱憎所动。生，通“性”。㉙畸人：异人，不平常的人。畸，不正常。㉚侔：齐。

［译文］

子桑户、孟子反、子琴张三人在一起谈话：“谁能够相互交往于无心交往之中，相互有所帮助却像没有帮助一样？谁能登上高天巡游雾里，循环升登于无穷的太空，忘掉自己的存在，而永远没有终结和穷尽？”

三人会心地相视而笑，心心相印，于是相互结成好友。

过不多久子桑户死了，还没有下葬。孔子知道了，派弟子子贡前去帮助料理丧事。孟子反和子琴张却一个在编曲，一个在弹琴，相互应和着唱歌：“哎呀，子桑户啊！哎呀，子桑户啊！你已经返归本真，可是我们还成为活着的人而托载形骸呀！”子贡听了快步走到他们近前，说：“我冒昧地请教，对着死人的尸体唱歌，这合乎礼仪吗？”

二人相视笑了笑，不屑地说：“这种人怎么会懂得‘礼’的真实含意！”

子贡回来后把见到的情况告诉给孔子，说：“他们都是些什么样的人呢？不看重德行的培养而没有礼仪，把自身的形骸置之度外，面对着死尸还要唱歌，容颜和脸色一点也不改变，没有什么办法可以用来描述他们。他们究竟是些什么样的人呢？”

孔子说：“他们都是些摆脱礼仪约束而逍遥于人世之外的人，我却是生活在具体世俗环境中的人。人世之外和人世之内彼此互不干涉，可是我却让你前去吊唁，我实在是浅薄呀！他们正跟造物者结为伴侣，而逍遥于天地浑一的元气之中。他们把人的生命看作像赘瘤一样多余，他们把人的死亡看作是毒痈化脓后的溃破，像这样的人，又怎么会顾及死生优劣的存在！凭借于各个不同的物类，但最终寄托于同一的整体；忘掉了体内的肝胆，也忘掉了体外的耳目；无尽地反复着终结和开始，但从不知道它们的头绪；茫茫然彷徨于人世之外，逍遥自在地生活在无所作为的环境中。他们又怎么会烦乱地去遵循世俗的礼仪，而故意炫耀于众人的耳目之前呢！”

子贡说：“如此，那么先生将遵循什么准则呢？”

孔子说：“我孔丘，乃是苍天所惩罚的罪人。即使这样，我仍将跟你们一道去竭力追求至高无上的‘道’。”

子贡问：“请问追求‘道’的方法。”

孔子回答：“鱼争相投水，人争相求道。争相投水的鱼，掘地成池便给养充裕；争相求道的人，漠然无所作为便心性平适。所以说，鱼相忘于江湖里，人相忘于道术中。”

子贡说：“再冒昧地请教‘畸人’的问题。”

孔子回答：“所谓‘畸人’，就是不同于世俗而又等同于自然的人。所以说，自然的小人就是人世间的君子；人世间的君子就是自然的小人。”

［原文］

颜回问仲尼曰："孟孙才[1]，其母死，哭泣无涕，中心不戚[2]，居丧不哀。无是三者，以善处丧盖鲁国[3]。固有无其实而得其名者乎[4]？回壹怪之[5]。"

仲尼曰："夫孟孙氏尽之矣，进于知矣，唯简之而不得，夫已有所简矣。孟孙氏不知所以生，不知所以死；不知孰先，不知孰后；若化为物，以待其所不知之化已乎！且方将化，恶知不化哉？方将不化，恶知已化哉？吾特与汝，其梦未始觉者邪！且彼有骇形而无损心[6]，有旦宅而无耗精[7]。孟孙氏特觉[8]，人哭亦哭，是自其所以乃。且也，相与吾之耳矣，庸讵（jù）知吾所谓吾之乎？且汝梦为鸟而厉乎天[9]，梦为鱼而没于渊[10]。不识今之言者，其觉者乎，其梦者乎？造适不及笑[11]，献笑不及排[12]，安排而去化[13]，乃入于寥（liáo）天一[14]。"

颜回

颜回，字子渊，春秋末年鲁国人。是孔子最得意弟子。

［注释］

①孟孙才：姓孟孙，名才，鲁国人。②中心：心中。戚：忧伤。③盖：覆，引申为闻名之意。④实：指处丧之心。名：指善处丧的名声。⑤壹：实在，确实。⑥彼：指孟孙氏。骇形：形体上受到震动。骇，惊动。⑦旦宅：躯体转化。耗精：精神死亡。⑧特觉：尤为清醒。⑨厉：奋飞。⑩没：深入水中。⑪造适不及笑：形容内心达到最适意的境界。⑫献笑不及排：形容内心适意自得而于自然中流露出笑容。献，发。⑬安排：安于自然的安排。⑭寥天一：道。

［译文］

颜回请教孔子说："孟孙才这个人，他的母亲死了，哭泣时没有一滴眼泪，心中不觉悲伤，居丧时也不哀痛。这三个方面没有任何悲哀的表现，可是却因善于处理丧事而名扬鲁国。难道真会有无其实而有其名的情况吗？颜回实在觉得奇怪。”

孔子说：“孟孙才处理丧事的做法确实是尽善尽美了，大大超过了懂得丧葬礼仪的人。人们总希望从简治丧却不能办到，而孟孙才已经做到从简办理丧事了。孟孙才不过问人因为什么而生，也不去探寻人因为什么而死；不知道趋赴生，也不知道靠拢死；他顺应自然的变化而成为他应该变成的物类，以期待那些自己所不知晓的变化！况且即将出现变化，怎么知道不变化呢？即将不再发生变化，又怎么知道已经有了变化呢！只有我和你呀，才是做梦似的没有一点儿觉醒的人呢！那些死去了的人惊扰了自身形骸却无损于他们的精神，犹如精神的寓所朝夕改变却并不是精神的真正死亡。唯独孟孙才觉醒，人们哭他也跟着哭，这就是他如此居丧的原因。况且人们交往总借助形骸而称述自我，又怎么知道我所称述的躯体一定就是我呢？而且你梦中变成鸟便振翅直飞蓝天，你梦中变成鱼便摇尾潜入深渊。不知道今天我们说话的人，算是醒悟的人呢，还是做梦的人呢？心境快适却来不及笑出声音，表露快意发出笑声却来不及排解和消泄，安于自然的推移而且忘却死亡的变化，于是就进入到寂寥虚空的自然而浑然成为一体。”

［原文］

意而子见许由[1]。许由曰：“尧何以资汝[2]？”

意而子曰：“尧谓我：‘汝必躬服仁义而明言是非[3]。’”

许由曰：“而奚来为轵(zhǐ)[4]？夫尧既已黥(qíng)汝以仁义[5]，而劓(yì)汝以是非矣，汝将何以游夫遥荡恣(zì)睢(suī)转徙之涂乎[6]？”

意而子曰：“虽然，吾愿游于其藩[7]。”

许由曰：“不然。夫盲者无以与乎眉目颜色之好，瞽(gǔ)者无以与乎青黄黼(fǔ)黻之观[8]。”

意而子曰：“夫无庄之失其美[9]，据梁之失其力[10]，黄帝之亡其知，皆在炉捶之间耳[11]。庸讵知夫造物者之不息我黥而补我劓[12]，使我乘成以随先生邪[13]？”

许由曰：“噫！未可知也。我为汝言其大略。吾师乎！吾师乎[14]！齑(jī)万物而不为义[15]，泽及万世而不为仁，长于上古而不为老，覆载天地刻雕众形而不为巧。此所游已。”

许由

许由，尧舜时代的贤人。

［注释］

①意而子：人名，其事迹不详。是庄子杜撰的人物。②资：帮助，这里意谓指教。③躬服：身体力行，亲身实践。明言：明辩。明，从观察问题说。言，从论述问题说。④轵：通“只”，句尾助词。⑤黥：古时用刀刺刻在犯人的额颊等处，然后涂上墨的一种刑罚。⑥恣睢：放纵。转徙：变迁。涂：通“途”。⑦藩：领域，境界。⑧瞽：瞎。黼黻：古时礼服上绣的花纹。观：华丽。⑨无庄：古代美人。⑩据梁：古代大力士。⑪炉捶：陶冶锻炼。炉、捶，都是冶炼工具。⑫息我黥：长回我被割去的皮肉。补我劓：补回我被割去的鼻子。⑬乘成：载着完全的形体。成，全。⑭吾师：指天道。⑮整：调和之意。

［译文］

意而子拜访许由。许由说：“尧把什么东西给予了你？”

意而子说：“尧对我说：‘你一定得亲身实践仁义并明白无误地阐明是非’。”

许由说：“你怎么还要来我这里呢？尧已经用‘仁义’在你的额上刻下了印记，又用‘是非’割下了你的鼻子，你将凭借什么游处于逍遥放荡、纵任不拘、辗转变化的道途呢？”

意而子说：“虽然这样，我还是希望能游处于如此的境域。”

许由说：“不对。有眼无珠的盲人没法让他观赏姣好的眉目和容颜，瞎子没法跟他赏鉴礼服上各种不同颜色的花纹。”

意而子说：“无庄不再打扮忘掉自己的美丽，据梁不再逞强忘掉自己的勇力，黄帝闻‘道’之后忘掉自己的智慧，他们都因为经过了‘道’的冶炼和锻打。怎么知道那造物者不会养息我受黥刑的伤痕和补全我受劓刑所残缺的鼻子，使我得以保全托载精神的身躯而跟随先生呢？”

许由说：“唉！这可是不可能知道的。我还是给你说个大概吧。‘道’是我伟大的宗师啊！我伟大的宗师啊！把万物碎成粉末不是为了某种道义，把恩泽施于万世不是出于仁义，长于上古不算老，回天载地、雕创众物之形也不算技巧。这就进入‘道’的境界了。”

［原文］

颜回曰：“回益矣①。”

仲尼曰："何谓也？"

曰："回忘仁义矣。"

曰："可矣，犹未也。"

它日，复见，曰："回益矣。"

曰："何谓也？"

曰："回忘礼乐矣。"

曰："可矣，犹未也。"

它日，复见，曰："回益矣。"

曰："何谓也？"

曰："回坐忘矣②。"

仲尼蹴(cù)然曰③："何谓坐忘？"

颜回曰："堕(huī)肢体④，黜(chù)聪明⑤，离形去知⑥，同于大通⑦，此谓坐忘。"

仲尼曰："同则无好也⑧，化则无常也⑨。而果其贤乎！丘也请从而后也。"

[注释]

①益：进步。②坐忘：静坐而心忘。③蹴然：神态突然变化的样子。④堕：通"隳"，废。⑤黜：废除。⑥离形：离析肢体。去知：除去心智。⑦大通：大道。⑧好：偏好。⑨常：执着。

[译文]

颜回说："我进步了。"

孔子问道："你的进步指的是什么？"

颜回说："我已经忘却仁义了。"

孔子说："好啊，不过还不够。"

慧能拒诏

唐中宗遣内侍薛简请禅宗六祖慧能进京，慧能以年迈体弱为由婉拒，薛简问："京城信徒都认为要习得佛教真义必须学习坐禅。"慧能答："佛道由心体悟不在形式上坐与不坐。"薛简问："如何静心体悟？"慧能答："不思一切善恶，自然得入清净。"庄子认为"坐忘"和"心斋"是闻道的重要方法。坐忘的最高境界是"去知"，即坐着休息却突然忘掉自己是谁。

过了几天颜回再次拜见孔子，说："我又进步了。"

孔子问："你的进步指的是什么？"

颜回说："我忘却礼乐了。"

孔子说："好哇，不过还不够。"

过了几天颜回又再次拜见孔子，说："我又进步了。"

孔子问："你的进步指的是什么？"

颜回说："我'坐忘'了"。

孔子惊奇不安地问："什么叫'坐忘'？"

颜回答道："毁废了强健的肢体，退除了灵敏的听觉和清晰的视力，脱离了身躯并抛弃了智慧，从而与大道浑同相通为一体，这就叫静坐心空物我两忘的'坐忘'。"

孔子说："与万物同一就没有偏好，顺应变化就不执滞常理。你果真成了贤人啊！我作为老师也希望能跟随学习而步你的后尘。"

[原文]

子舆与子桑友，而霖雨十日①。子舆曰："子桑殆病矣②！"裹饭而往食之③。至子桑之门，则若歌若哭，鼓琴曰："父邪！母邪！天乎！人乎！"有不任其声而趋举其诗焉④。

子舆入，曰："子之歌诗，何故若是？"

曰："吾思乎使我至此极者而弗得也⑤。父母岂欲吾贫哉？天无私覆，地无私载，天地岂私贫我哉？求其为之者而不得也。然而至此极者，命也夫！"

[注释]

①霖雨：连绵大雨。霖，久雨。②殆：大概。病：指饥饿。③食：拿食物给人吃。④趋：急促。举：引起。⑤极：绝境。

[译文]

子舆和子桑是好朋友，连绵的阴雨下了十日，子舆说："子桑恐怕已经困乏而饿倒。"便包着饭食前去给他吃。来到子桑门前，就听见子桑好像在唱歌，又好像在哭泣，而且还弹着琴："是父亲呢，还是母亲呢？是天呢，还是人呢？"声音微弱好像禁不住感情的表达，急促地吐露着歌词。

子舆走进屋子说："你歌唱的诗词，为什么像这样？"

子桑回答说："我在探寻使我达到如此极度困乏和窘迫的人，然而没有找到。父母难道会希望我贫困吗？苍天没有偏私地覆盖着整个大地，大地没有偏私地托载着所有生灵，天地难道会单单让我贫困吗？寻找使我贫困的东西可是我没能找到。然而已经达到如此极度的困乏，还是'命'啊！"

题解

此篇是针对帝王而言，因此谓之《应帝王》。《应帝王》的核心是庄子的政治哲学：顺民、无为、不治。统治者没事不要用自己所谓的政治理想来搅扰百姓，更不能把社会和百姓当成各种政治哲学和统治者个人野心的试验田，而是要让百姓自己管自己，各尽其能，“顺物自然而无容私焉，则天下治矣”，这里的“私”就是指统治者自己的政治抱负。

庄子绝对不信仰任何统治者，他的“自然”形而上是指终极的“道”，绝对真理；形而下是指顺民、无为，不扰民、不干预，以百姓的意志为意志。在这点，庄子是个无政府主义者，至少他很怠慢统治者，而把百姓提到了最高，因此任何统治者都不会喜欢他。

庄子认为，作为帝王应当“游心于淡，合气于漠，顺物自然而无容私”，这样天下方能大治。如果像儵与忽那样，想有所作为，去替浑沌开凿孔窍，则会把浑沌凿死，就会贻害天下。文章在揭示出主旨之后，又连设数喻，层层推进，最后终止于万象俱寂的浑沌境界，再次暗寓无为任化的绝妙意趣。而篇末以“南海”“北海”作结，又与《逍遥游》开篇“北冥”“南冥”遥相呼应，说明内篇结构严谨，文意连贯，不愧为庄子的精心设制之作。

应帝王

［原文］

啮(niè)缺问于王倪，四问而四不知。啮缺因跃而大喜，行以告蒲衣子①。

蒲衣子曰：“而乃今知之乎②？有虞氏不及泰氏③。有虞氏，其犹藏仁以要人④；亦得人矣，而未始出于非人。泰氏，其卧徐徐⑤，其觉于于⑥；一以己为马，一以己为牛；其知情信，其德甚真，而未始入于非人。”

［注释］

①蒲衣子：传说是尧时人。②而：你。乃：才。③有虞氏：舜帝。泰氏：伏羲氏。④藏仁：心怀仁义。要：要结，笼络。⑤徐徐：安闲自得的样子。⑥于于：逍遥自在的样子。

［译文］

啮缺向王倪求教，四次提问王倪四次都不能作答。啮缺于是跳了起来高兴极了，去到蒲衣子处把上述情况告诉给他。

蒲衣子说：“你如今知道了这种情况吗？虞舜比不上伏羲氏。虞舜他心怀仁义以笼络人心，获得了百姓的拥戴，不过他还是不曾超脱出人为的物我两分的困境。伏羲氏他睡卧时宽缓安适，他觉醒时悠游自得；他听任有的人把自己看作马，听任有的人把自己看作牛；他的才思实在真实无伪，他的德行确实纯真可信，而且从不曾涉入物我两分的困境。”

［原文］

肩吾见狂接舆，狂接舆曰：“日中始何以语女[1]？”

肩吾曰：“告我君人者以己出经式义度[2]，人孰敢不听而化诸！”

狂接舆曰：“是欺德也[3]。其于治天下也，犹涉海凿河，而使蚊负山也。夫圣人之治也，治外乎？正而后行[4]，确乎能其事者而已矣。且鸟高飞以避矰弋（zēng yì）之害[5]，鼷（xī）鼠深穴乎神丘之下[6]，以避熏凿之患[7]，而曾二虫之无知？”

［注释］

①日中始：庄子杜撰人名。②君人者：国君。出：公布。经：法典。式：程式，规矩。义：裁断之法。度：准则。③欺德：虚伪的道德。④正：指正己。行：推行。⑤矰：一种用丝绳系住以便弋射飞鸟的短箭。弋：弋射，用绳系住箭来射。⑥鼷鼠：小鼠。深穴：作动词，打很深的地洞藏身。神丘：社坛。⑦熏：用烟熏。凿：挖掘。

子路问津

鲁哀公四年（公元前491年），孔子从叶返回蔡国，忘记了渡口，看到了长沮、桀溺在耕田，就让子路去问。他们说，“像洪水似的坏事到处都有，谁能改变？你跟着逃避坏人的人，怎么如跟着我们这些逃避乱世的人呢？”庄子与孔子都认为君主应“仁”，但他们的“仁”又有不同。孔子认为君子应对人们施以仁义，使人们遵守礼法；而庄子认为礼法损害了人民的本性，君主应顺应人们的本性而后感化他们。

［译文］

肩吾拜会隐士接舆。接舆说：“往日你的老师日中始用什么来教导你？”

肩吾说：“他告诉我，做国君的一定要凭借自己的意志来推行法度，人们谁敢不听从而随之变化呢？”

接舆说：“这是欺诳的做法，那样治理天下，就好像徒步下海开凿河道，让蚊虫背负大山一样。圣人治理天下，难道去治理社会外在的表象吗？他们顺应本性而

后感化他人，听任人们之所能罢了。鸟儿尚且懂得高飞躲避弓箭的伤害，老鼠尚且知道深藏于神坛之下的洞穴逃避熏烟凿地的祸患，能够说这两种小动物是无知的吗？”

［原文］

天根游于殷阳[1]，至蓼(liǎo)水之上[2]，适遭无名人而问焉[3]，曰：“请问为天下[4]。”

无名人曰：“去！汝鄙人也，何问之不豫也[5]！予方将与造物者为人[6]，厌则又乘夫莽眇之鸟[7]，以出六极之外，而游无何有之乡，以处圹埌(làng)之野[8]。汝又何帠(yì)以治天下感予之心为[9]？”

又复问。

无名人曰：“汝游心于淡，合气于漠，顺物自然而无容私焉[10]，而天下治矣。”

［注释］

①天根：庄子杜撰的人名。殷阳：殷山之南。②蓼水：水名。③适遭：刚好碰到。无名人：庄子杜撰的人名。④为：治理。⑤豫：厌倦。⑥方将：正在。⑦莽眇：飘渺。⑧圹埌：原野空旷貌。⑨帠：梦话。感：惑乱。⑩容私：夹杂私心成见。

［译文］

天根闲游殷山的南面，来到蓼水河边，正巧遇上无名人而向他求教，说：“请问治理天下之事。”

无名人说：“走开，你这个见识浅薄的人，怎么一张口就让人不愉快！我正打算跟造物者结成伴侣，厌烦时便又乘坐那状如飞鸟的清虚之气，超脱于‘六极’之外，而生活在什么也不存在的地方，居处于旷达无垠的环境。你又怎么能用梦呓般的所谓治理天下的话语来撼动我的心思呢？”

天根又再次提问。

无名人说：“你应处于保持本性、无所修饰的心境，交合形气于清静无为的方域，顺应事物的自然而没有半点儿个人的偏私，天下也就得到治理。”

［原文］

阳子居见老聃[1]，曰：“有人于此，向疾强梁[2]，物彻疏明[3]，学道不勌(juàn)[4]。如是者，可比明王乎[5]？”

老聃曰：“是于圣人也[6]，胥易技系[7]，劳形怵心者也[8]。

且也虎豹之文来田[9]，猨狙（yuán jū）之便、执斄（lí）之狗来藉[10]。如是者，可比明王乎？”

阳子居蹴然曰：“敢问明王之治。”

老聃曰：“明王之治：功盖天下而似不自己[11]，化贷万物而民弗恃（fú shì）[12]；有莫举名[13]，使物自喜；立乎不测，而游于无有者也[14]。”

老子骑牛

［注释］

①阳子居：姓阳名朱，字子居。②向疾：回声一样快。比喻敏捷。向，通“响”，回声。疾，速。强梁：刚强有力。③物彻：物理洞彻，对事物的道理理解得十分透彻。疏明：如疏窗一样通明，比喻洞彻的程度。④勑：同“倦”。⑤明王：英明的君主。⑥于：古通“乌”。乌，何。⑦胥：有才智而供人役使的小吏。系：束缚。⑧怵：惊心。⑨文：花纹。指虎豹皮毛上的花纹。来：招致。田：通“畋”，畋猎。⑩便：敏捷。藉：系缚。⑪不自己：不归功于自己。⑫贷：施，恩赐。恃：依赖。⑬莫：毋，无法。举：称说。名：形容。⑭无有者：指虚无之道。

［译文］

阳子居拜见老聃，说：“倘若现在有这样一个人，他办事迅疾敏捷、强干果决，对待事物洞察准确、了解透彻，学‘道’专心勤奋从不厌怠。像这样的人，可以跟圣哲之王相比而并列吗？”

老聃说：“这样的人在圣人看来，只不过就像聪明的小吏供职办事时为技能所拘系、劳苦身躯担惊受怕的情况。况且虎豹因为毛色美丽而招来众多猎人的围捕，猕猴因为跳跃敏捷、狗因为捕物迅猛而招致绳索的拘缚。像这样的动物，也可以拿来跟圣哲之王相比而并列吗？”

阳子居听了这番话脸色顿改，不安地说：“冒昧地请教圣哲之王怎么治理天下。”

老聃说：“圣哲之王治理天下，功绩普盖天下却又像什么也不曾出自自己的努力，教化施及万物而百姓却不觉得有所依赖；功德无量没有什么办法称述赞美，使万事万物各居其所而欣然自得；立足于高深莫测的神妙之境，而生活在什么也不存在的世界里。”

［原文］

郑有神巫曰季咸[1]，知人之死生存亡[2]，祸福寿夭，期

以岁月旬日[3]，若神。郑人见之，皆弃而走。列子见之而心醉，归，以告壶子[4]，曰：“始吾以夫子之道为至矣，则又有至焉者矣。”

壶子曰：“吾与汝既其文[5]，未既其实，而固得道与？众雌而无雄，而又奚卵焉！而以道与世亢，必信[6]，夫故使人得而相女[7]。尝试与来，以予示之。”

明日，列子与之见壶子。出而谓列子曰：“嘻！子之先生死矣！弗活矣！不以旬数矣！吾见怪焉[8]，见湿灰焉[9]。”

列子入，泣涕沾襟以告壶子。壶子曰：“乡吾示之以地文[10]，萌乎不震不止[11]。是殆见吾杜德机也[12]。尝又与来。”

明日，又与之见壶子。出而谓列子曰：“幸矣，子之先生遇我也！有瘳（chōu）矣[13]，全然有生矣！吾见其杜权矣[14]。”

列子入，以告壶子。壶子曰：“乡吾示之以天壤[15]，名实不入，而机发于踵（zhǒng）[16]。是殆见吾善者机也[17]。尝又与来。”

明日，又与之见壶子。出而谓列子曰：“子之先生不齐[18]，吾无得而相焉。试齐，且复相之。”

列子入，以告壶子。壶子曰：“乡吾示之以太冲莫胜[19]。是殆见吾衡气机也[20]。鲵桓（ní huán）之审为渊[21]，止水之审为渊，流水之审为渊。渊有九名，此处三焉。尝又与来。”

明日，又与之见壶子。立未定，自失而走。壶子曰：“追之！”列子追之不及。反，以报壶子曰：“已灭矣，已失矣，吾弗及已。”

壶子曰：“乡吾示之以未始出吾宗[22]，吾与之虚而委蛇[23]，不知其谁何[24]，因以为弟靡[25]，因以为波流，故逃也。”

然后列子自以为未始学而归，三年不出。为其妻爨（cuàn）[26]，食（shǐ）豕如食人[27]。于事无与亲[28]，雕琢复朴[29]，块然独以其形立[30]。纷而封哉[31]，一以是终[32]。

白居易

对于各种世事不分亲疏没有偏私，过去的雕琢和华饰已恢复到原本的质朴和纯真，像大地一样木然忘情地将形骸留在世上。

［注释］

①神巫：神灵的巫祝。巫祝是古代以降神、祭祀、占卜为职业的人。②知：指能测知。③期：约，预言。④壶子：列子的老师，是很有道德修养的人。⑤既：尽。文：表面。⑥信：通“伸”，表露自己。⑦相：一种巫术，观察人的容貌以测定吉凶祸福，也即一般所谓相面。⑧怪：怪异，指死亡的征候。⑨湿灰：必死的象征。⑩乡：往，往日。地文：大地阴静的气象，用来比喻入静的境界。⑪萌乎：形容昏昧的样子。⑫是：此。殆：大概。杜：闭塞。⑬有瘳：有好转的希望。瘳，病愈。⑭杜权：闭塞中有转机，即变得有点生气。权，变。⑮壤：地。⑯机发于踵：心神领着气息从脚跟涌泉穴开始向上运行。⑰善：指病愈。机：生机。⑱齐：通“斋”，斋戒。⑲太冲：阴阳二气调和。冲，调。⑳衡：平。㉑鲵：小鱼。桓：盘桓，徘徊。㉒吾宗：指天。㉓委蛇：随顺自然的样子。㉔不知：指季咸不知。其：壶子自指。㉕弟靡：茅草，草芥。㉖爨：烧火煮饭。㉗食豕：喂猪。㉘无与亲：无所关心。㉙雕琢复朴：去雕琢而复归于朴。㉚块然：像土块那个样子。意即无知无识。㉛纷：指世事纷纭。封：指列子封闭自己的心窍，不染世尘。㉜一以是终：一直以此终生。

［译文］

郑国有个占卜识相十分灵验的巫师，名叫季咸，他知道人的生死存亡和祸福寿夭，所预卜的年、月、旬、日都准确应验，仿佛是神人。郑国人见到他，都担心预卜死亡和凶祸而急忙跑开。列子见到他却内心折服如醉如痴，回来后把见到的情况告诉老师壶子，并且说：“起先我总以为先生的道行最为高深，如今又有更为高深的巫术了。”

壶子说：“我教给你的还全是道的外在的东西，还未能教给你道的实质，你难道就已经得道了吗？只有众多的雌性可是却无雄性，又怎么能生出受精的卵呢！你用所学到的道的皮毛就跟世人相匹敌，而且一心求取别人的信任，因而让人洞察底细而替你看相。你试着跟他一块儿来，把我介绍给他看看相吧。”

第二天，列子跟神巫季咸一道拜见壶子。季咸走出门来就对列子说：“呀！你的先生快要死了！活不了了，用不了十来天了！我观察到他临死前的怪异形色，神情像遇水的灰烬一样。”

列子进到屋里，泪水弄湿了衣襟，伤心地把季咸的话告诉给壶子。壶子说：“刚才我将如同地表那样寂然不动的心境显露给他看，茫茫然既没有震动也没有止息。这样恐怕只能看到我闭塞的生机。试试再跟他来看看。”

第二天，列子又跟神巫季咸一道拜见壶子。季咸走出门来就对列子说：“幸运啊，你的先生遇上了我！症兆减轻了，完全有救了，我已经观察到闭塞的生机中神气微动的情况。”

列子进到屋里，把季咸的话告诉给壶子。壶子说：“刚才我将天与地那样相对而又相应的心态显露给他看，名声和实利等一切杂念都排除在外，而生机从脚跟发至全身。这样恐怕已看到了我的一线生机。试着再跟他一块儿来看看。”

第二天，列子又跟神巫季咸一道拜见壶子。季咸走出门来就对列子说：“你的先生心迹不定，神情恍惚，我不可能给他看相。等到心迹稳定，再来给他看相。”

列子进到屋里，把季咸的话告诉给壶子。壶子说：“刚才我把阴阳二气均衡而又和谐的心态显露给他看。这样恐怕看到了我内气持平、相应相称的生机。大鱼盘桓逗留的地方叫作深渊，静止的河水聚积的地方叫作深渊，流动的河水滞留的地方叫作深渊。渊有九种称呼，这里只提到了上面三种。试着再跟他一块儿来看看。”

第二天，列子又跟神巫咸季一道拜见壶子。季咸还未站定，就不能自持地跑了。壶子说：“追上他！”列子没能追上，回来告诉壶子，说：“已经没有踪影了，让他跑掉了，我没能赶上他。”

壶子说：“起先我显露给他看的始终未脱离我的本源。我跟他随意应付，他弄不清我的究竟，于是我使自己变得那么颓废顺从，变得像水波逐流一样，所以他逃跑了。”

这之后，列子深深感到像从不曾拜师学道似的回到了自己的家里，三年不出门。他帮助妻子烧火做饭，喂猪就像侍候人一样。对于各种世事不分亲疏没有偏私，过去的雕琢和华饰已恢复到原本的质朴和纯真，像大地一样木然忘情地将形骸留在世上。虽然涉入世间的纷扰却能固守本真，并像这样终生不渝。

[原文]

无为名尸[1]，无为谋府[2]；无为事任[3]，无为知主[4]。

体尽无穷[5]，而游无朕[6]；尽其所受于天，而无见得，亦虚而已。

至人之用心若镜[7]，不将不迎，应而不藏，故能胜物而不伤。

南海之帝为儵(shū)[8]，北海之帝为忽，中央之帝为浑沌。

儵与忽时相与遇于浑沌之地，浑沌待之甚善。儵与忽谋报浑沌之德[9]，曰：“人皆有七窍以视听食息[10]，此独无有，尝试凿之。”

日凿一窍，七日而浑沌死。

耕

儵和忽的好意导致了浑沌之死。浑沌之死也是大道之死。人们总根据自己的好恶来改造自然，导致了人与自然的对立，也导致了人天性的沦落。图中农民正用耜耕田。耜的应用大大提高了人们改造自然的能力，促进了农业的发展。

［注释］

①无为：不要做。名尸：名声的承当者。尸，主。②谋府：智囊。③事任：承担责任。④知主：智慧的主宰者。⑤体尽无穷：与无穷的事物完全浑然一体。⑥无朕：无迹，无迹则虚。朕，迹。⑦若镜：意即纯客观地反映。⑧儵：与下文的忽、浑沌，都是庄子杜撰的名字。⑨谋报：筹谋报答。德：恩德。⑩七窍：七个洞，指两眼、两鼻孔、两耳、一口。

［译文］

不要成为名誉的寄托，不要成为谋略的场所，不要成为世事的负担，不要成为智慧的主宰。

潜心地体验真源而且永不休止，自由自在地游乐而不留下踪迹；任其所能禀承自然，从不表露也从不自得，也就心境清虚淡泊而无所求罢了。

修养高尚的"至人"心思就像一面镜子，对于外物是来者即照去者不留，应合事物本身从不有所隐藏，所以能够反映外物而又不因此损心劳神。

南海的大帝名叫儵，北海的大帝名叫忽，中央的大帝叫浑沌。

儵与忽常常相会于浑沌之处，浑沌款待他们十分丰盛。儵和忽在一起商量报答浑沌的深厚情谊，说："人人都有眼耳口鼻七个窍孔用来视、听、吃的呼吸，唯独浑沌没有，我们试着为他凿开七窍。"

他们每天凿出一个孔窍，凿了七天浑沌也就死去了。

外 篇

题解

骈拇指并生的脚趾和歧出的旁指，不过是身体上的赘疣和痈瘤，这些东西与人的天性相背拗，必除之而后快。庄子以此说明虚伪的仁义，乃是欺世炫人、追逐浮名，徒然在惑乱世道人心；而“彼至正者，不失其性命之情”（《庄子·骈拇》）。这是庄子所说的至理正道。不失天然的情性，不失生命的本根。庄子的思想是彻底的真和朴，一切违背天然情性、生命本根的社会、政治、文化、理想在庄子面前都遭到致命的粉碎性的打击。在庄子看来利、名、家、天下不过是“千仞之雀”，唯有这不失本性的生命，才是“隋侯之珠”，是不值得以珠殉雀的。由于人的本性为仁义所改变，人们为义利相争不已，致使社会动乱不止，摈弃仁义智辩，回复自然本性，才能止息纷争和罪恶。

庄子本篇发挥了老子自然无为、返璞归真的政治理想。反映了他的无为而治，返归自然的社会观和政治观，对儒家的仁义和礼乐作了直接的批判，但对某些社会的进步也作了否定。文辞直陈，观点跃于言表。

骈 拇

[原文]

骈拇（pián mǔ）枝指[1]，出乎性哉！而侈（chǐ）于德[2]。附赘县疣（yóu）[3]，出乎形哉！而侈于性。多方乎仁义而用之者[4]，列于五藏哉[5]！而非道德之正也[6]。是故骈于足者，连无用之肉也；枝于手者，树无用之指也；骈枝于五藏之情者，淫僻于仁义之行，而多方于聪明之用也。

是故骈于明者，乱五色[7]，淫文章[8]，青黄黼（fǔ）黻之煌煌非乎[9]？而离朱是已[10]。多于聪者，乱五声[11]，淫六律[12]，金石、丝竹、黄钟、大吕之声非乎[13]？而师旷是已。枝于仁者，擢（zhuó）德塞性以收名声[14]，使天下簧鼓以奉不及之法，非乎[15]？而曾、史是已[16]。骈于辩者，累瓦结绳窜句棰辞[17]，游心于坚白同异之间，而敝跬（kuǐ）誉[18]无用之言，非乎？而杨、墨是已[19]。故此皆多骈旁枝之道，非天下之至正也[20]。

彼正正者，不失其性命之情。故合者不为骈，而枝者不为歧；长者不为有余，短者不为不足。是故凫(fú)胫虽短[21]，续之则忧；鹤胫虽长，断之则悲。故性长非所断，性短非所续，无所去忧也[22]。意仁义其非人情乎[23]！彼仁人何其多忧也？

且夫骈于拇者，决之则泣[24]；枝于手者，龁(hé)之则啼[25]。二者，或有余于数[26]，或不足于数，其于忧一也。今世之仁人，蒿(hāo)目而忧世之患[27]；不仁之人，决性命之情而饕(tāo)富贵[28]。故意仁义其非人情乎！自三代以下者[29]，天下何其嚣嚣也[30]？

[注释]

①骈：并。拇：拇指，手或脚的大指。枝指：拇指旁生的小指。②侈：多余。③附赘县疣：附悬的赘疣。④多方：多生枝节。⑤五藏：肝、心、脾、肺、肾。⑥正：有自然、本然的意思。⑦五色：青、黄、赤、白、黑。⑧淫文章：青与赤相交为文，赤与白相交为章。⑨黼黻：白与黑谓之“黼”，黑与青谓之“黻”。⑩离朱：传说黄帝时视力最好的人，能在百步那么远看见秋毫之末。⑪五声：宫、商、角、徵、羽。⑫六律：把竹子截成长短不等的筒子，吹出清浊高低不同的十二音，分为阴阳各六音，阴为吕，阳为律，称六吕六律。六律的名称是黄钟、太簇、姑洗、蕤宾、无射、夹钟。⑬大吕：六吕中的第一音。⑭擢德塞性：标举德行与蔽塞本性。擢，拔。⑮簧鼓：吹笙打鼓，鼓吹，比喻宣传吹捧。奉：崇拜。法：法式，榜样。⑯曾：曾参，字子舆，孔子弟子。史：史鳅，字子鱼，卫灵公臣子。⑰累瓦、结绳：都是古时记事的办法，故引申为记事。窜句：穿凿文句。⑱跬誉：一时的荣誉。⑲杨：杨朱，字子居，宋人。墨：墨翟。⑳至正：指最纯正的德性。㉑凫：野鸭。胫：脚。㉒无所去忧：没有什么忧愁，所以无须抛弃。㉓意：同“噫”，叹词。㉔决：裂。㉕龁：咬。㉖数：指正常的数目。㉗蒿目：忧愁的眼光，意犹愁眉苦脸。蒿，愁苦的样子。㉘决性命之情：使得本性败坏。饕：贪。㉙三代：指夏、商、周三代。㉚嚣嚣：喧哗不停。

[译文]

脚趾并生和歧指旁出，这是天生而成的吗？不过都多于常人之所得。附悬于人体的赘瘤，是出自人的形体吗？不过却超出了人天生而成的本体。采用多种方法推行仁义，比列于身体不可或缺的五脏呢！却不是无所偏执的中正之道。所以，脚上双趾并生的，是连缀起无用的肉；手上六指旁出的，是树起了无用的手指；各种并生、旁出的多余的东西对于人天生的品性和欲念来说，好比迷乱而又错误地推行仁义，又像是脱出常态地使用人的听力和视力。

超出本体的“多余”对于一个视觉明晰的人来说，难道不是搅乱五色、迷滥文采、绣制出青黄相间的华丽服饰而炫人眼目吗？而离朱就是这样。超出本体的“多余”对于听觉灵敏的人来说，难道不是搅乱五音、混淆六律，岂不是搅混了金、石、丝、竹、黄钟、大吕的各种音调吗？而师旷就是这样。超出本体的“多余”对于倡导仁义的人来说，难道不是矫擢道德、闭塞真性来捞取名声、而使天下的人们争相鼓噪信守不可能做到的礼法吗？而曾参和史鳅就是这样。超出本体的“多余”对于善于言词的人来说，难道不是堆砌词藻，穿凿文句，将心思驰骋于“坚白”诡辩的是非之中，而艰难疲惫地罗列无数废话去追求短暂的声誉吗？而杨朱和墨翟就是这样。所以说这些都是多余的、矫造而成的不正之法，决不是天下的至理和正道。

那所谓的至理正道，就是不违反事物各得其所而又顺应自然的真情。所以说合在一块的不算是并生，而旁出枝生的不算是多余，长的不算是有余，短的不算是不足。因此，野鸭的小腿虽然很短，续长一截就有忧患；鹤的小腿虽然很长，截去一段就会痛苦。事物原木就很长是不可以随意截短的，事物原本就很短也是不可以随意续长的，这样各种事物也就没有必要去排除忧患了。噫！仁义恐怕不是人所固有的真情吧？那些倡导仁义的人怎么会有那么多担忧呢？

况且对于脚趾并生的人来说，分裂两脚趾他就会哭泣；对于手指旁出的人来说，咬断歧指他也会哀啼。以上两种情况，有的是多于正常的手指数，有的是少于正常的脚趾数，而它们对于所导致的忧患却是同一的。如今世上的仁人，放目远视而忧虑人间的祸患；那些不仁的人，摒弃人的本真和自然而贪求富贵。噫！仁义恐怕不是人所固有的真情吧？而从夏、商、周三代以来，天下又怎么会那么喧嚣竞逐呢？

[原文]

且夫待钩绳规矩而正者[1]，是削其性[2]；待绳约胶漆而固者[3]，是侵其德者也；屈折礼乐[4]，呴(xǔ)俞仁义[5]，以慰天下之心者，此失其常然也[6]。天下有常然。常然者，曲者不以钩，直者不以绳，圆者不以规，方者不以矩，附离不以胶漆[7]，约束不以纆(mò)索[8]。故天下诱然皆生而不知其所以生[9]，同焉皆得而不知其所以得。故古今不二，不可亏也。则仁义又奚连连如胶漆纆索而游乎道德之间为哉，使天下惑也！

夫小惑易方[10]，大惑易性。何以知其然邪？有虞氏招仁义以挠天下也[11]，天下莫不奔命于仁义，是非以仁义易其性与？故尝试论之，自三代以下者，天下莫不以物易其性矣。小人则以身殉利，士则以身殉名，大夫则以身殉家，圣人则以身殉天下。故此数子者，事业不同，名声异号，其于

伤性以身为殉，一也。臧与穀二人相与牧羊而俱亡其羊[12]。问臧奚事，则挟筴读书[13]；问穀奚事，则博塞以游[14]。二人者，事业不同，其于亡羊均也。伯夷死名于首阳之下，盗跖（zhí）死利于东陵之上[15]，二人者，所死不同，其于残生伤性均也。奚必伯夷之是而盗跖之非乎！天下尽殉也[16]，彼其所殉仁义也，则俗谓之君子；其所殉货财也，则俗谓之小人。其殉一也，则有君子焉，有小人焉；若其残生损性，则盗跖亦伯夷已，又恶取君子小人于其间哉！

且夫属其性乎仁义者[17]，虽通如曾、史，非吾所谓臧也[18]；属其性于五味[19]，虽通如俞儿[20]，非吾所谓臧也；属其性乎五声，虽通如师旷，非吾所谓聪也；属其性乎五色，虽通如离朱，非吾所谓明也。吾所谓臧者，非仁义之谓也，臧于其德而已矣；吾所谓臧者，非所谓仁义之谓也，任其性命之情而已矣；吾所谓聪者，非谓其闻彼也，自闻而已矣；吾所谓明者，非谓其见彼也，自见而已矣。夫不自见而见彼，不自得而得彼者，是得人之得而不自得其得，适人之适而不自适其适者也。夫适人之适而不自适其适，虽盗跖与伯夷，是同为淫僻也。余愧乎道德，是以上不敢为仁义之操，而下不敢为淫僻之行也。

［注释］

①钩、绳、规、矩：都是木工工具。钩用来划曲线，绳用来划直线，规划圆，矩划方。正：指划得标准。②削：伤害。③绳、约：都是用来缚东西的。胶、漆：都是用来粘东西的。固：牢固，指缚或粘得牢固。④屈折：屈肢折体。⑤呴俞：吹嘘。⑥常然：正常的状态。⑦附离：黏合。离，通“丽”，依附。⑧纆：三条索扭成的绳。⑨诱然：油然，自然而然。⑩惑：疑惑，糊涂。易：变换，颠倒。方：方向。⑪招：标举。挠：扰乱。⑫臧：男仆。⑬筴：通“策”，书册。⑭博塞：下棋之类的游戏。⑮盗跖：春秋时代的大盗。东陵：山东章武有东陵山，传说山上有跖冢。⑯尽殉：都是为了某种目的而牺牲自己。⑰属：递属。⑱臧：善，好。⑲五味：酸、苦、甘、辛、咸。⑳俞儿：传说是很善于辨别味道的人。

[译文]

况且依靠曲尺、墨线、圆规、角尺而端正事物形态的，这是损伤事物本性的做法；依靠绳索胶漆而使事物相互紧紧粘固的，这是伤害事物天然禀赋的做法；运用礼乐对人民生硬地加以改变和矫正，运用仁义对人民加以抚爱和教化，从而抚慰天下民心的，这样做也就失去了人的常态。天下的事物都各有它们固有的常态。所谓常态，就是弯曲的不依靠曲尺，笔直的不依靠墨线，正圆的不依靠圆规，端方的不依靠角尺，使离析的东西附在一起不依靠胶和漆，将单个的事物捆束在一起不依靠绳索。于是，天下万物都不知不觉地生长而不知道自己为什么生长，同样都不知不觉地有所得而不知道自己为什么有所得。所以古今道理并没有两样，不可能出现亏缺呀。那么仁义又为什么无休无止地像胶漆绳索那样人为地夹在天道和本性之间呢？这就使天下人大惑不解了！

小的迷惑会使人弄错方向，大的迷惑会使人改变本性。凭什么知道是这样的呢？自从虞舜拿仁义为号召而搅乱天下，天下的人们没有谁不是在为仁义争相奔走，这岂不是用仁义来改变人原本的真性吗？现在我们试着来谈论一下这一问题。从夏、商、周三代以来，天下没有谁不借助于外物来改变自身的本性。平民百姓为了私利而牺牲，士人为了名声而牺牲，大夫为了家族而牺牲，圣人则为了天下而牺牲。所以这四种人，所从事的事业不同，名声也有各自的称谓，而他们用生命做出牺牲以损害人的本性，却是同一样的。臧与穀一块儿放羊却都让羊跑了。问臧在做什么，说是在拿着书简读书；问穀在做什么，说是在玩投骰子的游戏。这两个人所做的事不一样，不过他们丢失了羊却是同样的。伯夷为了贤名死在首阳山下，盗跖为了私利死在东陵山上，这两个人，致死的原因不同，而他们在残害生命、损伤本性方面却是同样的。为什么一定要赞誉伯夷而指责盗跖呢！天下的人们都在为某种目的而献身：那些为仁义而牺牲的，世俗称他为君子；那些为财货而牺牲的，世俗称他为小人。他们为了某一目的而牺牲是同样的，而有的叫作君子，有的叫作小人。倘若就残害生命、损伤本性而言，那么盗跖也就是伯夷了，又怎么能在他们中间区分君子和小人呢！

况且，把自己的本性缀连于仁义，即使如同曾参和史鳅那样精通，也不是我所认为的完美；把自己的本性缀连于甜、酸、苦、辣、咸五味，即使如同俞儿那样精通，也不是我所认为的完善；把自己的本性缀连于五声，即使如同师旷那样通晓音律，也不是我所认为的聪敏；把自己的本性缀连于五色，即使如同离朱那样通晓色彩，也不是我所认为的视觉敏锐。我所说的完美，决不是仁义之类的东西，而是比各有所得更美好罢了。我所说的完善，决不是所谓的仁义，而是放任天性、保持真情罢了。我所说的聪敏，不是说能听到别人什么，而是指能够内审自己罢了。我所说的视觉敏锐，不是说能看见别人什么，而是指能够看清自己罢了。不能看清自己而只能看清别人，不能安于自得而向别人索求的人，这就是索求别人之所得而不能安于自己所应得的人，也就是贪图达到别人所达到而不能安于自己所应达到的境界的人。贪图达到别人所达到而不安于自己所应达到的境界，无论盗跖与伯夷，都同样是混乱邪恶的。我有愧于宇宙万物本体的认识和事物变化规律的理解，所以就上一层说我不能奉行仁义的节操，就下一层说我不愿从事滞乱邪恶的行径。

题解

《马蹄》是《庄子》中篇幅最短的一节，也是其中构思最简明的一节。庄子在文中以马喻人，以伯乐喻“圣人”，通过伯乐对马的摧残，揭露了所谓“圣人”之道对人性的摧残。着意宣讲恢复人的自然本性。

文中描述马属性自然，只知食草饮水，喜则交颈相摩，怒则分背相踢。由于伯乐施以各种约束，以致马死过半。因此马也学会“诡衔窃辔”的盗智，此皆伯乐之罪。由马及人，远推所谓“至德之世”（原始社会），人与禽兽为伍，与万物并生，无知无欲，居不知所为，行不知所之，没有君子小人之别，处于“常然”，“是谓素朴”世界。及至儒家圣人，提倡仁义礼乐，以匡正天下，使民自矜好诈，争归于利，真是罪大恶极！作者反对“圣人”以仁义礼乐禁锢人的自由思想，主张个性解放，在当时来说，自然具有很大的进步意义。同时，作者因主张恢复人的自然本性，而向往愚昧无知的原始社会，显然，这种愤激思想又带有严重的消极虚幻性。

马蹄

［原文］

马，蹄可以践霜雪，毛可以御风寒，龁(hé)草饮水，翘足而陆[1]，此马之真性也。虽有义台路寝[2]，无所用之。及至伯乐[3]，曰：“我善治马[4]。”烧之[5]剔之[6]，刻之[7]雒(luò)之[8]，连之以羁馽(zhí)[9]，编之以皁(zào)栈[10]，马之死者十二三矣[11]；饮之渴之，驰之骤之[12]，整之齐之，前有橛(jué)饰之患[13]，而后有鞭筴之威[14]，而马之死者已过半矣。陶者曰[15]：“我善治埴[16]，圆者中规[17]，方者中矩。”匠人曰：“我善治木，曲者中钩，直者应绳[18]。”夫埴木之性，岂欲中规矩钩绳哉？然且世世称之曰“伯乐善治马，而陶、匠善治埴木。”此亦治天下者之过也。

吾意善治天下者不然[19]。彼民有常性，织而衣，耕而食，是谓同德[20]；一而不党[21]，命曰天放[22]。故至德之世，其行填填[23]，其视颠颠[24]。当是时也，山无蹊(xī)隧(suì)[25]，泽无舟梁；万物群生，连属其乡[26]；禽兽成群，草木遂长。是故禽兽可系羁而游[27]，鸟鹊之巢可攀援而窥[28]。

夫至德之世，同与禽兽居，族与万物并㉙，恶乎知君子小人哉！同乎无知，其德不离；同乎无欲，是谓素朴；素朴而民性得矣。

及至圣人，蹩躠（bié xiè）为仁㉚，踶（dì）跂（zhī）为义㉛，而天下始疑矣；澶（dàn）漫为乐㉜，摘僻为礼㉝，而天下始分矣。故纯朴不残，孰为牺尊㉞！白玉不毁，孰为珪璋㉟！道德不废，安取仁义！性情不离，安用礼乐！五色不乱，孰为文采！五声不乱，孰应六律！夫残朴以为器，工匠之罪也；毁道德以为仁义，圣人之过也！

伯乐

庄子以伯乐喻“圣人”，通过伯乐对马的摧残，揭露了“圣人”之道对人性的摧残。

[注释]

①陆：通“踛”，跳跃。②义台：仪台，用来举行礼的仪式的台。路寝：正室。③伯乐：姓孙，名阳，字伯乐。秦穆公时人，以善相马而著称。④治：训练。⑤烧之：指把铁烧红，在马身上打火印作为标志。⑥剔：剪，指剪马毛。⑦刻：刻削马蹄甲。⑧雒之：给马戴上笼头。雒，通“络”。⑨连：绑上。羁：带嚼子的马络头。馽：用来绊住马的前足的绳索。⑩编：架搭。皁：马槽。栈：马棚。⑪十二三：十分之二三。⑫之：使马快跑。⑬橛：马口所含的横木，叫马嚼子。饰：指马缨。⑭鞭筴：打马的工具，带皮的叫鞭，无皮的叫筴。⑮陶者：做陶器的人。⑯埴：黏土。⑰中：符合。⑱应：适合。⑲意：想，认为。⑳同德：共同的本性。㉑党：偏。㉒天放：自然放任。㉓填填：质朴纯真的样子。㉔颠颠：专一。㉕蹊：小路。隧：隧道。㉖连属其乡：居处相连而不分彼此。㉗系羁而游：牵系着来游玩。㉘援：拉。窥：探视。㉙族：聚在一块。并：共处。㉚躠：本来形容跛者走路的样子，引申为费劲的样子。㉛踶跂：用心力的样子。㉜澶漫：放纵。㉝摘僻：烦琐的样子。㉞尊：通“樽”，是祭神用的木刻酒器，上面刻画着牛头图形的称作牺尊。㉟珪、璋：都是名贵的玉器。珪，上圆（或剑头形）下方，是古代君臣在举行典礼时拿的一种玉器。璋，形状为纵剖开的半个珪。

[译文]

马，蹄可以用来践踏霜雪，毛可以用来抵御风寒，饿了吃草，渴了喝水，性起时扬起蹄脚奋力跳跃，这就是马的天性。即使有高台正殿，对马来说没有什么用处。等到世上出了伯乐，说：“我善于管理马。”于是用烧红的铁器灼炙马毛，用剪刀修剔马鬃，凿削马蹄甲，烙制马印记，用络头和绊绳来拴连它们，用马槽和马床来编排它们，这样一来马便死掉十分之二三了。饿了不给吃，渴了不给喝，让它们快速驱驰，让它们急骤奔跑，让它们步伐整齐，让它们行动划一，前有马口横木和马络装饰的限制，后有皮鞭和竹条的威逼，这样一来马就死过半数了。制陶工匠说：“我最善于整治黏土，我用黏土制成的器皿，圆的合乎圆规，方的应于角尺。”木匠说：“我最善于整治木材，我用木材制成的器皿，能使弯曲的合于钩弧的要求，笔直的跟墨线吻合。”黏土和木材的本性难道就是希望去迎合圆规、角尺、钩弧、墨线吗？然而还世世代代地称赞他们说，“伯乐善于管理马”而“陶匠、木匠善于整治黏土和木材”，这也就是治理天下的人的过错啊！

我认为善于治理天下的人就不是这样。黎民百姓有他们固有不变的本能和天性，织布而后穿衣，耕种而后吃饭，这就是人类共有的德行和本能。人们的思想和行为浑然一体没有一点儿偏私，这就叫作任其自然。所以上古是人类天性保留最完善的时代，人们的行动总是那么持重自然，人们的目光又是那么专一而无所顾盼。正是在这个年代里，山野里没有路径和隧道，水面上没有船只和桥梁，各种物类共同生活，人类的居所相通相连而没有什么乡、县差别，禽兽成群结队，草木遂心地生长。因此禽兽可以用绳子牵引着游玩，鸟鹊的巢窠可以攀登上去探望。

在那人类天性保留最完善的年代，人类跟禽兽同样居住，跟各种物类相互聚合并存，哪里知道什么君子、小人呢！人人都蠢笨而无智慧，人类的本能和天性也就不会丧失；人人都愚昧而无私欲，这就叫作“素”和“朴”。能够像生绢和原木那样保持其自然的本色，人类的本能和天性就会完整地留传下来。

等到世上出了圣人，勉为其难地去倡导所谓仁，竭心尽力地去追求所谓义，于是天下开始出现迷惑与猜疑。放纵无度地追求逸乐的曲章，繁杂琐碎地制定礼仪和法度，于是天下开始分离了。所以说，木胎如果没被分割，谁还能用它雕刻为酒器！一块白玉如果没被破裂，谁还能用它雕刻出玉器！人类原始的自然本性不被废弃，哪里用得着仁义！人类固有的天性和真情不被背离，哪里用得着礼乐！五色不被错乱，谁能够调出文采！五声不被搭配，谁能够应和六律！分解原木做成各种器皿，这是木工的罪过，毁弃人的自然本性以推行所谓仁义，这就是圣人的罪过！

[原文]

夫马，陆居则食草饮水，喜则交颈相靡[1]，怒则分背相踶(dí)[2]。马知已此矣。夫加之以衡扼[3]，齐之以月题[4]，而马知介倪[5]、闉扼[6]、鸷(zhì)曼[7]、诡衔[8]、窃辔(pèi)[9]。故马之知而能至盗者，伯乐之罪也。

夫赫(hè)胥(xū)氏之时⑩，民居不知所为，行不知所之，含哺而熙⑪，鼓腹而游⑫，民能以此矣。及至圣人，屈折礼乐以匡天下之形，县企仁义以慰天下之心⑬，而民乃始踶跂好知⑭，争归于利，不可止也。此亦圣人之过也。

伯乐相马

传说中，天上管理马匹的神仙叫伯乐。孙阳，春秋时代的人。他对马有非常出色的研究，人们忘了他的本名，称他伯乐。马本来在原野上自由地生活，经过伯乐培养，成为了人的玩物和工具。庄子用养马喻指人类社会，统治者和圣人的积极有为，使人们丧失本然，给人们带来无尽的灾难。

[注释]

①靡：通“摩”，亲顺之意。②踶：通“踢”。③衡：车辕前端的横木。扼：通“轭”。④月题：马额上的佩饰，形状如月。⑤介倪：马侧立在两倪之间，不服驾驶。⑥闉扼：马曲着脖子，企图把轭摆脱。闉，借为“迂”。⑦鸷：抵。曼：借为幔，覆盖在车的前后和两旁，用来遮挡风尘的。⑧诡衔：诡诈地吐掉嚼子。⑨窃辔：偷偷地咬坏缰绳。⑩赫胥氏：传说中上古时代的帝王。⑪哺：口中含着的食物。熙：通“嬉”，游戏。⑫鼓腹：肚子吃得饱饱的样子。⑬县企：悬举，提倡。慰：安。⑭踶跂好知：相竞相高，逞其私智。

[译文]

再说马，生活在陆地上，吃草饮水，高兴时颈交颈相互摩擦，生气时背对背相互踢撞，马的智巧就只是这样了。等到后来把车衡和颈轭加在它身上，把配着月牙形佩饰的辔头戴在它头上，那么马就会侧目怒视，僵着脖子抗拒轭木，暴戾不驯，或诡谲地吐出嘴里的勒口，或偷偷地脱掉头上的马辔。所以，马的智巧竟能做出与人对抗的态度，这完全是伯乐的罪过。

上古赫胥氏的时代，黎民百姓居处不知道做些什么，走动也不知道去哪里，口里含着食物嬉戏，鼓着吃饱的肚子游玩，人们所能做的就只是这样了。等到圣人出现，矫造礼乐来匡正天下百姓的形象，标榜不可企及的仁义来慰藉天下百姓的心，于是人们便开始千方百计地去寻求智巧，争先恐后地去竞逐私利，而不能终止。这也是圣人的罪过啊！

题解

《胠箧》文章以箧、囊、匮喻天下、国家；以缄、縢、扃、鐍喻圣、智之法；又以盗贼负匮、揭箧、担囊而趋，喻田成子一类窃国并与其圣、智之法。认为圣、智之法，不足以防患止乱，而是足以成为大盗的凭借，如田成子“窃齐国并与其圣知之法”，即最雄辩地说明了这个问题。从《胠箧》中，我们还可以窥见庄子的人生追求，他追求自然之美，反对一切人为的束缚，刻意的雕琢，虚伪的华饰，因此他说：“乡之所谓知者，不乃为大盗积者也？”

本章庄子言行激烈，雄辩滔滔，一泻千里，兴尽而后已。批判“圣知之法而为大盗守”，要求人们要“绝圣绝智”。作者抨击圣、智，而向往自由平等的“小国寡民”的原始社会，尽管其中含有消极思想，但主要还是表明了他对当时黑暗的社会政治、虚伪的道德标准，及“窃钩者诛，窃国者为诸侯”的丑恶现实的深刻认识和极端憎恶。

胠箧

[原文]

将为胠箧(qū qiè)探囊发匮(kuì)之盗而为守备[1]，则必摄缄、縢(téng)、固扃(jiōng)、鐍[2]，此世俗之所谓知也。然而巨盗至，则负匮、揭箧、担囊而趋[3]，唯恐缄、縢、扃鐍之不固也。然则乡之所谓知者[4]，不乃为大盗积者也？

故尝试论之，世俗之所谓知者，有不为大盗积者乎？所谓圣者，有不为大盗守者乎？

何以知其然邪？

昔者齐国邻邑相望，鸡狗之音相闻，罔罟(wǎng gǔ)之所布[5]，耒耨(lěi nòu)之所刺[6]，方二千余里。阖四竟之内[7]，所以立宗庙社稷[8]，治邑、屋、州、闾、乡曲者[9]，曷尝不法圣人哉！然而田成子一旦杀齐君而盗其国[10]。所盗者岂独其国邪？并与其圣知之法而盗之。故田成子有乎盗贼之名，而身处尧、舜之安，小国不敢非，大国不敢诛，十二世有齐国。则是不乃窃齐国，并与其圣知之法以守其盗贼之身乎？

尝试论之，世俗之所谓至知者，有不为大盗积者乎？

所谓至圣者，有不为大盗守者乎？

何以知其然邪？

昔者龙逢斩，比干剖，苌(cháng)弘胣(chǐ)[11]，子胥靡[12]，故四子之贤而身不免乎戮。故跖之徒问于跖曰：“盗亦有道乎？”跖曰：“何适而无有道邪[13]！夫妄意室中之藏[14]，圣也[15]；入先[16]，勇也；出后[17]，义也；知可否[18]，知也；分均[19]，仁也。五者不备而能成大盗者，天下未之有也。”

由是观之，善人不得圣人之道不立，跖不得圣人之道不行；天下之善人少而不善人多，则圣人之利天下也少而害天下也多。故曰，唇竭则齿寒[20]，鲁酒薄而邯郸围，圣人生而大盗起。掊(pǒu)击圣人[21]，纵舍盗贼[22]，而天下始治矣。

夫川竭而谷虚，丘夷而渊实。圣人已死，则大盗不起，天下平而无故矣[23]。圣人不死，大盗不止。虽重圣人而治天下，则是重利盗跖也[24]。为之斗斛以量之[25]，则并与斗斛而窃之；为之权衡以称之[26]，则并与权衡而窃之；为之符玺以信之[27]，则并与符玺而窃之；为之仁义以矫之[28]，则并与仁义而窃之。何以知其然邪？彼窃钩者诛，窃国者为诸侯，诸侯之门而仁义存焉，则是非窃仁义圣知邪？故逐于大盗[29]，揭诸侯[30]，窃仁义并斗斛、权衡、符玺之利者，虽有轩冕之赏弗能劝[31]，斧钺之威弗能禁[32]。此重利盗跖而使不可禁者，是乃圣人之过也。

故曰：“鱼不可脱于渊，国之利器不可以示人。”彼圣人者，天下之利器也，非所以明天下也。故绝圣弃知，大盗乃止；擿(zhì)玉毁珠[33]，小盗不起；焚符破玺，而民朴鄙；掊斗折衡，而民不争；殚残天下之圣法[34]，而民始可与论议。擢(zhuó)乱六律[35]，铄(shuò)绝竽瑟[36]，塞瞽旷之耳，而天下始人含其聪矣；灭文章，散五采，胶离朱之目[37]，而天下始人含其

商纣王残害忠良

商纣王宠信妲己，妲己向纣王进谗言，比干惨遭剖心。

明矣㊳；毁绝钩绳而弃规矩，攦工倕(chuí)之指㊴，而天下始人含其巧矣。故曰："大巧若拙。"削曾、史之行，钳杨、墨之口，攘(rǎn)弃仁义㊵，而天下之德始玄同矣㊶。彼人含其明，则天下不铄矣㊷；人含其聪，则天下不累矣㊸；人含其知，则天下不惑矣；人含其德，则天下不僻矣㊹。彼曾、史、杨、墨、师旷、工倕、离朱，皆外立其德，而以爚(yuè)乱天下者也㊺，法之所无用也。

［注释］

①胠：撬开。箧：箱子之类。大的叫箱，小的叫箧。探囊：摸袋子。发匮：开柜子。②摄：绑紧。缄、縢：都是绑东西的绳子。扃：关纽。鐍：锁钥。③负：用背背。揭：用手提。担：用担抬。趋：快走。④乡：通"向"，早先。⑤罔罟：都是网，网鸟的叫罔，网鱼的叫罟。布：设置。⑥耒：犁上的木把。耨：古代锄草的工具。刺：插。⑦阖：总合。竟：通"境"。⑧宗庙：同宗之庙。社：土地神的祠。稷：谷神的祠。⑨邑屋州闾乡曲：都是古代大小不同的地方行政区域。⑩田成子：春秋时齐国大夫陈恒。田、陈古音同。齐君：指齐简公。盗其国：指田成子杀了齐简公，夺取了政权。⑪苌弘：是周敬王时的大夫，与晋国范氏和中行氏有联系，后晋赵鞅因与范氏和中行氏的矛盾而讨伐周，周人因此杀苌弘。胣：车裂之刑。⑫子胥：姓伍，名员。原楚国人，后投靠吴王夫差。夫差与越王勾践讲和时，子胥反对，夫差不听，赐剑给子胥自杀，并用马皮做成猫头鹰形状的袋子，装着子胥的尸体，抛到江水中去，故糜烂在江中。靡：通"糜"。⑬何适：无论哪里。⑭妄意：猜想，推测。藏：指室中所藏的东西。⑮圣：英明。⑯入先：带头进去。⑰出后：最后出来。⑱知可否：分析出能不能成功。⑲分均：分赃时分得平均。⑳竭：亡。㉑掊击：抨击，犹说打倒。㉒纵舍：放走。㉓平：太平。无故：无事。㉔重利：增益其利。㉕斛：十斗的量器。㉖权：秤锤。衡：秤杆。称：衡量轻重。㉗符：符契。分则为两片，合则成一体，双方各执一片做证据来保证信用。玺：印。㉘矫：正。㉙逐：追随。㉚揭诸侯：攻打诸侯之国。揭，拔取。㉛轩冕：指代官爵。冕，古代大夫以上官员戴的礼帽。㉜钺：形状像斧头而稍微大一点的一种武器。㉝擿：同"掷"，扔

掉。㉞殚残：彻底摧毁。殚，尽。残，破坏。㉟擢乱：搞乱。擢，拔。㊱铄：销毁。竽：像笙差不多的一种乐器。瑟：一种二十五根弦的乐器。㊲胶：黏合。㊳含其明：把他们的明察隐藏起来。㊴工倕：尧时著名工匠，传说规矩是他发明的。㊵攦：排斥。㊶玄同：混同暗合。㊷铄：通“耀”，光明，炫耀。㊸累：重杂。㊹僻：邪僻。㊺爚乱：迷乱。爚，炫耀。

［译文］

为了对付撬箱子、掏口袋、开柜子的小偷而做防范准备，必定要收紧绳结、加固插闩和锁钥，这就是一般人所说的聪明做法。可是一旦大强盗来了，就背着柜子、扛着箱子、挑着口袋快步跑了，唯恐绳结、插闩与锁钥不够牢固哩。既然是这样，那么先前所谓的聪明做法，不就是给大盗做好了积聚和储备吗？

所以我曾试图讨论这种情况，世俗所谓的聪明人，有不替大盗积聚财物的吗？所谓的圣人，有不替大盗守卫财物的吗？

怎么知道是这样的呢？

当年的齐国，邻近的村邑遥遥相望，鸡狗之声相互听闻，渔网所撒布的水面，犁锄所耕作的土地，方圆两千多里。整个国境之内，所有用来设立宗庙、社稷的地方，所有用来建置邑、屋、州、闾、乡、里各级行政机构的地方，何尝不是在效法古代圣人的做法！然而田成子一下子杀了齐国的国君也就窃据了整个齐国。他所盗窃夺取的难道又仅仅只是那样一个齐国吗？连同那里各种圣明的法规与制度也一块儿劫夺去了。而田成子虽然有盗贼的名声，却仍处于尧舜那样安稳的地位，小的国家不敢非议他，大的国家不敢讨伐他，世世代代窃据齐国。那么，这不就是盗窃了齐国并连同那里圣明的法规和制度，从而用来守卫他盗贼之身吗？

所以我曾试图讨论这种情况，世俗的所谓聪明人，有不替大盗积聚财物的吗？所谓的圣人，有不替大盗防守财物的吗？

怎么知道是这样的呢？

从前龙逢被斩首，比干被剖胸，苌弘被掏肚，子胥被抛尸江中任其腐烂。即使像上面四个人那样的贤能之士，仍不能免于遭到杀戮。因而盗跖的门徒向盗跖问道：“做强盗也有规矩和准绳吗？”盗跖回答说：“到什么地方会没有规矩和准绳呢？凭空推测屋里储藏着什么财物，这就是圣明；率先进到屋里，这就是勇敢；最后退出屋子，这就是义气；能知道可否采取行动，这就是智慧；事后分配公平，这就是仁爱。以上五样不能具备，却能成为大盗的人，天下是没有的。”

从这一点来看，善人不能通晓圣人之道便不能立业，盗跖不能通晓圣人之道便不能行窃；天下的善人少，而不善的人多，那么圣人给天下带来好处也就少，而给天下带来祸患也就多。所以说，嘴唇向外翻开牙齿就会外露受寒，鲁侯奉献的酒味道淡薄致使赵国都城邯郸遭到围困，圣人出现了因而大盗也就兴起了。抨击圣人，释放盗贼，天下方才能太平无事。

溪水干涸山谷显得格外空旷，山丘夷平深潭显得格外充实。圣人死了，那么大盗也就不会再兴起，天下就太平而没有变故了。圣人不死，大盗也就不会中止。即使让整个社会都重用圣人治理天下，那么这也是让盗跖获得最大的好处。给天下人制定斗、斛来计量物品的多少，那么就连同斗斛一道盗窃走了；给天下人制定秤锤、秤杆来计量物

品的轻重，那么就连同秤锤、秤杆一道盗窃走了；给天下人制定符、玺来取信于人，那么就连同符、玺一道盗窃走了；给天下人制定仁义来规范人们的道德和行为，那么就连同仁义一道盗窃走了。怎么知道是这样的呢？那些偷窃腰带环钩之类小东西的人受到刑戮和杀害，而窃夺了整个国家的人却成为诸侯；诸侯之门方才存在仁义。这不就是盗窃了仁义和圣智吗？所以，那些追随大盗、高居诸侯之位、窃夺了仁义以及斗斛、秤具、符玺之利的人，即使有高官厚禄的赏赐不可能劝勉，即使有行刑杀戮的威严不可能禁止。这些大大有利于盗跖而不能使他们禁止的情况，都是圣人的过错。因此说，鱼儿不能脱离深潭，治国的利器不能随便拿给人看。那些所谓的圣人，就是治理天下的利器，是不可以用来明示天下的。

所以，断绝圣人摒弃智慧，大盗就能终止；弃掷玉器毁坏珠宝，小的盗贼就会消失；焚烧符记破毁玺印，百姓就会朴实浑厚；打破斗斛折断秤杆，百姓就会没有争斗；尽毁天下的圣人之法，百姓方才可以谈论是非和曲直。搅乱六律，毁折各种乐器，并且堵住师旷的耳朵，天下人方能保全他们原本的听觉；消除纹饰，离散五彩，粘住离朱的眼睛，天下人方才能保全他们原本的视觉；毁坏钩弧和墨线，抛弃圆规和角尺，弄断工倕的手指，天下人方才能保有他们原本的智巧。因此说："最大的智巧就好像是笨拙一样。"削除曾参、史鳅的忠孝，钳住杨朱、墨翟善辩的嘴巴，摒弃仁义，天下人的德行方才能混同而齐一。人人都保有原本的视觉，那么天下就不会出现毁坏；人人都保有原本的听觉，那么天下就不会出现忧患；人人都保有原本的智巧，那么天下就不会出现迷惑；人人都保有原本的秉性，那么天下就不会出现邪恶。那曾参、史鳅、杨朱、墨翟、师旷、工倕和离朱，都外露并炫耀自己的德行，而且用来迷乱天下之人，这就是圣治之法没有用处的原因。

[原文]

子独不知至德之世乎？昔者容成氏①、大庭氏、伯皇氏、中央氏、栗陆氏、骊(lí)畜氏、轩辕氏、赫胥氏、尊卢氏、祝融氏、伏羲氏、神农氏，当是时也，民结绳而用之②，甘其食，美其服，乐其俗，安其居，邻国相望，鸡狗之音相闻，民至老死而不相往来。若此之时，则至治已。今遂至使民延颈举踵曰③"某所有贤者"，赢粮而趣之④，则内弃其亲而外去其主之事，足迹接乎诸侯之境，车轨结乎千里之外。则是上好知之过也。

上诚好知而无道，则天下大乱矣。何以知其然邪？夫弓、弩(nǔ)、毕、弋、机变之知多⑤，则鸟乱于上矣；钩、饵、罔、罾笱(zēng gǒu)之知多⑥，则鱼乱于水矣；削格、罗落、罝罘(jū fú)之

知多⑦，则兽乱于泽矣；知诈渐毒、颉滑坚白、解垢同异之变多⑧，则俗惑于辩矣。故天下每每大乱，罪在于好知。

神农

神农，是传说中的农业和医药的发明者。远古人民过着采集渔猎生活，他发明制作木耒、木耜，教民农业生产。又传说他遍尝百草，发现药材，教人治病。

故天下皆知求其所不知而莫知求其所已知者，皆知非其所不善而莫知非其所已善者，是以大乱。故上悖日月之明⑨，下烁山川之精⑩，中堕四时之施⑪；惴耎(ruǎn)之虫⑫，肖翘之物⑬，莫不失其性。甚矣夫好知之乱天下也！自三代以下者是已，舍夫种种之民而悦夫役役之佞⑭，释夫恬淡无为而悦夫啍(zhūn)啍之意⑮，啍啍已乱天下矣。

[注释]

①“昔者”句：以下所列十二个都是传说时代氏族的首领。有些后代称为“帝”“皇”。②结绳：远古时代没有文字，故用结绳的办法记事。③延颈：伸长脖子。举踵：提起脚跟。④赢：装足。趣：走向。⑤弩：一种安有机械的弓。毕：一种小而又有长柄的网，是用来捕鸟兽的。弋：一种带着绳子的箭，是用来射鸟的。机辟：机巧变诈。⑥钩：鱼钩。饵：钓饵，引鱼上钩的食物。罾：一种用竹竿或木棍做支架的方形渔网。笱：竹做的捕鱼工具。⑦削格、罗落：捕兽的器具机关。⑧渐毒：异常恶毒。颉滑：奸黠。颉，借为黠。⑨悖：乱，搞乱。⑩烁：熔化。精：精灵。⑪堕：通“隳”，破坏。施：运行。⑫惴耎：虫动的样子。⑬肖翘：轻微。⑭种种：纯朴的样子。役役：奔走地钻营。⑮恬淡：清静寡欲。啍啍：通“谆谆”，教诲人的口气。

[译文]

你唯独不知道那盛德的时代吗？从前容成氏、大庭氏、伯皇氏、中央氏、栗陆氏、骊畜氏、轩辕氏、赫胥氏、尊卢氏、祝融氏、伏羲氏、神农氏，在那个时代，人民靠结绳的办法记事，把粗疏的饭菜认作美味，把朴素的衣衫认作美服，把纯厚的风俗认作欢乐，把简陋的居所认作安适，邻近的国家相互观望，鸡狗之声相互听闻，百姓直至老死也互不往来。像这样的时代，就可说是真正的太平治世了。可是当今竟然达到使百姓伸长脖颈踮起脚跟说，“某个地方出了圣人”，于是带着干粮急趋而去，家里抛弃了双亲，外边离开了主上的事业，足迹交接于诸侯的国境，车轮印迹往来交错于千里之外，而这就是统治者追求圣智的过错。

统治者一心追求圣智而不遵从大道，那么天下必定会大乱啊！怎么知道是这样的呢？弓弩、鸟网、弋箭、机关之类的智巧多了，那么鸟儿就只会在空中乱飞；钩饵、渔网、渔笼之类的智巧多了，那么鱼儿就只会在水里乱游；木栅、兽栏、兽网之类的智巧多了，那么野兽就只会在草泽里乱窜；伪骗欺诈、奸黠狡猾、言词诡曲、坚白之辩、同异之谈等等权变多了，那么世俗的人就只会被诡辩所迷惑。所以天下昏昏大乱，罪过就在于喜好智巧。

所以天下人都只知道追求他所不知道的，却不知道探索他所已经知道的；都知道非难他所认为不好的，却不知道否定他所已经赞同的，因此天下大乱。所以对上而言遮掩了日月的光辉，对下而言削解了山川的精华，居中而言损毁了四时的交替，就连附生地上蠕动的小虫，飞在空中的蛾蝶，没有不丧失原有真性的。追求智巧扰乱天下，竟然达到如此地步！自夏、商、周三代以来的情况就是这样啊，抛弃那众多淳朴的百姓，而喜好那钻营狡诈的谄佞小人；废置那恬淡无为的自然风尚，喜好那喋喋不休的说教。喋喋不休的说教已经搞乱了天下啊！

题解

在宥，宜解为自在宽宥、宽容之意。“闻在宥天下，不闻治天下也。”从这句话可以看出庄子将“在宥天下”与“治天下”这两种行为对立起来。“在之也者，恐天下之淫其性；宥之也者，恐天下迁其德也。”在庄子看来，只有在宥才能使天下保有其本性而不致迁淫。其他如教化，镇压和愚民等等政策都是行不通的。

文中通过广成子对黄帝的谈话，阐明治天下者必须先治身的道理，并详细说明了治身、体道的方法和途径。用鸿蒙与云将的对话，进一步阐明无为与养心的关系，指出无为的要害就在于“养心”。“养心”做到了“无己”也就能忘形、忘物，以至于无为。

无为而治，在宥天下这种主张确实是很人性化的理想，但也未免过于理想。它需要一个实现的前提，那就是性本善。不然这样一种理想是很难实现与坚持的，可在此文看来，在宥天下是用不着这些前提的。不管本性如何，只要能使天下万物（包括人）都各依其本性，那就可以了。只有在天下万物都能在宥其身心的时候，天下才可实现在宥。而到此，在宥的意思亦已明显起来，那就是指一种自有，独有，它是精神上的一种富足状态。自宥，可解作自持，幻有。在宥不仅是与外界共处的态度，也是自身自处的态度。

在宥

［原文］

闻在宥（yòu）天下[1]，不闻治天下也[2]。在之也者，恐天下之淫其性也；宥之也者，恐天下之迁其德也。天下不淫其性，不迁其德，有治天下者哉！昔尧之治天下也，使天下欣欣焉人乐其性，是不恬也；桀之治天下也，使天下瘁（cuì）瘁焉人苦其性[3]，是不愉也。夫不恬不愉，非德也。非德也而可长久者，天下无之。

人大喜邪？毗（pí）于阳[4]；大怒邪，毗于阴。阴阳并毗，四时不至，寒暑之和不成，其反伤人之形乎！使人喜怒失位，居处无常，思虑不自得，中道不成章[5]，于是乎天下始乔诘、卓鸷（zhì）[6]，而后有盗跖、曾、史之行。故举天下以赏其善者不足，举天下以罚其恶者不给[7]，故天下之大，不足以赏罚。自三代以下者，匈匈焉终以赏罚为事[8]，彼何暇安其性命之

任贤图治

唐尧在位时，任命羲氏兄弟、和氏兄弟四人负责掌管农事季节时令，让他们慎重地教给当地民众农事及时令。而庄子却认为“昔尧之治天下也，使天下欣欣焉人乐其性，是不恬也。”

情哉？

而且说明邪⑨，是淫于色也；说聪邪，是淫于声也；说仁邪，是乱于德也；说义邪，是悖于理也；说礼邪，是相于技也⑩；说乐邪，是相于淫也；说圣邪，是相于艺也；说知邪，是相于疵也⑪。天下将安其性命之情，之八者，存可也，亡可也；天下将不安其性命之情，之八者，乃始脔(luán)卷狁囊而乱天下也⑫，而天下乃始尊之惜之。甚矣，天下之惑也！岂直过也而去之邪！乃斋戒以言之，跪坐以进之，鼓歌以儛(wǔ)之⑬。吾若是何哉！

故君子不得已而临莅天下⑭，莫若无为。无为也而后安其性命之情。故贵以身于为天下，则可以托天下；爱以身于为天下，则可以寄天下。故君子苟能无解其五藏⑮，无擢其聪明⑯；尸居而龙见⑰，渊默而雷声⑱，神动而天随⑲，从容无为而万物炊累焉⑳。吾又何暇治天下哉！

［注释］

①在宥：自在宽容。②治：统驭。③瘁瘁焉：疲劳困苦的样子。④毗：伤。⑤中道不成章：做事半道而废。成章，有条理。⑥乔诘卓鸷：骄傲自大。⑦不给：不够。⑧匈匈：喧嚣。⑨说：同“悦”。⑩相：助。技：技巧。⑪疵：毛病。⑫脔卷：拘束的样子。狁囊：借为“抢囊”，放纵喧嚷的样子。⑬儛：同“舞”。⑭莅：到。⑮解：放开，含有放纵的意思。⑯擢：显耀，自诩。⑰尸居而龙见：形容安居不动而神采奕奕。⑱渊默而雷声：形容沉静缄默而感人深切。⑲神动而天随：精神活动都合于自然。⑳万物炊累：形容万物的繁殖如炊气积累而成。

［译文］

只听说听任天下安然自在地发展，没有听说要对天下进行治理。听任天下自在地发展，是因为担忧人们超越了原本的真性；宽容不迫各得其所，是因为担忧人们改变了自然的常态。天下人不超越原本的真性，不改变自然的常态，哪里用得着治理天下呢！从前唐尧治理天下，使天下人欣喜若狂人人都为有其真性而欢乐，这就不安宁了；当年夏桀治理天下，使天下人忧心不已人人都为有其真性而痛苦，这就不欢快了。不安宁与不欢快，都不是人们生活和处世的常态。不合于自然的常态而可以长久存在，天下是没有的。

人们过度欢欣，定会损伤阳气；人们过度愤怒，定会损伤阴气。阴与阳相互侵害，四时就不会顺应而至，寒暑也就不会调和形成，这恐怕反倒会伤害自身吧！使人喜怒失却常态，居处没有定规，考虑问题不得要领，办什么事都半途失去章法，于是天下就开始出现种种不平，而后便产生盗跖、曾参、史鳅等种种不同的行为和做法。所以，动员天下所有力量来奖励人们行善也嫌不够，动员天下所有力量来惩戒劣迹也嫌不足，因此天下虽很大仍不足以用来赏善罚恶。自夏、商、周三代以来，始终是喋喋不休地把赏善罚恶当作当政之急务，他们又哪里有心思去安定人的自然本性和真情呢！

而且，喜好目明吗，这是沉溺于五彩；喜好耳聪吗，这是沉溺于声乐；喜好仁爱吗，这是扰乱人的自然常态；喜好道义吗，这是违反事物的常理；喜好礼仪吗，这就助长了烦琐的技巧；喜好音乐吗，这就助长了淫乐；喜好圣智吗，这就助长了技艺；喜好智巧吗，这就助长了琐细之差的争辩。天下人想要安定自然赋予的真情和本性，这八种做法，存留可以，丢弃也可以；天下人不想安定自然赋予的真情和本性，这八种做法，就会成为拳曲不伸、扰攘纷争的因素而迷乱天下了。可是，天下人竟然会尊崇它，珍惜它，天下人为其所迷惑竟达到如此地步！这种种现象岂止是一代一代地流传下来呀！人们还虔诚地谈论它，恭敬地传颂它，欢欣地供奉它，对此我将能够怎么样呢！

所以，君子不得已而居于统治天下的地位，那就不如一切顺其自然。顺其自然方才能使天下人保有人类自然的本性与真情。正因为这样，看重自身甚于看重统驭天下的人，便可以把天下交给他；爱护自身甚于爱护统驭天下之事的人，便可以把天下托付给他。也正因为这样，君子倘能不敞露心中的灵气，不表明自己的才华和智巧，那就会安然不动而精神腾飞，默默深沉而感人至深，精神活动合乎天理，从容自如顺应自然而万事万物都像炊烟游尘那样自由自在。我又何须分出心思去治理天下啊！

［原文］

崔瞿(qú)问于老聃曰[1]：“不治天下，安臧人心[2]？”

老聃曰：“汝慎无撄人心[3]。人心排下而进上[4]，上下囚杀[5]，淖(nào)约柔乎刚强[6]。廉刿(guì)雕琢[7]，其热焦火，其寒凝冰[8]。其疾俛(fǔ)仰之间而再抚四海之外[9]，其居也渊而静，其动也县而天。偾(fèn)骄而不可系者[10]，其唯人心乎！

“昔者黄帝始以仁义撄(yīng)人之心，尧、舜于是乎股无胈(bá)[11]，胫

无毛，以养天下之形，愁其五藏以为仁义，矜其血气以规法度[12]。然犹有不胜也，尧于是放讙(huān)兜于崇山[13]，投三苗于三峗[14]，流共工于幽都[15]，此不胜天下也夫。施及三王而天下大骇矣。下有桀、跖，上有曾、史，而儒、墨毕起。于是乎喜怒相疑，愚知相欺，善否相非，诞信相讥[16]，而天下衰矣；大德不同，而性命烂漫矣[17]；天下好知，而百姓求竭矣[18]。于是乎釿锯制焉[19]，绳墨杀焉[20]，椎凿决焉。天下脊脊大乱[21]，罪在撄人心。故贤者伏处大山嵁岩之下[22]，而万乘之君忧栗乎庙堂之上。

“今世殊死者相枕也[23]，桁(háng)杨者相推也[24]，刑戮(lù)者相望也，而儒、墨乃始离跂攘臂乎桎梏之间[25]。噫，甚矣哉！其无愧而不知耻也！甚矣！吾未知圣知之不为桁杨椄槢(jiē xí)也[26]，仁义之不为桎梏(zhì gù)、凿枘(ruì)也[27]，焉知曾、史之不为桀、跖嚆(hāo)矢也[28]？故曰：‘绝圣弃知而天下大治。’”

［注释］

①崔瞿：庄子杜撰的人名。②臧：善。③撄：扰乱。④排下而进上：压抑它就消沉，推进它就高举。⑤囚杀：被拘囚伤杀。⑥淖约：柔美。⑦廉刿：尖利。刿，利。⑧其寒凝冰：冷若冰霜。⑨俛仰之间：指短暂时间。俛，同“俯”。⑩偾骄：不可禁之势。偾，同“愤”。⑪胈：股上小毛。⑫矜其血气：苦费心血的意思。⑬放：流放。讙兜：古代部落名。⑭投：放逐。三苗：古代部族名。三峗：山名。⑮流：流配。共工：古代部族名。⑯诞：荒诞。信：诚实。⑰烂漫：散乱。⑱求：借为赇，财货。⑲釿：斧。制：断。⑳绳墨：法律，法度。㉑脊脊：纷纷。㉒嵁岩：深岩。㉓殊死：死刑。㉔桁杨：古时一种夹脚和颈的刑具。㉕离跂：翘足。形容用力的样子。㉖椄槢：木尖。㉗凿枘：指固定桎梏的孔枘。㉘嚆矢：响箭，信号。

［译文］

崔瞿子向老聃请教：“不治理天下，怎么能使人心向善？”

老聃回答说：“你应谨慎而不要随意扰乱人心。人们的心情总是压抑便消沉颓丧而得志便趾高气扬，不过消沉颓丧或者趾高气扬都像是受到拘禁和伤害一样自累自苦，唯有柔弱顺应能软化刚强。端方而棱角外露容易受到挫折和伤害，情绪激烈时像熊熊大火，情绪低落时像凛凛寒冰。内心变化格外迅速转眼间再次巡游四海之外，静处时深幽

舜

舜，姚姓，有虞氏，名重华，史称虞舜。传说中的上古帝王，父系氏族社会后期部落联盟领袖。

宁寂，活动时腾跃高天。骄矜不禁而无所拘系的，恐怕就只是人的内心活动吧！

“当年黄帝开始用仁义来扰乱人心，尧和舜于是疲于奔波而腿上无肉、胫上秃毛，用以养育天下众多的形体，满心焦虑地推行仁义，并耗费心血来制定法度。然而他还是未能治理好天下。此后尧将讙兜放逐到南方的崇山，将三苗放逐到西北的三峗，将共工放逐到北方的幽都，这些就是没能治理好天下的明证。延续到夏、商、周三代更是多方面地惊扰了天下的人民，下有夏桀、盗跖之流，上有曾参、史鳅之流，而儒家和墨家的争辩又全面展开。这样一来或喜或怒相互猜疑，或愚或智相互欺诈，或善或恶相互责难，或妄或信相互讥刺，因而天下也就逐渐衰败了；基本观念和生活态度如此不同，人类的自然本性散乱了，天下都追求智巧，百姓中便纷争迭起。于是用斧锯之类的刑具来制裁他们，用绳墨之类的法度来规范他们，用椎凿之类的肉刑来惩处他们。天下相互践踏而大乱，罪在扰乱了人心。因此贤能的人隐居于高山深谷之下，而帝王诸侯忧心如焚战栗在朝堂之上。

“当今之世，遭受杀害的人尸体一个压着一个，带着脚镣手铐而坐大牢的人一个挨着一个，受到刑具伤害的人更是举目皆然，而儒家墨家竟然在枷锁和羁绊中挥手舞臂地奋力争辩。唉，真是太过分了！他们不知心愧、不识羞耻竟然达到这等地步！我不知道那所谓的圣智不是脚镣手铐上用作连接左右两部分的插木，我也不明白那所谓的仁义不是枷锁上用作加固的孔穴和木拴，又怎么知道曾参和史鳅之流不是夏桀和盗跖的先导！所以说，‘断绝圣人，抛弃智慧，天下就会得到治理而太平无事’。”

[原文]

黄帝立为天子十九年，令行天下，闻广成子在于空同之山[1]，故往见之，曰：“我闻吾子达于至道，敢问至道之精。吾欲取天地之精[2]，以佐五谷，以养民人，吾又欲官阴阳[3]，以遂群生，为之奈何？”

广成子曰：“而所欲问者，物之质也[4]；而所欲官者，物之残也。自而治天下，云气不待族而雨[5]，草木不待黄而落，日月之光益以荒矣。而佞人之心翦翦(jiǎn)者[6]，又奚足以语至道！”

黄帝

黄帝，是传说中远古时代华夏民族的共主，五帝之首。他同炎帝并称为中华民族的始祖。黄帝时期，养蚕、舟车、文字、音律、医学、算数都得以发明，并得到发展。黄帝被誉为华夏的“人文初祖”。

黄帝退，捐天下，筑特室，席白茅，闲居三月，复往邀之。

广成子南首而卧，黄帝顺下风膝行而进⑦，再拜稽(qǐ)首而问曰：“闻吾子达于至道，敢问，治身奈何而可以长久？”广成子蹶(jué)然而起，曰：“善哉问乎！来！吾语女至道。至道之精，窈窈冥冥⑧；至道之极，昏昏默默⑨。无视无听，抱神以静，形将自正。必静必清，无劳女形，无摇女精，乃可以长生。目无所见，耳无所闻，心无所知，女神将守形，形乃长生。慎女内，闭女外，多知为败。我为女遂于大明之上矣⑩，至彼至阳之原也；为女入于窈冥之门矣，至彼至阴之原也。天地有官⑪，阴阳有藏⑫，慎守女身，物将自壮。我守其一，以处其和，故我修身千二百岁矣，吾形未常衰。”

黄帝再拜稽首曰：“广成子之谓天矣！”

广成子曰：“来！吾语女。彼其物无穷，而人皆以为有终；彼其物无测，而人皆以为有极。得吾道者，上为皇而下为王；失吾道者，上见光而下为土⑬。今夫百昌，皆生于土而反于土⑭，故余将去女，入无穷之门，以游无极之野。吾与日月参光，吾与天地为常。当我⑮，缗(mín)乎⑯！远我⑰，昏乎！人皆尽死，而我独存乎！”

[注释]

①广成子：庄子虚拟的寓言人物。空同：杜撰的山名。②天地之精：天地自

然的精气。③官：管、治。④质：原质、真质。⑤族：聚。⑥翦翦：犹浅浅。⑦顺下风：顺下方。⑧窈窈冥冥：幽冥深远的状态。窈，微不可见。冥，深不可测。⑨昏昏默默：比喻深静。⑩大明：指太阳。⑪官：职。⑫藏：府。⑬上见光而下为土：指上见日月之光，下则化为土壤。⑭百昌：百物昌盛。⑮当我：迎我而来。⑯缗：同“冥”，混合。⑰远我：背我而去。

［译文］

黄帝做了十九年天子，诏令通行天下，听说广成子居住在空同山上，特意前往拜见他，说：“我听说先生已经通晓至道，冒昧地请教至道的精华。我一心想获取天地的灵气，用来帮助五谷生长，用来养育百姓。我又希望能主宰阴阳，从而使众多生灵遂心地成长，对此我将怎么办？”

广成子回答说：“你所想问的，是万事万物的根本；你所想主宰的，是万事万物的残留。自从你治理天下，天上的云气不等到聚集就下起雨来，地上的草木不等到枯黄就飘落凋零，太阳和月亮的光亮也渐渐地晦暗下来。然而谗谄的小人心地是那么偏狭和恶劣，又怎么能够谈论大道！”

黄帝听了这一席话便退了回来，弃置朝政，筑起清心寂智的静室，铺着洁白的茅草，谢绝交往独居三月，再次前往求教。

广成子头朝南地躺着，黄帝则顺着下方，双膝着地匍匐向前，叩头着地行了大礼后问道：“听说先生已经通晓至道，冒昧地请教，修养自身怎么样才能活得长久？”广成子急速地挺身而起，说：“问得好啊！来，我告诉你至道。至道的精髓，幽深渺远；至道的至极，晦暗沉寂。什么也不看什么也不听，持守精神保持宁静，形体自然顺应正道。一定要保持宁寂和清静，不要使身形疲累劳苦，不要使精神动荡恍惚，这样就可以长生。眼睛什么也没看见，耳朵什么也没听到，内心什么也不知晓，这样你的精神定能持守你的形体，形体也就长生。小心谨慎地摒除一切思虑，封闭起对外的一切感官，智巧太盛定然招致败亡。我帮助你达到最光明的境地，直达那阳气的本原。我帮助你进入到幽深渺远的大门，直达那阴气的本原。天和地都各有主宰，阴和阳都各有府藏，谨慎地守护你的身形，万物将会自然地成长。我持守着浑一的大道而又处于阴阳二气调谐的境界，所以我修身至今已经一千二百年，而我的身形还从不曾有过衰老。”

黄帝再次行了大礼叩头至地说：“先生真可说是跟自然混而为一了！”

广成子又说：“来，我告诉你。宇宙间的事物是没有穷尽的，然而人们却认为有个尽头；宇宙间的事物是不可能探测的，然而人们却认为有个极限。掌握了我所说的道的人，在上可以成为皇帝，在下可以成为王侯；不能掌握我所说的道的人，在上只能见到日月的光亮，在下只能化为土块。如今万物昌盛可都生于土地又返归土地，所以我将离你而去，进入那没有穷尽的大门，从而遨游于没有极限的原野。我将与日月同光，我将与天地共存。向着我而来，我无所觉察！背着我而去，我无所在意！人们恐怕都要死去，而我还独自留下来吗？”

［原文］

云将东游[1]，过扶摇之枝，而适遭鸿蒙[2]。鸿蒙方将

凌太虚

凌太虚为乾隆三十六景之二十八景，建于乾隆六年至九年（1741-1744）间。这里地势极高，境界清虚，登临其上，有凌云之感，当是隐者愿居之地。鸿蒙对云将所说的道就是：节制欲望、忘掉形体、精神自由、保持淳朴生活、返归自然的状态。

拊脾雀跃而游[3]。云将见之，倘然止[4]，贽(zhì)然立[5]，曰："叟何人邪？叟何为此？"

鸿蒙拊脾雀跃不辍，对云将曰："游！"

云将曰："朕愿有问也。"

鸿蒙仰而视云将曰："吁(xū)！"

云将曰："天气不和，地气郁结，六气不调，四时不节。今我愿合六气之精以育群生，为之奈何？"

鸿蒙拊脾雀跃掉头曰："吾弗知！吾弗知！"

云将不得问。又三年，东游，过有宋之野而适遭鸿蒙。云将大喜，行趋而进曰："天忘朕邪[6]？天忘朕邪[7]？"再拜稽首，愿闻于鸿蒙。

鸿蒙曰："浮游不知所求，猖狂[8]不知所往，游者鞅(yāng)掌[9]，以观无妄[10]。朕又何知！"

云将曰："朕也自以为猖狂，而百姓随予所往；朕也不得已于民，今则民之放也[11]。愿闻一言。"

鸿蒙曰："乱天之经，逆物之情，玄天弗成[12]；解兽之群，而鸟皆夜鸣；灾及草木，祸及止虫。噫，治人之过也！"

云将曰："然则吾奈何？"

鸿蒙曰："噫，毒哉！仙仙乎归矣[13]。"

云将曰："吾遇天难，愿闻一言。"

鸿蒙曰："噫！心养。汝徒处无为，而物自化。堕尔形体，黜尔聪明⑭，伦与物忘⑮；大同乎涬(xìng)溟⑯，解心释神，莫然无魂⑰。万物云云，各复其根，各复其根而不知；浑浑沌沌⑱，终身不离；若彼知之，乃是离之。无问其名，无窥其情，物固自生。"

云将曰："天降朕以德，示朕以默，躬身求之，乃今也得。"再拜稽首，起辞而行。

［注释］

①云将：庄子杜撰的寓言人物。②扶摇：神木。鸿蒙：庄子杜撰的寓言人物。③拊脾：拍着股部。拊，拍击。脾，即髀。④倘然：忽然。⑤贽然立：形容站着不动的样子。⑥天：尊称鸿蒙。⑦朕：我。⑧猖狂：形容随心所欲，自由奔放。⑨鞅掌：众多。⑩无妄：真实，指事物的真相。⑪民之放：为民所放。⑫玄天弗成：自然之原状不能保全。⑬仙仙乎：轻飘飘的样子。⑭黜：抛弃。⑮伦：类同。⑯涬溟：自然之气。⑰莫然无魂：去除心机智巧。⑱浑浑沌沌：真朴自然之意。

［译文］

云将到东方巡游，经过神木扶摇的枝旁恰巧遇上了鸿蒙。鸿蒙正拍着大腿像雀儿一样跳跃游乐。云将见鸿蒙那般模样，惊疑地停下来，纹丝不动地站着，说："老先生是什么人呀！你老先生为什么这般动作？"

鸿蒙拍着大腿不停地跳跃，对云将说："自在地游乐！"

云将说："我想向你请教。"

鸿蒙抬起头来看了看云将道："哎！"

云将说："天上之气不和谐，地上之气郁结了，阴、阳、风、雨、晦、明六气不调和，四时变化不合节令。如今我希望调谐六气之精华来养育众生灵，对此将怎么办？"

鸿蒙拍着大腿掉过头去，说："我不知道！我不知道！"

云将得不到回答。过了三年，云将再次到东方巡游，经过宋国的原野恰巧又遇到了鸿蒙。云将大喜，快步来到近前说："你老先生忘记了我吗？你老先生忘记了我吗？"叩头至地行了大礼，希望得到鸿蒙的指教。

鸿蒙说："自由自在地遨游，不知道追求什么；漫不经心地随意活动，不知道往哪里去。游乐人纷纷攘攘，观赏那绝无虚假的情景；我又能知道什么！"

云将说："我自以为能够随心地活动，人民也都跟着我走；我不得已而对人民有所亲近，如今却为人民所效仿。我希望能聆听您的一言教诲。"

鸿蒙说："扰乱自然的常规，违背事物的真情，整个自然的变化不能顺应形成。离散群居的野兽，飞翔的鸟儿都夜鸣，灾害波及草木，祸患波及昆虫。唉，这都是治理天

下的过错！”

云将问：“这样，那么我将怎么办？”

鸿蒙说：“唉，你受到的毒害实在太深啊！你还是就这么回去吧。”

云将说：“我遇见你实在不容易，恳切希望能听到你的指教。”

鸿蒙说：“唉！修身养性。你只须处心于无为之境，万物会自然地有所变化。忘却你的形体，废弃你的智慧，让伦理和万物一块儿遗忘。混同于茫茫的自然之气，解除思虑释放精神，像死灰一样木然地没有魂灵。万物纷杂繁多，全都各自回归本性，各自回归本性却是出自无心，浑然无知保持本真，终身不得背违；假如有所感知，就是背离本真。不要询问它们的名称，不要窥测它们的实情，万物本是自然地生长。”

云将说：“你把对待外物和对待自我的要领传授给我，你把清心寂神的方法晓谕给我；我亲身探求大道，如今方才有所领悟。”叩头至地再次行了大礼，起身告别而去。

［原文］

世俗之人，皆喜人之同乎己，而恶人之异乎己也。同于己而欲之，异于己而不欲者，以出乎众为心也①。夫以出乎众为心者，曷(hé)常出乎众哉②！因众以宁所闻，不如众技众矣。而欲为人之国者③，此揽乎三王之利而不见其患者也。此以人之国侥倖也，几何侥倖而不丧人之国乎！其存人之国也，无万分之一；而丧人之国也，一不成而万有余丧矣。悲夫，有土者之不知也④！

夫有土者，有大物也⑤。有大物者，不可以物⑥物；而不物⑦，故能物物。明乎物物者之非物也，岂独治天下百姓而已哉！出入六合⑧，游乎九州⑨，独往独来，是谓独有⑩。独有之人，是谓至贵。

大人之教⑪，若形之于影，声之于响。有问而应之，尽其所怀，为天下配⑫。处乎无响，行乎无方⑬。挈汝适复之挠挠⑭，以游无端；出入无旁⑮，与日无始⑯；颂论形躯⑰，合乎大同，大同而无己。无己，恶乎得有有⑱！睹有者，昔之君子；睹无者，天地之友。

［注释］

①出乎众为心：想出人头地。②曷常：何尝。③为人之国：当一国的统治者。

④有土者：有国者，指当时诸侯。⑤大物：指广大的土地、人民。⑥不可以物：不可为物所支配。⑦而不物：有物而不拘泥于物。⑧六合：指天地四方。⑨九州：为古代中国的代称。古代将中国全土分成九大行政区域。⑩独有：意指拥有自己的内在人格世界，在精神上能特立独行。⑪大人：至人，即上文独有之人。⑫配：对。⑬无方：无迹。⑭挠挠：纷杂的样子。⑮出入无旁：独来独往，无所依傍。⑯与日无始：与日俱新。⑰颂论：言谈。⑱有有：有形相，意指执着于形相。

[译文]

世俗人都喜欢别人跟自己相同而讨厌别人跟自己不一样。希望别人跟自己相同，不希望别人跟自己不一样的人，总是把出人头地当作自己主要的内心追求。那些一心只想出人头地的人，何尝又能够真正超出众人呢！随顺众人之意当然能够得到安宁，可是个人的所闻总不如众人的技艺多才智高。希图治理邦国的人，必定是贪取夏、商、周三代帝王之利而又看不到这样做的后患的人。这样做是凭借统治国家的权力贪求个人的侥幸，而贪求个人的侥幸而不至于丧失国家统治权力的又有多少呢！他们中能够保存国家的，不到万分之一，而丧失国家的，自身一无所成而且还会留下许多祸患。可悲呀，拥有土地的统治者是何等的不聪明！

拥有土地的国君，必然拥有众多的物品。拥有众多的物品却不可以受外物所役使，使用外物而不为外物所役使，所以能够主宰天下万物。明白了拥有外物又能主宰外物的人本身就不是物，岂只是治理天下百姓而已啊！这样的人已经能往来于天地四方，游乐于整个世界，独自无拘无束地去，又自由自在地来，这样的人就叫作拥有万物而又超脱于万物。拥有万物而又超脱于万物的人，这就称得上是至高无尚的贵人。

至贵之人的教诲，就好像形躯对于身影，传声对于回响。有提问就有应答，竭尽自己所能，为天下人的提问做出应答。处心于没有声响的境界，活动在变化不定的地方，引领着人们往返于纷扰的世界，从而遨游在无始无终的浩渺之境，或出或进都无须依傍，像跟随太阳那样周而复始地没有尽头；容颜、谈吐和身形躯体均和众人一样，大家都是一样也就无所谓自身。无所谓自身，哪里用得着据有各种物象！看到了自身和各种物象的存在，这是过去的君子；看不到自身和各种物象的存在，这就跟永恒的天地结成了朋友。

[原文]

贱而不可不任者[1]，物也；卑而不可不因者[2]，民也；匿而不可不为者，事也；粗而不可不陈者[3]，法也[4]；远而不可不居者，义也；亲而不可不广者[5]，仁也；节而不可不积者[6]，礼也；中而不可不高者[7]，德也；一而不可不易者，道也；神而不可不为者，天也。故圣人观于天而不助，成于德而不累，出于道而不谋，会于仁而不恃[8]，薄于义而不

国本惠民

“卑而不可不因者，民也”，意思是地位卑下可是不能不依靠他们的，就是人民。唐太宗李世民强调以民为本，曾说：“民，水也；君，舟也。水能载舟，亦能覆舟。”

积⑨，应于礼而不讳⑩，接于事而不辞，齐于法而不乱，恃于民而不轻，因于物而不去⑪。物者莫足为也，而不可不为。不明于天者，不纯于德；不通于道者，无自而可。不明于道者，悲夫！

何谓道？有天道，有人道。无为而尊者，天道也；有为而累者，人道也。主者，天道也；臣者，人道也。天道之与人道也，相去远矣，不可不察也。

[注释]

①任：任凭，听任。②因：顺应，依随。③陈：陈述。④法：效法，这里指可以效法的言论。⑤广：扩大、推展的意思。亲近容易形成偏爱，扩大了亲近的范围也就成为“仁”。⑥节：礼仪。积：增多。⑦中：顺。一说获得的意思。⑧会：符合。恃：依靠。⑨薄：通作“迫”，接近、靠拢的意思。⑩讳：回避。⑪因：循，遵从。

[译文]

低贱然而不可不听任的，是万物；卑微然而不可不随顺的，是百姓；不显眼然而不可不去做的，是事情；不周全然而不可不陈述的，是可供效法的言论；距离遥远但又不可不恪守的，是道义；亲近然而不可不扩展的，是仁爱；细末的小节不可不累积的，是礼仪；顺依其性然而不可不尊崇的，是德；本于一气然而不可不变化的，是道；神妙莫测然而不可不顺应的，是自然。所以圣人观察自然的神妙却不去帮助，成就了无瑕的修养却不受拘束，行动出于道却不是事先有所考虑，符合仁的要求却并不有所依赖，接近了道义却不积不留，应合礼仪却不回避，接触琐事却不推迟，同于法度而不肆行妄为，依靠百姓而不随意役使，遵循事物变化的规律而不轻率离弃。万事万物均不可强为，但又不可不为。不明白自然的演变和规律，也就不会具备纯正的修养；不通晓道的人，没有什么事情可以办成。不通晓道的人，可悲啊！

什么叫作道？有天道，有人道。无所事事无所作为却处于崇高地位的，这就是天道，事必躬亲有所作为而积劳累苦的，这就是人道。君王就是天道，臣下就是人道。天道跟人道比较，相差实在太远，不能不细加体察。

题解

本篇的主旨仍在于阐述无为而治的主张，表述的是庄子的政治思想。作者指出，玄古的国君虽在君位却无心于治世，只是效法天道“无为”而已，因此百姓都能自治自化，天下也就始终太平无事。及至黄帝失“天德”，以“有为”之心临天下，百姓就开始知道仁义、忠信之名，随之而萌发出“贼害”之心，从此太古纯朴之风就不见了。而唐尧、虞舜、夏禹、周武王之辈，不但不引以为戒，反而推波助澜，举凡仁义、礼乐、刑罚、智慧等等，皆无不成为他们统治人民的工具，致使人类的自然本性遭到极大的摧残，天下乱到不堪设想的地步。目睹这般事实，后世一切“有为”之君，都应当感到寒心、羞愧，彻底敛手，“以无为自然为宗”。

本篇与《天道》《天运》为一组，主旨在发挥无为而治的政治理想。篇幅较长，内容也较庞杂。表述方式有议论、有对话、有寓言故事，丰富多彩，层出不穷。此篇章法，首段为总论，其余为分论，而以“无为”二字贯穿始终。所以，全文十余大段，虽似散散叙来，却有一线穿珠，繁而不乱之妙。

天 地

[原文]

天地虽大，其化均也[1]；万物虽多，其治一也；人卒虽众[2]，其主君也。君原于德而成于天，故曰，玄古之君天下[3]，无为也，天德而已矣[4]。

以道观言[5]，而天下之名正[6]；以道观分[7]，而君臣之义明；以道观能，而天下之官治；以道泛观，而万物之应备。故通于天地者，德也；行于万物者，道也；上治人者，事也；能有所艺者，技也。技兼于事[8]，事兼于义，义兼于德，德兼于道，道兼于天，故曰：古之畜天下者[9]，无欲而天下足，无为而万物化，渊静而百姓定[10]。《记》曰[11]：“通于一而万事毕。无心得而鬼神服。”

[注释]

①均：平均，普遍而没有偏私。②人卒：百姓。③玄古：远古。④天德：指无为。⑤言：名。⑥正：得当。⑦分：职分。⑧兼：统属。⑨畜：养育。⑩渊静：像深渊里的水一样平静。定：安定。⑪记：书名。

[译文]

天和地虽然很大，不过它们的运动和变化却是均衡的；万物虽然纷杂，不过它们各得其所归根结底却是同一的；百姓虽然众多，不过他们的主宰却都是国君。国君管理天下要以顺应事物为根本而成事于自然，所以说，遥远的古代君主统驭天下，一切都出自无为，即听任自然、顺其自得罢了。

用道的观点来看待称谓，那么天下所有的国君都是名正言顺的统治者；用道的观点来看待职分，那么君和臣各自承担的道义就分明了；用道的观念来看待才干，那么天下的官吏都尽职尽力；用道的观念广泛地观察，万事万物全都自得而又自足。所以，贯穿于天地的是顺应自得的“德”；通行于万物的是听任自然的“道”；善于治理天下的是各尽其能各任其事；能够让能力和才干充分发挥的就是各种技巧。技巧归结于事务，事务归结于义理，义理归结于顺应自得的“德”，“德”归结于听任自然的“道”，听任自然的“道”归结于事物的自然本性。所以说，古时候养育天下百姓的统治者，无所追求而天下富足，无所作为而万物自行变化发展，深沉宁寂而人心安定。《记》这本书上说：“通晓大道因而万事自然完满成功，无心获取因而鬼神敬佩贴服。”

[原文]

夫子曰：“夫道，覆载万物者也①，洋洋乎大哉②！君子不可以不刳（kū）心焉③。无为为之之谓天，无为言之之谓德，爱人利物之谓仁，不同同之之谓大，行不崖异之谓宽④，有万不同之谓富。故执德之谓纪⑤，德成之谓立⑥，循于道之谓备⑦，不以物挫志之谓完⑧。君子明于此十者，则韬（tāo）乎其事心之大也⑨，沛乎其为万物逝也⑩。若然者，藏金于山，沉珠于渊，不利货财，不近贵富；不乐寿，不哀夭；不荣通⑪，不丑穷；不拘一世之利以为己私分⑫，不以王天下为己处显⑬。显则明，万物一府⑭，死生同状。”

[注释]

①覆载：包罗。②洋洋：广大辽阔的样子。③刳心：彻底抛弃个人的心智。刳，挖空。④崖异：突出而区别于众。⑤执：掌握。纪：纲纪。⑥立：指立身成人。⑦循：遵循。⑧挫：干扰。⑨韬：宽广。⑩沛：流逝的样子。为：与。⑪不荣通：不因飞黄腾达而感到光荣。通，达。⑫拘：取。一世之利：全天下的利益。私分：私自所占有。⑬王天下：为天下之王。处显：处在出众的地位。⑭一府：一体。

[译文]

先生说："道，是覆盖和托载万物的，多么广阔而盛大啊！君子不可以不敞开心胸排除一切有为的杂念。用无为的态度去做就叫作自然，用无为的态度去说就叫作顺应，给人以爱或给物以利就叫作仁爱，让各个不同的事物回归同一的本性就叫作伟大，行为不与众不同就叫作宽容，心里包容着万种差异就叫作富有。因此持守自然赋予的禀性就叫纲纪，德行形成就叫作建功济物，遵循于道就叫作修养完备，不因外物挫折节守就叫作完美无缺。君子明白了这十个方面，也就容藏了立功济物的伟大心志，而且像滔滔的流水汇聚一处似的成为万物的归往。像这样，就能藏黄金于大山，沉珍珠于深渊，不贪图财物，也不追求富贵；不把长寿看作快乐，不把夭折看作悲哀，不把通达看作荣耀，不把穷困看作羞耻；不把谋求举世之利作为自己的职分，不把统治天下看作是自己居处于显赫的地位。显赫就会彰明，然而万物最终却归结于同一，死与生也并不存在区别。"

慈祥为救国民

"爱人利物之谓仁"，慈爱人民，利益万物，就叫作仁。宋代范忠宣公就是一位对人民极为仁爱的人。他任庆州府时，恰逢荒年，范公要开仓济民，其他官员不准，因为私放粮违国法。范公爱民，说降罪下来自己担，于是开仓赈灾。

[原文]

夫子曰："夫道，渊乎其居也①，漻(liáo)乎其清也②。金石不得③，无以鸣。故金石有声，不考不鸣④。万物孰能定之！夫王德之人⑤，素逝而耻通于事⑥，立之本原而知通于神⑦。故其德广，其心之出，有物采之⑧。故形非道不生，生非德不明⑨。存形穷生⑩，立德明道，非王德者邪！荡荡乎⑪！忽然出，勃然动⑫，而万物从之乎！此谓王德之人。视乎冥冥⑬，听乎无声。冥冥之中，独见晓焉；无声之中，独闻和焉。故深之又深而能物焉，神之又神而能精焉；故其与万物接也，至无而供其求，时骋而要其宿。大小，长短，修远⑭。"

[注释]

①渊：幽深静寂的状态。②漻：清澈的样子。③金石：钟磬。④考：通"拷"，

特磬

庄子说："金石不得，无以鸣。故金石有声，不考不鸣。"意思是钟磬得不到"道"，它就发不出声响，所以钟磬有声音，不敲它就不响。万物皆有道，道存在于万物之中。

敲击。⑤王德：盛德，最高尚的道德。⑥素：纯真。逝：往。耻通于事：不愿被事务所牵制。⑦立之本原：立足于天道这一根本。⑧采：牵引，影响。⑨生：通"性"。明：灵通。⑩存形：保身。穷生：尽性。⑪荡荡：广阔辽远的样子。⑫忽然、勃然：都是形容心神的活动随其自然，不受外物牵制的样子。⑬冥冥：幽暗的样子。⑭修远：久远。

［译文］

先生还说："道，它居处沉寂犹如幽深宁寂的渊海，它运动恒洁犹如明澈清澄的清流。金石制成钟、磬的器物不能获取外力，没有办法鸣响，所以钟磬之类的器物即使存在鸣响的本能，却也不敲不响。万物这种有感才能有应的情况谁能准确地加以认识！具有盛德而居于统治地位的人，应该是持守素朴的真情往来行事而以通晓琐细事务为羞耻，立足于固有的真性而智慧通达于神秘莫测的境界。因此他的德行圣明而又虚广，他的心志即使有所显露，也是因为外物的探求而作出自然的反应。所以说，形体如不凭借道就不能产生，生命产生了不能顺德就不会明达。保全形体维系生命，建树盛德彰明大道，这岂不就是具有盛德而又居于统治地位的人吗？浩渺伟大啊！他们无心地有所感，他们又无心地有所动，然而万物都紧紧地跟随着他们呢！这就是具有盛德而又居于统治地位的人。道，看上去是那么幽暗深渺，听起来又是那么寂然无声。然而幽暗深渺之中却能见到光明的真迹，寂然无声之中却能听到万窍唱和的共鸣。幽深而又幽深能够从中产生万物，玄妙而又玄妙能够从中产生精神。所以道与万物相接，虚寂却能满足万物的需求，时时驰骋纵放却能总合万物成其归宿，无论是大还是小，是长还是短，是高还是远。"

［原文］

黄帝游乎赤水之北①，登乎昆仑之丘而南望②，还归，遗其玄珠③。使知索之而不得，使离朱索之而不得，使喫(chī)诟(gòu)索之而不得也④。乃使象罔⑤，象罔得之。黄帝曰："异哉！象罔乃可以得之乎？"

［注释］

①赤水：河名，在昆仑山南面。②南望：南面，面向南。古代帝王座位向南，所以常用南面代指当帝王。③玄珠：玄妙的珍珠，比喻天道。④喫诟：是庄子杜撰

的人名。⑤象罔：是庄子杜撰的人名。有无心的意思。

［译文］

黄帝在赤水以北漫游，登上昆仑山而向南眺望，旋即返回，丢失了玄色宝珠。派知去寻找没有找到，派离朱去寻找也未找到，派喫诟去寻找，还未找到。就派象罔去找，象罔找到了。黄帝说：“多么奇怪啊！象罔怎么就能找到呢？”

［原文］

尧之师曰许由，许由之师曰啮缺，啮缺之师曰王倪，王倪之师曰被衣。

尧问于许由曰：“啮缺可以配天乎[1]？吾藉王倪以要之[2]。”

许由曰：“殆哉圾乎天下[3]！啮缺之为人也，聪明叡(ruì)知[4]，给(jǐ)数以敏[5]，其性过人，而又乃以人受天。彼审乎禁过，而不知过之所由生。与之配天乎？彼且乘人而无天[6]，方且本身而异形，方且尊知而火驰[7]，方且为绪使[8]，方且为物絯(gāi)[9]，方且四顾而物应，方且应众宜，方且与物化而未始有恒。夫何足以配天乎？虽然，有族有祖[10]，可以为众父[11]，而不可以为众父父[12]治乱之率也，北面之祸也[13]，南面之贼也。”

［注释］

①配天：称得上得天道。②藉：借，借助。要：通“邀”。③殆：危。圾：通“岌”，危险的样子。④叡知：英明而有远见。⑤给：敏捷。数：快。敏：灵敏。⑥乘人：恃着人的才智。⑦火驰：如火一样迅速蔓延。形容智慧的旺盛、敏捷。⑧绪：丝端。比喻细小。使：役使。⑨絯：束缚。⑩祖：祖宗。⑪众父：众人之长。⑫众父父：指天子。⑬北面：指臣子。

［译文］

尧的老师叫许由，许由的老师叫啮缺，啮缺的老师叫王倪，王倪的老师叫被衣。

尧问许由说：“啮缺可以做天子吗？我想借助于他的老师来请他做天子。”

许由说：“恐怕天下也就危险了！啮缺这个人的为人，耳聪目明智慧超群，行动办事快捷机敏，他天赋过人，而且竟然用人为的心智去对应并调合自然的禀赋。他明了该

怎样禁止过失，不过他并不知晓过失产生的原因。让他做天子吗？他将借助于人为而抛弃天然，将会把自身看作万物归向的中心而着意改变万物固有的形迹，将会尊崇才智而急急忙忙地为求知和驭物奔走驰逐，将会被细末的琐事所役使，将会被外物所拘束，将会环顾四方，目不暇接地跟外物应接，将会应接万物而又奢求处处合宜，将会参预万物的变化而从不曾有什么定准。那样的人怎么能够做天子呢？虽然这样，有了同族人的聚集，就会有一个全族的先祖；可以成为一方百姓的统领，却不能成为诸方统领的君主。治理天下，必将是天下大乱的先导，这就是臣子的灾害，国君的祸根。”

［原文］

尧观乎华①。华封人曰②："嘻！圣人！请祝圣人③。使圣人寿。"

尧曰："辞④。"

"使圣人富。"

尧曰："辞。"

"使圣人多男子。"

尧曰："辞。"

封人曰："寿、富、多男子，人之所欲也。女独不欲，何邪？"

尧曰："多男子则多惧，富则多事，寿则多辱。是三者，非所以养德也，故辞。"

封人曰："始也我以女为圣人邪，今然君子也。天生万民，必授之职，多男子而授之职，则何惧之有！富而使人分之，则何事之有！夫圣人鹑居而彀（kòu）食⑤，鸟行而无彰，天下有道则与物皆昌，天下无道则修德就闲；千岁厌世⑥，去而上仙⑦；乘彼白云，至于帝乡⑧；三患莫至，身常无殃；则何辱之有！"

封人去之。尧随之，曰："请问⑨。"

封人曰："退已！"

［注释］

①华：华州。②华封人：在华州守封疆的人。③祝：祝祷。④辞：不接受。

⑤鹑：鹌鹑。彀：初生小鸟。⑥厌世：一生已尽。⑦去：离去人世。上仙：升仙。⑧帝乡：天帝所居的地方。⑨请问：尧对封人的话有所领悟，因此表示想进一步请教。

福禄寿三星度世

守封疆之人说帝尧只是君子而不是圣人。真正的圣人不因为福禄寿的益处而追求福禄寿，也不因为福禄寿的害处而拒绝福禄寿。真正的圣人忘却了福禄寿，“天下有道则与物皆昌，天下无道则修德就闲；千岁厌世，去而上仙。”

［译文］

尧到华地巡视，华地守封疆之人说：“啊，圣人来了！请让我们为圣人祝福，祝愿圣人长寿。”

尧说：“不需要。”

“祝愿圣人富有。”

尧说：“不需要。”

“祝愿圣人多生儿子。”

尧说：“不需要。”

守封疆之人说：“长寿、富有、多生儿子，是人们都愿意得到的，唯独您不愿得到，这是为什么？”

尧说：“多生儿子就会使人有更多畏惧，富有就会多事，长寿就会增加困辱。这三项无助于培养无为之德行，所以不需要。”

守封疆之人说：“开始我以为您是位圣人，现在看不过是位君子而已。上天生出万民，必定要授给职事。多生儿子而授给他们职事，那样做还有什么可以畏惧呢！富有而使大家分享，那样还有什么事呢！作为圣人，像鸟一样居无定所，靠天而食，行动不留下形迹；天下有道之世，就与万物一起昌盛；天下昏乱无道之世，就遁世隐居修养德行；活上千岁，对世俗生活厌倦了，就升仙而去；乘上白云，到达天帝之处；三种祸患不来，身体常久无灾殃；那样还有什么困辱呢！”

守封疆之人走开了。尧跟在后面，说：“请求教诲。”

守封疆之人说：“你回去吧！”

［原文］

尧治天下，伯成子高立为诸侯[①]。尧授舜[②]，舜授禹，伯成子高辞为诸侯而耕。禹往见之，则耕在野。禹趋就下风，立而问焉，曰：“昔尧治天下，吾子立为诸侯[③]。尧授舜，舜授予，而吾子辞为诸侯而耕，敢问其故何也？”

子高曰：“昔尧治天下，不赏而民劝[④]，不罚而民畏。今子赏罚而民且不仁，德自此衰，刑自此立，后世之乱自

此始矣。夫子阖行邪⑤？无落吾事⑥！”挹挹乎耕而不顾⑦。

［注释］

①伯成子高：人名，不详。②授：指传授天子之位。③吾子：我的先生，您。④赏：奖赏。劝：积极。⑤阖：通“盍”，何不。⑥落：废。⑦挹挹：抑抑，专心的样子。

［译文］

尧治理天下时，伯成子高被立为诸侯。尧传帝位给舜，舜传帝位给禹，伯成子高辞去诸侯职位而去耕作。禹前去看他，他正在野外耕地。禹从下风口快步走近他，恭敬站立问道：“昔日尧治理天下，先生您被立为诸侯。尧传位给舜，舜传位给我，而先生您辞去诸侯职位去耕地，请问这是什么缘故呢？”

子高回答说：“昔日尧治理天下，不用奖赏而民勉励向善，不用惩罚而民畏惧犯罪。而今你奖赏惩罚并用而民却不能相爱，社会道德从此衰落，刑罚从此建立，后世之祸乱从这里开始了。你何不走开呢？不要妨碍我做事。”说完子高就专心致志于耕地而不再看禹。

［原文］

泰初有无①，无有无名②；一之所起，有一而未形。物得以生，谓之德；未形者有分，且然无间，谓之命；留动而生物，物成生理，谓之形；形体保神，各有仪则，谓之性。性修反德，德至同于初。同乃虚，虚乃大。合喙鸣③；喙鸣合，与天地为合。其合缗缗④，若愚若昏，是谓玄德⑤，同乎大顺⑥。

黄筌画作

众鸟相和，混然如一。与天地的原始相和同，达到虚静，就广大的无所不包，这种契合就叫“玄德”。

［注释］

①泰初：远古的开头。②无有：没有存在。无名：没有名称。③合喙鸣：和鸟兽的鸣叫一样。喙，鸟兽的嘴。④缗缗：无心的样子。⑤玄德：天德。⑥大顺：道。

［译文］

元气萌动宇宙源起的太初一切只存在于

"无"，而没有存在也就没有称谓；混一的状态就是宇宙的初始，不过混一之时，还远未形成各别的形体。万物从混一的状态中产生，这就叫作自得；未形成形体时禀受的阴阳之气已经有了区别，不过阴阳的交合却是如此吻合而无缝隙，这就叫作天命；阴气滞留阳气运动而后生成万物，万物生成生命的机理，这就叫作形体；形体守护精神，各有轨迹与法则，这就叫作本性。善于修身养性就会返归自得，自得的程度达到完美的境界就同于太初之时。同于太初之时心胸就会无比虚豁，心胸无比虚豁就能包容广大。混同合一之时说起话来就跟鸟鸣一样；说话跟鸟一样无别，则与天地融合而共存。混同合一是那么不露踪迹，好像蒙昧又好像是昏暗，这就叫深奥玄妙的大道，也就如同返回本真而一切归于自然。

［原文］

夫子问于老聃曰："有人治道若相放①，可不可，然不然。辩者有言曰②：'离坚白若县宇③。'若是，则可谓圣人乎？"

老聃曰："是胥易技系，劳形怵心者也。执留之狗成思，猿狙之便自山林来。丘，予告若，而所不能闻与而所不能言，凡有首、有趾、无心、无耳者众，有形者与无形无状而皆存者尽无④。其动止也，其死生也，其废起也⑤，此又非其所以也⑥。有治在人，忘乎物，忘乎天，其名为忘己，忘己之人，是之谓入于天⑦。"

［注释］

①相放：互相仿效。放，通"仿"。②辩者：指公孙龙之流。③离：分析。④无形无状：指道。尽无：表示非常罕见。⑤起：兴起。⑥非其所以：并非是他有心要做的。⑦入于天：符合了天道。

［译文］

孔子问老聃说："有人从事于道好像很放达，认为可能转化成不可，对能转化成不对。名家学派有人说：'坚白相离，是明摆着的道理。'像这样的人可以称作圣人吗？"

老聃说："这样的人如同官府小吏卜缸之官被他们的技艺牵累，疲劳形体困扰心神一样。狗因有技能为人所拘系，而成愁思，猴子因为动作灵便轻捷，被从山里捉来供人玩赏。孔丘，我来讲给你，这些都是你所不能听到，你所不能言说的，凡有完全形体的人，无知无闻的为多，有形体心知而又能认知无形无状大道的人，完全没有，运动转化为静止，死亡转化为新生，废弃转化为兴起，这些都不是有意所为。有心之治理在于人为，忘掉了物，忘掉了天，称之为忘掉自己。忘掉自己的人，称之为与天道同一。"

[原文]

将闾葂(miǎn)见季彻曰①:“鲁君谓葂也曰:‘请受教。’辞不获命②,既已告矣,未知中否③,请尝荐之④。吾谓鲁君曰:‘必服恭俭,拔出公忠之属而无阿私⑤,民孰敢不辑⑥!’”

季彻局局然笑曰⑦:“若夫子之言,于帝王之德,犹螳螂之怒臂以当车轶⑧,则必不胜任矣。且若是,则其自为处危,其观台多物⑨,将往投迹者众⑩。”

将闾葂覤(xì)覤然惊曰⑪:“葂也汒(máng)若于夫子之所言矣⑫。虽然,愿先生之言其风也⑬。”

季彻曰:“大圣之治天下也,摇荡民心⑭,使之成教易俗⑮,举灭其贼心而皆进其独志⑯,若性之自为⑰,而民不知其所由然。若然者,岂兄尧、舜之教民⑱,溟涬(xìng)然弟之哉⑲?欲同乎德而心居矣。”

[注释]

①将闾葂:姓将闾,名葂。季彻:姓季,名彻。二人事迹已不可考。②辞不获命:推辞而得不到允许。③中:当。指合乎天道。④荐:陈,陈述。⑤拔出:提拔起。公忠之属:公正尽责的那类人。阿:偏。私:指宠爱、亲近的人。⑥辑:和睦,顺从。⑦局局:笑的状声词,相当于“格格”。⑧当:通“挡”。轶:车辙。这里指车轮。⑨观台:宫门两边的楼台。多物:指观台上载着许多法律条文。⑩投迹:举足而来。⑪覤覤然:惊慌的样子。⑫汒:模糊,不清楚。若:然。⑬风:大略。⑭摇荡:鼓舞。⑮成教易俗:接受天道的教化,改变世俗的习惯。教,指道家的教化。⑯贼心:有害之心。独志:一心所向往,指得道的心愿。⑰若:顺。⑱兄:称之为兄,表示推崇。⑲溟涬:混沌不分明的样子。

[译文]

将闾葂见季彻说:“鲁君对我说,‘请您给予指教。’我推辞未得准许,就已经告知他了,不知道讲得正确与否,请试着说给你听听。我对鲁君说,‘一定要执持恭敬节俭之道,选拔录用公正尽心尽力之类的人才,而不要偏袒私情,这样做民谁敢不和睦呢!’”

季彻格格笑道:“如先生这样的话,用于达到帝王之德业,如同螳螂举臂阻挡车轮前进一样,必定是不能胜任的。而且这样做,就是自己使自己身处危境。看台上陈列的物品多,将要前往观看的人就多。”

将闾葂十分震惊地说:“我对先生所说的话茫然无知。虽然如此,愿先生讲说其端倪。”

季彻说：“大圣人的治理天下，使民心振荡鼓舞，使其完成教化，改变世俗的习惯尽灭其贼害自性之心，而使他们都进入无己无待绝对逍遥之心态，做到这些如循性自为，而民并不知道为什么要这样，如果能这样，岂能尊崇尧舜之教民，而迷迷糊糊追随于其后呢？愿天下人有共同之德而心神安定啊！”

［原文］

子贡南游于楚[1]，反于晋[2]，过汉阴[3]，见一丈人方将为圃畦(pǔ qí)[4]，凿隧而入井[5]，抱瓮而出灌[6]，搰搰然用力甚多而见功寡[7]。子贡曰：“有械于此，一日浸百畦，用力甚寡而见功多，夫子不欲乎？”

为圃者卬而视之曰：“奈何？”曰：“凿木为机[8]，后重前轻，挈(qiè)水若抽[9]；数如泆(yì)汤[10]，其名为槔(gāo)[11]。”为圃者忿然作色而笑曰：“吾闻之吾师，有机械者必有机事，有机事者必有机心。机心存于胸中，则纯白不备；纯白不备，则神生不定[12]；神生不定者，道之所不载也。吾非不知，羞而不为也。”子贡瞒然惭[13]，俯而不对。

有间，为圃者曰：“子奚为者邪？”曰：“孔丘之徒也。”为圃者曰：“子非夫博学以拟圣[14]，於(wū)于以盖众，独弦哀歌以卖名声于天下者乎？汝方将忘汝神气，堕汝形骸，而庶几乎！而身之不能治，而何暇治天下乎？子往矣，无乏吾事[15]！”

子贡卑陬(zōu)失色[16]，顼(xū)顼然不自得[17]，行三十里而后愈[18]。其弟子曰：“向之人何为者邪？夫子何故见之变容失色，终日不

桔槔

桔槔是中国农村历代通用的旧式提水器具。早在春秋时期就已相当普遍，而且延续了几千年。

自反邪[19]？”

曰：“始以为夫子为天下一人耳[20]，不知复有夫人也。吾闻之夫子，事求可，功求成。用力少，见功多者，圣人之道。今徒不然。执道者德全，德全者形全，形全者神全。神全者，圣人之道也。讬生与民并行而不知其所之[21]，汒乎淳备哉[22]！功利、机巧必忘夫人之心。若夫人者，非其志不之，非其心不为。虽以天下誉之，得其所谓，謷（ào）然不顾[23]；以天下非之，失其所谓，傥（tǎng）然不受[24]。天下之非誉，无益损焉，是谓全德之人哉！我之谓风波之民[25]。”

反于鲁，以告孔子，孔子曰：“彼假修浑沌氏之术者也，识其一，不知其二；治其内，而不治其外。夫明白入素[26]，无为复朴[27]，体性抱神，以游世俗之间者，汝将固惊邪[28]？且浑沌氏之术，予与汝何足以识之哉！”

[注释]

①子贡：孔子弟子。楚：诸侯国名，曾建都于今湖北江陵。②晋：诸侯国名，在今山西一带。③汉：汉水。阴：江河的南面称阴。④丈人：对长者的称呼。方将：正在。圃：菜园。畦：田园中用沟隔开的小块区域。⑤隧：指通入井的道路。⑥出灌：出来灌溉菜地。⑦搰搰：用力的样子。见功寡：功效差。⑧机：机械。⑨挈：取。抽：提。⑩数：快。泆汤：溢出的沸汤。⑪槔：汲水的机械。⑫生：通“性”。⑬瞒然：惭愧的样子。⑭拟圣：以圣人自比。⑮乏：废，阻碍。⑯卑陬：惭愧不安的样子。⑰项项然：低垂着头的样子。⑱愈：指恢复常态。⑲反：复，指恢复常态。⑳天下一人：天下只有一个圣人（指孔子）。㉑讬生：寄生在世上。㉒淳：通“纯”，纯洁。㉓謷然：自得的样子。㉔傥然：无心的样子。㉕风波之民：容易受是非与功利等所影响而波动的人。㉖明白入素：心地明净，达到纯素的境界。㉗复朴：返归自然。㉘固：胡，何。

[译文]

子贡到楚国漫游，返回晋国时，经过汉水南岸，见到一位老者正在修理菜园畦埂，又通过开掘的隧道下到井底，抱着装满水的陶罐出来灌溉，水从罐中汩汩流出，用的力气很多而所见功效甚少。子贡见了说：“这里有一种机械，一天能浇灌一百畦，用力甚少而所见功效甚多，先生您不打算用吗？”

灌园老人仰起身望着子贡说：“那机械什么样呢？”子贡说：“修凿木料造成机械，

前面轻后面重，用它把水从井下提上来，就像把水引出来一样方便省力，水涌流很快速，它的名字叫桔槔。”灌园老者听后生气变了脸色，既而又笑着说：“我从老师那里听说，有机械的人必定有机巧之事，有机巧之事必然有机诈之心。机诈之心存在于胸中，则纯洁质朴之心就不完备；纯洁质朴之心不完备，则精神生而不得安定；精神生而不得安定的人，为大道所摒弃不容也。你说的机械我不是不知道，只是以之为羞耻而不肯使用。”子贡羞愧低头，躬身不能回答。

过了一会儿，灌园老者说：“你是做什么的呀？”回答说：“我是孔丘的弟子。”灌园老者说：“你不就是那位以博学自比于圣人，盛气凌人以为压倒众徒，独自弹唱哀歌来向天下人博取好名声的人吗？你能即刻忘掉你的聪明才智，毁弃你的形体，你就差不多近于大道了。你连自身都不能治理，你哪有闲暇去治理天下呀！你走吧，不要耽误我做事。”

子贡局促不安脸色改变，失魂落魄一样不自在，走了三十多里路之后才恢复正常。他的弟子们问：“刚才那个人是做什么的？先生为什么见了他变容失色，整天不能使自己恢复常态？”

子贡回答说：“开始我以为天下只有先生一位圣人，不知道还有这类人。我听先生说，行事要求合理，事业要求成功。用的力气少，所见功效多，就是圣人之道，而今这些人却不是这样。执守大道的人德行完备，德行完备的人形体健全，形体健全的人精神完全专一。精神完全专一，才是圣人之道，与民众一样生活在世界上，而不知要往哪里去，茫昧深远而德行淳和完备啊！功利机巧必然被这种人从心里忘掉。像这样的人，不合乎他的志向就不去，不合乎他心意就不做。即使天下人都称誉他，而这些称誉又与他的心志相符合，也高傲地不予理睬；天下人都责备他，这些责备与他的心志不符合，他也不在意不理会，不去接受。天下人对他的非难和称誉，对他不会增加和减少什么，这就是全德之人哪！我不过是受世间毁誉左右而摇摇晃晃的人。”

回到鲁国后，子贡把这些告诉孔子，孔子说：“他是寄托修习浑沌氏之道术的人；只知浑一之大道，不知有其他；只知治理自身，不知治理外界。这样的人心地清明至于纯洁无瑕，无为返朴，体悟自性而执守精神专一，以悠游于世俗生活之中，你对这样的人本来就该表示惊异呀！而且浑沌氏的道术，我和你还不足以认识啊！”

［原文］

谆芒将东之大壑(hè)[1]，适遇苑风于东海之滨。

苑风曰：“子将奚之？”

曰：“将之大壑。”

曰：“奚为焉？”

曰：“夫大壑之为物也，注焉而不满，酌(zhuó)焉而不竭[2]，吾将游焉。”

苑风曰：“夫子无意于横目之民乎[3]？愿闻圣治[4]。”

谆(zhūn)芒曰："圣治乎，官施而不失其宜⑤，拔举而不失其能，毕见其情事而行其所为，行言自为而天下化，手挠顾指⑥，四方之民莫不俱至，此之谓圣治。"

"愿闻德人。"

曰："德人者，居无思，行无虑，不藏是非美恶。四海之内共利之之谓悦，共给之之谓安；怊(chāo)乎若婴儿之失其母也⑦，傥乎若行而失其道也⑧。财用有余而不知其所自来，饮食取足而不知其所从，此谓德人之容。"

"愿闻神人。"

曰："上神乘光⑨，与形灭亡，此谓照旷⑩。致命尽情，天地乐而万事销亡，万物复情⑪，此之谓混冥。"

［注释］

①谆芒：与下句的苑风都是庄子杜撰的人名。谆芒：意思是或云或雾气。苑风：意思是游世俗。大壑：指东海。②酌：取。竭：干涸。③横目之民：因为人的两眼扁平，横生于面，故称。④圣治：圣人之治。⑤官施：政令措施。⑥手挠顾指：挥手指示，举目顾盼。⑦怊：惆怅。⑧傥：无心的样子。⑨上神：指神人的精神，因为这是最高的精神境界，故称上神。乘光：放射光芒。乘，用。⑩照旷：照彻空旷。照，明。旷，空。⑪情：真，引申为自然。

［译文］

谆芒向东到大海去，正巧在东海之滨遇到苑风。

苑风问道："你打算去哪儿呢？"

谆芒说："打算去大海。"

苑风又问："去做什么呢？"

谆芒说："大海作为一种物象，江河注入它不会满溢，不停地舀取它不会枯竭；因而我将到大海游乐。"

苑风说："那么，先生无意关心庶民百姓吗？希望能听到圣人之治。"

谆芒说："圣人之治吗，设置官吏施布政令但处处合宜得体；举贤任才而不遗忘一个能人，让每个人都能看清事情的真情实况去做自己应该做的事，行为和谈吐人人都能自觉自动而自然顺化，挥挥手示示意，四方的百姓没有谁不汇聚而来，这就叫圣人之治。"

苑风说："希望再能听到关于顺应外物凝神自得的人。"

谆芒说："顺应外物凝神自得的人，居处时没有思索，行动时没有谋虑，心里不留存是非美丑。四海之内人人共得其利就是喜悦，人人共享财货便是安定；那悲伤的样子像婴儿失去了母亲，那怅然若失的样子又像行路时迷失了方向。财货使用有余却不知道自哪里来，饮食取用充足却不知道从哪儿出。这就是顺应外物凝神自得的人的仪态举止。”

苑风说：“希望再能听到什么是神人。”

谆芒说：“精神超脱物外的神人驾驭着光亮，跟所有事物的形迹一道消失，这就叫普照万物。穷尽天命和变化的真情，与天地同乐因而万事都自然消亡，万物也就自然恢复真情，这就叫混同玄合没有差异。”

［原文］

门无鬼与赤张满稽(jī)观于武王之师①。赤张满稽曰：“不及有虞氏乎！故离此患也②。”

门无鬼曰：“天下均治而有虞氏治之邪？其乱而后治之与？”

赤张满稽曰：“天下均治之为愿，而何计以有虞氏为？有虞氏之药疡也③，秃而施髢(dì)④，病而求医。孝子操药以修慈父⑤，其色燋(qiáo)然⑥，圣人羞之。至治之世，不尚贤，不使能；上如标枝⑦，民如野鹿，端正而不知以为义，相爱而不知以为仁，实而不知以为忠，当而不知以为信，蠢动而相使⑧，不以为赐⑨。是故行而无迹，事而无传。”

鹿

庄子把至德之世的人们比喻成原野上自由自在的鹿。在本篇中庄子论述了什么是至德的社会。至德的社会就是君为君却不知己为君，民为民却不知己为民的社会。

［注释］

①门无鬼、赤张满稽：都是庄子杜撰的人名。师：军队。②离：通“罹”，遭。③药：治疗。疡：头疮。④髢：假发。⑤修：调理。⑥燋然：憔悴的样子，表示忧虑。⑦标枝：树末端的枝。⑧蠢动：蠕动。相使：互相役使，指互相帮助。⑨赐：恩赐。

［译文］

门无鬼和赤张满稽观看周武王伐纣之军队，赤张满稽说："不及虞舜禅让好啊，所以遭受这样祸患。"

门无鬼说："天下完全治理后有虞舜之治呢？还是动乱而后有虞舜之治呢？"

赤张满稽说："天下完全治理是人们的愿望，又何须有虞氏再来治理！有虞氏是在人患头疮才去治疗，秃了头才给戴假发，病重了才给找大夫。孝子把药进献给生病的父亲用，脸色因忧愁而憔悴，圣人以此为羞。至德的时代，不崇尚贤才，不任用能者，君主如同树梢上的细枝，民众如山野中自由奔跑的野鹿，行为端正而不自知是义，彼此相爱而不自知是仁，诚实不欺而不自知为忠，言行得当而不自知是信，无目的任性而动又彼此相互依存，相互为用，而不自以为是赐予。因此所行没有形迹，事迹没有留传下来。"

［原文］

孝子不谀(yú)其亲[1]，忠臣不谄(chǎn)其君[2]，臣子之盛也[3]。亲之所言而然，所行而善，则世俗谓之不肖子；君之所言而然，所行而善，则世俗谓之不肖臣。而未知此其必然邪？世俗之所谓然而然之，所谓善而善之，则不谓之道谀之人也[4]。然则俗固严于亲而尊于君邪！谓己道人[5]，则勃然作色，谓己谀人，则怫然作色。而终身道人也，终身谀人也，合譬饰辞聚众也[6]，是终始本末不相坐。垂衣裳[7]，设采色[8]，动容貌[9]，以媚一世，而不自谓道谀；与夫人之为徒[10]，通是非[11]，而不自谓众人，愚之至也。知其愚者，非大愚也；知其惑者，非大惑也。大惑者，终身不解；大愚者，终身不灵[12]。三人行而一人惑，所适者犹可致也，惑者少也；二人惑则劳而不至，惑者胜也。而今也以天下惑，予虽有祈向[13]，不可得也，不亦悲乎！

大声不入于里耳[14]，《折杨》《皇荂(fū)》[15]，则嗑(xiá)然而笑[16]。是故高言不止于众人之心，至言不出，俗言胜也。以二跂(qì)踵惑[17]，而所适不得矣。而今也以天下惑，予虽有祈向，其庸可得邪！知其不可得也而强之，又一惑也，故莫若释之而不推。不推，谁其比忧？厉之人夜半生其子[18]，遽取火而

视之[19]，汲汲然唯恐其似己也[20]。

［注释］

①谀：奉承。②谄：讨好。③盛：最。④道谀：谄谀。⑤道人：阿谀奉承之人。⑥合譬：凑合比喻。饰辞：修饰言辞。⑦垂衣裳：表示讲究装饰。垂，穿挂。上叫衣，下叫裳。⑧采色：神色，颜色。⑨动容貌：变动着意态、表情。⑩夫人：指世俗的人。为徒：同党同群。⑪通：同。⑫不灵：不灵通。⑬祈向：祈求向往，意即希望。⑭大声：高雅的乐音。⑮《折杨》《皇荂》：都是通俗的乐曲名。⑯嗑：笑的状声词。⑰跂踵：裹足不前。⑱厉：丑恶。⑲遽：急。⑳汲汲然：匆忙、紧张的样子。

［译文］

孝子不奉承他的父母，忠臣不谄媚他的国君，这是忠臣、孝子尽忠尽孝的极点。凡是父母所说的便都加以肯定，父母所做的便都加以称赞，那就是世俗人所说的不肖之子；凡是君王所说的就都加以应承，君王所做的就都加以奉迎，那就是世俗人所说的不良之臣。可是人们却不了解，世俗的看法就必定是正确的吗？而世俗人所谓正确的便把它当作是正确的，世俗人所谓好的便把它当作是好的，却不称他们是谄谀之人。这样，世俗的观念和看法岂不比父母更可崇敬、比君王更可尊崇了吗？说自己是个谗谄的人，定会勃然大怒颜容顿改；说自己是个阿谀的人，也定会愤恨填胸面色剧变。可是一辈子谗谄的人，一辈子阿谀的人，又只不过看作是用巧妙的譬喻和华丽的词藻以博取众人的欢心，这样，终结和初始、根本和末节全都不能吻合。穿上华美的衣裳，绣制斑斓的纹彩，打扮艳丽的容貌，讨好献媚于举世之人，却不自认为那就是谗谄与阿谀，跟世俗人为伍，是非观念相通，却又不把自己看作是普通的人，这真是愚昧到了极点。知道自己愚昧的人，并不是最大的愚昧；知道自己迷惑的人，并不是最大的迷惑。最迷惑的人，一辈子也不会醒悟；最愚昧的人，一辈子也不会明白。三个人在一起行走其中一个人迷惑，所要去到的地方还是可以到达的，因为迷惑的人毕竟要少些；三个人中两人迷惑就徒劳而不能到达，因为迷惑的人占优势。如今天下人全都迷惑不解，我即使祈求导向，也不可能有所帮助。这不令人可悲吗？

高雅的音乐世俗人不可能欣赏，《折杨》《皇荂》之类的民间小曲，世俗人听了都会欣然而笑。所以高雅的谈吐不可能留在世俗人的心里，而至理名言也不能从世俗人的口中说出，因为流俗的言谈占了优势。让其中两个人迷惑而弄错方向，因而所要去的地方便不可能到达。如今天下人都大惑不解，我即使寻求导向，怎么可能到达呢！明知不可能到达却要勉强去做，这又是一大迷惑，所以不如弃置一旁不予推究。不去寻根究底，还会跟谁一道忧愁！丑陋的人半夜里生下孩子，立即拿过火来照看，心情急切地唯恐生下的孩子像自己一样丑陋。

［原文］

百年之木，破为牺樽①，青黄而文之②，其断在沟中。

比牺樽于沟中之断，则美恶有间矣[3]，其于失性一也[4]。跖与曾史，行义有间矣[5]，然其失性均也。且夫失性有五：一曰五色乱目，使目不明；二曰五声乱耳，使耳不聪；三曰五臭薰鼻[6]，困惾(zōng)中颡(sǎng)[7]；四曰五味浊口[8]，使口厉爽[9]；五曰趣舍滑心[10]，使性飞扬[11]。此五者，皆生之害也，而杨、墨乃始离跂自以为得[12]，非吾所谓得也。夫得者困，可以为得乎？则鸠鸮之在于笼也[13]，亦可以为得矣。且夫趣舍声色以柴其内[14]，皮弁(biàn)、鹬(yù)冠、搢(jìn)笏(hù)、绅修以约其外[15]，内支盈于柴栅[16]，外重纆缴[17]，睆(huǎn)睆然在纆缴之中而自以为得[18]，则是罪人交臂、历指，而虎豹在于囊槛[19]，亦可以为得矣。

［注释］

①牺樽：雕刻成牺牛形状的樽，是名贵的祭神器具。②文：粉饰，画上文彩。③间：分别。④失性：丧失了树木本来的天性。⑤行义：品行。⑥五臭：羶、焦、香、腥、朽。臭，气味。⑦困惾：闭塞。中：中伤。颡：额。⑧浊：霑汙。⑨厉：病。爽：伤。⑩趣舍：取舍。滑：乱。⑪飞扬：驰骋浮动，意指心猿意马。⑫离跂：阔步，得意洋洋的样子。⑬鸮：又叫鸱鸮、鸺鹠，似麻雀大小。在于笼：说明受困。⑭柴其内：如柴木一样充塞在心胸之中。⑮皮弁：用皮做的一种帽子，形状如瓜皮帽。鹬冠：用鹬毛装饰的帽子。鹬，鸟名。冠缙：插。笏：手板，用玉或象牙、木做成，上朝时拿着，有事记在上面以备忘。绅：大带。修：长。⑯支盈：塞满。栅：木排。⑰重：再加上。纆：绳索。缴：缠绕。⑱睆睆然：睁着眼睛的样子。⑲历指：古代酷刑的一种，用几支小木棒，穿上绳子，把手指夹绑着。历，通“枥”。

鸠鸮

“夫得者困，可以为得乎？则鸠鸮之在于笼也，亦可以为得矣。”得到了光鲜华美的外物，却使自己的本性受到了危困，这样的人如果还自鸣得意，就犹如被困于笼中却很得意的小鸟。庄子认为，华美不一定可取，丑陋也不一定可悲，只有天然本性才是值得追求的。

槛：圈，用来捕捉老虎的。

［译文］

百年的大树，伐倒剖开后雕刻成精美的酒器，再用青、黄二色彩绘出美丽的花纹，而余下的断木则弃置在山沟里。雕刻成精美酒器的一段木料比起弃置在山沟里的其余木料，美好的命运和悲惨的遭遇之间就有了差别，不过对于失去了原有的本性来说却是一样的。盗跖与曾参、史鳅，行为和道义上存在着差别，然而他们失却人所固有的真性却也是一样的。大凡丧失真性有五种情况：一是五种颜色扰乱视觉，使得眼睛看不明晰；二是五种乐音扰乱听力，使得耳朵听不真切；三是五种气味熏扰嗅觉，困扰壅塞鼻腔并且直达额顶；四是五种滋味秽浊味觉，使得口舌受到严重伤害；五是取舍的欲念迷乱心神，使得心性驰竞不息、轻浮躁动。这五种情况，都是生命的祸害。可是，杨朱、墨翟竟不停地奋力追求而自以为有所得，不过这却不是我所说的悠游自得。得到什么反而为其所困，也可以说是有所得吗？那么，斑鸠、鸮鸟关于笼中，也可以算是悠游自得了。况且取舍于声色的欲念像柴草一样堆满内心，皮帽羽冠、朝板、宽带和长裙捆束于外，内心里充满柴草栅栏，外表上被绳索捆了一层又一层，却瞪着大眼在绳索束缚中自以为有所得，那么罪犯反绑着双手或者受到挤压五指的酷刑，以及虎豹被关在圈栅、牢笼中，也可以算是悠游自得了。

题解

本篇从天道与人道的关系方面阐述了庄子的政治思想。天道就是自然之道，是作为本体的道，人道就是圣人之道。

庄子认为，通晓天道即自然之道、圣人之道、帝王之道的人，他们都是清静而无为的。庄子以水为喻，阐述了清静的作用，水清静便能明澈，能照见事物，水很平而又合乎准则。庄子把人道分为两类，君道与臣道。他首先阐述了“人乐”与“天乐”的两种境界。与人和谐的境界称之为人乐，与天和谐的境界称之为天乐。所谓与人和谐的境界，就是使天下均平协调。所谓与天和谐的境界，就是明了天地的德性。庄子说这是最大的根本，最大的宗原，因为这就与天道相通了。接下来，庄子论述了无为的问题。庄子的观点是，君道无为，君上一定要无为而任用天下，臣道有为，臣下一定要有为而被天下所用，这样就把老子的无为具体化了。

《庄子·天道篇》的主旨是明“内圣外王”之道。“静而圣，动而王，无为也而尊，朴素而天下莫能与之争美”。认为虚静恬淡、寂寞无为是万物之本，是为君、为臣、为帝王天子、为玄圣素王的根本。但《天道》诸篇有些内容已偏离了原始正统道家的主旨，如肯定儒法诸家“序君臣父子之礼”“正君臣上下之分”的价值观念，而与《黄老帛书》等级名分思想如出一辙。

天道

[原文]

天道运而无所积[1]，故万物成[2]；帝道运而无所积，故天下归[3]；圣道运而无所积，故海内服。明于天，通于圣，六通四辟于帝王之德者[4]，其自为也，昧然无不静者矣[5]。圣人之静也，非曰静也善，故静也；万物无足以铙（náo）心者[6]，故静也。水静则明烛须眉[7]，平中准[8]，大匠取法焉[9]。水静犹明，而况圣人之心静乎！天地之鉴也，万物之镜也。夫虚静恬淡、寂寞无为者，天地之平，而道德之至，故帝王圣人休焉。休则虚，虚则实，实者伦矣。虚则静，静则动，动则得矣。静则无为，无为也，则任事者责矣。无为则俞俞[10]，俞俞者忧患不能处，年寿长矣。夫虚静恬淡、寂寞无为者，万物之本也。明乎此以南乡[11]，尧之为君也；明乎此以北面，舜之为臣也。以此处上，帝王天子之德也；以此处下，玄圣素王之道也[12]。以此退居而闲游，江海山林之

士服⑬；以此进为而抚世⑭，则功大名显而天下一也。静而圣，动而王，无为也而尊，朴素而天下莫能与之争美。

德山宣鉴禅师

德山禅师认为要进步就要积累知识，对南宗顿悟说不服。他找龙潭禅师理论，龙潭禅师什么也没说，天黑后点了支蜡烛让他离去，德山伸手接烛时，龙潭把烛吹灭。德山顿悟，向龙潭顶礼膜拜。龙潭要和德山舌战，几天几夜也不会有结果，妙就妙在龙潭懂得大道至简，无为而治，照亮德山心性让他自己领悟。庄子讲“夫虚静恬淡寂寞无为者，万物之本也。”庄子主张无论圣人还是君主都要“静”“虚”，都要以无为为尊。

［注释］

①运：动。积：停滞。②成：生成。③归：归附。④六通四辟：全面通晓。辟，开通。帝王之德：帝道。⑤昧然：懵懵懂懂、不自觉的样子。⑥铙：通“挠”，干扰。⑦明烛：清楚地照见。烛，照。⑧准：水准。⑨大匠：高明的工匠。取法：拿来作为效法的标准。⑩俞俞：从容自得的样子。⑪乡：通“向”。⑫玄圣素王：指所谓具有被天下人仰慕崇拜的道德品质，但并不处于帝王职位的人。⑬江海山林之士：隐士。⑭抚世：抚养天下百姓，实际就是统治人民。

［译文］

自然规律的运行从不曾有过停留和积滞，所以万物得以生成；帝王统治的规律也从不曾有过停留和积滞，所以天下百姓归顺；思想修养臻于圣明的人对宇宙万物的看法和主张也不曾中断和停留，所以四海之内人人倾心折服。明白于自然，通晓于圣哲，对于了解帝王之德的人来说，上下四方相通和四季的畅达，全都是自身的运动，晦迹韬光不露形迹从不损伤静寂的心境。圣明的人内心宁寂，不是说宁寂美好，所以才去追求宁寂；各种事物都不能动摇和扰乱他的内心，因而心神才虚空宁寂犹如死灰。水在静止时便能清晰地照见人的须眉，水的平面合乎水平测定的标准，高明的工匠也会取之作为水准。水平静下来尚且清澄明澈，又何况是人的精神！圣明的人心境是多么虚空宁静啊！可以作为天地的明镜，可以作为万物的明镜。虚静、恬淡、寂寞、无为，是天地的基准，是道德修养的最高境界，所以古代帝王和圣明的人都停留在这一境界上。停留在这一境界上便心境空明虚淡，空明虚淡也就会显得充实，心境充实就能合于自然之理了。心境虚空才会平静宁寂，平静宁寂才能自我运动，没有干扰地自我运动也就能够无不有所得。虚静便能无为，无为使任事的人各尽其责。无为也就从容自得，从容自得的人便不会身藏忧愁与祸患，年寿也就长久了。虚静、恬淡、寂寞、无为，是万物的根本。明白这个道理而居于帝王之位，就像唐尧作为国君；明白这个道理而居于臣下之位，就像虞舜作为臣属。凭借这个道理而处于尊上的地位，就算是帝王治世的盛德；凭借这个道理而处于庶民百姓的地位，就算是通晓了玄圣素王的看法和主张。凭借这个道理退居闲游于

江海，山林的隐士就推心折服；凭借这个道理进身士林而安抚世间百姓，就能功业卓著名扬四海而使天下大同。清静而成为玄圣，行动而成为帝王，无为方才能取得尊上的地位，保持淳厚素朴的天性天下就没有什么东西可以跟他媲美。

［原文］

夫明白于天地之德者[1]，此之谓大本大宗[2]，与天和者也[3]；所以均调天下[4]，与人和者也。与人和者，谓之人乐；与天和者，谓之天乐。

庄子曰："吾师乎！吾师乎！齑万物而不为义[5]，泽及万世而不为仁[6]，长于上古而不为寿，覆载天地刻雕众形而不为巧[7]，此之为天乐。故曰：'知天乐者，其生也天行[8]，其死也物化[9]。静而与阴同德，动而与阳同波[10]。'故知天乐者，无天怨，无人非，无物累，无鬼责。故曰：'其动也天，其静也地，一心定而王天下；其鬼不祟[11]，其魂不疲，一心定而万物服。'言以虚静推于天地，通于万物，此之谓天乐。天乐者，圣人之心，以畜天下也[12]。"

夫帝王之德，以天地为宗，以道德为主，以无为为常。无为也，则用天下而有余；有为也，则为天下用而不足。故古之人贵夫无为也。上无为也，下亦无为也，是下与上同德，下与上同德则不臣[13]；下有为也，上亦有为也，是上与下同道，上与下同道则不主[14]。上必无为而用天下，下必有为为天下用，此不易之道也。故古之王天下者，知虽落天地[15]，不自虑也；辩虽雕万物[16]，不自说也；能虽穷海内，不自为也。天不产而万物化[17]，地不长而万物育，帝王无为而天下功[18]。故曰：莫神于天，莫富于地，莫大于帝王。故曰：帝王之德配天地。此乘天地[19]，驰万物[20]，而用人群之道也[21]。

本在于上，末在于下[22]；要在于主，详在于臣。三军、五兵之运[23]，德之末也；赏罚利害，五刑之辟[24]，教之末也；

礼法度数，形名比详[25]，治之末也；钟鼓之音，羽毛之容[26]，乐之末也；哭泣衰(cuī)绖(dié)[27]，隆杀之服[28]，哀之末也[29]。此五末者，须精神之运，心术之动，然后从之者也。

末学者，古人有之，而非所以先也。君先而臣从，父先而子从，兄先而弟从，长先而少从，男先而女从，夫先而妇从。夫尊卑先后，天地之行也，故圣人取象焉[30]。天尊地卑，神明之位也；春夏先，秋冬后，四时之序也。万物化作，萌区有状[31]；盛衰之杀，变化之流也[32]。夫天地至神，而有尊卑先后之序，而况人道乎！宗庙尚亲[33]，朝廷尚尊[34]，乡党尚齿[35]，行事尚贤，大道之序也。语道而非其序者，非其道也；语道而非其道者，安取道！

是故古之明大道者，先明天而道德次之，道德已明而仁义次之，仁义已明而分守次之[36]，分守已明而形名次之，形名已明而因任次之[37]，因任已明而原省次之[38]，原省已明而是非次之，是非已明而赏罚次之。赏罚已明而愚知处宜[39]，贵贱履位，仁贤不肖袭情[40]。必分其能，必由其名。以此事上，以此畜下[41]，以此治物[42]，以此修身。知谋不用，必归其天[43]，此之谓太平，治之至也。

故书曰[44]：“有形有名。”形名者，古人有之，而非所以先也。古之语大道者，五变而形名可举，九变而赏罚可言也。骤而语形名[45]，不知其本也；骤而语赏罚，不知其始也。倒道而言，迕(wǔ)道而说者[46]，人之所治也，安能治人！骤而语形名赏罚，此有知治之具，非知治之道；可用于天下，不足以用天下，此之谓辩士，一曲之人也[47]。礼法数度，形名比详，古人有之，此下之所以事上，非上之所以畜下也。

［注释］

①天地之德：无为。②大本大宗：最根本。③天：自然。和：顺。④均调天下：使天下均平协调。⑤畜：调和。⑥泽：施恩。⑦刻雕：塑造。⑧天行：自然的运动。⑨物化：事物的转化。⑩同波：合流。⑪祟：鬼神给人造成灾祸。⑫畜：养，管理。⑬不臣：不成为臣民。⑭不主：不成为君主。⑮知：通“智”。落：通“络”，包罗。⑯辩：口才。雕：粉饰。⑰化：自然化育。⑱功：成功。⑲乘：驾驭。⑳驰：驱使。㉑用：劳役。㉒末：枝节，末流。㉓五兵：五种兵器。㉔五刑：劓、墨、刖、宫、大辟。㉕形名：名实，循名责实。比：比较，参验。详：详审，考核。㉖羽：鸟毛。旄：兽毛。㉗衰：丧服。绖：麻冠带。㉘隆：加隆，提级。杀：降杀，降级。㉙哀之末：哀悼中的皮毛。㉚取象：效法。㉛区：通“句”。句即屈生植物的幼芽。㉜流：进行。㉝尚：推崇，讲究。㉞尊：指爵禄的高低。㉟齿：指年龄的大小。㊱分守：职责。㊲因任：因才任职。㊳原省：考察。㊴处宜：安排得当。㊵袭：因，根据。情：实，实际。㊶畜下：抚养百姓。㊷治物：处理事情。㊸归其天：复归于自然。㊹书：未知指哪一本书。㊺骤：一开头，首先。㊻倒、迕：都是反的意思。㊼曲之人：指一管之见而不懂大道的人。

［译文］

那明白天地之德的人，就叫作大本大宗，是与天地相和同的；这是所以均调天下，而与人民和同。与人民相和同，就叫作人间的乐趣；与上天相和同，就叫作天上的乐趣。

庄子说：“我的宗师啊！我的宗师啊！碎毁万物不算是暴戾，恩泽施及万世不算是仁爱，生长于远古不算是寿延，覆天载地、雕刻众物之形不算是智巧，这就叫作天乐。所以说：‘通晓天乐的人，他活在世上顺应自然地运动，他离开人世混同万物而变化。平静时跟阴气同宁寂，运动时跟阳气同波动。’因此体察到天乐的人，不会受到天的抱怨，不会受到人的非难，不会受到外物的牵累，不会受到鬼神的责备。所以说：‘运动时合乎自然的运行，静止时犹如大地一样宁寂，内心安定专一统驭天下；鬼魔不会作祟，神魂不会疲惫，内心专一安定万物无不折服归附。’这些话就是说把虚空宁静推及到天地，通达于万物，这就叫作天乐。所谓天乐，就是圣人的爱心，用以养育天下人。”

帝王的德行，以天地为根本，以道德为中心，以顺应无为而治为常规。帝王无为，役使天下人而且闲暇有余；臣子有为，为天下事竭心尽力而且唯恐不足。因此，古时候的人都看重帝王无为的态度。处于上位的帝王无为，处于下位的臣子也无为，这样臣子跟帝王的态度相同，臣子跟帝王相同那就不像臣子了；处于下位的臣子有为，处于上位的帝王也有为，这样帝王跟臣子的做法就相同了，帝王跟臣子相同那就不像帝王了。帝王必须无为方才能役用天下，臣子必须有为而为天下所用，这是天经地义不能随意改变的规律。所以，古代统治天下的人，智慧即使能笼络天地，也从不亲自去思虑；口才即使能周遍万物，也从不亲自去言谈；才能即使能雄踞海内，也从不亲自去做。上天并不着意要产生什么而万物却自然变化产生，大地并不着意要长出什么而万物却自然繁衍生长，帝王能够无为天下就会自然得到治理。所以说没有什么比上天更为神妙，没有什么比大地更为富饶，没有什么比帝王更为伟大。因此说帝王的德行能跟天地相合。这就是驾驭天地、驱遣万物而任用天下人的办法。

道德存在于上古，仁义则推行于当今；治世的纲要掌握在帝王手里，繁杂的事务留在臣子的操劳中。军队和各种兵器的运用，这是德化衰败的表现；奖赏处罚利导惩戒，并且施行各种刑法，这是诲谕衰败的表现；礼仪法规度量计数，对事物实体和称谓的比较和审定，这是治理衰败的表现；钟鼓的声音，用鸟羽兽毛装饰的仪容，这是声乐衰败的表现；痛哭流涕披麻戴孝，不同规格的隆重或省简的丧服，这是哀伤情感不能自然流露的表现。这五种微末之举，等待精神的自然运行和心智的正常活动，方才能排除矫矜、率性而生。

追求末节的情况，古人中已经存在，但并不是用它来作为根本。国君为主而臣下从属，父亲为主而子女从属，兄长为主而弟弟从属，年长为主而年少从属，男子为主而妇女从属，丈夫为主而妻子从属。尊卑、先后，这都是天地运行的规律，所以古代圣人取而效法之。上天尊贵，大地卑下，这是神明的位次；春夏在先，秋冬在后，这是四季的序列。万物变化而生，萌生之初便存在差异而各有各的形状；盛与衰的次第，这是事物变化的流别。天与地是最为神圣而又玄妙的，尚且存在尊卑、先后的序列，何况是社会的治理呢！宗庙崇尚血缘，朝廷崇尚高贵，乡里崇尚年长，办事崇尚贤能，这是永恒的大道所安排下的秩序。谈论大道却非议大道安排下的秩序，这就不是真正在尊崇大道；谈论大道却非议体悟大道的人，怎么能真正获得大道！

因此，古代通晓大道的人，首先阐明自然的规律而后才是道德，道德已经阐明而后才是仁义，仁义已经阐明而后才是职守，职守已经明确而后才是事物的外形和称谓，外形和称谓已经明确了而后才是依其才而任其职，依才任职已经明确而后才是恕免或废除，恕免或废除已经明确而后才是是非，是非明确而后才是赏罚。赏罚明确因而愚钝与聪颖的人都能相处合宜，尊贵和卑贱的人也都能各安其位，仁慈贤能和不良的人也才能都袭用真情。必须区分各自不同的才能，必须遵从各自不同的名分。用这样的办法来侍奉帝王，用这样的办法来养育百姓，用这样的办法来管理万物，用这样的办法来修养自身；智谋不宜用，必定归依自然，这就叫作天下太平，也就是治理天下的最高境界。

烈妇忍死殉夫

“君先而臣从，父先而子从，兄先而弟从，长先而少从，男先而女从，夫先而妇从。夫尊卑先后，天地之行也，故圣人取象焉。”庄子认为，礼法制度是下位事奉上位的事物，而不是上位畜养下位的事物。

因此古书上说：“有形体，有名称。”明了并区分事物的形体和称谓，古代就有人这样做，不过并不是把形、名的观念摆在首位。古时候谈论大道的人，从说明事物自然规律开始经过五个阶段方才可以称述事物的形体和名称，经过九个阶段方才可以谈论关于赏罚的问题。唐突地谈论事物的形体和称谓，

不可能了解“形名”问题演绎的根本；唐突地讨论赏罚问题，不可能知晓赏罚问题的开始。把上述演绎顺序倒过来讨论，或者违背上述演绎顺序而辩说的人，只能是为别人所统治，怎么能去统治别人！离开上述顺序而唐突地谈论形名和赏罚，这样的人即使知晓治世的工具，也不会懂得治世的规律；可以用于天下，而不足以用来治理天下；这种人就称作辩士，即只能认识事物一隅的浅薄之人。礼仪法规计数度量，对事物的形体和名称比较和审定，古时候就有人这样做，这都是臣下侍奉帝王的做法，而不是帝王养育臣民的态度。

[原文]

昔者舜问于尧曰：“天王之用心何如①？”尧曰：“吾不敖无告②，不废穷民，苦死者③，嘉孺子而哀妇人④。此吾所以用心已。”舜曰：“美则美矣，而未大也。”尧曰：“然则何如？”舜曰：“天德而出宁，日月照而四时行，若昼夜之有经⑤，云行而雨施矣⑥。”尧曰：“胶胶扰扰乎⑦！子，天之合也⑧；我，人之合也⑨。”

夫天地者，古之所大也，而黄帝、尧、舜之所共美也。故古之王天下者，奚为哉，天地而已矣。

[注释]

①天王：实际就是帝王。②敖：通“傲”，傲慢。无告：指有苦无处诉的穷人。③苦死者：悲悯死者。④嘉：亲善。孺子：小孩。⑤经：常则，规律。⑥行：浮动。施：施降。⑦胶胶：纠缠的样子，形容扰乱。⑧天之合：与天道相和顺，即顺乎自然。⑨人之合：追求在人事上相协调，而忘乎自然。

[译文]

过去舜曾向尧问道：“你作为天子用心怎么样？”尧说：“我从不侮慢庶民百姓，也不抛弃生活无计走投无路的穷苦人民，为死者苦苦焦虑，很好地对待留下的幼子并悲悯那些妇人。这些就是我用心的方式。”舜说：“这样做好当然是很好了，不过还说不上伟大。”尧说：“如此那么将怎么办呢？”舜说：“自然而成形迹安宁，像日月照耀，四季运行，像昼夜交替，形成常规，像云彩随风飘动，雨点布施万物。”尧说：“整日里纷纷扰扰啊！你，跟自然相合；我，跟人事相合。”

天和地，自古以来是最为伟大的，黄帝、尧、舜都共同赞美它。所以，古时候统治天下的人，做些什么呢？仿效天地罢了。

[原文]

孔子西藏书于周室。子路谋曰①：“由闻周之征藏史

有老聃者[2]，免而归居[3]，夫子欲藏书，则试往因焉[4]。”孔子曰：“善。”

往见老聃，而老聃不许，于是缗(fán)六经以说[5]。老聃中其说[6]，曰：“大谩(màn)[7]，愿闻其要。”孔子曰：“要在仁义。”老聃曰：“请问，仁义，人之性邪？”孔子曰：“然。君子不仁则不成，不义则不生。仁义，真人之性也，又将奚为矣？”老聃曰：“请问，何谓仁义？”孔子曰：“中心物恺[8]，兼爱无私，此仁义之情也。”老聃曰：“噫，几乎后言！夫兼爱，不亦迂乎！无私焉，乃私也。夫子若欲使天下无失其牧乎？则天地固有常矣，日月固有明矣，星辰固有列矣，禽兽固有群矣[9]，树木固有立矣。夫子亦放德而行，循道而趋[10]，已至矣；又何偈(jié)偈乎揭仁义[11]，若击鼓而求亡子焉？噫，夫子乱人之性也！”

泽及枯骨

周文王在野外行走，在田野见到一些枯骨，于是掩埋。随行的左右说：“这尸骨已经无主了。”周文王说道：“这些枯骨暴露于我周国之野，我当然是这枯骨的家主。”周文王能行如此仁德，天下的诸侯闻听皆叹。“仁义”不尽相同。孔子认为仁义是依圣人之道用礼约束人们；墨子认为仁义是“兼相爱，交相利”而庄子认为的仁义是“依循自然，尊重天性，发挥自由”。

[注释]

①子路：孔子弟子，姓仲名由。谋：筹谋，指为孔子想办法。②征藏史：收集管理图书典籍的秘书官。征藏，收藏。③免：免去征藏史之职。归居：回家隐居。④因：由，通过。⑤缗：演绎。⑥中：打断。⑦大：通“太”。谩：通“漫”，漫无边际。⑧中心：心地中正不偏。物恺：与外物相和悦。恺，和悦。⑨群：指群居的地方。⑩循道：顺沿天道。循，顺。趋：向前走。⑪偈偈：用尽力气的样子。偈，通“竭”。揭：高举。

［译文］

孔子想把书保藏到西边的周王室去。子路出主意说：“我听说周王室管理文典的史官老聃，已经引退回到家乡隐居，先生想要藏书，不妨暂且经过他家问问意见。”孔子说：“好。”

孔子前往拜见老聃，老聃对孔子的要求不予承诺，孔子于是翻检众多经书反复加以解释。老聃中途打断了孔子的解释，说：“你说得太冗繁，希望能够听到有关这些书的内容大要。”孔子说：“要旨就在于仁义。”老聃说：“请问，仁义是人的本性吗？”孔子说：“是的。君子如果不仁就不能成其名声，如果不义就不能立身社会。仁义的确是人的本性，离开了仁义又能干些什么呢？”老聃说：“再请问，什么叫作仁义？”孔子说：“中正而且和乐外物，兼爱而且没有偏私，这就是仁义的实情。”老聃说：“噫！你后面所说的这许多话几乎都是浮华虚伪的言词！兼爱天下，这不是太迂腐了吗？对人无私，其实正是希望获得更多的人对自己的爱。先生你是想让天下的人都不失去养育自身的条件吗？那么，天地原本就有自己的运动规律，日月原本就存在光亮，星辰原本就有各自的序列，禽兽原本就有各自的群体，树木原本就直立于地面。先生你还是仿依自然的状态行事，顺着规律去进取，这就是极好的了。又何必如此急切地标榜仁义，这岂不就像是打着鼓去寻找逃亡的人，鼓声越大跑得越远吗？噫！先生扰乱了人的本性啊！”

［原文］

士成绮(qǐ)见老子而问曰[1]：“吾闻夫子圣人也，吾固不辞远道而来，愿见[2]，百舍重趼(jiǎn)而不敢息[3]。今吾观子，非圣人也。鼠壤有余蔬[4]，而弃妹之者不仁也，生熟不尽于前，而积敛无崖。”老子漠然不应。

士成绮明日复见，曰：“昔者，吾有刺于子[5]，今吾心正郤(xì)矣，何故也？”老子曰：“夫巧知神圣之人，吾自以为脱焉。昔者子呼我牛也而谓之牛，呼我马也而谓之马。苟有其实，人与之名而弗受，再受其殃。吾服也恒服[6]，吾非以服有服。”

士成绮雁行避影[7]，履行遂进而问：“修身若何？”老子曰：“而容崖然[8]，而目冲然[9]，而颡頯(sǎng kuí)然[10]，而口阚(kàn)然[11]，而状义然[12]，似系马而止也。动而持，发也机[13]，察而审[14]，知巧而睹于泰[15]，凡以为不信。边竟有人焉[16]，其名为窃。”

[注释]

①士成绮：姓士成，名绮。事迹已不可考。②固：通“故”。③百舍：形容路远。舍，古时行三十里或三十五里一止宿，叫作一舍。趼：通“茧”，脚掌因走路摩擦而生成的硬皮。④鼠壤：老鼠生活的地方。余蔬：吃剩的菜食。⑤刺：讽刺。⑥服：服从、接受。⑦雁行：像雁一样斜步而行。避影：像要避开自己的影子一样侧着身体。⑧崖然：容态高傲、自命不凡的样子。⑨冲然：目光注视的样子。⑩頯然：形容宽大高亢。⑪阚然：张口动唇的样子。⑫义然：高傲的样子。义，通“峨”。⑬机：弓上的机关。⑭察而审：过分明察而又固执。审，守。⑮泰：太过。⑯竟：通“境”。

[译文]

士成绮见到老子而问道：“听说先生是个圣人，我便不辞路途遥远而来，一心希望能见到你，走了上百天，脚掌上结上厚厚的老茧也不敢停下来休息休息。如今我观察先生，竟不像是个圣人。老鼠洞里掏出的泥土中有许多剩余的食物，看轻并随意抛弃这些物品，不能算合乎仁的要求；粟帛饮食享用不尽，而聚敛财物却没有限度。”老子好像没有听见似的不做回答。

第二天士成绮再次见到老子，说：“昨日我用言语刺伤了你，今天我已有所省悟而且改变了先前的嫌隙，这是什么原因呢？”老子说：“巧智神圣的人，我自以为早已脱离了这种人的行列。过去你叫我牛我就称作牛，叫我马我就称作马。假如存在那样的外形，人们给他相应的称呼却不愿接受，将会第二次受到祸殃。我顺应外物总是自然而然，我并不是因为要顺应而有所顺应。”

士成绮像雁一样侧身而行不敢正视自己羞愧的身影，蹑手蹑脚地走向前来问道：“修身之道是怎样的呢？”老子说：“你容颜伟岸高傲，你目光突视，你头额矜傲，你口张舌利，你身形巍峨，好像奔马被拴住身虽休止而心犹奔腾。你行为暂时有所强制，一旦行动就像箭发弩机，你明察而又精审，自持智巧而外露骄恣之态，凡此种种都不能看作是人的真实本性。边远闭塞的地方有过这样的人，他们的名字就叫作窃贼。”

湖上参禅

苏轼和佛印泛舟湖上，比参禅功力。苏轼说：“佛印，我看你头上有一堆屎。”佛印不响，苏轼很得意：“你看我的头上有什么？”佛印微笑说“我看你头上是一朵莲花。”苏小妹听说了就嘲笑哥哥。佛家讲究心照，我看你是莲花，我心就是莲花；你看我是狗屎，你心就是狗屎。佛讲究修心。庄子讲超乎于修治身心之外。“吾服也恒服，吾非以服有服”。不是为了修治身心而修治身心否则就“浅薄”了。

[原文]

夫子曰[1]："夫道，于大不终[2]，于小不遗[3]，故万物备，广广乎其无不容也，渊乎其不可测也。形德仁义，神之末也，非至人孰能定之[4]！夫至人有世，不亦大乎！而不足以为累。天下奋棅(bǐng)而不与之偕[5]，审乎无假而不与利迁，极物之真[6]，能守其本，故外天地，遗万物，而神未尝有所困也[7]。通乎道，合乎德，退仁义，宾礼乐[8]，至人之心有所定矣。"

[注释]

①夫子：指老子。②不终：无穷无尽。③不遗：毫无遗漏。④至人：得道的人。⑤奋：争。棅：通"柄"，权柄。偕：同。⑥极：尽。真：本性。⑦困：束缚，局限。⑧宾：通"摈"，抛弃。

[译文]

先生说："道，从大的方面说它没有穷尽，从小的方面说它没有遗缺，所以说具备于万物之中。广大啊，道没有什么不包容，深邃啊，道不可以探测。推行刑罚德化与仁义，这是精神衰败的表现，不是道德修养高尚的'至人'谁能判定它！道德修养高尚的'至人'一旦居于统治天下的位置，不是很伟大吗？可是却不足以成为他的拖累。天下人争相夺取权威但他却不会随之趋赴，审慎地不凭借外物而又不为私利所动，深究事物的本原，持守事物的根本，所以忘忽天地，弃置万物，而精神世界不曾有过困扰。通晓于道，合乎常规，辞却仁义，摒弃礼乐，至人的内心也就恬淡而不乖违。"

[原文]

世之所贵道者书也，书不过语，语有贵也。语之所贵者意也，意有所随。意之所随者，不可以言传也，而世因贵言传书[1]。世虽贵之，我犹不足贵也，为其贵非其贵也。故视而可见者，形与色也；听而可闻者，名与声也。悲夫，世人以形色名声为足以得彼之情！夫形色名声果不足以得彼之情，则知者不言，言者不知，而世岂识之哉！

[注释]

①贵言：珍重语言。传书：以书册相传授。

[译文]

世上人们所看重和称道的就是书。书并没有超越言语，而言语确有可贵之处。言语所可看重的就在于它的意义，而意义又有它的出处。意义的出处，是不可以用言语来传告的，然而世人却因为看重言语而传之于书。世人虽然看重它，我还是认为它不值得看重，因为它所看重的并不是真正可以看重的。所以，用眼睛看而可以看见的，是形和色；用耳朵听而可以听到的，是名和声。可悲啊，世上的人们满以为形、色、名、声就足以获得事物的实情！形、色、名、声实在是不足以获得事物的实情，而知道的不说，说的不知道，世上的人们难道能懂得这个道理吗？

[原文]

桓公读书于堂上①，轮扁斫（zhuó）轮于堂下②，释椎凿而上③，问桓公曰："敢问，公之所读者何言邪？"公曰："圣人之言也。"曰："圣人在乎？"公曰："已死矣。"曰："然则君之所读者，古人之糟魄已夫④！"

桓公曰："寡人读书，轮人安得议乎！有说则可，无说则死。"

轮扁曰："臣也，以臣之事观之。斫轮，徐则甘而不固⑤，疾则苦而不入⑥。不徐不疾⑦，得之于手而应于心，口不能言，有数存焉于其间。臣不能以喻臣之子，臣之子亦不能受之于臣，是以行年七十而老斫轮。古之人与其不可传也死矣，然则君之所读者，古人之糟魄已夫！"

郑家诗婢

郑玄好学，在他家中，人人都是饱学之士，奴婢都能用《诗经》中的句子对话。文中轮扁却认为，书中全是古人的糟粕，真正的道理是可意会而不可言传的。

[原文]

①桓公：齐桓公。②扁：人名，是个做车轮的木匠，故称做轮扁。斫：砍削。③释：放下。椎、凿：都是木匠用的工具。④糟魄：指古人遗言。魄，通"粕"。⑤徐：缓，宽。甘：松滑。固：坚固。⑥疾：急，紧。苦：

涩滞。⑦不徐不疾：松紧适宜。

[译文]

齐桓公在堂上读书，轮扁在堂下砍削车轮，他放下椎子和凿子走上朝堂，问齐桓公说："冒昧地请问，您所读的书说的是些什么呢？"齐桓公说："是圣人的话语。"轮扁说："圣人还在世吗？"齐桓公说："已经死了。"轮扁说："这样，那么国君所读的书，全是古人的糟粕啊！"

齐桓公说："寡人读书，制作车轮的人怎么敢妄加评议呢！有什么道理说出来那还可以原谅，没有道理可说那就得处死。"

轮扁说："我用我所从事的工作观察到这个道理。砍削车轮，动作慢了松缓而不坚固，动作快了涩滞而不入木。不慢不快，手上顺利而且应合于心，口里虽然不能言说，却有技巧存在其间。我不能用来使我的儿子明白其中的奥妙，我的儿子也不能从我这儿接受这一奥妙的技巧，所以我活了七十岁如今老了还在砍削车轮。古时候的人跟他们不可言传的道理一块儿死亡了，那么国君所读的书，正是古人的糟粕啊！"

题解

本篇所阐述的理论与天道，天地相近，主旨是论述天道是不断运动变化的，其变化是自然进行的，没有谁在主宰。统治者必须与之相顺应。遵循自然无为的原则。

庄子首先论述了自然的客观性及其运动变化。庄子认为，天是运行的，地是静止的，日月交替出没。这一切都是客观的自然的运动，没有谁在安排，没有谁在主宰，庄子这些观点与唯物主义的自然观基本是一致的。人们要认识自然改造自然，首先要承认自然的客观实在性。承认自然界的运动和变化。

庄子通过黄帝与北门成的对话，引申出至乐无声的观点，这种音乐听它听不到声音，看它看不到形迹，它充满天地上下，包罗四面八方。最后它在使人迷惑中结束，迷惑使人淳朴愚钝，淳朴愚钝使人能体验大道。以乐为例喻说道体的特征。道是超越人的感官，超越时空，超越具体事物的。可以说，这是庄子以曲折的方式对道进行的一种表述。

庄子对孔子的仁爱和仁义理念痛加批判。他认为，老虎豺狼也有仁爱，符合仁的一般规定。很显然，这是对仁爱的极大讽刺。庄子认为“至仁无亲”，对天地间万物一视同仁。什么孝悌仁义，忠心贞廉，这些都是用来勉励自己而使本性劳苦的东西，不值得称道，他把孔子的仁义比作用来祭祀的草狗，孔子孜孜以求的形影不离的就是先王遗弃的草狗。没有人采纳实行。好比在陆地上行船一样，徒劳而无功，自身还会遭到祸殃。说明礼仪法度这东西要适应时代的变化而变化。倘若让猿猴穿上周公的衣服，它一定要把衣服咬坏扯破。古代与现代的区别，就像猿猴不同于周公一样。庄子说孔子活到了五十一岁还没有领悟道。告诫推行仁义的人，不要拼命的提倡仁义，不要企图用仁义改变事物的本性。比如，那白天鹅不天天洗也白，乌鸦不天天漆黑也黑，白与黑都是它们各自的本性，不能强行使他们改变。庄子以鱼为喻说，泉水干涸了，与其让鱼依偎在陆地上，“相吁以湿，相濡以沫”，互相用湿气吹，互相用唾沫滋润，“不若相忘于江湖”，让它们在江湖里彼此相互遗忘。这样可以保持它们各自的自然本性。

天运

［原文］

“天其运乎？地其处乎[1]？日月其争于所乎？孰主张是？孰维纲是[2]？孰居无事而推行是？意者其有机缄(jiān)而不得已邪[3]？意者其运转而不能自止邪？云者为雨乎？雨者为云乎？孰隆施是[4]？孰居无事淫乐而劝是[5]？风起北方，一西一东，在上彷徨，孰嘘吸是[6]？孰居无事而披拂是[7]？敢问何故？”

德灭祥桑

太戊在位时，有一棵怪异的桑树和榖树合生在朝堂上。太戊害怕，伊陟说："妖怪不能战胜有德行的人。君王的政令有什么失误吧？"太戊于是勤修先王德政，因此商朝再度兴盛起来。"天有六极五常，帝王顺之则治，逆之则凶"。

巫咸祒曰[8]："来！吾语汝。天有六极五常[9]，帝王顺之则治，逆之则凶。九洛之事[10]，治成德备[11]，监照下土[12]，天下戴之[13]，此谓上皇[14]。"

［注释］

①处：止。②维纲：维系。③意者：或者。机：关。缄：闭。④隆：兴。施：降。⑤淫乐：古代神话常常把云雨看作是天地的交媾，故称为淫乐。⑥嘘：吹。⑦披拂：扇动。⑧巫咸：神巫名咸。祒：巫咸的寄名。⑨天：兼指天地。六极：东西南北上下六个方面的极限。五常：金、木、水、火、土五行。⑩九洛：指九畴洛书。据《书·洪范》记载：禹治洪水，天帝把洛水神背上所显示的书赐给禹。书上所谈的内容共分九类，都是治天下的大法，其中谈到有五行六极。这本书就称为洛书。⑪治成：实现了太平。德备：道德完备。⑫监照：由上照下。⑬戴：爱戴，尊崇。⑭上皇：至高无上的上古帝王。

［译文］

"天在自然运行吧？地在无心静处吧？日月交替出没是在争夺居所吧？谁在主宰张罗这些现象呢？谁在维系统带这些现象呢？是谁闲暇无事推动运行而形成这些现象呢？揣测它们有什么主宰的机关而出于不得已呢？还是揣测它们运转而不能自己停下来呢？乌云是雨水蒸腾而成呢？还是雨水是乌云降落而成呢？是谁在行云布雨？是谁闲居无事贪求欢乐而促成了这种现象？风起于北方，一会儿西一会儿东，在天空中来回游动，是谁吐气或吸气造成了云彩的飘动？还是谁闲居无事煽动而造成这样的现象？我斗胆地请教是些什么缘故？"

巫咸祒说："来！我告诉你。大自然本身就存在六合和五行，帝王顺应它便能治理好国家，违背它就会招来灾祸。顺应九州聚居之人的各种事务，致使天下治理而道德完备，光辉照临人间，天下人拥戴，这就叫作'上皇'。"

［原文］

商大宰荡问仁于庄子[1]。庄子曰："虎狼，仁也。"

曰：“何谓也？”

庄子曰：“父子相亲[2]，何为不仁？”

曰：“请问至仁。”

庄子曰：“至仁无亲。”

大宰曰：“荡闻之，无亲则不爱，不爱则不孝。谓至仁不孝，可乎？”

庄子曰：“不然。夫至仁尚矣，孝固不足以言之。此非过孝之言也，不及孝之言也。夫南行者至于郢（yǐng）[3]，北面而不见冥山[4]，是何也？则去之远也。故曰：以敬孝易，以爱孝难；以爱孝易，以忘亲难；忘亲易，使亲忘我难；使亲忘我易，兼忘天下难；兼忘天下易，使天下兼忘我难。夫德遗尧、舜而不为也，利泽施于万世，天下莫知也，岂直太息而言仁孝乎哉！夫孝悌仁义，忠信贞廉，此皆自勉以役其德者也[5]，不足多也[6]。故曰，至贵，国爵并焉[7]；至富，国财并焉[8]；至愿[9]，名誉并焉。是以道不渝[10]。”

［注释］

①商：宋国。因宋国是商的后代，故称。大宰：官名。荡：大宰名。②父子：指虎狼父子。③郢：战国时楚国国都，在今湖北江陵北部。④冥山：在郢都北面，即今河南信阳。⑤勉：努力。役：劳役。⑥多：赞颂。⑦国爵：国君的爵位。⑧国财：全国的资财。⑨至愿：最高的愿望。⑩渝：通“逾”，改变。

［译文］

宋国的太宰荡向庄子请教仁爱的问题。庄子说：“虎和狼也具有仁爱。”

太宰荡说：“这是说什么呢？”

庄子说：“虎狼也能父子相互亲爱，为什么不能叫作仁呢？”

太宰荡又问：“请教最高境界的仁。”

庄子说：“最高境界的仁就是没有亲。”

太宰荡说：“我听说，没有亲就不会有爱，没有爱就不会有孝，说最高境界的仁就是不孝，可以吗？”

庄子说：“不是这样。最高境界的仁实在值得推崇，孝本来就不足以说明它。这并不是要责备行孝的言论，而是不涉及行孝的言论。向南方走的人到了楚国都城郢，面朝

北方也看不见冥山，这是为什么呢？距离冥山越发地远了。所以说，用恭敬的态度来行孝容易，以爱的本心来行孝困难；用爱的本心来行孝容易，用虚静淡泊的态度对待双亲困难；虚静淡泊地对待双亲容易，使双亲也能虚静淡泊地对待自己困难；使双亲虚静淡泊地对待自己容易，能一并虚静淡泊地对待天下人困难；一并虚静淡泊地对待天下之人容易，使天下之人能一并忘却自我困难。盛德遗忘了尧、舜因而尧、舜方才能任物自得，利益和恩泽施给万世，天下人却没有谁知道，难道偏偏需要深深慨叹而大谈仁孝吗！孝、悌、仁、义、忠、信、贞、廉，这些都是用来劝勉自身而拘执真性的，不值得推崇。所以说，最为珍贵的，一国的爵位都可以随同忘却自我而弃除；最为富有的，一国的资财都可以随同知足的心态而弃置，最大的心愿，名声和荣誉都可以随同通适本性而泯灭。所以，大道是永恒不变的。”

[原文]

北门成问于黄帝曰[1]：“帝张《咸池》之乐于洞庭之野[2]，吾始闻之惧，复闻之怠[3]，卒闻之而惑[4]；荡荡默默[5]，乃不自得。”

帝曰：“汝殆其然哉[6]！吾奏之以人，征之以天，行之以礼义，建之以太清。夫至乐者，先应之以人事，顺之以天理，行之以五德，应之以自然，然后调理四时，太和万物。四时迭起[7]，万物循生；一盛一衰，文武伦经；一清一浊[8]，阴阳调和，流光其声；蛰(zhé)虫始作[9]，吾惊之以雷霆[10]；其卒无尾，其始无首；一死一生，一偾(fèn)一起[11]；所常无穷[12]，而一不可待。汝故惧也。

“吾又奏之以阴阳之和，烛之以日月之明；其声能短能长，能柔能刚，变化齐一，不主故常；在谷满谷，在阬(kēng)满阬[13]；涂郤(xì)守神[14]，以物为量。其声挥绰[15]，其名高明[16]。是故鬼神守其幽[17]，日月星辰行其纪[18]。吾止之于有穷，流之于无止。子欲虑之而不能知也，望之而不能见也，逐之而不能及也；傥然立于四虚之道[19]，倚于槁梧而吟[20]。目知穷乎所欲见[21]，力屈乎所欲逐，吾既不及已夫！形充空虚，乃至委蛇(wēi yí)[22]。汝委蛇，故怠。

“吾又奏之以无怠之声，调之以自然之命[23]，故若混逐

从生[24]，林乐而无形[25]；佈(bù)挥而不曳(yè)[26]，幽昏而无声[27]。动于无方[28]，居于窈冥[29]；或谓之死，或谓之生；或谓之实，或谓之荣；行流散徙[30]，不主常声[31]。世疑之，稽于圣人[32]。圣也者，达于情而遂于命也[33]。天机不张而五官皆备[34]，无言而心说。故有焱(yán)氏为之颂曰[35]：‘听之不闻其声，视之不见其形，充满天地，苞裹六极。’汝欲听之而无接焉[36]，而故惑也。

“乐也者，始于惧，惧故祟[37]。吾又次之以怠，怠故遁[38]；卒之于惑，惑故愚；愚故道，道可载而与之俱也。”

[注释]

①北门成：姓北门，名成，黄帝的臣子。②张：设，演奏。《咸池》：乐曲名。③怠：心意松弛。④惑：心神不定。⑤荡荡：恍恍惚惚。默默：昏昏暗暗。⑥殆：恐怕。⑦迭起：指四季更替。⑧清：指天。浊：指地。⑨蛰虫：冬眠的虫。作：动。⑩霆：电。⑪偾：跌倒。⑫所常：所以为常，常态。⑬阬：通“坑”。⑭涂：塞。守：停留。⑮挥绰：悠扬，表现了“阴阳之和”。⑯高明：高亢明快，表现了“日月之明”。⑰幽：阴暗的地方。⑱纪：轨道。⑲傥然：无心的样子。四虚：四方渺茫空虚。⑳槁梧：枯槁的梧桐树。㉑知：通“智”。㉒委蛇：亦作“逶迤”，形容情态的舒缓宽闲。㉓调：和。㉔混逐：混杂一起，相互追逐。从生：丛聚并生。㉕林乐：群乐，犹今合奏。无形：指合奏时众音协调，混然一体，无法分辨各音的具体情状。㉖佈挥：张扬。曳：牵引。㉗幽昏：指情意深沉。㉘无方：没有一定的格式。㉙居：止。窈冥：深沉玄妙的样子。㉚行流：发展流动。散徙：分散运转。㉛常声：故常之声。犹今说老调子。㉜稽：考，验。㉝达：通。遂：顺。㉞天机：天然的神理。五官：耳、目、鼻、口、心。㉟焱：同“炎”。有炎氏，神农氏。㊱无接：无法捉摸。㊲祟：神出以惊人。㊳遁：逃匿。

[译文]

北门成向黄帝问道：“你在广漠的原野上演奏《咸池》乐曲，我起初听起来感到惊惧，再听下去就逐步松缓下来，听到最后却又感到迷惑不解，神情恍惚无知无识，竟而不知所措。”

黄帝说：“你恐怕会有那样的感觉吧！我因循人情来演奏乐曲，取法自然的规律，用礼义加以推进，用天道来确立。最美妙最高贵的乐曲，总是用人情来顺应，用天理来因循，用五德来推演，用自然来应合，然后方才调理于四季的序列，跟天地万物同和。乐声犹如四季更迭而起，万物都遵循这一变化而栖息生长；忽而繁茂忽而衰败，春季的生机和秋季的肃杀都在有条不紊地更迭；忽而清新忽而浊重，阴阳相互调配交和，流布光辉和与之相应的声响；犹如解除冬眠的虫豸开始活动，我用雷霆使它们惊起。乐声的终结寻不到结尾，乐声的开始寻不到起头；一会儿消逝一会儿兴起，一会儿偃息一会儿亢进；变化的方式无穷无尽，全不可以有所期待。因此你会感到惊恐不安。

“我又用阴阳的交和来演奏，用日月的光辉来照临整个乐曲。于是乐声能短能长，能柔能刚，变化虽然遵循着一定的条理，却并不拘泥于故态和常规；流播于山谷山谷满盈，流播于坑凹坑凹充实；堵塞心灵的孔隙而使精神宁寂持守，一切用外物来度量。乐声悠扬广远，可以称作高如上天、明如日月。因此连鬼神也能持守幽暗，日月星辰也能运行在各自的轨道上。我时而把乐声停留在一定的境界里，而乐声的寓意却流播在无穷无尽的天地中。我想思考它却不能知晓，我观望它却不能看见，我追赶它却总不能赶上；只得无心地伫立在通达四方而无涯际的衢道上，依着几案吟咏。目光和智慧困窘于一心想要见到的事物，力气竭尽于一心想要追求的东西。我早已经赶不上了啊！形体充盈却又好像不复存在，方才能够随应变化。你随应变化，因此惊恐不安的情绪慢慢平息下来。

“我又演奏起忘情忘我的乐声，并且用自然的节奏来加以调协。因而乐声像是混同驰逐相辅相生，犹如风吹丛林自然成乐却又无有形迹；传播和振动均无外力引曳，幽幽暗暗又好像没有了一点儿声响。乐声启奏于不可探测的地方，滞留于深远幽暗的境界；有时候可以说它消逝，有时候又可以说它兴起；有时候可以说它实在，有时候又可说它虚华；演进流播飘散游徙，决不固守一调。世人往往迷惑不解，向圣人问询查考。所谓圣，就是通达事理而顺应于自然。自然的枢机没有启张而五官俱全，这就可以称之为出自本然的乐声，犹如没有说话却心里喜悦。所以有焱氏为它颂扬说：‘用耳听听不到声音，用眼看看不见形迹，充满于大地，包容了六极。’你想听却无法衔接连贯，所以你到最后终于迷惑不解。

“这样的乐章，初听时从惶惶不安的境态开始，因为恐惧而认为是祸患；我接着又演奏了使人心境松缓的乐曲，因为松缓而渐渐消除恐惧；乐声最后在迷惑不解中终结，因为迷惑不解而无知无识似的；无知无识的浑厚心态就接近大道，接近大道就可以借此而与大道融合相通了。”

［原文］

孔子西游于卫[1]。颜渊问师金曰[2]：“以夫子之行为奚如？”

师金曰：“惜乎，而夫子其穷哉[3]！”

颜渊曰：“何也？”

师金曰：“夫刍狗之未陈也[4]，盛以箧衍(qiè yǎn)[5]，巾以文绣[6]，尸祝齐戒以将之[7]。及其已陈也，行者践其首脊，苏者取而爨(cuàn)之而已[8]。将复取而盛以箧衍，巾以文绣，游居寝卧其下，彼不得梦，必且数眯(mì)焉[9]。今而夫子，亦取先王已陈刍(chú)

狗，聚弟子游居寝卧其下。故伐树于宋，削迹于卫，穷于商、周，是非其梦邪？围于陈、蔡之间，七日不火食，死生相与邻，是非其眯邪？

“夫水行莫如用舟，而陆行莫如用车。以舟之可行于水也而求推之于陆，则没世不行寻常⑩。古今非水陆与？周、鲁非舟车与？今蕲(qí)行周于鲁，是犹推舟于陆也，劳而无功，身必有殃。彼未知夫无方之传⑪，应物而不穷者也。

“且子独不见夫桔槔(gāo)者乎？引之则俯⑫，舍之则仰⑬。彼，人之所引，非引人也，故俯仰而不得罪于人。故夫三皇、五帝之礼义法度，不矜于同而矜于治⑭，故譬三皇、五帝之礼义法度⑮，其犹柤(zhā)梨橘柚邪⑯！其味相反，而皆可于口。

“故礼义法度者，应时而变者也。今取猨狙而衣以周公之服⑰，彼必龁啮挽裂⑱，尽去而后慊(qiè)⑲。观古今之异，犹猨狙之异乎周公也。故西施病心而矉其里⑳，其里之丑人见而美之，归亦捧心而矉(pín)其里。其里之富人见之，坚闭门而不出，贫人见之，挈妻子而去走。彼知矉美，而不知矉之所以美。惜乎，而夫子其穷哉！”

西施

莲花的花神相传是绝代美女西施。庄子用孔子要遭殃、陆上行船、猴子撕朝服和丑女效颦的故事告诉我们：一切都不是一成不变的。时间、地点、环境等任何方面的不同都会导致成规的不适用。打开自己的心灵，放飞自己的思想，创造自己的财富。

[注释]

①卫：国名，在今河南一带。②师金：鲁太师名金。③而：你。穷：倒霉。④刍狗：用茅草扎成狗的形状，用来祭神的。⑤盛：装。箧：竹箱子之类。⑥巾：覆盖。⑦齐：通“斋”。⑧苏者：割草的人。爨：烧。⑨眯：被鬼魔所惊吓。⑩寻常：八尺为寻，二寻为常。⑪彼：他，指孔丘。无方：没有定向。传：传车、驿车。⑫引：拉。⑬舍：放弃。⑭矜：尚，珍重。⑮譬：比方。⑯柤：通“楂”，这种树的果实叫山楂，味酸。⑰猨狙：猿猴。⑱彼：指猨狙。龁啮：咬。挽裂：扯破。⑲慊：满意。⑳病心：心痛。矉：通“颦”，皱眉。里：居里。相传二十五家为一里。

[译文]

孔子向西边游历到卫国。颜渊问师金道：“你认为夫子此次卫国之行怎么样？”

师金说：“可惜呀，你的先生一定会遭遇困厄啊！”

颜渊说：“为什么呢？”

师金说：“用草扎成的狗还没有用于祭祀，一定会用竹制的箱笼来装着，用绣有图纹的饰物来披着，祭祀主持人斋戒后迎送着。等到它已用于祭祀，行路人踩踏它的头颅和脊背，拾草的人捡回去用于烧火煮饭罢了；想要再次取来用于祭祀而拿竹筐装着它，拿绣有图纹的饰物披着它，游乐居处于主人的身旁，即使它不做恶梦，也会一次又一次地感受到梦魇似的压抑。如今你的先生，也是在取法先王已经用于祭祀的草扎之狗，并聚集众多弟子游乐居处于他的身边。所以在宋国大树下讲习礼法而大树被砍伐，在卫国游说而被铲掉了所有的足迹，在殷地和东周游历遭到困厄，这不就是那样的恶梦吗？在陈国和蔡国之间遭到围困，整整七天没有能生火就食，让死和生成了近邻，这又不就是那压得喘不过气来的梦魇吗？

“在水上划行没有什么比得上用船，在陆地上行走没有什么比得上用车，因为船可以在水中划行而奢求在陆地上推着船走，那么终身也不能行走多远。古今的不同不就像是水面和陆地的差异吗？周和鲁的差异不就像是船和车的不同吗？如今一心想在鲁国推行周王室的治理办法，这就像是在陆地上推船而行，徒劳而无功，自身也难免遭受祸殃。他们全不懂得运动变化并无限定，只能顺应事物于无穷的道理。”

“况且，你没有看见那吊杆汲水的情景吗？放下它的一端而另一端便俯身临近水面，拉下它的一端而另一端就高高仰起。那吊杆，是因为人的牵引，并非它牵引了人，所以或俯或仰均不得罪人。因此说，远古三皇五帝时代的礼义法度，不在于相同而为人顾惜，在于治理而为人看重。拿三皇五帝时代的礼义法度来打比方，恐怕就像山楂、梨、橘、柚四种酸甜不一的果子吧，它们的味道彼此不同然而却都很可口。

“所以，礼义法度，都是顺应时代而有所变化的东西。如今捕捉到猿猴给它穿上周公的衣服，它必定会咬碎或撕裂，直到全部剥光身上的衣服方才心满意足。观察古今的差异，就像猿猴不同于周公。从前西施心口疼痛而皱着眉头在邻里间行走，邻里的一个丑女人看见了认为皱着眉头很美，回去后也在邻里间捂着胸口皱着眉头。邻里的有钱人看见了，紧闭家门而不出；贫穷的人看见了，带着妻子儿女远远地跑开了。那个丑女人只知道皱着眉头好看却不知道皱着眉头好看的原因。可惜呀，你的先生一定会遭遇厄运啊！”

[原文]

孔子行年五十有一而不闻道，乃南之沛见老聃[1]。老聃曰："子来乎？吾闻子，北方之贤者也，子亦得道乎？"孔子曰："未得也。"老子曰："子恶乎求之哉？"曰："吾求之于度数[2]，五年而未得也。"老子曰："子又恶乎求之哉？"曰："吾求之于阴阳[3]，十有二年而未得。"

老子李耳

古之至人，假道于仁，托宿于义，以游逍遥之墟，食于苟简之田，立于不贷之圃。

老子曰："然。使道而可献[4]，则人莫不献之于其君；使道而可进[5]，则人莫不进之于其亲；使道而可以告人，则人莫不告其兄弟；使道而可以与人，则人莫不与其子孙。然而不可者，无佗也[6]，中无主而不止[7]，外无正而不行。由中出者，不受于外，圣人不出；由外入者，无主于中，圣人不隐。名，公器也，不可多取。仁义，先王之蘧(qú)庐也[8]，止可以一宿而不可久处，觏(gòu)而多责[9]。

"古之至人，假道于仁[10]，托宿于义[11]，以游逍遥之虚[12]，食于苟简之田[13]，立于不贷之圃[14]。逍遥，无为也；苟简，易养也；不贷，无出也。古者谓之采真之游[15]。

"以富为是者，不能让禄；以显为是者，不能让名；亲权者[16]，不能与人柄[17]。操之则栗[18]，舍之则悲，而一无所鉴[19]，以窥其所不休者，是天之戮民也。怨、恩、取、与、谏、教、生、杀，八者，正之器也[20]，唯循大变无所湮者，为能用之[21]。故曰，正者，正也。其心以为不然者，天

门弗开矣㉒。”

［注释］

①沛：今江苏沛县。②度数：制度条款。③阴阳：指关于阴阳变化的理论。④使：假使。献：恭敬地送给。⑤进：送上。⑥佗：通“他”。⑦中：内心。主：主宰者，指主意。止：留。⑧蘧庐：旅舍。⑨觏：见。⑩假道：借路。⑪托宿：寄居，意即姑且利用一下。⑫虚：通“墟”，境界。⑬苟简：苟且简略。⑭不贷：只求自给自足，无须贷出。⑮采真：神采纯真。⑯亲权：热衷于权势。⑰柄：权位。⑱操：掌握。栗：恐惧。⑲鉴：察觉。⑳正之器：治理好天下的手段。㉑湮：止，停滞。㉒天门：天道之门。

［译文］

孔子活了五十一岁还没有领悟大道，于是往南去到沛地拜见老聃。老聃说：“你来了吗？我听说你是北方的贤者，你恐怕已经领悟了大道吧？”孔子说：“还未能得到。”老子说：“你是怎样寻求大道的呢？”孔子说：“我在规范、法度方面寻求大道，用了五年的功夫还未得到。”老子说：“你又怎样寻求大道呢？”孔子说：“我又从阴阳的变化来寻求，十二年了还是未能得到。”

老子说：“会是这样的。假使道可以用来进献，那么人们没有谁不会向国君进献大道；假使道可以用来奉送，那么人们没有谁不会向自己的双亲奉送大道；假使道可以传告他人，那么人们没有谁不会告诉给他的兄弟；假使道可以给与人，那么人们没有谁不会用来给与他的子孙。然而不可以这样做的原因，没有别的，内心不能自持因而大道不能停留，对外没有什么相对应因而大道不能推行。从内心发出的东西，倘若不能为外者所接受，圣人也就不会有所传教；从外部进入内心的东西，倘若心中无所领悟而不能自持，圣人也就不会有所怜惜。名声，乃是人人都可使用的器物，不可过多猎取。仁义，乃是前代帝王的馆舍，可以住上一宿而不可以久居，多次交往必然会生出许多责难。

“古代道德修养高的至人，对于仁来说只是借路，对于义来说只是暂住，而游乐于自由自在、无拘无束的境域，生活于马虎简单、无奢无华的境地，立身于从不施与的园圃。自由自在、无拘无束，便是无为；马虎简单、无奢无华，就易于生存；从不施与，就不会使自己受损也无裨益于他人。古代称这种情况叫作神采真实的遨游。

“把贪图财贿看作正确的人，不会让人利禄；把追求显赫看作正确的人，不会让人名声；迷恋权势的人，不会授人权柄。掌握了利禄、名声和权势便唯恐丧失而整日战栗不安，而放弃上述东西又会悲苦不堪，而且心中全无一点鉴识，眼睛只盯住自己所无休止追逐的东西，这样的人只能算是被大自然所刑戮的人。怨恨、恩惠、获取、施与、谏诤、教化、生存、杀戮，这八种做法全是用来端正他人的工具，只有遵循自然的变化而无所阻塞滞留的人才能够运用它。所以说，所谓正，就是使人端正。内心里认为不是这样，那么心灵的门户就永远不能打开。”

［原文］

孔子见老聃而语仁义。老聃曰：“夫播穅眯目①，则天

地四方易位矣；蚊虻噆(cǎn)肤[2]，则通昔不寐矣。夫仁义憯然[3]，乃愤吾心，乱莫大焉。吾子使天下无失其朴[4]，吾子亦放风而动[5]，总德而立矣[6]，又奚杰然[7]若负建鼓而求亡子者邪[8]？夫鹄不日浴而白，乌不日黔而黑[9]。黑白之朴，不足以为辩；名誉之观，不足以为广。泉涸(hé)，鱼相与处于陆，相呴(xǔ)以湿，相濡以沫，不若相忘于江湖！”

相濡以沫，不若相忘于江湖

“相濡以沫”，或许令人感动；而“相忘于江湖”则是一种境界，把一切都淡忘，没有是非，没有好坏。“相濡以沫”显得仁慈义气，这倒不如江湖水满时，大家自由自在，不相照顾的好。庄子的意思是，人为的仁爱是有限的，当人需要仁爱来相互救助时，这世界已经不好了，大自然的爱是无量的，所以人应相忘于自然，如同鱼相忘于江湖。

孔子见老聃归，三日不谈，弟子问曰：“夫子见老聃，亦将何规哉[10]？”

孔子曰：“吾乃今于是乎见龙！龙合而成体，散而成章，乘云气而养乎阴阳。予口张而不能嗋(xié)[11]，予又何规老聃哉！”

子贡曰：“然则人固有尸居而龙见，雷声而渊默，发动如天地者乎？赐亦可得而观乎？”遂以孔子声见老聃[12]。

老聃方将倨堂而应[13]，微曰：“予年运而往矣[14]，子将何以戒我乎？”

子贡曰：“夫三皇五帝之治天下不同，其系声名一也[15]。而先生独以为非圣人，如何哉？”

老聃曰：“小子少进！子何以谓不同？”

对曰：“尧授舜，舜授禹，禹用力而汤用兵，文王顺纣而不敢逆，武王逆纣而不肯顺，故曰不同。”

老聃曰："小子少进！余语汝三皇五帝之治天下。黄帝之治天下，使民心一，民有其亲死不哭而民不非也。尧之治天下，使民心亲，民有为其亲杀其杀而民不非也。舜之治天下，使民心竞[16]，民孕妇十月而生子，子生五月而能言，不至乎孩而始谁，则人始有夭矣。禹之治天下，使民心变，人有心而兵有顺，杀盗非杀人，自为种而天下耳，是以天下大骇，儒、墨皆起。其作始有伦[17]，而今乎妇女，何言哉！余语汝，三皇五帝之治天下，名曰治之，而乱莫甚焉。三皇之知，上悖日月之明，下睽山川之精，中堕四时之施，其知憯于虿蠍(chài xiē)之尾[18]，鲜规之兽[19]，莫得安其性命之情者，而犹自以为圣人，不可耻乎，其无耻也？"

子贡蹴(cù)蹴然立不安[20]。

[注释]

①眯：物入目为害。②虻：昆虫的一种，身体灰黑，翅透明，生活在野草丛中，雄的吸植物的叶液，雌的吸人畜的血。噆：嘬。③憯：通"惨"，毒害。④吾子：您。天下：天下的人。朴：自然纯朴的本质。⑤放：通"仿"，随。⑥总：持。德：天德。立：自立。⑦杰然：用力的样子。⑧建鼓：大鼓。⑨日黔：每日染黑。黔，黑色，这里作动词用。⑩规：规诲，教导。⑪噌：合。⑫以孔子声：凭着孔子的名声。⑬倨堂：坐在堂上。⑭年运而往：行年老迈。⑮系：连。声名：名声。⑯竞：争。⑰伦：伦理。⑱其知：指三皇五帝之智。憯：通"惨"，毒害。蠍：是一种尾巴有毒的虫，长尾的叫虿，短尾的叫蝎。⑲鲜规：不守法度。鲜规之兽：不驯服的野兽，如虎豹等。⑳蹴蹴然：心神不安的样子。

[译文]

孔子拜见老聃讨论仁义。老聃说："播扬的糠屑进入眼睛，也会颠倒天地四方，蚊虻之类的小虫叮咬皮肤，也会通宵不能入睡。仁义给人的毒害就更为惨痛乃至令人昏愦糊涂，对人的祸乱没有什么比仁义更为厉害。你要想让天下不至于丧失淳厚质朴，你就该纵任风起风落似的自然而然地行动，一切顺于自然规律行事，又何必那么卖力地去宣扬仁义，好像是敲着鼓去追赶逃亡的人似的呢？白色的天鹅不需要天天沐浴而毛色自然洁白，黑色的乌鸦不需要每天用黑色渍染而毛色自然乌黑，乌鸦的黑和天鹅的白都是出于本然，不足以分辨谁优谁劣；名声和荣誉那样的外在东西，更不足以播散张扬。泉水干涸了，鱼儿相互依偎在陆地上，大口出气来取得一点儿湿气，靠唾沫来相互得到一点

儿润湿，倒不如将过去江湖里的生活彻底忘怀。”

孔子拜见老聃回来，整整三天不讲话。弟子问道：“先生见到老聃，对他作了什么诲劝吗？”

孔子说：“我直到如今才竟然在老聃那儿见到了真正的龙！龙，合在一起便成为一个整体，分散开来又成为华美的文采，乘驾云气而养息于阴阳之间。我大张着口久久不能合拢，我又哪能对老聃作出诲劝呢！”

子贡说：“这样说，那么人难道有像尸体一样安稳不动而又像龙一样神情飞扬地显现，像疾雷一样震响而又像深渊那样沉寂，发生和运动犹如天地运动变化的情况吗？我也能见到他并亲自加以体察吗？”于是借助孔子的名义前去拜见老聃。

老聃正伸腿坐在堂上，轻声地应答说：“我年岁老迈，你将用什么来告诫我呢？”

子贡说：“远古时代三皇五帝治理天下各不相同，然而却都有好的名声，唯独先生您不认为他们是圣人，这是为什么呢？”

老聃说：“年轻人，你稍稍近前些！你凭什么说他们各自有所不同？”

子贡回答：“尧让位给舜，舜让位给禹，禹用力治水而汤用力征伐，文王顺从商纣不敢有所背逆，武王背逆商纣而不顺服，所以说各不相同。”

老聃说：“年轻人，你再稍微靠前些！我对你说说三皇五帝治理天下的事。黄帝治理天下，使人民心地淳厚保持本真，百姓有谁死了双亲并不哭泣，人们也不会加以非议。唐尧治理天下，使百姓敬重双亲，百姓有谁为了敬重双亲依照等差而做到亲疏有别，人们同样也不会非议。虞舜治理天下，使百姓心存竞争，怀孕的妇女十个月生下孩子，孩子生下五个月就张口学话，不等长到两三岁就开始识人问事，于是开始出现夭折短命的现象。夏禹治理天下，使百姓心怀变诈，人人存有机变之心因而动刀动枪成了理所当然之事，杀死盗贼不算杀人，人们各自结成团伙而肆意于天下，所以天下大受惊扰，儒家、墨家都纷纷而起。他们初始时也还有伦有理，可是时至今日就形同妇女了。还有什么可言呢！我告诉你，三皇五帝治理天下，名义上叫作治理，而扰乱人性和真情没有什么比他们更严重的了。三皇的心智就只是，对上而言遮掩了日月的光明，对下而言违背了山川的精粹，就中而言毁坏了四时的推移。他们的心智比虿蝎之尾还惨毒，就连小小的兽类，也不可能使本性和真情获得安宁，可是还自以为是圣人。是不认为可耻吗，还是不知道可耻呢？”

子贡听了惊惶不定，心神不安地站着。

［原文］

孔子谓老聃曰：“丘治《诗》《书》《礼》《乐》《易》《春秋》六经，自以为久矣，孰知其故矣①；以奸者七十二君②，论先王之道而明周、召之迹③，一君无所钩用④。甚矣夫！人之难说也⑤，道之难明邪？”

老子曰：“幸矣，子之不遇治世之君也！夫六经，先王之陈迹也，岂其所以迹哉！今子之所言，犹迹也。夫迹，

履之所出，而迹岂履哉！夫白鹢(yì)之相视⑥，眸(móu)子不运而风化⑦；虫，雄鸣于上风，雌应于下风而风化；类自为雌雄，故风化。性不可易，命不可变，时不可止，道不可壅⑧。苟得于道⑨，无自而不可；失焉者，无自而可。”

孔子不出三月，复见曰：“丘得之矣。乌鹊孺⑩，鱼傅沫⑪，细要者化⑫，有弟而兄啼。久矣夫，丘不与化为人！不与化为人，安能化人！”

老子曰：“可。丘得之矣！”

［注释］

①孰：通“熟”，熟悉。故：事。②奸：求，求官禄。七十二：并非实数，只是泛言其多。③明：阐明，宣扬。周：指周公旦。召：指召公。④钩：取。⑤说：说服。⑥白鹢：一种水鸟。⑦眸：眼中瞳人。风：交配。化：孕育。⑧壅：塞。⑨道：指不壅之道。⑩乌鹊：乌鸦和鹊。孺：孵化而生子。⑪傅沫：指以口沫相交而受孕。⑫细要：指蜾蠃之类。要，通“腰”。

［译文］

孔子对老聃说：“我研修《诗》《书》《礼》《乐》《易》《春秋》六部经书，自认为很久很久了，熟悉了旧时的各种典章制度；用违反先王之制的七十二个国君为例，论述先王（治世）的方略和彰明周公、召公的政绩，可是一个国君也没有取用我的主张。实在难啊！是人难以规劝，还是大道难以彰明呢？”

老子说：“幸运啊，你不曾遇到过治世的国君！六经，乃是先王留下的陈旧遗迹，哪里是先王遗迹的本原！如今你所谈论的东西，就好像是足迹；足迹是脚踩出来的，然而足迹难道就是脚吗！白鹢相互而视，眼珠子一动也不动便相诱而孕；虫，雄的在上方鸣叫，雌的在下方相应而诱发生子；同一种类而自身具备雌雄两性，不待交合而生子。本性不可改变，天命不可变更，时光不会停留，大道不会壅塞。假如真正得道，无论去到哪里都不会受到阻遏；失道的人，无论去到哪里都是此路不通。”

孔子三个月闭门不出，再次见到老聃说：“我终于得道了。乌鸦喜鹊在巢里交尾孵化，鱼儿借助水里的泡沫生育，蜜蜂自化而生，生下弟弟哥哥就常常啼哭。很长时间了，我没有能跟万物的自然变化相识为友！不能跟自然的变化相识为友，又怎么能教化他人！”

老子听了后说：“好。孔丘得道了！”

题解

本篇取开头“刻意尚行”之“刻意”二字名篇，与篇中文意无关。篇幅简短，文章连贯，主旨在阐述养神之道，涉及道德修养，理想人格，养生之道等方面。提出抛弃有形迹之追求，抛弃喜怒悲欢，去掉智谋诈伪，使精神纯一不杂，本篇内容是讨论修养的，庄子推崇自然朴素之美，反对一切人为的束缚、刻意的雕琢、虚伪的华饰。朴素是事物的天然本色即未经雕琢饰染的自然之美。在他看来，只有内质虚弱者才注重外饰，而真正内质充实者，则素朴虚无，恬淡寂寞，达到心与物合。是动与天行的得道真人。

全篇分三段。第一段，批评山谷之士、平世之士、朝廷之士、江湖之士、道引之士之所为都是有形迹之追求，是片面的。只有把这些全部遗忘，淡漠无心，才能获得它们的全部功效，而为集众美于一身的圣人之德。第二段，讲述养神的方法，要以恬淡寂寞，虚无无为为根本。要息心于平易无偏倚，动静随天，去知与故，超越死生，无好恶、喜怒、悲欢，不与物交，保持心神之纯一不杂。第三段，讲精神与道合一，则能四达并流，无所不至，化育万物，与天帝同。应保持其纯粹专一，持守而不使亏缺，才能不枯竭。

刻意

［原文］

刻意尚行①，离世异俗②，高论怨诽③，为亢而已矣④；此山谷之士⑤，非世之人⑥，枯槁赴渊者之所好也⑦。语仁义忠信，恭俭推让，为修而已矣⑧；此平世之士，教诲之人，游居学者之所好也。语大功，立大名，礼君臣，正上下⑨，为治而已矣；此朝廷之士，尊主强国之人⑩，致功并兼者之所好也⑪。就薮(sǒu)泽⑫，处闲旷，钓鱼闲处，无为而已矣；此江海之士⑬，避世之人，闲暇者之所好也。吹呴(xǔ)呼吸⑭，吐故纳新⑮，熊经鸟申⑯，为寿而已矣；此导引之士⑰，养形之人，彭祖寿考者之所好也⑱。若夫不刻意而高，无仁义而修，无功名而治，无江海而闲，不道引而寿，无不忘也⑲，无不有也，澹然无极而众美从之⑳。此天地之道，圣人之德也。

［注释］

①刻意：在思想意志上严厉地要求自己。尚行：在行为上力求做到高尚。②离世异俗：超脱世俗。③怨诽：对时势不满和非议。④为亢：为了表现清高。亢，高。

⑤山谷：指隐居山谷。⑥非世：对抗社会。⑦枯槁：指身体枯毁。赴渊：指投水自杀。⑧修：修身。⑨正上下：维护上下等级。⑩尊主：推崇君主，维护君权。⑪致功：致力。并兼：指并兼别的诸侯国。⑫就：到。薮泽：湖泽。⑬江海：指隐居在江海。⑭呴：通“嘘”。⑮吐故：吐出体内混浊的空气。纳新：吸进新鲜的空气。⑯熊经：像熊一样悬吊在树上。经，悬吊。鸟申：像鸟一样伸展身体。申，通“伸”。⑰导引：指导引灵气。⑱寿考：长寿。考，老。⑲无不忘：一切无心。⑳澹然：淡漠的样子。无极：无限。

彭祖钱铿

彭祖，姓钱名铿，颛顼的玄孙，相传他历经唐虞、夏、商等代，活了八百多岁，封于彭，年寿又长，故称彭祖。

［译文］

磨砺心志崇尚修养，超脱尘世不同流俗，谈吐不凡，抱怨怀才不遇而讥评世事无道，算是孤高卓群罢了；这样做乃是避居山谷的隐士，是愤世嫉俗的人，正是那些洁身自好、宁可以身殉志的人所一心追求的。宣扬仁爱、道义、忠贞、信实和恭敬、节俭、辞让、谦逊，算是注重修身罢了；这样做乃是意欲平定并治理天下的人，是对人施以教化的人，正是那些游说各国而后退居讲学的人所一心追求的。宣扬大功，树立大名，用礼仪来划分君臣的秩序，并以此端正和维护上下尊卑的地位，算是投身治理天下罢了；这样做乃是身居朝廷的人，尊崇国君强大国家的人，正是那些醉心于建立功业开拓疆土的人所一心追求的。走向山林湖泽，处身闲暇旷达，垂钩钓鱼来消遣时光，算是无为自在罢了；这样做乃是闲游江湖的人，是逃避世事的人，正是那些闲暇无事的人所一心追求的。嘘唏呼吸，吐却胸中浊气吸纳清新空气，像黑熊攀缘引体、像鸟儿展翅飞翔，算是善于延年益寿罢了；这样做乃是舒活经络气血的人，善于养身的人，正是像彭祖那样寿延长久的人所一心追求的。若不需磨砺心志而自然高洁，不需倡导仁义而自然修身，不需追求功名而天下自然得到治理，不需避居江湖而心境自然闲暇，不需舒活经络气血而自然寿延长久，没有什么不忘于身外，而又没有什么不据于自身。宁寂淡然而且心智从不滞留一方，而世上一切美好的东西都汇聚在他的周围。这才是像天地一样的永恒之道，这才是圣人无为的无尚之德。

［原文］

故曰：夫恬惔寂寞虚无无为①，此天地之平而道德之质也。

故曰：圣人休，休焉②则平易矣，平易则恬惔矣。平易

恬惔，则忧患不能入，邪气不能袭，其德全而神不亏。

故曰：圣人之生也天行[3]，其死也物化[4]；静而与阴同德[5]，动而与阳同波；不为福先，不为祸始；感而后应[6]，迫而后动，不得已而后起。去知与故[7]，循天之理。

故无天灾，无物累，无人非，无鬼责。其生若浮[8]，其死若休[9]。不思虑，不豫谋[10]。光矣而不耀，信矣而不期。其寝不梦，其觉无忧。其神纯粹，其魂不罢。虚无恬惔，乃合天德。

故曰：悲乐者，德之邪；喜怒者，道之过；好恶者，德之失。故心不忧乐，德之至也；一而不变，静之至也；无所于忤[11]，虚之至也；不与物交，惔之至也；无所于逆，粹之至也。

［注释］

①惔：通“淡”。②休焉：宽容的样子。③天行：天道的运行，自然的变化发展。④物化：物理的必然变化。⑤德：行。⑥感：共鸣。⑦去：抛弃。知：通“智”。故：习惯。⑧浮：轻。⑨休：休息。⑩豫谋：预测未来的事。豫，通“预”。⑪于：与。忤：逆，抵触。

［译文］

所以说，恬淡、寂寞、虚空、无为，这是天地赖以均衡的基准，而且是道德修养的最高境界。

所以说，圣人总是停留在这一境域里，停留在这一境域也就平坦而无难了。安稳恬淡，那么忧患不能进入内心，邪气不能侵袭机体，因而他们的德行完整而内心世界不受亏损。

所以说，圣人生于世间顺应自然而运行，他们死离人世又像万物一样变化而去；平静时跟阴气一样宁寂，运动时又跟阳气一道波动。不做幸福的先导，也不为祸患的起始，外有所感而后内有所应，有所逼迫而后有所行动，不得已而后兴起。抛却智巧与事故，遵循自然的常规。因而没有自然的灾害，没有外物的牵累，没有旁人的非议，没有鬼神的责难。他们生于世间犹如在水面飘浮，他们死离人世就像疲劳后的休息。他们不思考，也不谋划。光亮但不刺眼，信实却不期求。他们睡觉不做梦，他们醒来无忧患，他们心神纯净精粹，他们魂灵从不疲惫。虚空而且恬淡，方才合乎自然的真性。

所以说，悲哀和欢乐乃是背离德行的邪妄，喜悦和愤怒乃是违反大道的罪过，喜好和憎恶乃是忘却真性的过失。因此内心不忧不乐，是德行的最高境界；持守专一而没

苏武牧羊

汉武帝派苏武出使匈奴。匈奴单于折磨他让他投降。苏武不降，单于就把他送到北海（今贝加尔湖）边放羊，还说："等公羊生了小羊，才放你回去。"苏武以草根充饥，唯一做伴的就是那根代表朝廷的旌节。十九年后他才得以回到长安。有气节的苏武一直被后人称赞。这个故事正应了文中那句"廉士重名"。

有变化，是寂静的最高境界；不与任何外物相抵触，是虚豁的最高境界；不跟外物交往，是恬淡的最高境界；不与任何事物相违逆，是精粹的最高境界。

［原文］

故曰，形劳而不休则弊，精用而不已则劳，劳则竭。水之性，不杂则清，莫动则平；郁闭而不流①，亦不能清；天德之象也②。

故曰，纯粹而不杂，静一而不变，惔而无为，动而以天行，此养神之道也。

夫有干越之剑者③，柙而藏之④，不敢轻用也，宝之至也。精神四达并流⑤，无所不极，上际于天，下蟠（pán）于地⑥，化育万物，不可为象，其名为同帝⑦。纯素之道，惟神是守；守而勿失，与神为一；一之精通⑧，合于天伦⑨。野语有之曰："众人重利，廉士重名，贤人尚志，圣人贵精⑩。"故素也者，谓其无所与杂也；纯也者，谓其不亏其神也。能体纯素⑪，谓之真人。

［注释］

①郁：积滞。闭：闭塞。②象：反映。③干：古代小国名，后被吴国所灭，这里代指吴国。④柙：通"匣"。⑤四达并流：四通八达，无处不流。⑥蟠：遍及。⑦同帝：取意于如同天帝。⑧一之精通：精通纯一之道。⑨天伦：自然之理。⑩精：纯粹。⑪体：体现。

［译文］

所以说，形体劳累而不休息那么就会疲乏不堪，精力使用过度而不止歇那么就会元气劳损，元气劳损就会精力枯竭。水的本性，不混杂就会清澈，不搅动就会平静，闭塞不流动也就不会纯清，这是自然本质的现象。

所以说，纯净精粹而不混杂，静寂持守而不改变，恬淡而又无为，运动则顺应自然而行，这就是养神的道理。

今有吴越地方出产的宝剑，用匣子秘藏起来，不敢轻意使用，因为是最为珍贵的。精神可以通达四方，没有什么地方不可到达，上接近苍天，下遍及大地，化育万物，却又不可能捕捉到它的踪迹，它的名字就叫作同于天帝。纯粹素朴的道，就是持守精神，持守精神而不失却本真，跟精神融合为一，浑一就使精智畅通无碍，也就合于自然之理。俗语有这样的说法：“普通人看重私利，廉洁的人看重名声，贤能的人崇尚志向，圣哲的人重视素朴的精神。”所以，素就是说没有什么与它混杂，纯就是说自然赋予的东西没有亏损。能够体察纯和素，就可叫他“真人”。

题解

本篇的中心仍是讨论如何养性。所谓"缮性"就是修治身性。庄子提出"以恬养知"的主张，认为遵从世俗必定不能"复其初"，只有自养而又敛藏，方才不"失其性"。庄子缅怀远古混沌鸿蒙、淳风未散的时代，并指出随着时代的推移德行逐渐衰退，以致不能返归本真，这都因为"文灭质""博溺心"。所以修治身性的要领是"正己"和"得志"，既能正己，又能自适，外物就不会使自己丧身失性，因而也就不会倒置本末。

在庄子的眼里，解脱苦难的方式是不需要凭借的，不需要通过外在的锻炼以达到内心的宁静。它只需要你把外在的荣华富贵视若浮云，还有把自己的身体当作是自己在尘世间偶然的寓所，这样的一个你，就不会为外物所牵引，从而明心见性。正如庄子所说的"故曰，丧己于物，失性于俗者，谓之倒置之民。"这句话从反面来讲，就是希望我们做个以"快意自适"为本的人，切记不要被生命的末枝（外物或流俗）给奴役了。

本篇内容简短，旨在讲身性复归的道德修养问题。从形式上看，与《刻意》篇有相似处，但具体内容与思想倾向又有很大差异。本篇在论述道家理论中，还吸收和掺杂某些儒家主张和《管子》书中《内业》《心术》篇的思想，体现一种综合的趋势。

缮性

[原文]

缮性于俗学①，以求复其初；滑(gǔ)欲于俗思②，以求致其明③；谓之蔽蒙之民④。

古之治道者，以恬(tián)养知；知生而无以知为也，谓之以知养恬。知与恬交相养⑤，而和理出其性⑥。夫德，和也；道，理也。德无不容，仁也；道无不理⑦，义也；义明而物亲⑧，忠也；中纯实而反乎情⑨，乐也；信行容体而顺乎文⑩，礼也。礼乐偏行，则天下乱矣。彼正而蒙己德⑪，德则不冒⑫，冒则物必失其性也。

[注释]

①俗学：指当时流行的儒学、法学等。②滑：治。欲：情。俗思：指追求名位等世俗观念。③致：得到。明：明智。④蔽蒙：蒙蔽，昏庸闭塞。⑤交相养：互相保养。⑥和理：指道理。⑦无不理：没有不合天理的。⑧义明：义理明白。物亲：与物相亲。⑨纯实：朴实。⑩信行：以信为行，言行讲信用。容体：以容为体，一

切以宽容为主。顺：合。⑪蒙：蒙受。⑫冒：覆盖，引申为外加。

礼乐偏行，则天下乱矣

[译文]

在世俗的流习范围内修治性情，靠仁义礼智的儒俗学说来期求复归原始的真性；内心欲念早已被习俗所扰乱，还一心希望能达到明彻与通达；这就叫作蔽塞愚昧的人。

古时候研究道术的人，总是以恬静来调养心智；心智生成却不用智巧行事，可称它为以心智调养恬静。心智和恬静交相调治，因而谐和顺应之情从本性中表露而出。德，就是谐和；道，就是顺应。德无所不容，就叫作仁；道无所不顺，就叫作义。义理彰明因而物类相亲，就叫作忠；心中纯厚朴实而且返归本真，就叫作乐；诚信著显、容仪得体而且合于一定礼仪的节度和表征，就叫作礼。礼乐偏执一方而又多方有失，那么天下定然大乱了。各人自我端正而且敛藏自己的德行，德行也就不会冒犯他人，德行冒犯他人那么万物必将失却自己的本性。

[原文]

古之人，在混芒之中①，与一世而得澹漠焉②。当是时也，阴阳和静，鬼神不扰，四时得节③，万物不伤，群生不夭④，人虽有知，无所用之，此之谓至一⑤。当是时也，莫之为而常自然。

逮德下衰，及燧人伏羲始为天下⑥，是故顺而不一。德又下衰，及神农黄帝始为天下⑦，是故安而不顺。德又下衰，及唐虞始为天下，兴治化之流⑧，澆(jiāo)淳散朴⑨，离道以为，险德以行，然后去性而从于心。心与心识知，而不足以定天下，然后附之以文⑩，益之以博⑪。文灭质⑫，博溺心⑬，然后民始惑乱，无以反其性情而复其初。

由是观之，世丧道矣，道丧世矣。世与道交相丧也⑭，道之人何由兴乎世，世亦何由兴乎道哉！道无以兴乎世，世

无以兴乎道，虽圣人不在山林之中，其德隐矣。

隐，故不自隐。古之所谓隐士者，非伏其身而弗见也[15]，非闭其言而不出也，非藏其知而不发也，时命大谬也[16]。当时命而大行乎天下[17]，则反一无迹；不当时命而大穷乎天下，则深根宁极而待[18]；此存身之道也。

[注释]

①混芒：混混沌沌。②与：相处。得：能。③得节：与节令相适应。④夭：夭折。⑤至一：指最纯粹的时代。⑥燧人：是传说中的远古帝王，发明钻木取火，改生食为熟食。伏羲：是传说中后于燧人氏的远古帝王，开始驯服野兽，发明畜牧业。⑦神农：传说是远古时代发明农业的帝王。黄帝：上古帝王，又叫轩辕氏。⑧兴：开始。治化：统治、教化。流：风气。⑨澆淳散朴：破坏了淳朴的风气。澆，挠乱。⑩附：加。文：粉饰，指花言巧语等。⑪益：增。博：博学，指旁征博引之类。⑫灭质：掩盖了纯朴的本质。⑬溺心：淹没了天然的心性。⑭交相丧：相互败坏。⑮伏：藏。⑯时命：世运。谬：乱，指背离天道而言。⑰大行：盛行，指天道盛行。⑱深根：使根长得深深的。宁极：使本扎得稳稳的。宁，静，不动。极，本。

[译文]

古时候的人，生活在混沌鸿蒙、淳风未散的境况中，跟整个外部世界混为一体而且人们彼此都恬淡无为、互不交往。正是这个时候，阴与阳谐和而又宁静，鬼神也不会干扰，四季的变化顺应时节，万物全不会受伤害，各种有生命的东西都能尽享天年，人们即使内存心智，也没处可用，这就叫作最为完满的浑一状态。正是这个时候，人们不知道需要去做什么而保持着天然。

等到后来道德衰退，到了燧人氏、伏羲氏统治天下，世事随顺却已不能浑然为一。道德再度衰退，到了神农氏和黄帝统治天下，世道安定却已不能随顺民心与物情。道德再度衰退，到了唐尧、虞舜统治天下，开启了治理和教化的风气，淳厚质朴之风受到干扰与破坏，背离大道而为，寡有德行而行，这之后也就舍弃了本性而顺从于各自的私心。人们彼此间都相互知道和了解，也就不足以使天下得到安定，然后又贴附上浮华的文饰，增加了众多的俗学。文饰浮华毁坏了质朴之风，广博的俗学掩没了纯真的心灵，然后人民才开始迷惑和纷乱，没有什么办法返归本真而恢复原始的情状。

由此观之，世间丧失了自然之道，自然之道丧失了人世。社会和道交相丧失，有道之人怎么能立脚于人世间，人世间又怎么能从自然之道得到振兴呢？道没有办法在人世间兴起，人世间没有办法让道得以振兴，即使圣人不生活在少有人烟的山林之中，他的德行也必将隐没而不为人知。

谈到隐没于世，时逢昏暗不必韬光便已自隐。古时候的所谓隐士，并不是为了隐伏身形而不愿显现于世，并不是为了缄默不言而不愿吐露真情，也不是为了深藏才智而不愿有所发挥，是因为时遇和命运乖蹇、背谬啊。当时遇和命运顺应自然而通行于天下，就会返归浑沌纯一之境而不显露踪迹。当时遇不顺、命运乖违而穷困于天下，就固守根本、保有宁寂至极之性而静心等待；这就是保存自身的方法。

［原文］

古之存身者，不以辩饰知，不以知穷天下，不以知穷德①，危然处其所而反其性，已又何为哉！道固不小行②，德固不小识③。小识伤德，小行伤道。故曰，正己而已矣④。乐全之谓得志⑤。

古之所谓得志者，非轩冕之谓也⑥，谓其无以益其乐而已矣。今之所谓得志者，轩冕之谓也。轩冕在身，非性命也，物之傥来⑦，寄者也。寄之，其来不可圉(yǔ)⑧，其去不可止。故不为轩冕肆志⑨，不为穷约趋俗⑩，其乐彼与此同，故无忧而已矣。今寄去则不乐⑪，由是观之，虽乐，未尝不荒也⑫。故曰，丧己于物，失性于俗者，谓之倒置之民。

［注释］

①穷德：使自己的心性困惑。②小行：与大道相违背的行为。③小识：与天德相违背的见识。④正己：指培养自己以合乎大道。⑤乐全：保全内心纯朴的心性。⑥轩冕：这里指代高官厚禄。⑦傥：偶然。⑧圉：御，抵挡。⑨肆志：快意。⑩穷约：穷困。趋俗：随波逐流，趋炎附势。⑪寄：指轩冕之类。去：失去。⑫荒：通“慌”，迷乱。

［译文］

古时候善于保存自身的人，不用辩说来巧饰智慧，不用智巧使天下人困窘，不用心智使德行受到困扰，巍然自持地生活在自己所处的环境而返归本性与真情，又何须一定得去做些什么呢！大道广荡本不是小有所成的人能够遵循，大德周遍万物本不是小有所知的人能够鉴识。小有所知会伤害德行，小有所成会伤害大

吕岩

吕岩，字洞宾。数举进士不第，向云房先生求度世术。云房用金钱、美女、死亡、灾害等十试洞宾，洞宾皆心无所动，才传他上清秘诀。吕洞宾因此得道。“丧己于物，失性于俗者”，这样的人在庄子看来是本末倒置的人。

道。所以说，端正自己也就可以了。快意地保持本真就可称作是心意自得而自适。

古时候所说的自得自适的人，不是指高官厚禄、地位尊显，说的是出自本然的快意而没有必要再添加什么罢了。现在人们所说的快意自适，是指高官厚禄、地位显赫。荣华富贵在身，并不出自本然，犹如外物偶然到来，是临时寄托的东西。外物寄托，它们到来不必加以阻挡，它们离去也不必加以劝止。所以不可为了富贵荣华而恣意放纵，不可因为穷困贫乏而趋附流俗，身处富贵荣华与穷困贫乏，其间的快意相同，因而没有忧愁罢了。如今寄托之物离去便觉不能快意，由此观之，即使真正有过快意也未尝不是迷乱了真性。所以说，由于外物而丧失自身，由于流俗而失却本性，就叫作颠倒了本末的人。

题解

《秋水》是《庄子》中的又一长篇，是反映庄子博大胸襟的优美华章。本篇运用《齐物论》的观点，极力论证万物大小、是非的无限相对性和人生贵贱、荣辱的极端无常性，旨在要人息伪还真，顺应自然，不为追求名位、富贵等而伤害天然本性。虽然作者最终因强调过分而陷入了相对主义，但由于他始终能把事理的无穷性与人类认识的相对性、宇宙的无限性与具体事物的局限性对照起来分析，所以仍然显示出他对于绝对与相对、无限与有限的辩证关系的理解有着高度的灵活性，这对于人们突破认识上的局限性，从而领悟到天地宇宙的无限广大性，无疑是很有帮助的。

文中河伯的感慨，“井底之蛙”的寓言，以及庄子和惠子的桥上对话“子非鱼，安知鱼之乐”等强调了认识事物的复杂性，即事物本身的相对性和认知过程的变异性，指出了认知之不易和准确判断的困难。但本篇过分强调了事物变化的不定因素，未能揭示出认知过程中相对与绝对间的辩证关系，很容易导向不可知论，因而最终仍只能顺物自化，返归无为。至于此篇的行文特点，在于不烦作者亲自出面解说，而全文宗旨却由河伯、海若七番问答逐层披剥出来。

秋水

[原文]

秋水时至[1]，百川灌河[2]，泾流之大[3]，两涘(sì)渚(zhǔ)崖之间[4]，不辨牛马。于是河伯欣然自喜[5]，以天下之美为尽在己。顺流而东行，至于北海，东面而视，不见水端，于是焉河伯始旋其面目[6]，望洋向若而叹曰[7]：“野语有之曰[8]：‘闻道百，以为莫己若’者，我之谓也。且夫我尝闻少仲尼之闻而轻伯夷之义者[9]，始吾弗信；今我睹子之难穷也，吾非至于子之门，则殆矣，吾长见笑于大方之家[10]。”

北海若曰：“井蛙不可以语于海者，拘于虚也[11]；夏虫不可以语于冰者，笃于时也[12]；曲士不可以语于道者[13]，束于教也[14]。今尔出于崖涘，观于大海，乃知尔丑，尔将可与语大理矣。天下之水，莫大于海，万川归之，不知何时止而不盈，尾闾(lǘ)泄之[15]，不知何时已而不虚[16]；春秋不变，水旱不知。此其过江河之长，不可为量数。而吾未尝以此自

河伯

河伯，中国古代神话中的黄河水神，原名冯夷，也作“冰夷”。在《抱朴子·释鬼篇》里说他过河时淹死了，就被天帝任命为河伯，管理河川。

多者[17]，自以比形于天地[18]，而受气于阴阳，吾在天地之间，犹小石小木之在大山也，方存乎见少[19]，又奚以自多！计四海之在天地之间也，不似礨(lěi)空之在大泽乎[20]？计中国之在海内，不似稊(tí)米之在大仓乎[21]？号物之数谓之万[22]，人处一焉；人卒九州[23]，谷食之所生，舟车之所通，人处一焉；此其比万物也，不似豪末之在于马体乎？五帝之所连[24]，三王之所争，仁人之所忧[25]，任士之所劳[26]，尽此矣。伯夷辞之以为名[27]，仲尼语之以为博[28]，此其自多也，不似尔向之自多于水乎[29]？”

河伯曰：“然则吾大天地而小毫末，可乎？”

北海若曰：“否，夫物，量无穷[30]，时无止，分无常[31]，终始无故[32]。是故大知观于远近[33]，故小而不寡，大而不多，知量无穷；证曏(xiàng)今故[34]，故遥而不闷，掇而不跂(qǐ)[35]，知时无止；察乎盈虚[36]，故得而不喜，失而不忧，知分之无常也[37]；明乎坦涂[38]，故生而不说[39]，死而不祸，知终始之不可故也。计人之所知[40]，不若其所不知；其生之时，不若未生之时；以其至小求穷其至大之域[41]，是故迷乱而不能自得也。由此观之，又何以知毫末之足以定至细之倪(ní)[42]！又何以知天地之足以穷至大之域！”

河伯曰：“世之议者皆曰：‘至精无形，至大不可围。’是信情乎？”

北海若曰：“夫自细视大者不尽[43]，自大视细者不明[44]。夫精，小之微也；垺，大之殷也[45]；故异便，此势之有也。夫精粗者，期于有形者也；无形者，数之所不能分也；不可围者，数之所不能穷也。可以言论者，物之粗也；可以意致者，物之精也；言之所不能论，意之所不能致者，不期精粗焉。是故大人之行，不出乎害人，不多仁恩；动不为利，不贱门隶[46]；货财弗争，不多辞让；事焉不借人，不多食乎力[47]，不贱贪污；行殊乎俗，不多辟异[48]；为在从众，不贱佞谄；世之爵禄不足以为劝，戮耻不足以为辱[49]；知是非之不可为分，细大之不可为倪[50]。闻曰：‘道人不闻，至德不得，大人无己。’约分之至也[51]。”

河伯曰：“若物之外，若物之内，恶至而倪贵贱[52]？恶至而倪小大？”

北海若曰：“以道观之，物无贵贱；以物观之，自贵而相贱；以俗观之，贵贱不在己。以差观之，因其所大而大之，则万物莫不大；因其所小而小之，则万物莫不小；知天地之为稊米也，知毫末之为丘山也，则差数等矣[53]。以功观之，因其所有而有之，则万物莫不有；因其所无而无之，则万物莫不无；知东西之相反而不可以相无，则功分定矣。以趣观之[54]，因其所然而然之，则万物莫不然；因其所非而非之，则万物莫不非；知尧、桀之自然而相非，则趣操睹矣[55]。昔者尧、舜让而帝[56]，之、哙（kuài）让而绝[57]；汤、武争而王，白公争而灭[58]。由此观之，争让之礼，尧、桀之行，贵贱有时[59]，未可以为常也。梁丽可以冲城[60]，而不可以窒穴[61]，言殊器也[62]；骐骥骅骝（qí jì huá liú）[63]，一日而驰千里，捕鼠不如狸

狌[64]，言殊技也；鸱（chī）鸺（xiū）夜撮蚤[65]，察毫末，昼出瞋目[66]，而不见丘山，言殊性也。故曰，盖师是而无非，师治而无乱乎[67]？是未明天地之理，万物之情者也。是犹师天而无地，师阴而无阳，其不可行明矣。然且语而不舍，非愚则诬也[68]。帝王殊禅[69]，三代殊继[70]。差其时[71]，逆其俗者，谓之篡（cuàn）夫[72]；当其时，顺其俗者，谓之义徒[73]。默默乎河伯！女恶知贵贱之门，小大之家！”

河伯曰：“然则我何为乎，何不为乎？吾辞受趣舍[74]，吾终奈何？”

北海若曰：“以道观之，何贵何贱，是谓反衍[75]；无拘而志[76]，与道大蹇（jiǎn）[77]。何少何多，是谓谢施[78]；无一而行，与道参差。严严乎若国之有君[79]，其无私德；繇（yóu）繇乎若祭之有社[80]，其无私福；泛泛乎其若四方之无穷[81]，其无所畛（zhěn）域。兼怀万物[82]，其孰承翼[83]？是谓无方[84]。万物一齐，孰短孰长？道无终始，物有死生，不恃其成；一虚一满，不位乎其形。年不可举[85]，时不可止；消息盈虚[86]，终则有始。是所以语大义之方[87]，论万物之理也。物之生也，若骤若驰，无动而不变，无时而不移。何为乎，何不为乎？夫固将自化。”

河伯曰：“然则何贵于道耶？”

北海若曰：“知道者必达于理，达于理者必明于权[88]，明于权者不以物害己。至德者，火弗能热，水弗能溺，寒暑弗能害，禽兽弗能贼。非谓其薄之也[89]，言察乎安危，宁于祸福，谨于去就，莫之能害也。故曰，天在内，人在外，德在乎天。知天人之行，本乎天[90]，位乎得[91]，蹢躅（zhú）而屈伸[92]，反要而语极[93]。”

河伯曰：“何谓天？何谓人？”

北海若曰：“牛马四足，是谓天；落马首[94]，穿牛鼻，是谓人[95]。故曰，无以人灭天，无以故灭命，无以得殉名。谨守而勿失，是谓反其真。”

［注释］

①时：按时。②百川：许多河流。灌：注入。河：黄河。③泾：巠的假借字，直流的水波。④两涘：河的两边。涘，水边。渚：水中间的小块陆地。崖：岸。⑤河伯：河神。传说姓冯，名夷。⑥旋：转变。⑦望洋：眼睛迷茫的样子。若：海神名。⑧野语：俗语。⑨少：贬低。⑩见：被。大方之家：得大道的人。方，道。⑪虚：同“墟”。指蛙所生活的地方。⑫笃：守，限制。⑬曲士：乡曲之士。⑭教：所受的教育。⑮尾闾：排泄海水的地方，传说在海的东边。⑯已：止。虚：指水尽。⑰多：赞美。⑱比形：具形，寄形。⑲存：察，看到。见少：显得太少。⑳礨空：石块上的小孔。礨，石块。㉑稊米：像稗籽一样小的米。大仓：储粮的大仓库。㉒号：称。㉓人卒：人众。九州：天下。㉔连：续，继承。㉕仁人：指儒家者流。㉖任士：指墨家者流。㉗辞之：指拒绝当孤竹之君。㉘语之：指谈论中国帝王的故事。㉙向：从前。㉚量：容积。㉛分：分际，界限。㉜故：通“固”，固定。㉝大知：指得道的人。知，通“智”。㉞曏：明。今故：今古。㉟掇：捡取。跂：通“企”。㊱察：看清楚。盈：满。虚：空。㊲分：指得失的界限。㊳坦涂：大道。涂，通“途”。㊴说：通“悦”。㊵计：比。㊶至大之域：指未生之时、未知之事。㊷倪：界限，标准。㊸自细视大：如人看宇宙。㊹自大视细：如人看细菌。㊺垺：同“郛”，外城。这里指宽大的领域。殷：盛大。㊻门隶：家奴。㊼食乎力：自食其力。㊽辟异：偏异，犹今说标新立异。辟，通“僻”，偏。㊾戮耻：刑罚、耻辱。辱：羞耻。㊿倪：标准，引申为量度。(51)约分之至：缩小分别到了极点。(52)倪：区，分。(53)睹：看清楚。(54)趣：通“趋”，倾向。(55)趣操：取向和操守。(56)让而帝：因禅让而做了帝王。(57)之、哙让而绝：燕王哙十分信任国相子之。在公元前316年还学习尧、舜，把王位让给了子之。燕人不服，大乱。齐国乘机伐燕，杀哙与子之。燕国也差点亡国。(58)白公争而灭：白公，即白公胜，楚平王的孙子。他父亲太子建因受别人陷害而流亡国外，生白公胜。后来白公胜回国，决心争夺政权，发动了武装政变，杀掉令尹子西与司马子期，控制了国都。但结果被叶公镇压了。白公出走，在山里上吊自杀。(59)有时：有一定的时宜。(60)丽：屋栋。(61)窒：塞。穴：小孔。(62)殊器：指用场不同，所用的器具也不同。(63)骐骥、骅骝：都是骏马。骐，青黑色，花纹如棋子。骥，河北所产。骅，所谓桃花马。骝，紫黑色的。一般骐骥连称或骅骝连称。(64)狸：野猫。狌：鼬，即黄鼠狼。(65)鸱鸺：猫头鹰。撮：抓。蚤：跳蚤。(66)瞋：张大眼睛。(67)盖：通“盍”，何，怎能。师是：以是为师，认为正确是绝对可信的。师治：以治为师，认为安定是绝对可信的。(68)诬：骗。(69)帝：五帝。王：三王。殊禅：禅让的方式不同。(70)三代：指夏、商、周。殊继：继承的方式不同。(71)差其时：不合时机。(72)篡

夫：篡权的家伙。(73)义之徒：如舜、禹、汤、武。(74)趋：进取。(75)反衍：向相反方向发展，即今说转化。衍，通“延”，发展。(76)拘：固守。(77)蹇：阻塞，引申为抵触。(78)谢：衰落，减少。施：移，转。(79)严严乎：俨然，庄重的样子。严，通“俨”。(80)繇繇：通“悠悠”，自得的样子。社：土地神。(81)泛泛：广阔的样子。(82)怀：容。(83)翼：庇护。(84)无方：没有定见。(85)举：提取。(86)消：消亡。息：生息。(87)大义之方：大道的方向、原则。(88)权：变。(89)薄：迫切，引申为触犯。(90)本乎天：以天性为根本。(91)得：通“德”。(92)蹢躅：进退不定的样子。(93)语极：言语至此而尽，意即沉默无言。(94)落：通“络”，笼住。(95)人：人为。

[译文]

秋天里山洪按照时令汹涌而至，众多大川的水流汇入黄河，河面宽阔波涛汹涌，两岸和水中沙洲之间连牛马都不能分辨。于是河神欣然自喜，认为天下一切美好的东西全都聚集在自己这里。河神顺着水流向东而去，来到北海边，面朝东边一望，看不见大海的尽头。于是河神方才改变先前洋洋自得的面孔，面对着海神仰首慨叹道：“俗语有这样的说法，‘听到了上百条道理，便认为天下再没有谁能比得上自己’的，说的就是我这样的人了。而且我还曾听说过孔丘懂得的东西太少、伯夷的高义不值得看重的话，开始我不敢相信；如今我亲眼看到了你是这样的浩淼博大、无边无际，我要不是因为来到你的门前，可真就危险了，我必定会永远受到修养极高的人地耻笑。”

海神说：“井里的青蛙，不可能跟它们谈论大海，是因为受到生活空间的限制；夏天的虫子，不可能跟它们谈论冰冻，是因为受到生活时间的限制；乡曲之士，不可能跟他们谈论大道，是因为教养的束缚。如今你从河岸边出来，看到了大海，方才知道自己的鄙陋，你将可以参与谈论大道了。天下的水面，没有什么比海更大的，千万条河川流归大海，不知道什么时候才会停歇而大海却从不会满溢；海底的尾闾泄漏海水，不知道什么时候才会停止而海水却从不曾减少；无论春天还是秋天不见有变化，无论水涝还是干旱不会有知觉。这说明大海远远超过了江河的水流，不能够用数量来计算。可是我从不曾因此而自满，自认为从天地那里承受到形体并且从阴和阳那里禀承到元气，我存在于天地之间，就好像一小块石子、一小块木屑存在于大山之中。我正以为自身的存在实在渺小，又哪里会自以为满足而自负呢？想一想，四海存在于天地之间，不就像小小的石间孔隙存在于大泽之中吗？再想一想，中原大地存在于四海之内，不就像细碎的米粒存在于大粮仓里吗？号称事物的数字叫作万，人类只是万物中的一种；人们聚集于九州，粮食在这里生长，舟车在这里通行，而每个人只是众多人群中的一员；一个人他比起万物，不就像是毫毛之末存在于整个马体吗？五帝所续连的，三王所争夺的，仁人所忧患的，贤才所操劳的，全在于这毫末般的天下呢！伯夷辞让它而博取名声，孔丘谈论它而显示渊博，这大概就是他们的自满与自傲；不就像你先前在河水暴涨时的洋洋自得吗？”

河神说：“这样，那么我把天地看作是最大，把毫毛之末看作是最小，可以吗？”

海神回答：“不可以。万物不可穷尽，时间没有止境，得失没有不变的常规，事物的终结和起始也没有定因。所以具有大智慧的人观察事物从不局限于一隅，因而体积小却不看作就是少，体积大却不看作就是多，这是因为知道事物的量是不可穷尽的；证验并明察古往今来的各种情况，因而寿命久远却不感到厌倦，生命只在近前却不会企求寿延，这是因为知道时间的推移是没有止境的；洞悉事物有盈有虚的规律，因而有所得却不欢欣喜悦，有所失也不悔恨忧愁，这是因为知道得与失的禀分是没有定规的；明了生与死之间犹如一条没有阻隔的平坦大道，因而生于世间不会倍加欢喜，死离人世不觉祸患加身，这是因为知道终了和起始是不会一成不变的。算算人所懂得的知识，远远不如他所不知道的东西多，他生存的时间，也远远不如他不在人世的时间长；用极为有限的智慧去探究没有穷尽的境域，所以内心迷乱而必然不能有所得！由此看来，又怎么知道毫毛的末端就可以判定是最为细小的限度呢？又怎么知道天与地就可以看作是最大的境域呢？”

河神说：“世间议论的人们总是说，‘最细小的东西没有形体可寻，最巨大的东西不可限定范围。’这样的话是真实可信的吗？”

海神回答：“从细小的角度看庞大的东西不可能全面，从巨大的角度看细小的东西不可能真切。精细，是小中之小；庞大，是大中之大；不过大小虽有不同却各有各的合宜之处。这就是事物固有的态势。所谓精细与粗大，仅限于有形的东西，至于没有形体的事物，是不能用计算数量的办法来加以剖解的；而不可限定范围的东西，更不是用数量能够精确计算的。可以用言语来谈论的东西，是事物粗浅的外在表象；可以用心意来传告的东西，则是事物精细的内在实质。言语所不能谈论的，心意所不能传告的，也就不限于精细和粗浅的范围了。所以修养高尚者的行动，不会出于对人的伤害，也不会赞赏给人以仁慈和恩惠；无论干什么都不是为了私利，也不会轻视从事守门差役之类的人。无论什么财物都不去争夺，也不推重谦和与辞让；凡事从不借助他人的力气，但也不提倡自食其力，同时也不鄙夷贪婪与污秽；行动与世俗不同，但不主张邪僻乖异；行为追随一般的人，也不以奉承和谄媚为卑贱；人世间的所谓高官厚禄不足以作为劝勉，刑戮和侮辱不足以看作是羞耻；知道是与非的界线不能清楚地划分，也懂得细小和巨大不可能确定清晰的界限。听人说：‘能体察大道的人不求闻达于世，修养高尚的人不会计较得失，清虚宁寂的人能够忘却自己’。这就是约束自己而达到适得其分的境界。”

牡丹亭

《牡丹亭》讲的是少女杜丽娘长期深居闺阁中，接受封建礼教伦理道德的熏陶，但仍免不了思春之情，梦中与书生柳梦梅幽会，后为情而死，死后与柳梦梅结婚，并最终还魂复生，与柳在人间结成夫妇。庄子认为“仁义礼智”是对人的束缚，他主张恢复“人性的自然”。

河神说：“如此事物的外表，如此事物的内在，从何处来区分它们的贵贱？又怎么来区别它们的大小？”

海神回答：“用自然的常理来看，万物本没有贵贱的区别。从万物自身来看，各自为贵而又以他物为贱。拿世俗的观点来看，贵贱不在于事物自身。按照物与物之间的差

别来看，顺着各种物体大的一面去观察便会认为物体是大的，那么万物就没有什么不是大的；顺着各种物体小的一面去观察便会认为物体是小的，那么万物没有什么不是小的；知晓天地虽大比起更大的东西来也如小小的米粒，知晓毫毛之末虽小比起更小的东西来也如高大的山丘，而万物的差别和数量也就看得很清楚了。依照事物的功用来看，顺着物体所具有的一面去观察便会认为具有了这样的功能，那么万物就没有什么不具有这样的功能；顺着物体所不具有的一面去观察便会认为不具有这样的功能，那么万物就没有什么具有了这样的功能；可知东与西的方向对立相反却又不可以相互缺少，而事物的功用与本分便得以确定。从人们对事物的趋向来看，顺着各种事物肯定的一面去观察便会认为是对的，那么万物没有什么不是对的；顺着各种事物否定的一面去观察便会认为是不对的，那么万物没有什么不是错的；知晓唐尧和夏桀都自以为正确又相互否定对方，而人们的趋向与持守也就看得很清楚了。当年唐尧、虞舜禅让而称帝，宰相子之与燕王哙禅让而燕国几乎灭亡；商汤、周武王都争夺天下而成为帝王，白公胜争夺王位却遭致杀身。由此看来，争斗与禅让的礼制，唐尧与夏桀的做法，认可还是鄙夷都会因时而异，不可以把它们看作是不变的规律。栋梁之材可以用来冲击敌城，却不可以用来堵塞洞穴，说的是器物的用处不一样。骏马良驹一天奔驰上千里，捕捉老鼠却不如野猫与黄鼠狼，说的是技能不一样。猫头鹰夜里能抓取小小的跳蚤，细察毫毛之末，可是大白天睁大眼睛也看不见高大的山丘，说的是禀性不一样。所以说，怎么只看重对的一面而忽略不对的一面、看重治而忽略乱呢？这是因为不明了自然存在的道理和万物自身的实情。这就像是重视天而轻视地、重视阴而轻视阳，那不可行是十分明白的了。然而还是要谈论不休，不是愚昧便是欺骗！远古帝王的禅让各不相同，夏、商、周三代的继承也各不一样。不合时代、背逆世俗的人，称他叫篡逆之徒；合于时代、顺应世俗的人，称他叫高义之士。沉默下来吧，河神！你怎么会懂得万物间贵贱的门庭和大小的流别！”

河神说：“既然这样，那么我应该做些什么呢？又应该不做什么呢？我将怎样推辞或接纳、趋就或舍弃，我终究将怎么办？”

海神回答：“用道的观点来观察，什么是贵什么是贱，这可称之为循环往复；不必束缚你的心志，而跟大道相违碍。什么是少什么是多，这可称之为更替续延；不要偏执于事物的某一方面行事，而跟大道不相一致。端庄、威严的样子像是一国的国君，确实没有一点儿偏私的恩惠；悠游自得的样子像是祭祀中的土地神，确实没有任何偏私的赐福；浩瀚周遍的样子像是通达四方而又旷远无穷，确实没有什么区分界限；兼蓄并且包藏万物，难道谁专门有所承受或者有所庇护？这就称作不偏执于事物的任何一个方面。宇宙万物本是浑同齐一的，谁优谁劣呢？大道没有终结和起始，万物却都有死有生，因而不可能依仗一时的成功。时而空虚时而充实，万物从不固守于某一不变的形态。岁月不可以挽留，时间从不会停息，消退、生长、充实、空虚，宇宙万物终结便又有了开始。这样也就可以谈论大道的准则，评说万物的道理了。万物的生长，像是马儿飞奔像是马车疾行，没有什么举动不在变化，没有什么时刻不在迁移。应该做些什么呢？又应该不做什么呢？一切必定都将自然地变化！”

河神说：“既然如此，那么为什么还要那么看重大道呢？”

海神回答：“懂得大道的人必定通达事理，通达事理的人必定明白应变，明白应变的人定然不会因为外物而损伤自己。道德修养高尚的人烈焰不能烧灼他们，洪水不能沉溺他们，严寒酷暑不能侵扰他们，飞禽走兽不能伤害他们。不是说他们逼近水火、寒暑的侵扰和禽兽的伤害而能幸免，而是说他们明察安危，安于祸福，慎处离弃与追求，因而没有什么东西能够伤害他们。所以说，天然蕴含于内里，人为显露于外在，高尚的修养则顺应自然。懂得人的行止，立足于自然的规律，居处于自得的环境，徘徊不定，屈伸无常，也就返归大道的要冲而可谈论至极的道理。”

河神说：“什么是天然，什么又是人为？”

海神回答：“牛马生就四只脚，这就叫天然；用马络套住马头，用牛鼻绾穿过牛鼻，这就叫人为。所以说，不要用人为去毁灭天然，不要用有意的作为去毁灭自然的禀性，不要为获取虚名而不遗余力。谨慎地持守自然的禀性而不丧失，这就叫返归本真。”

［原文］

夔(kuí)怜蚿(xián)①，蚿怜蛇，蛇怜风，风怜目，目怜心。

夔谓蚿曰：“吾以一足踸踔(chěnchuō)而行②，予无如矣。今子之使万足，独奈何？”

蚿曰：“不然。子不见夫唾者乎？喷则大者如珠③，小者如雾，杂而下者不可胜数也。今予动吾天机，而不知其所以然。”

蚿谓蛇曰：“吾以众足行，而不及子之无足，何也？”

蛇曰：“夫天机之所动，何可易邪？吾安用足哉！”

蛇谓风曰：“予动吾脊胁而行，则有似也。今子蓬蓬然起于北海④，蓬蓬然入于南海，而似无有，何也？”

风曰：“然。予蓬蓬然起于北海而入于南海也，然而指我则胜我，䲡(qiū)我亦胜我⑤。虽然，夫折大木，蜚大屋者⑥，唯我能也，故以众小不胜为大胜也。为大胜者，唯圣人能之。”

［注释］

①夔：是一种似牛而无角、一只脚的野兽。怜：羡慕。蚿：多足虫，俗名百足。②踸踔：跳着走。③喷：指猛力地咳唾。④蓬蓬然：风尘转动的样子。⑤䲡：通“鰌”，踏。⑥蜚：通“飞”，刮起。

［译文］

独脚的夔羡慕多脚的蚿，多脚的蚿羡慕无脚的蛇，无脚的蛇羡慕无形的风，无形的风羡慕明察外物的眼睛，明察外物的眼睛羡慕内在的心灵。

夔对蚿说：“我依靠一只脚跳跃而行，没有谁再比我简便的了。现在你使用上万只

脚行走，究竟是怎么样走的呢？”

蚿说：“不对哩。你没有看见那吐唾沫的情形吗？喷出唾沫大的像珠子，小的像雾滴，混杂着吐落而下的不可以数计。如今我启动我天生的机能而行走，不过我也并不知道自己为什么能够这样。”

蚿对蛇说：“我用众多的脚行走反倒不如你没有脚，这是为什么呢？”

蛇说：“仰赖天生的机能而行动，怎么可以改变呢？我哪里用得着脚呢！”

蛇对风说：“我扭动我的脊柱和胁下而行走，还是像有足而行的样子。如今你呼呼地从北海掀起，又呼呼地驾临南海，却没有留下有足而行的形迹，这是为什么呢？”

风说：“是的，我呼呼地从北海来到南海。可是人们用手来阻挡我而我并不能吹断手指，人们用腿脚来踢踏我而我也不能吹断腿脚。即使这样，折断大树、掀翻高大的房屋，却又只有我能够做到，而这就是细小的方面不求胜利而求获得大的胜利。获取大的胜利，只有圣人才能做到。”

[原文]

孔子游于匡(kuāng)①，卫人围之数匝②，而弦歌不惙(chuò)③。子路入见，曰：“何夫子之娱也④？”孔子曰：“来！吾语女。我讳穷久矣⑤，而不免，命也；求通久矣⑥，而不得，时也。当尧舜之时而天下无穷人⑦，非知得也；当桀(jié)纣之时天下无通人⑧，非知失也；时势适然。夫水行不避蛟龙者，渔父之勇也；陆行不避兕(sì)虎者⑨，猎夫之勇也；白刃交于前，视死若生者，烈士之勇也；知穷之有命，知通之有时，临大难而不惧者，圣人之勇也。由处矣⑩，吾命有所制矣⑪。”

匡人解围

“匡人解围”讲的是孔子被围困的故事。孔子离开卫国到陈国，路过匡地。因阳虎曾施暴于匡人，孔子长得像阳虎，匡人就把他们围困了五天。弟子们害怕，孔子说：“周文王死后，道德文化不都在我这里吗？匡人能把我怎样？”匡人知道搞错了，就放了他们。

无几何，将甲者进⑫，辞曰：“以为阳虎也⑬，故围之。今非也，请辞而退。”

[注释]

①匡：位居宋、卫、郑三国之间，故或称卫邑，或称郑邑。②匝：周。③惙：通“辍”，止。④娱：乐。⑤讳：忌，担忧。⑥通：顺利，得意。⑦穷人：不得志的人。⑧通人：得志的人。⑨兕：

雌的犀牛。⑩处：安歇。⑪制：支配。⑫将甲者：率领甲士的将官。将，率领。⑬阳虎：原是鲁国季孙氏家臣，后篡夺了鲁国的政权，专政三年。

［译文］

孔子周游到匡地，卫国人一层又一层地包围了他，可是孔子仍在不停地弹琴唱歌。子路入内见孔子说："先生如此欢心是为什么呢？"孔子说："来，我告诉你！我违忌困窘蔽塞已经很久很久了，可是始终不能免除，这是命运啊。我寻求通达也已经很久很久了，可是始终未能达到，这是时运啊。当尧、舜的时代，天下没有一个困顿潦倒的人，并非因为他们都才智超人；当桀、纣的时代，天下没有一个通达的人，并非因为他们都才智低下。这都是时运所造成的。在水里活动而不躲避蛟龙的，乃是渔夫的勇敢；在陆上活动而不躲避犀牛老虎的，乃是猎人的勇敢；刀剑交错地横于眼前，看待死亡犹如生还的，乃是壮烈之士的勇敢。懂得困厄潦倒乃是命中注定，知道顺利通达乃是时运造成，面临大难而不畏惧的，这就是圣人的勇敢。仲由啊，你还是安然处之吧！我命中注定要受制啊！"没有过多久，统带士卒的将官走了进来，深表歉意地说："大家把你看作是阳虎，所以包围了你；现在知道了你不是阳虎，请让我向你表示歉意并且撤离部队。"

［原文］

公孙龙问于魏牟(móu)曰①："龙少学先王之道，长而明仁义之行；合同异，杂坚白；然不然，可不可；困百家之知，穷众口之辩；吾自以为至达已。今吾闻庄子之言，汒(máng)焉异之②。不知论之不及与③，知之弗若与？今吾无所开吾喙(huì)④，敢问其方。"

公子牟隐机大息，仰天而笑曰："子独不闻夫坎井之蛙乎？谓东海之鳖曰：'吾乐与！出跳梁乎井干之上⑤，入休乎缺甃(zhòu)之崖⑥；赴水则接腋持颐⑦，蹶泥则没足灭跗(fū)⑧，还虷(hán)蟹与科斗，莫吾能若也。且夫擅一壑之水，而跨跱坎井之乐，此亦至矣，夫子奚不时来入观乎！'东海之鳖左足未入，而右膝已絷(zhí)矣⑨。于是逡巡而却⑩，告之海曰：'夫千里之远，不足以举其大⑪；千仞之高，不足以极其深⑫。禹之时十年九潦⑬，而水弗为加益；汤之时八年七旱，而厓不为加损⑭。夫不为顷久推移⑮，不以多少进退者⑯，此亦东海之大乐也。'于是坎井之蛙闻之，适适然惊⑰，规规然自失

也[18]。且夫知不知是非之竟[19]，而犹欲观于庄子之言，是犹使蚊负山，商蚷(jù)驰河也[20]，必不胜任矣，且夫知不知论极妙之言而自适一时之利者，是非坎井之蛙与？且彼方跐(cǐ)黄泉而登大皇[21]，无南无北，奭(shì)然四解[22]，沦于不测；无东无西，始于玄冥[23]，反于大通[24]。子乃规规然而求之以察，索之以辩，是直用管窥天，用锥指地也，不亦小乎！子往矣！且子独不闻夫寿陵余子之学行于邯郸与[25]？未得国能，又失其故行矣[26]，直匍匐而归耳[27]。今子不去，将忘子之故，失子之业。”

公孙龙口呿(qū)而不合[28]，舌举而不下，乃逸而走[29]。

［注释］

①公孙龙：战国时期赵国人，著名的名家。魏牟：魏国公子，故又称公子牟。②汒：通“茫”。③论：谈论。④喙：嘴。⑤跳梁：同“跳踉”，即跳跃。井干：井栏。⑥休：止。缺甃：烂砖头。甃，砌井壁用的砖。崖：本指高的岸边，这里指井壁。⑦接、持：都有承托的意思。⑧蹶：踏。跗：脚背。⑨絷：绊住。⑩逡巡：迟疑徘徊的样子。⑪举：称，形容。⑫极：尽，量尽。⑬潦：同“涝”，雨大水淹。⑭崖：通“涯”，指水边。⑮顷：暂。推移：改变。⑯进退：指水位的升降。⑰适适然：惊惧的样子。⑱规规然：局促的样子。⑲竟：通“境”，界限。⑳商蚷：马蚷。㉑方：正在。跐：踩。黄泉：地下泉水。大皇：天高处。㉒奭：借为释。释然，毫无阻碍的样子。四解：四面通达。㉓玄冥：微妙的境界。㉔大通：无所不通的境界。㉕寿陵：燕国地名。余子：少年。学行：学走路。邯郸：赵国国都。㉖故行：原来行路的步法。㉗直：只能。匍匐：爬行。㉘呿：口张开的样子。㉙逸：逃。

［译文］

公孙龙向魏牟问道：“我年少的时候学习古代圣王的主张，长大以后懂得了仁义的行为；能够把事物的不同与相同合而为一，把一个物体的质地坚硬与颜色洁白分离开来；能够把不对的说成是对的，把不应认可的看作是合宜的；能够使百家智士困惑不解，能够使众多善辩之口理屈词穷，我自以为是最为通达的了。如今我听了庄子的言谈，感到十分茫然。不知是我的论辩比不上他呢，还是我的知识不如他呢？现在我已经没有办法再开口了，冒昧地向你请教其中的道理。”

魏牟靠着几案深深地叹了口气，然后又仰头朝天笑着说：“你不曾听说过那浅井里的青蛙吗？井蛙对东海里的鳖说，‘我实在快乐啊！我跳跃玩耍于井口栏杆之上，进到井里便在井壁砖块破损之处休息。跳入水中井水漫入腋下并且托起我的下巴，踏入泥里泥水就盖住了我的脚背，回过头来看看水中的那些赤虫、小蟹和蝌蚪，没有谁能像我这样的快乐！再说我独占一坑之水、盘踞一口浅井的快乐，这也是极其称心如意的了。你怎么不随时来井里看看呢？’东海之鳖左脚还未能跨入浅井，右膝就已经被绊住。于是迟疑了一阵子之后又把脚退了出来，把大海的情况告诉给浅井的青蛙，说：‘千里的遥远，不足以称述它的大；千仞的高旷，不足于探究它的深。夏禹时代十年里有九年水涝，而海水不会因此增多；商汤的时代八年里有七年大旱，而岸边的水位不会因此下降。不因为时间的短暂与长久而有所改变，不因为雨量的多少而有所增减，这就是东海最大的快乐。’浅井之蛙听了这一席话，惊惶不安，茫然不知所措。再说你公孙龙的才智还不足以知晓是与非的境界，却还想去察悉庄子的言谈，这就像驱使蚊虫去背负大山，驱使蚷虫到河水里去奔跑，必定是不能胜任的。而你的才智不足以通晓极其玄妙的言论，竟自去迎合那些一时的胜利，这不就像是浅井里的青蛙吗？况且庄子的思想主张正俯极黄泉登临苍天，不论南北，释然四散通达无阻，深幽沉寂不可探测；不论东西，起于幽深玄妙之境，返归广阔通达之域。你竟拘泥浅陋地用察视的办法去探寻它的奥妙，用论辩的言词去索求它的真谛，这只不过是用竹管去窥视高远的苍天，用锥子去测量浑厚的大地，不是太渺小了吗！你还是走吧！而且你就不曾听说过那燕国寿陵的小子到赵国的邯郸去学习走步之事吗？未能学会赵国的本事，又丢掉了他原来的本领，最后只得爬着回去了。现在你还不尽快离开我这里，必将忘掉你原有的本领，而且也必将失去你原有的学业。”

公孙龙听了这一番话张大着口而不能合拢，舌头高高抬起而不能放下，于是快速地逃走了。

［原文］

庄子钓于濮(pú)水①，楚王使大夫二人往先焉②，曰：“愿以境内累矣③！”

庄子持竿不顾④，曰：“吾闻楚有神龟⑤，死已三千岁矣，王以巾笥而藏之庙堂之上⑥。此龟者，宁其死为留骨而贵乎？宁其生而曳(yè)尾于涂中乎⑦？”

二大夫曰：“宁生而曳尾涂中。”

庄子曰：“往矣！吾将曳尾于涂中。”

陶渊明

“曳尾涂中”反映了庄子淡泊名利、返归自然的人生态度。魏晋诗人陶渊明就是一位不为五斗米折腰，先官后隐的田园隐士。

[注释]

①濮水：在今河南范县。②楚王：楚威王。先：先去传达楚王的意思。③累：拖累，麻烦。④竿：钓竿。⑤神龟：龟壳用来占卜，决事神灵，故称“神龟”。⑥巾笥：装进竹箱，再用巾包起来。笥，竹箱。⑦曳：摇曳。涂：泥。

[译文]

庄子在濮水边垂钓，楚王派遣两位大臣先行前往致意，说：“楚王愿将国内政事委托给您而劳累您了。”

庄子手把钓竿头也不回地说：“我听说楚国有一神龟，已经死了三千年了，楚王用竹箱装着它，用巾饰覆盖着它，珍藏在宗庙里。这只神龟，是宁愿死去为了留下骨骸而显示尊贵呢，还是宁愿活着在泥水里拖着尾巴呢？”

两位大臣说：“宁愿拖着尾巴活在泥水里。”

庄子说：“你们走吧！我仍将拖着尾巴生活在泥水里。”

[原文]

惠子相梁[1]，庄子往见之。或谓惠子曰[2]：“庄子来，欲代子相。”于是惠子恐[3]，搜于国中三日三夜。

庄子往见之，曰：“南方有鸟，其名为鹓鶵(yuānchú)[4]，子知之乎？夫鹓鶵，发于南海而飞于北海，非梧桐不止[5]，非练实不食，非醴泉不饮[6]。于是鸱(chī)得腐鼠[7]，鹓鶵过之，仰视而之曰：‘吓！’今子欲以子之梁国而吓我邪？”

凤凰

鹓鶵是像凤凰一类的鸟。庄子把自己比喻为鹓鶵，把相位比喻为腐鼠。在庄子看来权位是人生的负累。

[注释]

①惠子：惠施，曾为梁惠王相。②或：有人。③恐：指怕庄子取代自己的相位。④鹓鶵：像凤凰一类的鸟。⑤止：栖息。⑥醴泉：味道甘美如甜酒的泉水。⑦鸱：鹞鹰，这里比喻惠施。腐鼠：腐烂的死老鼠，比喻相位。

[译文]

惠子在梁国做宰相，庄子前往看望他。有人对惠子说：“庄子来梁国，是想取代你做宰

相。”于是惠子恐慌起来，在都城内搜寻庄子，整整三天三夜。

庄子前往看望惠子，说：“南方有一种鸟，它的名字叫鹓鸰，你知道吗？鹓鸰从南海出发飞到北海，不是梧桐树它不会停息，不是竹子的果实它不会进食，不是甘美的泉水它不会饮用。正在这时一只鹞鹰寻觅到一只腐烂了的老鼠，鹓鸰刚巧从空中飞过，鹞鹰抬头看着鹓鸰，发出一声怒气：‘吓！’如今你也想用你的梁国来怒叱我吗？”

[原文]

庄子与惠子游于濠梁之上①。庄子曰：“鲦(tiáo)鱼出游从容②，是鱼之乐也。”惠子曰：“子非鱼，安知鱼之乐？”庄子曰：“子非我，安知我不知鱼之乐？”惠子曰：“我非子，固不知子矣；子固非鱼也，子之不知鱼之乐，全矣③。”庄子曰：“请循其本④。子曰‘汝安知鱼乐’云者，既已知吾知之而问我，我知之濠上也。”

[注释]

①濠：水名，在今安徽凤阳北。梁：拦河堰。②鲦鱼：俗称白条鱼，身窄小而有条纹。③全矣：完全如此。④循：追溯。本：始，指开头的话题。

[译文]

庄子和惠子一道在濠水的桥上游玩。庄子说：“白条鱼游得多么悠闲自在，这就是鱼儿的快乐。”惠子说：“你不是鱼，怎么知道鱼的快乐？”庄子说：“你不是我，怎么知道我不知道鱼儿的快乐？”惠子说：“我不是你，固然不知道你；你也不是鱼，你不知道鱼的快乐，也是完全可以肯定的。”庄子说：“还是让我们顺着先前的话来说。你刚才所说的‘你怎么知道鱼的快乐’的话，就是已经知道了我知道鱼儿的快乐而问我，而我则是在濠水的桥上知道鱼儿快乐的。”

题解

此篇主旨是在论述“至乐活身之术，皆以无为而存”，文章取首句“至乐”二字为题，即有揭示主旨的作用。作者写出“庄子妻死”等三则寓言故事，是要从窥破生死关头处，来发明至乐在于无为的主旨。“颜渊东之齐”的寓言故事阐明了至乐在于无为的主旨。末则寓言故事，是他和骷髅的一番对话，用骷髅做枕头而睡去又被骷髅托梦。荒郊野外，一个突兀的骷髅竟让他心旷神怡。但其实死者之语越通达，生者之痛更深切。所谓“以乐写哀，倍增其哀”。

庄子乐的最重要的特性是它的超功利性。庄子这种体认人类命运必然性的“乐”乃是沉积着失去自由的巨大的隐痛、哀伤和愤懑。它决不同于儒家那种在自强不息的奋斗中安贫乐道的乐观精神，更不同于古希腊自由民的那种无忧无虑、天真烂漫的欢快意识，而似乎体现了灾难深重的古代中华民族精神的另一面，即清醒浓郁的忧患意识和难以言说的悲剧性格。但更重要的还在于，庄子的近乎宿命论的悲伤忧患毕竟没有陷入如同西方民族的那种宗教迷狂、绝望的境地，而是通向“看破忧患”的乐观旷达，最终消融在平易恬淡、宁静闲和的微妙境界里。

至乐

[原文]

天下有至乐无有哉？有可以活身者无有哉？今奚为奚据[1]？奚避奚处[2]？奚就奚去？奚乐奚恶？

夫天下之所尊者，富贵寿善也；所乐者，身安厚味美服好色音声也；所下者，贫贱夭恶也；所苦者，身不得安逸，口不得厚味，形不得美服，目不得好色，耳不得音声；若不得者，则大忧以惧，其为形也亦愚哉[3]！

夫富者，苦身疾作[4]，多积财而不得尽用，其为形也亦外矣。夫贵者，夜以继日，思虑善否[5]，其为形也亦疏矣。人之生也，与忧俱生，寿者惛(hūn)惛[6]，久忧不死，何苦也！其为形也亦远矣。烈士为天下见善矣，未足以活身。吾未知善之诚善邪，诚不善邪？若以为善矣，不足活身；以为不善矣，足以活人。故曰：“忠谏不听，蹲循勿争[7]。”故夫子胥争之以残其形，不争，名亦不成。诚有善无有哉？

今俗之所为与其所乐，吾又未知乐之果乐邪，果不乐

伍员

伍员，字子胥，春秋末期吴国大夫，军事家、谋略家。

邪？吾观夫俗之所乐，举群趣者[8]，迳（jìng）迳然如将不得已[9]，而皆曰乐者，吾未之乐也，亦未之不乐也。果有乐无有哉？吾以无为诚乐矣，又俗之所大苦也。故曰：“至乐无乐，至誉无誉。”

天下是非果未可定也。虽然，无为可以定是非。至乐活身，唯无为几存。请尝试言之。天无为以之清，地无为以之宁，故两无为相合，万物皆化生。芒乎芴（hū）乎[10]，而无从出乎！芴乎芒乎，而无有象乎[11]！万物职职[12]，皆从无为殖[13]。故曰，天地无为也，而无不为也，人也孰能得无为哉！

[注释]

①据：定，安止。②避：回避。③为形：指保养身体。④苦身：使身体劳苦。疾作：拼命干。⑤善否：指官运亨通与阻滞。⑥惛惛：神智不清的样子。⑦蹲循：通“逡巡”，迟疑退却的样子。⑧举群：成群。趣：趋向，倾向。⑨迳迳然：争着跑去的样子。⑩芒芴：恍惚，形容无为的景象。⑪象：迹象。⑫职职：繁多的样子。⑬殖：繁殖生产。

[译文]

天下有最大的快乐还是没有呢？有可以存活身形的东西还是没有呢？现在，应该做些什么又依据什么？回避什么又安心什么？靠近什么又舍弃什么？喜欢什么又讨厌什么？

世上的人们所尊崇看重的，是富有、高贵、长寿和善名；所爱好喜欢的，是身体的安适、丰盛的食品、漂亮的服饰、绚丽的色彩和动听的乐声；所认为低下的，是贫穷、卑微、短命和恶名；所痛苦烦恼的，是身体不能获得舒适安逸、口里不能获得美味佳肴、外形不能获得漂亮的服饰、眼睛不能看到绚丽的色彩、耳朵不能听到悦耳的乐声；假如得不到这些东西，就大为忧愁和担心，以上种种对待身形的做法实在是太愚蠢啊！

富有的人，劳累身形勤勉操作，积攒了许许多多财富却不能全部享用，那样对待

身体也就太不看重了。高贵的人，夜以继日地苦苦思索怎样才会保全权位和厚禄，那样对待身体也就太忽略了。人们生活于世间，忧愁也就跟着一道产生，长寿的人整日里糊糊涂涂，长久地处于忧患之中而不死去，多么痛苦啊！那样对待身体也就太疏远了。刚烈之士为了天下而表现出忘身殉国的行为，可是却不足以存活自身。我不知道这样的行为是真正的好呢，还是实在不能算是好呢？如果认为是好行为，却不足以存活自身；如果认为不是好行为，却又足以使别人存活下来。所以说：“忠诚的劝谏不被接纳，那就退让一旁不再去争谏。”伍子胥忠心劝谏以致身受残戮，如果他不努力去争谏，忠臣的美名也就不会成就。那么果真又有所谓好还是没有呢？

如今世俗所从事与所欢欣的，我又不知道那快乐果真是快乐呢，还是果真不是快乐呢？我观察那世俗所欢欣的东西，大家都全力去追逐，拼死竞逐的样子真像是不达目的决不罢休。人人都说这就是最为快乐的事，而我并不看作就是快乐，当然也不认为不是快乐。那么，世上果真有快乐还是没有呢？我认为无为就是真正的快乐，但这又是世俗的人所感到最痛苦和烦恼的。所以说：“最大的快乐就是没有快乐，最大的荣誉就是没有荣誉。”

天下的是非果真是未可确定的。虽然如此，无为的观点和态度可以确定是非。最大的快乐是使自身存活，而唯有无为算是最接近于使自身存活的了。请让我说说这一点。苍天无为因而清虚明澈，大地无为因而浊重宁寂，天与地两个无为相互结合，万物就全都能变化生长。恍恍惚惚，不知道从什么地方产生出来！惚惚恍恍，没有一点儿痕迹！万物繁多，全从无为中繁衍生殖。所以说，天和地自清自宁无心去做什么却又无所不生无所不做，而人谁又能够做到无为呢！

[原文]

庄子妻死，惠子吊之，庄子则方箕踞鼓盆而歌①。

惠子曰：“与人居长子②，老身死，不哭，亦足矣，又鼓盆而歌，不亦甚乎！”

庄子曰：“不然。是其始死也，我独何能无概然③！察其始而本无生④，非徒无生也而本无形⑤，非徒无形也而本无气。杂乎芒芴之间，变而有气，气变而有形，形变而有生，今又变而之死，是相与为春秋冬夏四时行也。人且偃然寝于巨室⑥，而我嗷(jiào)嗷然随而哭之⑦，自以为不通乎命，故止也⑧。”

[注释]

①方：正在。箕踞：古人席地而坐，坐时两腿伸直叉开，像个簸箕，这是一种不拘礼节的坐法。鼓盆：当作奏乐。鼓，敲击。②长子：生育儿女。③概：借为

治任别归

孔子死后埋葬在鲁国都城以北的泗河边上，孔子的弟子服丧三年，相别而去，子贡在墓侧结庐守墓六年才离去。庄子对生死的态度截然相反，他妻子死后自己却在唱歌，庄子从生死中解脱出来，他认为应乐天安命，无情无心。

慨，感叹。④察：考察，推穷。其始：指其妻未有性命的时候。始，原先。⑤形：形骸。⑥偃：通“晏”，安。寝：卧。巨室：指天地。⑦噭噭：表现哭声的状声词。⑧止：指停止哭泣。

［译文］

庄子的妻子死了，惠子前往表示吊唁，庄子却正在分开双腿像簸箕一样坐着，一边敲打着瓦盆一边唱歌。惠子说：“你跟死去的妻子生活了一辈子，生儿育女直至衰老而死，人死了不伤心哭泣也就算了，又敲着瓦盆唱起歌来，不也太过分了吧！”

庄子说：“不对。这个人她初死之时，我怎么能不感慨伤心呢！然而仔细考察她开始原本就不曾出生，不只是不曾出生而且本来就不曾具有形体，不只是不曾具有形体而且原本就不曾形成元气。夹杂在恍恍惚惚的境域之中，变化而有了元气，元气变化而有了形体，形体变化而有了生命，如今变化又回到死亡，这就跟春夏秋冬四季运行一样。死去的那个人将安安稳稳地寝卧在天地之间，而我却呜呜地围着她啼哭，自认为这是不能通晓于天命，所以也就停止了哭泣。”

［原文］

支离叔与滑介叔观于冥伯之丘①，昆仑之虚②，黄帝之所休③。俄而柳生其左肘④，其意蹶（jué）蹶然恶之⑤。

支离叔曰：“子恶之乎？”

滑介叔曰：“亡⑥，予何恶！生者，假借也⑦；假之而生生者，尘垢也⑧。死生为昼夜。且吾与子观化而化及我，我又何恶焉！”

［注释］

①支离叔、滑介叔：都是庄子杜撰的人物。支离表示忘形，滑介表示忘智。冥伯：丘名，有恍惚不清的意思。②昆仑之虚：比喻遥远渺茫、不易达到的境界。虚，通“墟”。③所休：止步的地方。④柳：假借为瘤。其：指滑介叔。⑤蹶蹶然：惊动的样子。⑥亡：通“无”。⑦假借：寄托。⑧尘垢：比喻渺小。

［译文］

支离叔和滑介叔在冥伯的山丘上和昆仑的旷野里游乐观赏，那里曾是黄帝休息的地方。不一会儿，滑介叔的左肘上长出了一个瘤子，他感到十分吃惊并且厌恶这东西。

支离叔说：“你讨厌这东西吗？”

滑介叔说：“没有，我怎么会讨厌它！具有生命的形体，不过是借助外物凑合而成；一切假借他物而生成的东西，就像是灰土微粒一时间的聚合和积累。人的死与生也就犹如白天与黑夜交替运行一样。况且我跟你一道观察事物的变化，如今这变化来到了我身上，我又怎么会讨厌它呢！”

［原文］

庄子之楚，见空髑髅(dú lóu)①，髐(xiāo)然有形②，撽(qiào)以马捶(chuí)③，因而问之，曰：“夫子贪生失理④，而为此乎？将子有亡国之事，斧钺(yuè)之诛，而为此乎？将子有不善之行，愧遗父母妻子之丑，而为此乎？将子有冻馁之患⑤，而为此乎？将子之春秋故及此乎⑥？”

于是语卒，援髑髅，枕而卧。

夜半，髑髅见梦曰：“子之谈者似辩士。视子所言，皆生人之累也，死则无此矣。子欲闻死之说乎⑦？”

庄子曰：“然。”

髑髅曰：“死，无君于上，无臣于下；亦无四时之事，从然以天地为春秋⑧，虽南面王乐，不能过也。”

庄子不信，曰：“君使司命复生子形⑨，为子骨肉肌肤，反子父母妻子闾里知识⑩，子欲之乎？”

髑髅深顰(pín)蹙(cù)𬱟(è)曰⑪：“吾安能弃南面王乐而复为人间之劳乎？”

［注释］

①髑髅：死人的头骨。②髐然：骨头干枯的样子。有形：具有生人头颅的形状。③撽：敲击。捶：鞭子。④贪生：过分追求人生欲望。失理：违反天理。⑤馁：饿。⑥春秋：纪年。商代和西周前期，一年只分春秋二季，故古代多以春秋代表一年，再引申为纪年。⑦死之说：关于死的说法。⑧从然：放纵自由的样子。从，通“纵”。⑨司命：主管人生命的神。⑩闾里：指同一里巷住的人，即邻居。知识：熟

悉的人。⑪深颦蹙频：深深地皱眉头，表示忧愁的样子。频，即前额。

[译文]

庄子到楚国去，途中见到一个骷髅，枯骨突露呈现出原形。庄子用马鞭从侧旁敲了敲。于是问道："先生是贪求生命、失却真理，因而成了这样呢？抑或你遇上了亡国的大事，遭受到刀斧的砍杀，因而成了这样呢？抑或有了不好的行为，担心给父母、妻儿子女留下耻辱，羞愧而死成了这样呢？抑或你遭受寒冷与饥饿的灾祸而成了这样呢？抑或你享尽天年而死去成了这样呢？"

庄子说罢，拿过骷髅，用作枕头而睡去。

到了半夜，骷髅给庄子托梦说："你先前谈话的情况真像一个善于辩论的人。看你所说的那些话，全属于活人的拘累，人死了就没有上述的忧患了。你愿意听听人死后的有关情况和道理吗？"

庄子说："好。"

骷髅说："人一旦死了，在上没有国君的统治，在下没有官吏的管辖；也没有四季的操劳，从容安逸地把天地的长久看作是时令的流逝，即使南面为王的快乐，也不可能超过。"

庄子不相信，说："我让主管生命的神来恢复你的形体，为你重新长出骨肉肌肤，返回到你的父母、妻子儿女、左右邻里和朋友故交中去，你希望这样做吗？"

骷髅皱眉蹙额，深感忧虑地说："我怎么能抛弃南面称王的快乐而再次经历人世的劳苦呢？"

[原文]

颜渊东之齐，孔子有忧色，子贡下席而问曰①："小子敢问，回东之齐，夫子有忧色，何邪？"

孔子曰："善哉汝问！昔者管子有言②，丘甚善之③，曰：'褚小者不可以怀大④，绠（gěng）短者不可以汲（jí）深⑤。'夫若是者，以为命有所成而形有所适也，夫不可损益。吾恐回与齐侯言尧、舜、黄帝之道，而重以燧人、神农之言。彼将内求于己而不

释鸟

按鸟的习性来养鸟，就应当让鸟栖息于山林，让它们自由自在地生活。

得，不得则惑，人惑则死。

“且女独不闻邪？昔者海鸟止于鲁郊[6]，鲁侯御而觞(shāng)之于庙[7]，奏《九韶》以为乐[8]，具太牢以为膳(shàn)[9]。鸟乃眩视忧悲[10]，不敢食一脔(luán)[11]，不敢饮一杯，三日而死。此以己养养鸟也，非以鸟养养鸟也[12]。夫以鸟养养鸟者，宜栖之深林，游之坛陆[13]，浮之江湖，食之鰌(qiū)鲦[14]，随行列而止[15]，委蛇而处[16]。彼唯人言之恶闻，奚以夫譊譊为乎[17]！《咸池》《九韶》之乐[18]，张之洞庭之野[19]，鸟闻之而飞，兽闻之而走，鱼闻之而下入[20]，人卒闻之[21]，相与还而观之。鱼处水而生，人处水而死，彼必相与异，其好恶故异也。故先圣不一其能[22]，不同其事[23]。名止于实[24]，义设于适[25]，是之谓条达而福持[26]。”

［注释］

①下席：退出席位。②管子：管仲，春秋时期齐国人。③善：赞赏。④褚：装衣的袋子。怀大：装大的东西。⑤绠：吊水用的绳子。汲深：从深的井里汲水。⑥鲁郊：鲁城的郊外。⑦御：通“迓”，迎接。觞：本指饮酒器具，这里作动词用，意即以酒招待。⑧《九韶》：舜时代的乐曲名，是在十分隆重的场合才演奏的。⑨太牢：牛羊猪三者都具备的祭祀规格。膳：所供食品。⑩眩视：看得眼花。⑪脔：切成小块的肉。⑫鸟养：鸟生活所需的东西。⑬坛：通“坦”。⑭鰌：泥鳅。鲦：亦作“鲦”，即白条鱼。⑮行列：指海鸟群的行列。⑯委蛇：通“逶迤”，从容自得的样子。⑰譊譊：喧闹的声音。⑱《咸池》：黄帝时乐曲名。⑲张：设，演奏。⑳下入：深入水里。㉑人卒：众人。㉒不一其能：不把他们的性能看作一样。㉓不同其事：不使他们的工作相同。㉔名止于实：名义要限于与实际相符。㉕义设于适：义理要确定得适宜。㉖条达：条理通达，指心情顺畅。持：持有。

［译文］

颜渊向东到齐国去，孔子十分忧虑。子贡离开座席上前问道：“学生冒昧地请问，颜渊往东去齐国，先生面呈忧色，这是为什么呢？”

孔子说：“你的提问实在是好啊！当年管仲有句话，我认为说得很好：‘布袋小的不可能包容大东西，水桶上的绳索短了不可能汲取深井里的水。’如此说来，就应当看作是禀受天命而形成形体，形体虽异却各有适宜的用处，全都是不可以随意添减改变的。我担忧颜渊跟齐侯谈论尧、舜、黄帝治理国家的主张，而且还进一步地推重燧人氏、神农氏的言论。齐侯必将要求自己而苦苦思索，却仍不能理解，不理解必定就会产生疑惑，一旦产生疑惑便会迁怒对方而杀害他。

“况且你不曾听说过吗？从前，一只海鸟飞到鲁国都城郊外停息下来，鲁国国君让人把海鸟接到太庙里供养献酒，奏《九韶》之乐使它高兴，用‘太牢’作为膳食。海鸟竟眼花缭乱忧心伤悲，不敢吃一块肉，不敢饮一杯酒，三天就死了。这是按自己的生活习性来养鸟，不是按鸟的习性来养鸟。按鸟的习性来养鸟，就应当让鸟栖息于深山老林，游戏于水中沙洲，浮游于江河湖泽，啄食泥鳅和小鱼，随着鸟群的队列而止息，从容自得、自由自在地生活。它们最讨厌听到人的声音，又为什么还要那么喧闹嘈杂呢？《咸池》《九韶》之类的著名乐曲，演奏于广漠的原野，鸟儿听见了腾身高飞，野兽听见了惊惶逃遁，鱼儿听见了潜下水底，一般的人听见了，相互围着观看不休。鱼儿在水里才能生存，人处在水里就会死去，人和鱼彼此间必定有不同之处，他们的好恶因而也一定不一样。所以前代的圣王不强求他们具有划一的能力，也不等同他们所做的事情。名义的留存在于符合实际，合宜的措置在于适应自然，这就叫条理通达而福德长久地得到保持。”

[原文]

列子行食于道，从见百岁髑髅，攓(qiān)蓬而指之曰①：“唯予与汝知而未尝死，未尝生也。若果养乎②？予果欢乎③？”

[注释]

①攓：拔。蓬：草。②若：你。养：通“痒”，心烦的样子。③欢：指生而言。

[译文]

列子外出游玩，在道旁吃东西，看见一个上百年的死人的头骨，拔掉周围的蓬草指着骷髅说：“只有我和你知道你是不曾死、也不曾生的。你果真忧愁吗？我又果真快乐吗？”

[原文]

种有几①，得水则为㡭(jì)②，得水土之际则为蛙蠙之衣③，生于陵屯则为陵舄(xì)④，陵舄得郁栖则为乌足⑤。乌足之根为蛴(qí)螬(cáo)⑥，其叶为蝴蝶。蝴蝶胥也化而为虫⑦，生于灶下，其状若脱，其名为鸲(qú)掇⑧。鸲掇千日为鸟，其名为乾余骨⑨。乾余骨之沫为斯弥⑩，斯弥为食醯(xī)⑪。颐辂生乎食醯⑫；黄軦生乎九猷(yóu)⑬，瞀(mào)芮(ruì)生乎腐蠸⑭。羊奚比乎不箰⑮，久竹生青宁⑯；青宁生程⑰，程生马，马生人，人又反入于机。万

黄莺

本文讨论了万物的来去及变化。庄子认为万物都生于极微小的质体，又都归于极微小的质体。

物皆出于机，皆入于机。

［注释］

①种有几：种子有微妙的地方。②㡭：同"继"，亦作"继"，水绵。③蠙：蚌之类。衣：能披盖其他东西，故称。④陵屯：土堆。陵舄：车前、泽泻之类。⑤郁栖：粪土。乌足：车前、泽泻的变种。⑥蛴螬：俗称地蚕、土蚕，是金龟子的幼虫。⑦胥：不久。⑧鸲掇：乾余骨的幼虫。⑨乾余骨：可能是一种十分硬的甲虫，故名。⑩沫：吐出的黏液。⑪食醯：醋。⑫颐辂："醯鸡"，又称蠛蠓。⑬黄軦：虫名。九猷：过时的酒，即坏了的甜酒。九，通"久"。猷，通"酋"，酒。⑭瞀芮：小蚊虫。蠸：通"獾"，瓜类害虫。⑮羊奚：疑即竹菰，生在腐朽的竹节上。比：连。不笋：不生笋的竹子。⑯久竹：陈腐的竹子。青宁：竹根虫。⑰程：豹。

［译文］

物类千变万化源起于微细状态的"几"，有了水的滋养便会逐步相继而生，处于陆地和水面的交接处就形成青苔，生长在山陵高地就成了车前草，车前草获得粪土的滋养长成乌足，乌足的根变化成土蚕，乌足的叶子变化成蝴蝶。蝴蝶很快又变化成为虫，生活在灶下，那样子就像是蜕皮，它的名字叫作灶马。灶马一千天以后变化成为鸟，它的名字叫作乾余骨。乾余骨的唾沫长出虫子斯弥，斯弥又生出蠛蠓。颐辂从蠛蠓中形成，黄軦从九猷中长出；蠓子则产生于萤火虫。羊奚草跟不长笋的老竹相结合，老竹又生出青宁虫；青宁虫生出豹子，豹子生出马，马生出人，而人又返归造化之初的浑沌中。万物都产生于自然的造化，又全都回返自然的造化。

题解

《达生》是庄子对通达人生的思考和探索。庄子建构了“与道为一”的理想人生境界，指引人们通过对“道”的追求，达到人生的顺达和通畅。庄子认为，人生通达要遵循“无为”的自然之道，守住真朴这个生命的根，超越物役物累，保持精神的独立和自由，内外兼养，适而不过。

此篇与《养生主》都强调养生，养生的关键在于全神，一是因为形体转瞬即灭，而精神却可以超然世外，与天地共其悠远。二是因为神全则无隙可乘，无隙可乘则性命不为外物所伤。所以，凡通达生命实情的人，只要保全其精神而已，根本无心凭借导引延年之术，备物厚养之举，以冀其长生不老。但此篇所展示的全神途径，却与《养生主》篇是不同的。《养生主》所强调的是“缘督以为经”，即以顺应中虚之道作为通向全神的重要途径。此篇则强调“纯气之守”，即以守气为全神的重要前提。生命的通达在于自己精神的凝聚专一，旁若无物。心凝而形释，就无往而不自如。首段为总论，“子列子问关尹”以下十一段是引证文字，最后一段，借扁庆子寄慨，感叹养生妙论不入世人之耳，以关锁全文。本章围绕着凝神养气这一中心，运用生动形象的故事寓言，以及意象思维的表达方式，让人领悟其中的玄虚之理。全篇各段思想贯通一致，被认为是《庄子》中比较完整的篇目。

达生

[原文]

达生之情者[1]，不务生之所无以为[2]；达命之情者，不务知之所无奈何[3]。养形必先之以物[4]，物有余而形不养者有之矣；有生必先无离形，形不离而生亡者有之矣。生之来不能却[5]，其去不能止。悲夫！世之人以为养形足以存生；而养形果不足以存生，则世奚足为哉[6]！虽不足为而不可不为者[7]，其为不免矣。

夫欲免为形者[8]，莫如弃世。弃世则无累，无累则正平[9]，正平则与彼更生[10]，更生则几矣[11]。事奚足弃而生奚足遗[12]？弃事则形不劳，遗生则精不亏[13]。夫形全精复，与天为一。天地者，万物之父母也，合则成体[14]，散则成始。形精不亏，是谓能移[15]；精而又精[16]，反以相天。

夫欲免为形者，莫如弃世

[注释]

①达：明白。生：生命，此指养生。情：实情、实际。②务：勉力从事。生：性。所无以为：无法做到的。③所无奈何：无能为力的。④形：身体。物：物质条件，如衣食等。⑤却：推却，拒绝。⑥奚足为：何足为、不足为之意。言世人养形以存生之法不足为。⑦不足为：不值得做。⑧为形：谋生。⑨正平：心气平易淡漠。⑩彼：自然之造化。更生：推移更新。⑪几：近。指近于"免为形"。⑫事：世事。生：人生。遗：忘怀。⑬精不亏：精神不亏损。⑭合则成体：天地阴阳交合则生成万物（包括人）的形体。⑮能移：指能随自然变化推移更新。⑯精而又精：使精神完美之上更加完美。

[译文]

通晓生命实情的人，不会去努力追求对于生命没有什么好处的东西；通晓命运实情的人，不会去努力追求命运无可奈何的事情。养育身形必定先得备足各种物品，可是物资充裕有余而身体却不能很好保养的情况是有的；保全生命必定先得使生命不脱离形体，可是形体没有死去而生命却已死亡的情况也是有的。生命的到来不能推却，生命的离去不能留止。可悲啊！世俗的人认为养育身形便足以保存生命；然而养育身形果真不足以保存生命，那么，世间还有什么事情值得去做呢！虽然不值得去做却不得不去做，内中的操劳或勤苦也就不可避免。

想要免除操劳形体的情况，不如忘却世事。忘却世事就没有劳苦和拘累，没有劳苦和拘累就算走上了正确的道路，走上了正确的道路就能跟随自然一道生存与变化，跟自然一道生存与变化也就接近于大道了。世俗之事为什么须得舍弃而生命途中的痕迹为什么须得遗忘？舍弃了世俗之事身形就不会劳累，遗忘了生命的涯际精神就不会亏损。身形得以保全而精神得以复本还原，就跟自然融合为一体。天和地，乃是万物（生长、繁育）的父体和母体，（阴阳二气）一旦结合便形成物体，物体一旦离散又成为新的物体产生的开始。形体保全精神不亏损，这就叫作能够随自然的变化而变化；精神汇集达到高度凝聚的程度，返回过来又将跟自然相辅相成。

[原文]

子列子问关尹曰①："至人潜行不窒（zhì）②，蹈火不热，行乎万物之上而不栗③。请问何以至于此？"

关尹曰："是纯气之守也④，非知巧果敢之列。居⑤，吾

语汝！凡有貌象声色者⑥，皆物也，物与物何以相远？夫奚足以至乎先⑦？是色而已。则物之造乎不形而止乎无所化⑧，夫得是而穷之者⑨，物焉得而止焉⑩！彼将处乎不淫之度⑪，而藏乎无端之纪⑫，游乎万物之所终始，壹其性⑬，养其气，合其德，以通乎物之所造⑭。夫若是者，其天守全⑮，其神无郤⑯，物奚自入焉⑰！

“夫醉者之坠车⑱，虽疾不死⑲。骨节与人同，而犯害与人异⑳，其神全也，乘亦不知也，坠亦不知也，死生惊惧不入乎其胸中，是故遻(è)物而不慴(shè)㉑。彼得全于酒而犹若是，而况得全于天乎㉒？圣人藏于天㉓，故莫之能伤也。复雠者不折镆(mò)、干㉔，虽有忮心者不怨飘瓦㉕，是以天下平均㉖。故无攻战之乱，无杀戮之刑者，由此道也㉗。

“不开人之天㉘，而开天之天㉙，开天者德生，开人者贼生。不厌其天，不忽于人，民几乎以其真㉚！”

冥山射虎

李广，西汉名将。一次，李广外出打猎，看见草中大石，以为是虎一箭射去。待他近看时，方知射中的是大石，而那枝箭却深深地射入了石中。他张弓对石再射，却始终不能再将箭射入石中了。庄子说：“夫醉者之坠车，虽疾不死。”李广射石与醉汉坠车不死，都是由于精神纯全的原故。

［注释］

①子列子：列御寇。古人称老师为子，并冠在姓氏之前，故称子列子。关尹：老子弟子，姓尹，名喜，字公度，为函谷关令，故称关令尹。②潜行：入水而行。③万物之上：最高处。栗：恐惧。④纯气之守：指在心里保持着纯正之气，使心志专一。⑤居：坐下。⑥貌象：形状。⑦至乎先：在他物之先、之上。⑧造：塑造，产生。不形：无形，指道。无所化：指虚静无为之道。万物是道所化育的，而道是万物之祖，它不是谁所化育的。⑨是：此，指上述万物为道所生，而

又终返于道这种反复循环的道理。穷：通晓。⑩焉得：哪能。焉，于此。此指通晓天道的心。⑪不淫之度：恰如其分，指合乎天道的分寸。淫：滥，超越。⑫无端之纪：指大道循环无穷而又推移日新之纲纪。⑬壹：专一执守。⑭物之所造：造物者，指自然。⑮天守全：持守自然之道完备无亏缺。⑯郤：通"隙"，漏洞。⑰物奚自入：世俗事物从何处能入侵于心。⑱坠车：从车上跌下来。⑲疾：快。言其快速从车上摔下来。⑳犯害：受害、受伤。㉑遻：同"忤"，遇到，碰着。指身体跌下来与地相撞。慴：恐惧。㉒得全于天：与天守全意同，持守完备之自然之道。㉓藏于天：持守自性与天道冥合。㉔折：折断、损坏。㉕忮心：忌恨之心。飘瓦：被风吹落的瓦片。㉖平均：平等。意指人人平等相待。㉗此道：指无心无为之道。㉘开人之天：天启人之智慧，运用智巧去处理事物。㉙开天之天：开启自性，不运用思虑智巧，循性而动，顺乎自然而无心。㉚几：近。以其真：按本性行事。

［译文］

列子问关尹说："道德修养臻于完善的至人潜行水中却不会感到阻塞，跳入火中却不会感到灼热，行走于万物之上也不会感到恐惧。请问为什么会达到这样的境界？"

关尹回答说："这是因为持守住纯和之气，并不是智巧、果敢所能做到的。坐下，我告诉给你。大凡具有面貌、形象、声音、颜色的东西，都是物体，那么物与物之间又为什么差异很大，区别甚多？又是什么东西最有能耐足以居于他物之先的地位？这都只不过是有形状和颜色罢了。大凡一个有形之物却不显露形色而留足于无所变化之中，懂得这个道理而且深明内中的奥秘，他物又怎么能控制或阻遏住他呢！那样的人处在本能所为的限度内，藏身于无端无绪的混沌中，游乐于万物或灭或生的变化环境里，本性专一不二，元气保全涵养，德行相融相合，从而使自身与自然相通。像这样，他的禀性持守保全，他的精神没有亏损，外物又从什么地方能够侵入呢！

"醉酒的人坠落车下，虽然满身是伤却没有死去。骨骼关节跟旁人一样而受到的伤害却跟别人不同，因为他的神思高度集中，乘坐在车子上也没有感觉，即使坠落地上也不知道，死、生、惊、惧全都不能进入到他的思想中，所以遭遇外物的伤害却全没有惧怕之感。那个人从醉酒中获得保全完整的心态尚且能够如此忘却外物，何况从自然之道中忘却外物而保全完整的心态呢？圣人藏身于自然，所以没有什么能够伤害他。复仇的人并不会去折断曾经伤害过他的宝剑，即使常存忌恨之心的人也不会怨恨那偶然飘来、无心地伤害到他的瓦片，这样一来天下也就太平安宁。没有攻城野战的祸乱，没有残杀戮割的刑罚，全因为遵循了这个道理。

"不要开启人为的思想与智巧，而要开发自然的真性。开发了自然的真性则随遇而安，获得生存；开启人为的思想与智巧，就会处处使生命受到残害。不要厌恶自然的禀赋，也不忽视人为的才智，人们也就几近纯真无伪了！"

［原文］

仲尼适楚，出于林中①，见痀(jū)偻者承蜩(tiáo)②，犹掇之也③。仲尼曰："子巧乎！有道邪？"

曰："我有道也。五六月累丸二而不坠，则失者锱铢(zī zhū)[4]；累三而不坠，则失者十一；累五而不坠，犹掇之也。吾处身也[5]，若橛株枸(jué jǔ)[6]；吾执臂也，若槁木之枝[7]；虽天地之大，万物之多，而唯蜩翼之知。吾不反不侧，不以万物易蜩之翼，何为而不得！"

孔子顾谓弟子曰："用志不分，乃凝于神，其痀偻丈人之谓乎[8]！"

蜩

蜩，蝉。老人万物皆不入心，眼前只有蝉翼，真可谓用心不散，可比神仙。

［注释］

①出：经过。②痀偻：驼背。承蜩：捕蝉。③掇：拾取。④锱铢：古代很微小的重量单位。六铢等于一锱，四锱等于一两。⑤处身：运身。指承蜩时身体的动作。⑥橛株：树墩。枸：指木根部分。⑦槁木：枯干的树。⑧丈人：古代对老年人的尊称。

［译文］

孔子到楚国去，走出树林，看见一个驼背老人正用竿子粘蝉，就好像在地上拾取一样。

孔子说："先生真是巧啊！有门道吗？"

驼背老人说："我有我的办法。经过五六个月的练习，在竿头累叠起两个丸子而不会坠落，那么失手的情况已经很少了；叠起三个丸子而不坠落，那么失手的情况十次不会超过一次了；叠起五个丸子而不坠落，也就会像在地面上拾取一样容易。我立定身子，犹如临近地面的断木，我举竿的手臂，就像枯木的树枝；虽然天地很大，万物品类很多，我一心只注意蝉的翅膀，从不思前想后左顾右盼，绝不因纷繁的万物而改变对蝉翼的注意，为什么不能成功呢！"

孔子转身对弟子们说："运用心志不分散，就是高度凝聚精神，恐怕说的就是这位驼背的老人吧！"

［原文］

颜渊问仲尼曰："吾尝济乎觞(shāng)深之渊[1]，津人操舟若神[2]。吾问焉，曰：'操舟可学邪？'曰：'可。善游者数能[3]。

杂艺

杂技中走钢丝的人一定要忘却钢丝、忘却生死才能够完成表演，一旦其太注意外物很可能就会摔下来。正如庄子在文中表述的“凡外重者内拙”。

若乃夫没人④，则未尝见舟而便操之也。’吾问焉而不吾告⑤，敢问何谓也？”

仲尼曰：“善游者数能，忘水也⑥。若乃夫没人之未尝见舟而便操之也，彼视渊若陵⑦，视舟之覆犹其车却也。覆却万方陈乎前而不得入其舍⑧，恶往而不暇⑨！以瓦注者巧⑩，以钩注者惮(dàn)，以黄金注者殙(hūn)⑪。其巧一也，而有所矜⑫，则重外也⑬。凡外重者内拙。”

［注释］

①济：渡。觞深：渊名，水深而形似酒杯，故名。②操舟：撑船。③数能：很快就会。④若乃：至于。没人：善于潜水的人。⑤不吾告：不告吾。指津人答非所问。⑥忘水：不把水放在心上。因为熟悉水性。⑦视渊若陵：把水上看成同陆上一样。陵，丘陵、高地。⑧舍：本指住宅，这里指心，因为心为精神所居，故称。⑨恶往：到哪儿。暇：闲暇自由。⑩注：赌注。巧：轻快。因为输了也只不过是瓦片，故心里没有半点负担。⑪殙：心绪紊乱的样子。⑫矜：慎重，拘谨。因为怕输掉了贵重的东西，所以态度拘谨。⑬外：身外之物。

［译文］

颜渊问孔子说：“我曾经在觞深过渡，摆渡人驾船的技巧实在神妙。我问他：‘驾船可以学习吗？’摆渡人说：‘可以的。善于游泳的人很快就能驾船。假如是善于潜水的人，那他不曾见到船也会熟练地驾驶船。’我进而问他怎样学习驾船而他却不再回答我。请问他的话说的是什么意思呢？”

孔子回答说：“善于游泳的人很快就能学会驾船，这是因为他们习以成性适应于水而处之自然。至于那善于潜水的人不曾见到过船就能熟练地驾驶船，是因为他们眼里的深渊就像是陆地上的小丘，看待船翻犹如车子倒退一样。船的覆没和车的倒退以及各种景象展现在他们眼前却都不能扰乱他们的内心，他们到哪里不从容自得！用瓦器作为赌注的人心地坦然而格外技高，用金属带钩作为赌注的人而心存疑惧，用黄金作为赌注的

人则头脑发昏内心迷乱。各种赌注的赌博技巧本是一样的，而有所顾惜，那就是以身外之物为重了。大凡对外物看得过重的人其内心世界一定笨拙。”

［原文］

田开之见周威公①。

威公曰：“吾闻祝肾学生②，吾子与祝肾游，亦何闻焉？”

田开之曰：“开之操拔篲(huì)以侍门庭③，亦何闻于夫子④！”

威公曰：“田子无让，寡人愿闻之。”

开之曰：“闻之夫子曰：‘善养生者，若牧羊然，视其后者而鞭之。’”

威公曰：“何谓也？”

田开之曰：“鲁有单豹者⑤，岩居而水饮，不与民共利，行年七十而犹有婴儿之色；不幸遇饿虎，饿虎杀而食之。有张毅者，高门悬薄⑥，无不趋也，行年四十而有内热之病以死⑦。豹养其内而虎食其外，毅养其外而病攻其内，此二子者，皆不鞭其后者也⑧。”

仲尼曰：“无入而藏⑨，无出而阳⑩，柴立其中央⑪。三者若得，其名必极。夫畏涂者⑫，十杀一人，则父子兄弟相戒也，必盛卒徒而后敢出焉⑬，不亦知乎！人之所取畏者，衽席之上⑭，饮食之间；而不知为之戒⑮，过也！”

［注释］

①田开之：姓田，名开之，未详。周威公：崔本作“周威公灶”。疑“灶”字为注文误入。《史记·周本纪》：“孝王封其弟于河南，是为桓公。桓公卒，子威公代立。”威公的名，史书上没有记载，崔本“灶”字即是威公名。②祝肾：姓祝，名肾，未详。学生：学习养生之道。③操拔篲：做扫地的工作，意即当学徒。操，做。拔，把。篲，扫帚。④夫子：先生。田开之似乎是向祝肾学道的，故称祝肾为夫子，而且自称是替祝肾做杂务的。⑤单豹：姓单，名豹，鲁国隐士。⑥悬薄：垂帘。竹帘做的门，即指贫苦之家。薄，通“箔”。⑦内热之病：指为谋利而烦闷引起心火过旺而成的病。⑧鞭其后：如对二人不足的方面加以鞭策，则有助于养生。⑨入而藏：深深地隐藏起来，如单豹。⑩出而阳：太过出头露面，如张毅。⑪柴立：

像木头一样站立，表示无心。中央：指出与入之间。⑫畏涂：危险的道路，路上有强盗杀人越货，人不敢行。⑬盛卒徒：人马众多。⑭衽席之上：指色欲之事。衽席，睡觉用的席子。⑮为之戒：指对真正可怕的饮食色欲要有所戒备。

［译文］

田开之拜见周威公。

周威公说："我听说祝肾在学习养生，你跟祝肾交游，从他那儿听到过什么呢？"

田开之说："我只不过拿起扫帚来打扫门庭，又能从先生那里听到什么！"

周威公说："先生不必谦虚，我希望能听到这方面的道理。"

田开之说："听先生说：'善于养生的人，就像是牧放羊群似的，瞅到落后的便用鞭子赶一赶。'"

周威公问：这话说的是什么意思呢？"

田开之说："鲁国有个叫单豹的，在岩穴里居住在山泉边饮水，不跟任何人争利，活了七十岁还有婴儿一样的面容；不幸遇上了饿虎，饿虎扑杀并吃掉了他。另有一个叫张毅的，高门甲第、朱户垂帘的富贵人家，无不趋走参谒，活到四十岁便患内热病而死去。单豹注重内心世界的修养可是老虎却吞食了他的身体，张毅注重身体的调养可是疾病侵扰了他的内心世界，这两个人，都不是能够鞭策落后而取其适宜的人。"

孔子说："不要进入荒山野岭把自己深藏起来，也不要投进世俗而使自己处处显露，要像槁木一样站立在两者中间。倘若以上三种情况都能具备，他的名声必定最高。使人可畏的道路，十个行人有一个人被杀害，于是父子兄弟相互提醒和戒备，必定要使随行的徒众多起来方才敢于外出，这不是很聪明吗！人所最可怕的，还是枕席上的恣意和饮食间的失度；却不知道为此提醒和戒备，这实在是过错。"

［原文］

祝宗人玄端以临牢筴(jiā)[1]，说彘(zhì)曰[2]："汝奚恶死？吾将三月豢(huàn)汝[3]，十日戒，三日齐[4]，藉白茅[5]，加汝肩尻(kāo)乎雕俎(zǔ)之上[6]，则汝为之乎？"为彘谋曰[7]："不如食以糠糟，而错之牢筴之中。"自为谋[8]，则苟生有轩冕之尊，死得于腞(zhuàn)、楯(shǔn)之上，聚偻(lóu)之中则为之[9]。为彘谋则去之[10]，自为谋则取之，所异彘者何也？

［注释］

①祝宗人：祝人、宗人，都是掌管祭祀的官。玄端：是一种祭祀时穿的斋服，颜色玄黑而样子端正，故称。临：靠近。牢筴：猪圈。筴，通"柙"，木栅。②说：说服。彘：猪。③豢：养。④齐：通"斋"。斋戒是祭祀的人为了表示自己洁净清白的一种仪式。斋戒期间不饮酒不食肉等。⑤藉白茅：《在宥》篇所说的"席白茅"，

用白茅来做垫子，以表示洁净。⑥尻：屁股。俎：古代祭祀时装肉的器具。上有雕饰，故称雕俎。⑦谋：设想。⑧自为谋：指人为自己打算。⑨聚偻：指装饰繁多的棺材。偻，通“蒌”，棺上的装饰。⑩去：抛弃。之：指代白茅、雕俎。

[译文]

主持宗庙祭祀的官吏穿好礼服戴上礼帽来到猪圈边，对着栅栏里的猪说：“你为什么要讨厌死呢？我将喂养你三个月，用十天为你上戒，用三天为你做斋，铺垫上白茅，然后把你的肩胛和臀部放在雕有花纹的祭器上，你愿意这样吗？”为猪打算，说是仍不如吃糠咽糟而关在猪圈里，为自己打算，就希望活在世上有高贵荣华的地位，死后则能盛装在绘有文采的柩车上和棺椁中。为猪打算就会舍弃白茅、雕俎之类的东西，为自己打算却想求取这些东西，所不同于猪的原因究竟是什么呢？

[原文]

桓公田于泽①，管仲御②，见鬼焉③。

公抚管仲之手曰：“仲父何见？”

对曰：“臣无所见。”

公反，诶诒为病④，数日不出。

齐士有皇子告敖者曰⑤：“公则自伤，鬼恶能伤公！夫忿滀(chù)之气⑥，散而不反，则为不足；上而不下，则使人善怒；下而不上，则使人善忘；不上不下，中身当心，则为病。”

桓公曰：“然则有鬼乎？”

曰：“有。沉有履⑦，灶有髻(jì)⑧。户内之烦壤⑨，雷霆处之⑩；东北方之下者，倍阿、鲑蠪(lóng)跃之⑪；西北方之下者，则泆(yì)阳处之⑫。水有罔象⑬，丘有峷(shēn)⑭，山有夔(kuí)⑮，野有彷徨⑯，泽有委蛇。”

公曰：“请问，委蛇之状何如？”

皇子曰：“委蛇，其大如毂(gǔ)，其长如辕，紫衣而朱冠。其为物也，恶闻雷车之声⑰，则捧其首而立。见之者殆乎霸。”

公辴(zhěn)然而笑曰⑱：“此寡人之所见者也。”于是正衣冠

管仲

管仲，春秋时期齐国著名的政治家，颍上（今安徽颍上）人。管仲少时丧父，老母在堂，生活贫苦，为维持生计，与鲍叔牙合伙经商。后从军，到齐国，几经曲折，经鲍叔牙力荐，为齐国上卿（即丞相），被称为“春秋第一相”，辅佐齐桓公成为春秋时期的第一位霸主。

与之坐⑲，不终日而不知病之去也⑳。

［注释］

①桓公：齐桓公小白。春秋五霸中第一个霸主。田：打猎。②管仲：管夷吾，齐相。御：驾车。③见鬼：指桓公看到有鬼。沼泽中多怪物，桓公从未见过，因此以为是鬼。④诶诒：呻吟声。⑤皇子告敖：姓皇子，名告敖，子为尊称。为齐之贤士。⑥忿滀：愤急。⑦沉：污水积聚的地方。履：鬼名。⑧灶：通灶。髻：灶神，传说穿红衣，形状如美女。⑨烦壤：尘土积聚的地方。⑩雷霆：鬼名，或以声大得名。⑪倍阿：土堆。倍，通“培”。东北方之下者倍阿，即倍阿东北方之下。鲑蠪：神名，传说状似小孩，长一尺四寸，黑衣，红头巾，大帽子，带剑持戟。跃之：在那里跳跃活动。⑫泆阳：神名，传说头如豹，尾如马。⑬罔象：水神名。传说状如小儿，赤黑色，赤爪，大耳，长臂。⑭峷：怪兽，形状如狗，有角，身上有五彩花纹。⑮夔：一只脚的野兽。⑯彷徨：形状如蛇，两个头，色五彩。⑰恶：厌恶。⑱辴然：大笑的样子。⑲正衣冠：把衣冠整顿好。之：指皇子告敖。⑳不终日：不到一天。

［译文］

齐桓公在草泽中打猎，管仲替他驾车，突然桓公见到了鬼。

桓公拉住管仲的手说：“仲父，你见到了什么？”

管仲回答：“我没有见到什么。”

桓公打猎回来，疲惫困怠而生了病，好几天不出门。

齐国有个士人叫皇子告敖的对齐桓公说：“你是自己伤害了自己，鬼怎么能伤害你呢？身体内部郁结着气，精魂就会离散而不返归于身，对于来自外界的骚扰也就缺乏足够的精神力量。郁结着的气上通而不能下达，就会使人易怒；下达而不能上通，就会使人健忘；不上通又不下达，郁结内心而不离散，那就会生病。”

桓公说：“这样，那么还有鬼吗？”

告敖回答：“有。水中污泥里有叫履的鬼，灶里有叫髻的鬼。门户内的各种烦壤，名叫雷霆的鬼在处置；东北的墙下，名叫倍阿、鲑蠪的鬼在跳跃；西北方的墙下，名叫泆阳的鬼住在那里；水里有水鬼罔象；丘陵里有山鬼峷；大山里有山鬼夔；郊野里有野鬼彷徨；草泽里还有一种名叫委蛇的鬼。”

桓公接着问：“请问，委蛇的形状怎么样？”

告敖回答：“委蛇，身躯大如车轮，长如车辕，穿着紫衣戴着红帽。他作为鬼神，最讨厌听到雷车的声音，一听见就两手捧着头站着。见到他的人恐怕也就成了霸主。”

桓公听了后开怀大笑，说：“这就是我所见到的鬼。”于是整理好衣帽跟皇子告敖坐着谈话，不到一天时间病也就不知不觉地消失了。

［原文］

纪渻(shěng)子为王养斗鸡①。

十日而问：“鸡已乎？”

曰：“未也，方虚憍而恃气②。”

十日又问，曰：“未也。犹应向景③。”

十日又问，曰：“未也。犹疾视而盛气④。”

十日又问，曰：“几矣。鸡虽有鸣者，已无变矣，望之似木鸡矣，其德全矣，异鸡无敢应⑤，见者反走矣。”

［注释］

①纪渻子：姓纪，名渻子。王：指周宣王。②方：正是。虚憍：实质空虚而又神态骄傲。憍，通“骄”。恃气：自恃意气。③向：通“响”。景：通“影”。④疾视：憎恶而视。盛气：怒气。表现斗志昂扬。⑤异鸡：别的鸡。

［译文］

纪渻子为周宣王驯养斗鸡。

过了十天周宣王问：“鸡驯好了吗？”

纪渻子回答说：“不行，正虚浮骄矜自恃意气哩。”

十天后周宣王又问，回答说：“不行，还是听见响声就叫，看见影子就跳。”

十天后周宣王又问，回答说：“还是那么顾看迅疾，意气强盛。”

又过了十天周宣王再问，回答说：“差不多了。别的鸡即使打鸣，它已不会有什么变化，看上去像木鸡一样，它的德行真可说是完备了，别的鸡没有敢于应战的，掉头就逃跑了。”

［原文］

孔子观于吕梁①，县水三十仞②，流沫四十里，鼋鼍(yuán tuó)鱼鳖之所不能游也③。见一丈夫游之④，以为有苦而欲死也，使弟子并流而拯之。数百步而出，被发行歌而游于塘下⑤。

孔子从而问焉，曰：“吾以子为鬼，察子则人也。请问，蹈水有道乎⑥？”

曰：“亡，吾无道。吾始乎故⑦，长乎性，成乎命。与齐俱入⑧，与汩偕出⑨，从水之道而不为私焉。此吾所以蹈之也。”

孔子曰：“何谓始乎故，长乎性，成乎命？”

曰：“吾生于陵而安于陵，故也；长于水而安于水，性也；不知吾所以然而然，命也。”

[注释]

①观：游览。吕梁：郦道元《水经注》：“泗水过吕县南，水上有石梁，谓之吕梁。”在今江苏铜山东南。②县水：瀑布。县，通悬。③鼋：鳖的一种。鼍：俗称猪婆龙，鳄鱼的一种。鳖：甲鱼，俗称王八。④丈夫：古代对男子的称呼。⑤被发：披散着头发。行歌：边走边哼着歌谣，显出潇洒悠闲的样子。⑥蹈水：行水。⑦故：习惯。⑧与齐俱入：与漩涡中心一起入水。齐，通“脐”。⑨汩：上涌的漩涡。

[译文]

孔子在吕梁观赏，瀑布高悬二三十丈，冲刷而起的激流和水花远达四十里，鼋、鼍、鱼、鳖都不敢在这一带游水。只见一个壮年男子游在水中，还以为是有痛苦而想寻死的，派弟子顺着水流去拯救他。忽见那壮年男子游出数百步远而后露出水面，还披着头发边唱边游在堤岸下。

忠信济水

传说孔子率领弟子周游列国来到吉星滩，眼前有一条大河，奔腾如千军万马。忽然孔子发现河中一汉子游泳自如犹如河中之鱼。孔子惊叹汉子在水中来往自由，问其缘故，那汉子说：“只要心存忠信，就能往来自由。”

孔子紧跟在他身后而问他，说：“我还以为你是鬼，仔细观察你却是个人。请问，游泳也有什么特别的门道吗？”

那人回答：“没有，我并没有什么特别的方法。我起初是故常，长大是习性，有所成就在于自然。我跟水里的漩涡一块儿下到水底，又跟向上的涌流一道游出水面，顺着水势而不作任何违拗。这就是我游泳的方法。”

孔子说：“什么叫作‘起初是故常，长大是习性，有所成就在于自然’呢？”

那人又回答："我出生于山地就安于山地的生活，这就叫作故常；长大了又生活在水边就安于水边的生活，这就叫作习性；不知道为什么会这样而这样生活着，这就叫作自然。"

［原文］

梓(zǐ)庆削木为鐻(jù)①，鐻成，见者惊犹鬼神。

鲁侯见而问焉，曰："子何术以为焉②？"

对曰："臣工人，何术之有！虽然，有一焉。臣将为鐻，未尝敢以耗气也③，必齐以静心④。齐三日，而不敢怀庆赏爵禄；齐五日，不敢怀非誉巧拙；齐七日，辄然忘吾有四枝形体也⑤。当是时也，无公朝⑥，其巧专而外滑消；然后入山林，观天性，形躯至矣，然后成见鐻⑦，然后加手焉；不然则已⑧。则以天合天，器之所以疑神者，其由是与！"

［注释］

①梓：管木工的官。庆：名。鐻：乐器，似夹钟。②术：技艺、方法。③耗气：损耗神气。④齐：通"斋"，斋戒。⑤辄然：不动的样子。辄，止。枝：通"肢"。⑥无公朝：无心于公事。⑦成见鐻：指把鸟兽的情状画在鐻上。见，通"现"。⑧不然：指找不到天性形躯。

［译文］

梓庆能削刻木头做鐻，鐻做成以后，看见的人无不惊叹好像是鬼神的功夫。

鲁侯见到便问他，说："你用什么办法做成的呢？"

梓庆回答道："我是个做工的人，会有什么特别高明的技术！虽说如此，我还是有一种本事。我准备做鐻时，从不敢随便耗费精神，必定斋戒来静养心思。斋戒三天，不再怀有庆贺、赏赐、获取爵位和俸禄的思想；斋戒五天，不再心存非议、夸誉、技巧或笨拙的杂念；斋戒七天，已不为外物所动仿佛忘掉了自己的四肢和形体。正当这个时候，我的眼里已不存在公室和朝廷，智巧专一而外界的扰乱全都消失。然后我便进入山林，观察各种木料的质地；选择好外形与体态最与鐻相合的，这时业已形成的鐻的形象便呈现于我的眼前，然后动手加工制作；不是这样我就停止不做。这就是用我木工的纯真本性融合木料的自然天性，制成的器物疑为神鬼帮助的原因，恐怕也就出于这一点吧！"

［原文］

东野稷(jì)以御见庄公①，进退中绳，左右旋中规②。庄公

以为文弗过也，使之钩百而反。

颜阖（hé）遇之③，入见曰：“稷之马将败。”公密而不应。少焉，果败而反。公曰：“子何以知之？”曰：“其马力竭矣。而犹求焉，故曰败。”

［注释］

①东野稷：人名，姓东野，名稷。庄公：鲁庄公，为春秋前期鲁国君主。②规：木匠画圆圈用的工具。③颜阖：鲁之贤人。遇之：遇见东野稷驾车表演。

［译文］

东野稷因为善于驾车而得见鲁庄公，他驾车时进退能够在一条直线上，左右转弯形成规整的弧形。庄公认为就是编织花纹图案也未必赶得上，于是要他转上一百圈后再回来。

颜阖遇上了这件事，入内会见庄公，说：“东野稷的马一定会失败的。”庄公默不作声。不多久，东野稷果然失败而回。

庄公问：“你为什么事先就知道一定会失败呢？”

颜阖回答说：“东野稷的马力气已经用尽，可是还要它转圈奔走，所以说必定会失败的。”

礼教大行

东汉时期，罗威的庄稼屡受邻居的牛践踏，他不但不计较，反而每天拿青草喂邻居的牛，邻居知道后遂对牛严加管束，从此罗威的庄稼再不受践踏。“忘是非，心之适也”意思是忘掉是非，内心便会安适。

［原文］

工倕（chuí）旋而盖规矩①，指与物化而不以心稽，故其灵台一而不桎（zhì）。忘足，屦之适也；忘腰，带之适也；忘是非，心之适也；不内变②，不外从③，事会之适也④。始乎适而未尝不适者，忘适之适也。

［注释］

①倕：传说是尧时之能工巧匠。盖：合。规矩：偏义复词，只取“规”义。②不内变：持守自性，虚静淡漠。③不外从：不随外物迁变。④事会：与外界事物交接。

[译文]

工倕随手画来就胜过用圆规与矩尺画出的，手指跟随事物一道变化而不须用心留意，所以他心灵深处专一凝聚而不曾受过拘束。忘掉了脚，便是鞋子的舒适；忘掉了腰，便是带子的舒适；知道忘掉是非，便是内心的安适；不改变内心的持守，不顺从外物的影响，便是遇事的安适。本性常适而从未有过不适，也就是忘掉了安适的安适。

[原文]

有孙休者[1]，踵(zhǒng)门而诧子扁庆子曰[2]：“休居乡不见谓不修[3]，临难不见谓不勇；然而田原不遇岁[4]，事君不遇世，宾于乡里，逐于州部，则胡罪乎天哉？休恶遇此命也？”

扁子曰：“子独不闻夫至人之自行邪？忘其肝胆，遗其耳目，芒然彷徨乎尘垢之外，逍遥乎无事之业[5]，是谓‘为而不恃，长而不宰’。今汝饰知以惊愚[6]，修身以明污[7]，昭昭乎若揭日月而行也。汝得全而形躯，具而九窍[8]，无中道夭于聋盲跛蹇(bǒ jiǎn)而比于人数[9]，亦幸矣，又何暇乎天之怨哉！子往矣！”

孙子出。扁子入，坐有间，仰天而叹。弟子问曰：“先生何为叹乎？”

扁子曰：“向者休来，吾告之以至人之德，吾恐其惊而遂至于惑也。”

弟子曰：“不然。孙子之所言是邪？先生之所言非邪？非固不能惑是。孙子所言非邪？先生所言是邪？彼固惑而来矣，又奚罪焉！”

扁子曰：“不然。昔者有鸟止于鲁郊，鲁君说之，为具太牢以飨(xiǎng)之，奏《九韶》以乐之，鸟乃始忧悲眩视，不敢饮食。此之谓以己养养鸟也。若夫以鸟养养鸟者，宜栖之以深林，浮之以江湖，食之以鳝鳅，委蛇而处，则安平陆而已矣[10]。今休，款启寡闻之民也[11]，吾告以至人之德，譬之若载鼷(xī)以车马[12]，乐鴳以钟鼓也[13]。彼又恶能无惊乎哉[14]！”

[注释]

①孙休：姓孙，名休，鲁国人。②踵门：古人相见，需经第三者介绍或引进，如亲自叩门求见就叫踵门。③见：通“现”，显露，出名。④田原：田地，在田间耕作。岁：年景。⑤无事：无为。⑥饰知：美化自己的心智。知，通“智”。惊愚：令愚顽的人有所惊觉醒悟。⑦明污：把污秽的东西揭露出来。⑧九窍：指二眼、二鼻孔、一口、二耳、二阴。⑨蹇：跛脚。比于人数：算做人。比，列。⑩安平陆：放之于原野。⑪款启：打开一个小孔。款，小孔。启，开。⑫鼷：小老鼠。⑬鹩：小雀名。⑭彼：指小老鼠与小雀。

[译文]

有个名叫孙休的人，走到门前就惊叹不已地询问他的老师扁庆子，说：“我安居乡里不曾受人说过道德修养差，面临危难也没有人说过不勇敢；然而我的田地里却从未遇上过好年成，为国家出力也未遇上圣明的国君，被乡里所摈弃，受地方官放逐，而我对于上天有什么罪过呢？我怎么会遇上如此的命运？”

扁子说：“你不曾听说过那道德修养极高的人的身体力行吗？忘却自己的肝胆，也遗弃了自己的耳目，无心地纵放于世俗尘垢之外，自由自在地生活在不求建树的环境中，这就叫作有所作为而不自恃，有所建树而不自得。如今你把自己打扮得很有才干用以惊吓众人，用修养自己的办法来突出他人的污秽，毫不掩饰地炫耀自己就像在举着太阳和月亮走路。你得以保全形体和身躯，具备了九窍，没有中道上夭折于聋、瞎、跛、瘸而处于寻常人的行列，也真是万幸了，又有什么闲暇抱怨上天呢！你还是走吧！”

孙休走出屋子，扁子回到房里。不多一会儿，扁子仰天长叹，弟子问道：“先生为什么长叹呢？”

扁子说：“刚才孙休进来，我把道德修养极高的人的德行告诉给他，我真担心他会吃惊以至迷惑更深。”

弟子说：“不对哩。孙休所说的话是正确的吗？先生所说的话是错误的吗？错误的本来就不可能迷惑正确的。孙休所说的话是不对的吗？先生所说的话是正确的吗？他本来就因迷惑而来请教，又有什么过错呀！”

扁子说：“不是这样的。从前有只海鸟飞到鲁国都城郊外，鲁国国君很喜欢它，用‘太牢’来宴请它，奏《九韶》乐来让它快乐，海鸟竟忧愁悲伤，眼花缭乱，不敢吃喝。这叫作按自己的生活习性来养鸟。假若是按鸟的习性来养鸟，就应当让它栖息于幽深的树林，浮游于大江大湖，让它吃泥鳅和小鱼，这本是极为普通的道理而已。如今的孙休，乃是孤陋寡闻的人，我告诉给他道德修养极高的人的德行，就好像用马车来托载小老鼠，用钟鼓的乐声来取悦小雀一样。他又怎么会不感到吃惊啊！”

题解

《山木》这一篇的篇名，取自篇首“庄子行于山中，见大木”一句。“山木”即山中之木。其内容讲世事多难，处事多患，只有清心寡欲，才能避免祸患。

此篇与《人间世》一样，旨在说明要想处世免患，即在于虚己顺物，抛弃矜伐自恃之心。如鲁侯因不能去欲虚己而不免于患，孔子因有矜伐之心而遭陈蔡之围，逆旅美人因有矜美之意而不为主人所重，北宫奢能虚己无为，三月即成上下之悬，凡此等等都足以说明此意。可是尽管此篇宗旨与《人间世》相同，但在许多地方却往往能翻出新意。若《人间世》以不材、无用为虚己免患之本，而本文却在大木以不材终其天年之后，忽然转出雁以无能见杀一喻，说明不材、无用同样不足免患，反而处于材与不材之间，似乎才能够远祸全身。但文章接着忽又一转，明确指出处于中间、似是而非仍不是大道所在，所以只有超然三者之外，浮游于道德之乡，与时俱化，物我两忘，才能够真正做到虚己免患。所有这些都表明，在“殊死者相枕”“桁杨者相推”“刑戮者相望”的残酷现实面前，作者已完全感到无可奈何，无能为力，因而只好韬光养晦，明哲保身。

山木

[原文]

庄子行于山中，见大木，枝叶盛茂，伐木者止其旁而不取也。问其故，曰：“无所可用。”庄子曰：“此木以不材得终其天年！”

夫子出于山，舍于故人之家[1]。故人喜[2]，命竖子杀雁而烹之[3]。竖子请曰：“其一能鸣，其一不能鸣，请奚杀？”主人曰：“杀不能鸣者。”

明日，弟子问于庄子曰：“昨日山中之木，以不材得终其天年；今主人之雁，以不材死；先生将何处？”

庄子笑曰：“周将处乎材与不材之间。材与不材之间，似之而非也，故未免乎累。若夫乘道德而浮游则不然[4]。无誉无訾（zǐ）[5]，一龙一蛇[6]，与时俱化，而无肯专为；一上一下[7]，以和为量[8]，浮游于万物之祖；物物而不物于物，则胡可得而累邪！此黄帝、神农之法则也。若夫万物之情，人伦之传[9]，则不然。合则离，成则毁；廉则挫[10]，尊则议[11]，

有为则亏，贤则谋，不肖则欺，胡可得而必乎哉！悲夫！弟子志之，其唯道德之乡乎！”

雁

鸟类的一种，形状略像鹅，颈和翼较长，足和尾较短，羽毛淡紫褐色，善于游泳和飞行。树长得好就被砍，鹅不会叫也被杀，作为人到底是有用好还是无用好呢？孔子推崇中庸之道。子曰：“中庸其至矣乎！民鲜能久矣。”庄子则认为介于“材与不材之间”会使自己拘束与劳累，应该超越有用和无用的区分，顺应自然，没有羁绊。

［注释］

①舍：休息。②故人：老朋友。③竖子：同“孺子”，此指童仆。④乘道德：顺自然。⑤訾：毁。⑥一龙一蛇：意指时而显现时而隐晦。⑦一上一下：一进一退。⑧以和为量：以顺自然为则。和，顺。量，度。⑨人伦之传：人类的习惯。⑩廉则挫：利则挫。廉，假借为利。⑪尊则议：尊贵者又遭议疑。

［译文］

庄子行走于山中，看见一棵大树枝叶十分茂盛，伐木的人停留在树旁却不去动手砍伐。问他们是什么原因，说：“没有什么用处。”庄子说：“这棵树就是因为不成材而能够终享天年啊！”

庄子走出山来，留宿在朋友家中。朋友高兴，叫童仆杀鹅款待他。童仆问主人：“一只能叫，一只不能叫，请问杀哪一只呢？”主人说：“杀那只不能叫的。”

第二天，弟子问庄子：“昨日遇见山中的大树，因为不成材而能终享天年，如今主人的鹅，因为不成材而被杀掉；先生你将怎样对待呢？”

庄子笑道：“我将处于成材与不成材之间。处于成材与不成材之间，好像合于大道却并非真正与大道相合，所以这样不能免于拘束与劳累。假如能顺应自然而自由自在地游乐也就不是这样。没有赞誉没有诋毁，时而像龙一样腾飞时而像蛇一样蛰伏，跟随时间的推移而变化，而不愿偏滞于某一方面；时而进取时而退缩，一切以顺和作为度量，悠然自得地生活在万物的初始状态，役使外物，却不被外物所役使，那么，怎么会受到外物的拘束和劳累呢？这就是黄帝、神农的处世原则。至于说到万物的真情，人类的传习，就不是这样的。有聚合也就有离析，有成功也就有毁败；棱角锐利就会受到挫折，尊显就会受到倾覆，有为就会受到亏损，贤能就会受到谋算，而无能也会受到欺侮，怎么可以一定要偏滞于某一方面呢！可悲啊！弟子们记住了，恐怕还只有归向于自然吧！”

［原文］

市南宜僚见鲁侯①，鲁侯有忧色。市南子曰：“君有忧

色，何也？”

鲁侯曰：“吾学先王之道[2]，修先君之业[3]；吾敬鬼尊贤，亲而行之，无须臾居[4]；然不免于患，吾是以忧。”

市南子曰：“君之除患之术浅矣！夫丰狐文豹，栖于山林，伏于岩穴，静也；夜行昼居，戒也；虽饥渴隐约[5]，犹且胥疏于江湖之上而求食焉[6]，定也；然且不免于罔罗机辟之患[7]。是何罪之有哉？其皮为之灾也。今鲁国独非君之皮邪？吾愿君刳(kū)形去皮，洒心去欲，而游于无人之野。南越有邑焉[8]，名为建德之国。其民愚而朴，少私而寡欲；知作而不知藏，与而不求其报；不知义之所适，不知礼之所将[9]；猖狂妄行[10]，乃蹈乎大方[11]；其生可乐，其死可葬。吾愿君去国捐俗，与道相辅而行。”

君曰：“彼其道远而险，又有江山，我无舟车，奈何？”

市南子曰：“君无形倨(jù)[12]，无留居[13]，以为舟车。”

君曰：“彼其道幽远而无人，吾谁与为邻？吾无粮，我无食，安得而至焉？”

市南子曰：“少君之费，寡君之欲，虽无粮而乃足。君其涉于江而浮于海，望之而不见其厓，愈往而不知其所穷。送君者皆自厓而反，君自此远矣！故有人者累[14]，见有于人者忧。故尧非有人，非见有于人也。吾愿去君之累，除君之忧，而独与道游于大莫之国[15]。方舟而济于河[16]，有虚船来触舟，虽有褊(biǎn)心之人不怒[17]；有一人在其上，则呼张歙(xī)之[18]；一呼而不闻，再呼而不闻，于是三呼邪，则必以恶声随之。向也不怒而今也怒，向也虚而今也实。人能虚己以游世，其孰能害之！”

［注释］

①市南宜僚：熊宜僚，居市南，故称市南宜僚。②先王：指周文王。③先君：

指周公伯禽。④无须臾居：没有片刻的休息。⑤隐约：逼困之意。⑥胥疏：疏远的意思。⑦罔罗机辟：皆捕鸟兽之具。⑧南越：形容遥远的地方。⑨将：行。⑩猖狂妄行：从心所欲。⑪大方：大道。⑫形倨：形态倨傲。⑬留居：滞守之谓。⑭有人者：掌有人民的。⑮大莫：犹广漠。⑯方舟：两舟相并叫方舟。方，通“舫”。⑰惼：同“褊”，狭急。⑱张：撑开。歙：收敛。

[译文]

市南宜僚拜见鲁侯，鲁侯正面带忧色。市南宜僚说：“国君面呈忧色，为什么呢？”

鲁侯说：“我学习先王治国的办法，承继先君的事业；我敬仰鬼神尊重贤能，身体力行，没有短暂的止息，可是仍不能免除祸患，我因为这个缘故而忧虑。”

市南宜僚说：“你消除忧患的办法太浅薄了！皮毛丰厚的大狐和斑斑花纹的豹子，栖息于深山老林，潜伏于岩穴山洞，这是静心；夜里行动，白天居息，这是警惕；即使饥渴也隐形潜踪，还要远离各种足迹到江湖上觅求食物，这又是稳定；然而还是不能免于罗网和机关的灾祸。这两种动物有什么罪过呢？是它们自身的皮毛给它们带来灾祸。如今的鲁国不就是为你鲁君带来灾祸的皮毛吗？我希望你能剖空身形舍弃皮毛，荡涤心智摒除欲念，进而逍遥于没有人迹的原野。遥远的南方有个城邑，名字叫作建德之国。那里的人民纯厚而又质朴，很少有私欲；知道耕作而不知道储备，给予别人什么从不希图酬报；不明白义的归宿，不懂得礼的去向；随心所欲任意而为，竟能各自行于大道；他们生时自得而乐，他们死时安然而葬。我希望国君你也能舍去国政捐弃世俗，从而跟大道相辅而行。”

鲁侯说：“那里道路遥远而又艰险，又有江河山岭阻隔，我没有可用的船和车，怎么办呢？”

市南宜僚说：“国君不要容颜高傲，不要墨守滞留，便可以此作为你的车子。”

鲁侯说：“那里道路幽暗遥远而又无人居住，我跟谁是邻居？我没有粮，我没有食物，怎么能够到达那里呢？”

市南宜僚说：“减少你的耗费，节制你的欲念，虽然没有粮食也是充足的。你渡过江河浮游大海，一眼望去看不到涯岸，越向前行便越发不知道它的穷尽。送行的人都从河岸边回去，你也就从此离得越来越远了！所以说统治他人的人必定受劳累，受制于别人的人必定会忧心。而唐尧从不役使他人，也从不受制于人。我希望能减除你的劳累，除去你的忧患，而独自跟大道一块儿遨游于太虚的王国。并合两条船来渡河，突然有条空船碰撞过来，即使心地最偏狭、性子最火急的人也不会发怒；倘若有一个人在那条船上，那就会人人大声呼喊呵斥来船后退；呼喊一次没有回应，呼喊第二次也没有回应，于是喊第三次，那就必定会骂声不绝。刚才不发脾气而现在发起怒来，那是因为刚才船是空的而今却有人在船上。一个人倘能听任外物、处世无心而自由自在地遨游于世，谁能够伤害他！”

[原文]

北宫奢为卫灵公赋敛以为钟①，为坛乎郭门之外，三月而成上下之县②。

王子庆忌见而问焉，曰：“子何术之设？”

奢曰：“一之间③，无敢设也。奢闻之，‘既雕既琢，复归于朴。侗(tóng)乎其无识④，傥乎其怠疑⑤；萃乎芒乎⑥，其送往而迎来；来者勿禁，往者勿止；从其彊梁⑦，随其曲傅，因其自穷⑧，故朝夕赋敛而毫毛不挫，而况有大涂者乎⑨！”

[注释]

①北宫奢：卫大夫，奢为其名，居北宫，故称北宫奢。②上下之县：上下两层的钟架。③一：纯一。④侗乎：形容淳朴的样子。⑤傥乎：无心的样子。怠疑：形容不急于求取。⑥萃乎芒乎：形容聚在一块，分辨不清。萃，聚。芒，不辨。⑦从其彊梁：指不愿意捐献的任听自便。彊梁，指不顺从的。⑧因其自穷：指依着各人自己的能力。⑨大涂：大道。

[译文]

北宫奢替卫灵公征集钱款铸造钟器，在外城门设下祭坛，三个月就造好了钟并编组在上下两层钟架上。

王子庆忌见到这种情况便向他问道：“你用的是什么样的办法呀？”

北宫奢说：“精诚专一而又顺其自然，不敢假设有其他什么好办法。我曾听说，‘既然已细细雕刻细细琢磨，而又要返归事物的本真’。纯朴无心是那样无知无识，忘却心智是那样从容不疑；财物汇聚而自己却茫然无知，或者分发而去或者收聚而来；送来的不去禁绝，分发的不去阻留；强横不讲理的就从其自便，隐委顺和的加以随应，依照各自的情况而竭尽力量，所以早晚征集钱款而丝毫不损伤他人，何况是遵循大道的人呢！”

[原文]

孔子围于陈蔡之间，七日不火食。

大公任往吊之曰①：“子几死乎？”

曰：“然。”

“子恶死乎？”

曰：“然。”

任曰：“予尝言不死之道。东海有鸟焉，其名曰意怠②。其为鸟也，翂(fēn)翂翐(zhì)翐③，而似无能；引援而飞④，迫胁而栖⑤；进不敢为前，退不敢为后；食不敢先尝，必取其绪⑥。是故其行列不斥⑦，而外人卒不得害，是以免于患。直木先

在川观水

孔子在河边看水，子贡问："君子为什么见到水就一定要看呢？"孔子回答说："河水长流不息，好像道的流传一样，所以君子见水必观。"孔子游历各国宣扬仁道。而庄子却认为孔子是修治自己的身心来显扬别人的污浊，因此不能免除灾祸。

伐，甘井先竭。子其意者饰知以惊愚，修身以明污，昭昭乎如揭日月而行，故不免也。昔吾闻之大成之人曰[8]：'自伐者无功，功成者堕，名成者亏。'孰能去功与名而还与众人！道流而不明居[9]，得行而不名处[10]；纯纯常常[11]，乃比于狂[12]；削迹捐势[13]，不为功名。是故无责于人[14]，人亦无责焉。至人不闻，子何喜哉？"

孔子曰："善哉！辞其交游，去其弟子，逃于大泽；衣裘褐[15]，食杼(zhù)栗；入兽不乱群，入鸟不乱行。鸟兽不恶，而况人乎！"

[注释]

①大公：对老者的尊称。吊：慰问，看望。②意怠：海燕之名。③翂翂翐翐：形容飞行迟缓的样子。④引援：跟随。⑤迫胁：挤在群鸟中间。⑥绪：剩余。⑦行列不斥：同列飞行不受排斥。⑧大成之人：指老子。⑨道流：道德流行。明居：居于显露的地方。⑩名处：处在被称颂的位置。⑪纯纯常常：纯朴平常。⑫乃比于狂：同于愚狂。⑬削迹捐势：削除形位、捐弃权势。⑭无责：无求。⑮裘褐：指粗布衣服。裘，皮衣。褐，毛布。

[译文]

孔子被围困在陈国、蔡国之间，七天七夜不能生火煮饭。

大公任前去看望他，说："你快要饿死了吧？"

孔子说："是的。"

大公任又问："你讨厌死吗？"

孔子回答："是的。"

大公任说："我来谈谈不死的方法。东海里生活着一种鸟，它的名字叫意怠。意怠作为一种鸟啊，飞得很慢，好像不能飞行似的；它们总是要有其他鸟引领而飞，栖息时

又都跟别的鸟挤在一起；前进时不敢飞在最前面，后退时不敢落在最后面；吃食时不敢先动嘴，总是吃别的鸟所剩下的，所以它们在鸟群中从不受排斥，人们也终究不会去伤害它，因此能够免除祸患。长得很直的树木总是先被砍伐，甘甜的井水总是先遭枯竭。你的用心是装扮得很有才干以便惊吓普通的人，注重修养以便彰明别人的浊秽，毫不掩饰地炫耀自己就像是举着太阳和月亮走路，所以总不能免除灾祸。从前我听圣德宏博的老子说过：‘自吹自擂的人不会成就功业；功业成就了而不知退隐的人必定会毁败，名声彰显而不知韬光养晦的必定会遭到损伤。’谁能够摒弃功名而还愿跟普通人一样！大道广为流传而个人则韬光隐居，道德盛行于世而个人则藏誉匿耀不处其名；纯朴而又平常，竟跟愚狂的人一样；削除形迹捐弃权势，不求取功名。因此不会去谴责他人，别人也不会责备自己。道德修养极高的人不求闻名于世，你为什么偏偏喜好名声呢？”

孔子说：“说得实在好啊！辞别朋友故交，离开众多弟子，逃到山泽旷野；穿兽皮麻布做成的衣服，吃柞树和栗树的果实；进入兽群兽不乱群，进入鸟群鸟不乱行。鸟兽都不讨厌他，何况是人呢！”

［原文］

孔子问子桑雩(hù)曰①：“吾再逐于鲁②，伐树于宋③，削迹于卫④，穷于商、周⑤，围于陈、蔡之间⑥。吾犯此数患⑦，亲交益疏，徒友益散，何与？”

子桑雩曰：“子独不闻假人之亡与⑧？林回弃千金之璧，负赤子而趋。或曰：‘为其布与⑨？赤子之布寡矣；为其累与？赤子之累多矣；弃千金之璧，负赤子而趋，何也？’林回曰：‘彼以利合⑩，此以天属也。’夫以利合者，迫穷祸患害相弃也；以天属者，迫穷祸患害相收也。夫相收之与相弃亦远矣。且君子之交淡若水，小人之交甘若醴；君子淡以亲，小人甘以绝。彼无故以合者，则无故以离。”

孔子曰：“敬闻命矣！”徐行翔佯而归⑪，绝学捐书，弟子无挹于前⑫，其爱益加进。

异日，桑雩又曰：“舜之将死，乃命禹曰：‘汝戒之哉！形莫若缘⑬，情莫若率⑭。缘则不离，率则不劳；不离不劳，则不求文以待形⑮；不求文以待形，固不待物。’”

［注释］

①子桑雩：姓桑，名雩，隐居者。②再逐于鲁：鲁定公时，孔子担任司寇的

官职。齐国的执政者们想制造孔子和鲁君的不和，于是带了八十名美女和一百二十匹好马送给鲁国的国君。由于齐国的离间，孔子遂遭鲁定公的冷淡，于是孔子不得不出走鲁国。③伐树于宋：指孔子到宋国境内，在一棵树下休息，宋国的大将赶来，砍倒大树，威胁孔子。④削迹于卫：孔子在卫国匡城被人误为阳虎而遭围困。⑤穷于商、周：不得志于商、周。⑥围于陈、蔡之间：指孔子路经陈、蔡两国边境的负函（今河南信阳），被楚军围困。⑦犯：借为逢。⑧假：国名。亡：逃亡。⑨布：指财货。⑩彼：指璧。⑪翔佯：通"徜徉"，形容闲然自得。⑫挹：揖礼。⑬缘：因其自然之意。⑭率：真率。⑮文：虚文。

［译文］

孔子问桑雽道："我两次在鲁国被驱逐，在宋国受到伐树的屈辱，在卫国被人铲除足迹，在商、周之地穷愁潦倒，在陈国和蔡国间受到围困。我遭逢这么多的灾祸，亲朋故交越发疏远了，弟子友人更加离散了，这是为什么呢？"

桑雽回答说："你没有听说过那假国人的逃亡吗？林回舍弃了价值千金的璧玉，背着婴儿就跑。有人议论：'他是为了钱财吗？初生婴儿的价值太少太少了；他是为了怕拖累吗？初生婴儿的拖累太多太多了。舍弃价值千金的璧玉，背着婴儿就跑，为了什么呢？'林回说：'价值千金的璧玉跟我是以利益相合，这个孩子跟我则是以天性相连。'以利益相合的，遇上困厄、灾祸、忧患与伤害就会相互抛弃；以天性相连的，遇上困厄、灾祸、忧患与伤害就会相互包容。相互包容与相互抛弃差别也就太远了。而且君子的交谊淡得像清水一样，小人的交情甜得像甜酒一样；君子淡泊却心地亲近，小人甘甜却利断义绝。大凡无缘无故而接近相合的，那么也会无缘无故地离散。"

孔子说："我会由衷地听取你的指教！"于是慢慢地离去，闲放自得地走了回来，终止了学业丢弃了书简，弟子没有一个侍学于前，可是他们对老师的敬爱反而更加深厚了。

有一天，桑雽又说："舜将死的时候，用真道晓谕夏禹说：'你要警惕啊！身形不如顺应，情感不如率真。顺应就不会背离，率真就不会劳苦；不背离不劳神，那么也就不需要用纹饰来装扮身形；无须纹饰来矫造身形，当然也就不必有求于外物。'"

［原文］

庄子衣大布而补之①，正緳(xié)系履而过魏王②。

魏王曰："何先生之惫(bèi)邪？"

庄子曰："贫也，非惫也。士有道德不能行，惫也；衣弊履穿，贫也，非惫也；此所谓非遭时也。王独不见夫腾猿乎？其得楠(nán)、梓、豫、章也③，揽蔓其枝，而王长其间④，虽羿、蓬蒙不能眄睨(miǎn nì)也⑤。及其得柘、棘、枳(zhǐ)、枸(gǒu)之间也⑥，危行侧视⑦，振动悼栗；此筋骨非有加急而不柔也⑧，处势

不便，未足以逞其能也。今处昏上乱相之间，而欲无惫，奚可得邪？此比干之见剖心，征也夫⑨！”

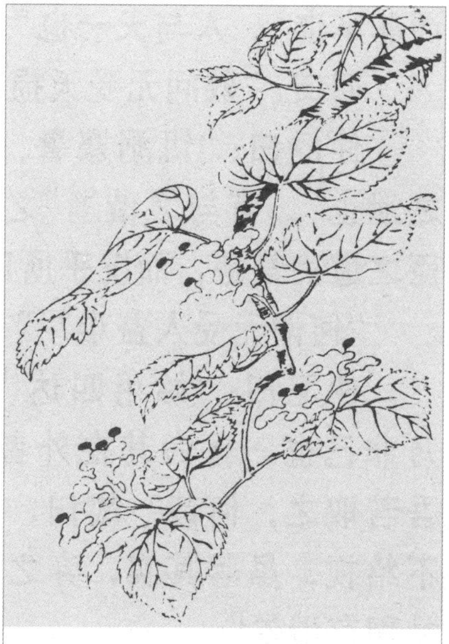

构

构，常绿小乔木或大灌木，有短刺。庄子把所处的时代比喻为带刺的灌木丛，在这种社会中生活犹如在灌木丛中小心行走，会身心疲惫。在庄子看来疲惫和贫穷是完全不同的事情。庄子宁愿身体上贫困，也不希望精神上受困。这也是他对这个战乱社会的批判。

［注释］

①大布：粗布。②正緳：整理腰带。系履：绑好鞋子。过：拜访。③楠梓豫章：都是端直好木。④揽蔓：把捉。王长其间：在世间称王称长。⑤羿、蓬蒙：羿是古时候精于射箭的人，蓬蒙是羿的弟子。眄睨：斜视。⑥柘棘枳枸：都是有刺的小木。⑦危行：行动谨慎。⑧加急：限制，收紧。不柔：不灵活。⑨征：明证。

［译文］

庄子身穿粗布衣并打上补钉，工整地用麻丝系好鞋子走过魏王身边。

魏王见了说："先生为什么如此疲惫呢？"

庄子说："是贫穷，不是疲惫。士人身怀道德而不能够推行，这是疲惫；衣服坏了鞋子破了，这是贫穷，而不是疲惫。这种情况就是所谓生不逢时。大王没有看见过那跳跃的猿猴吗？它们生活在楠、梓、豫、章等高大乔木的树林里，抓住藤蔓似的小树枝自由自在地跳跃而称王称霸，即使是神箭手羿和逢蒙也不敢小看它们。等到生活在柘、棘、枳、枸等刺蓬灌木丛中，小心翼翼地行走而且不时地左顾右盼，内心震颤恐惧发抖；这并不是筋骨紧缩有了变化而不再灵活，而是所处的生活环境很不方便，不能充分施展才能。如今处于昏君乱臣的时代，要想不疲惫，怎么可能呢？这种情况比干遭剖心刑戮就是最好的明证啊！"

［原文］

孔子穷于陈、蔡之间，七日不火食，左据槁木，右击槁枝，而歌猋(biāo)氏之风①，有其具而无其数②，有其声而无宫角③，木声与人声，犁然有当于人之心④。

颜回端拱还目而窥之⑤。仲尼恐其广己而造大也⑥，爱己而造哀也，曰："回，无受天损易⑦，无受人益难⑧。无始

而非卒也[9]，人与天一也[10]。夫今之歌者其谁乎？”

回曰：“敢问无受天损易。”

仲尼曰：“饥溺寒暑，穷桎不行[11]，天地之行也，运物之泄也[12]，言与之偕逝[13]之谓也。为人臣者，不敢去之。执臣之道犹若是，而况乎所以待天乎！”

“何谓无受人益难？”

仲尼曰：“始用四达[14]，爵禄并至而不穷，物之所利，乃非己也，吾命其在外者也。君子不为盗，贤人不为窃。吾若取之，何哉？故曰，鸟莫知于鷾(yì)鸸(ér)[15]，目之所不宜处，不给视，虽落其实，弃之而走。其畏人也，而袭诸人间[16]，社稷存焉尔[17]。

“何无始而非卒？”

仲尼曰：“化其万物而不知其禅之者[18]，焉知其所终？焉知其所始？正而待之而已耳[19]。”

“何谓人与天一邪？”

仲尼曰：“有人，天也[20]；有天，亦天也。人之不能有天，性也，圣人晏(yàn)然体逝而终矣[21]！”

［注释］

①猋氏：神农时代的歌曲。②数：节拍。③宫角：音律。④犁然：释然，悠然。⑤端拱：拱手直立。还目：回目。⑥广己而造大：彰显自己而至于自大。⑦无受天损易：不受自然的损伤还容易。⑧无受人益难：不受人的利禄困难。⑨无始而非卒：没有起始而不是终结的。⑩人与天一：人与天皆本于自然。⑪穷桎不行：穷困潦倒。⑫泄：发泄。⑬偕逝：共同参与变化。⑭始用四达：初进便顺利。⑮知：通“智”，聪明。鷾鸸：燕子。⑯袭诸人间：指入人屋舍筑巢。⑰社稷：谓鸟巢。⑱禅：同“代”。⑲正而待之：谓顺任自然的变化。⑳天：指自然。㉑晏然：安然。

［译文］

孔子受困于陈国、蔡国之间，整整七天不能生火就食，左手靠着枯树，右手敲击枯枝，而且还唱起了神农时代的歌谣，不过敲击的东西并不能符合音乐的节奏，有了敲击的声响却没有符合五音的音阶，敲木声和咏歌声分得清清楚楚，而且恰如其分地表达

了唱歌人的心意。

颜回恭敬地在一旁侍立，掉过脸去偷偷地看了看。孔子真担心他把自己的道德看得过于高远而达到最了不起的境界，爱惜自己因而至于哀伤，便说："颜回，不受自然的损害容易，不接受他人的利禄则较困难。世上的事没有什么开始不同时又是终了的，人与自然原本也是同一的。至于现在唱歌的人又将是谁呢？"

颜回说："我冒昧地请教什么叫作不受自然的损害容易。"

孔子说："饥饿、干渴、严寒、酷暑，穷困的束缚使人事事不能通达，这是天地的运行，万物的变迁，说的是要随着天地、万物一块儿变化流逝。做臣子的，不敢违拗国君的旨意。做臣子的道理尚且如此，何况是用这样的办法来对待自然呢！"

颜回又问："什么叫作不接受他人的利禄则较困难呢？"

孔子说："初被任用办什么事都觉得顺利，爵位和俸禄一齐到来没有穷尽，外物带来的好处，本不属于自己，只不过是我的机遇一时存在于外物。君子不会做劫盗，贤人也不会去偷窃。我若要获取外物的利益，为了什么呢？所以说，鸟没有比燕子更聪明的，看见不适宜停歇的地方，绝不投出第二次目光，即使掉落了食物，也舍弃不顾而飞走。燕子很害怕人，却进入到人的生活圈子，不过只是将它们的巢窠暂寄于人的房舍罢了。"

颜回又问："什么叫作没有什么开始不同时又是终了的？"

孔子说："变化无穷的万物不可能知道是谁替代了谁而谁又为谁所替代，这怎么能知道它们的终了？又怎么能知道它们的开始？只不过谨守正道随应变化而已。"

颜回又问："什么叫作人与自然原本也是同一的？"

孔子说："人类的出现，是由于自然；自然的出现，也是由于自然。人不可能具有自然的本性，也是人固有的天性所决定的，圣人安然体解，随着自然变化而告终！"

［原文］

庄周游于雕陵之樊(fán)[1]，睹一异鹊自南方来者，翼广七尺，目大运寸[2]，感周之颡而集于栗林[3]。庄周曰："此何鸟哉？翼殷不逝[4]，目大不睹？"蹇裳躩(jué)步[5]，执弹而留之[6]。睹一蝉，方得美荫而忘其身；螳螂执翳(yì)而搏之[7]，见得而忘其形；异鹊从而利之，见利而忘其真[8]。庄周怵然曰："噫！物固相累，二类相召也[9]！"捐弹而反走[10]，虞人逐而谇(suì)之[11]。

庄周反入，三日不庭[12]。蔺且从而问之[13]："夫子何为顷间甚不庭乎？"庄周曰："吾守形而忘身，观于浊水而迷于清渊。且吾闻诸夫子曰：'入其俗，从其俗。'今吾游于雕陵而忘吾身，异鹊感吾颡，游于栗林而忘真，栗林虞人以吾

为戮⑭，吾所以不庭也。"

［注释］

①雕陵：丘陵的名称。樊：藩。②运寸：直径一寸。③感：触。④殷：大。不逝：不飞走。⑤蹇裳：作"褰裳"，即提起衣裳。躩步：小心举步。谓快步疾行。⑥执弹：拿着弹子。留：伺候。⑦翳：隐蔽。⑧真：性命。⑨二类相召：指蝉召螳螂，螳螂召鹊，物类自相召害。⑩捐：弃。⑪虞人：看管栗园的人。谇：责骂。⑫不庭：不出庭门。⑬蔺且：庄子弟子。⑭戮：辱。

［译文］

庄子在雕陵栗树林里游玩，看见一只奇异的怪鹊从南方飞来，翅膀宽达七尺，眼睛大若一寸，碰着庄子的额头而停歇在果树林里。庄子说："这是什么鸟呀，翅膀大却不能远飞，眼睛大视力却不敏锐？"于是提起衣裳快步上前，拿着弹弓静静地等待着时机。这时突然看见一只蝉，正在浓密的树荫里美美地休息而忘记了自身的安危；一只螳螂用树叶作隐蔽打算见机扑上去捕捉蝉，螳螂眼看即将得手而忘掉了自己形体的存在；那只怪鹊紧随其后认为那是极好的时机，眼看即将捕到螳螂而又丧失了自身的真性。庄子惊恐而警惕地说："啊，世上的物类原本就是这样相互牵累、相互争夺的，两种物类之间也总是以利相召引！"庄子于是扔掉弹弓转身快步而去，看守栗园的人大惑不解地在后面追着责问。

庄子返回家中，整整三天心情很不好。弟子蔺且跟随一旁问道："先生为什么这几天来一直很不高兴呢？"庄子说："我留意外物的形体却忘记了自身的安危，观赏于混浊的流水却迷惑于清澈的水潭。而且我从老聃老师那里听说：'每到一个地方，就要遵从那里的习惯与禁忌。'如今我来到雕陵栗园便忘却了自身的安危，奇异的怪鹊碰上了我的额头，游玩于果林时又丧失了自身的真性，管园的人不理解我又进而侮辱我，因此我感到很不愉快。"

八骏巡游

周史记载，穆王有个善驾车的臣子，穆王乘骏马巡游，沉迷其中，不思返国，徐夷趁机造反称王。庄子沉迷于看"螳螂捕蝉，异雀在后"，被守园人当作小偷，而穆王却因为沉迷于巡游而丢掉了国家。

［原文］

阳子之宋①，宿于逆旅②。逆旅人有妾二人，其一人美，其一人恶，恶者贵而美者贱。

阳子问其故，逆旅小子对曰③：“其美者自美④，吾不知其美也；其恶者自恶⑤，吾不知其恶也。”

阳子曰：“弟子记之！行贤而去自贤之心，安往而不爱哉！”

［注释］

①阳子：杨朱。②逆旅：旅舍。③小子：古代对年纪小的人的称呼。④自美：自以为漂亮。⑤自恶：自感丑陋。

［译文］

阳子到宋国去，住在旅店里。旅店主人有两个妾，其中一个漂亮，一个丑陋，可是长得丑陋的受到宠爱而长得漂亮的却受到冷淡。阳子问他的缘故，年轻的店主回答：“那个长得漂亮的自以为漂亮，但是我不觉得她漂亮；那个长得丑陋的自以为丑陋，但是我不觉得她丑陋。”

阳子转对弟子说：“弟子们记住！品行贤良但不自以为具有了贤良的品行，去到哪里不会受到敬重和爱戴啊！”

题解

本篇取第一句的前三字“田子方”为篇名，是以人名为篇名。文中作者认为，世上学道的人虽然众多，但都只能得其糟粕而不能悟其神理。所以就撰写十一则寓言故事，始终围绕一个“真”字，反复指示悟道要诀。首则借魏文侯与田子方的对话，揭出“真”字，以统领全篇。次则借温伯雪子之口，指明俗士不能体悟真道，其弊在拘于礼义而不知人心。第三则通过颜渊与仲尼的对话，阐明真道不可求于形迹之间。第四则写孔子求见老聃的故事，说明体悟真道必须游心于物之初。第五则以真儒不必儒服设喻，说明体悟真道不能惑迷外饰。第六则以百里奚、有虞氏为例，指出爵禄、死生不入于心，其自然真性就会完好无损，虽无心求道而真道自至，无心感人而感人至深。第七则至第九则，通过写画师的“解衣般礴”、臧丈人的不钓之钓与伯昏无人的“不射之射”，说明蹈虚守真才能臻于妙道，虽不期功效而功效自佳。第十则以孙叔敖为例，说明得失两忘才能不损其真，从而可与古之真人相媲美。末则以凡国国君对国之存亡无动于衷；两个故事都说明，不能为任何外物所动，善于自持便能虚怀无己。说明得道者忘记得失、贵贱、存亡，才能获得精神上的绝对自由。

田子方

[原文]

田子方侍坐于魏文侯[1]，数称谿(xī)工[2]。

文侯曰：“谿工，子之师邪？”

子方曰：“非也，无择之里人也；称道数当[3]，故无择称之。”

文侯曰：“然则子无师邪？”

子方曰：“有。”

曰：“子之师谁邪？”

子方曰：“东郭顺子[4]。”

文侯曰：“然则夫子何故未尝称之？”

子方曰：“其为人也真[5]，人貌而天虚[6]，缘而葆(bǎo)真[7]，清而容物[8]。物无道，正容以悟之[9]，使人之意也消。无择何足以称之！”

子方出，文侯傥然终日不言[10]，召前立臣而语之曰：

“远矣，全德之君子[11]！始吾以圣知之言、仁义之行为至矣，吾闻子方之师，吾形解而不欲动[12]，口钳而不欲言[13]。吾所学者直土梗耳[14]，夫魏真为我累耳！”

［注释］

①田子方：姓田，名无择，字子方。魏国的贤人，魏文侯的老师。②谿工：姓谿，名工。魏国的贤人。③称道数当：言论常常很确当。当，正确。④东郭顺子：居在郭东，名顺子，故称东郭顺子。子方之师。⑤真：纯真。⑥天虚：自然的心性。虚，指心性。⑦缘：顺。葆真：保持真性。葆，同“保”，保持。⑧清：心性清静。容物：容纳万物。⑨悟之：使之醒悟。⑩傥然：自失的样子。⑪全德之君子：指东郭顺子。全德，道德完美。⑫形解：形体解脱。⑬口钳：嘴巴像被钳住一样。⑭土梗：泥做的偶像，比喻废物。

［译文］

田子方陪坐在魏文侯身旁，多次称赞谿工。

文侯说：“谿工，是你的老师吗？”

田子方说：“不是老师，是我的邻里；他的言论谈吐总是十分中肯恰当，所以我称赞他。”

文侯说：“那你没有老师吗？”

子方说：“有。”

文侯说：“你的老师是谁呢？”

田子方说：“东郭顺子。”

文侯说：“那么先生为什么不曾称赞过他呢？”

田子方回答：“他的为人十分真朴，相貌跟普通人一样而内心却合于自然，顺应外在事物而且能保持固有的真性，心境清虚宁寂而且能包容外物。外界事物不能符合‘道’，便严肃指出使之醒悟，从而使人的邪恶之念自然消除。我做学生的能够用什么言词去称赞老师呢？”

田子方走了出来，魏文侯若有所失地整天不说话，召来在跟前侍立的近臣对他们说：“实在是深不可测呀，德行完备的君子！起初我总认为圣智的言论和仁义的品行算是最为高尚的了，如今我听说了田子方老师的情况，我真是身形怠惰而不知道该做什么，嘴巴像被钳住一样而不能说些什么。我过去所学到的不过都是些泥塑偶像似的毫无真实价值的东西，至于魏国也只是我的拖累罢了！”

［原文］

温伯雪子适齐[1]，舍于鲁。鲁人有请见之者，温伯雪子曰：“不可。吾闻中国之君子[2]，明乎礼义而陋于知人心[3]，吾不欲见也。”

仲由

仲由，字子路，又字季路，鲁国卞（今山东泗水县泉林镇卞桥村）人，孔子得意门生，以政事见称。

至于齐，反舍于鲁，是人也又请见。温伯雪子曰："往也蕲(qí)见我，今也又蕲见我，是必有以振我也④。"

出而见客，入而叹。明日见客，又入而叹。其仆曰："每见之客也⑤，必入而叹，何耶？"

曰："吾固告子矣⑥：'中国之民，明乎礼义而陋乎知人心。'昔之见我者，进退一成规，一成矩；从容一若龙，一若虎⑦；其谏我也似子，其道我也似父⑧，是以叹也。"

仲尼见之而不言。子路曰："吾子欲见温伯雪子久矣，见之而不言，何邪？"

仲尼曰："若夫人者，目击而道存矣⑨，亦不可以容声矣⑩。"

[注释]

①温伯雪子：姓温，名伯，字雪子，楚国怀道之人。②中国：指中原之国，即鲁国。③陋：拙。④振：起，发。这里有启发之意。⑤之客：此客。⑥固：本来。⑦从容：动容，一举一动。⑧道：同"导"，开导。⑨目击：看一看。道存：体现了天道。⑩容：用。

[译文]

温伯雪子到齐国去，途中在鲁国歇宿。鲁国有人请求拜会他，温伯雪子说："不行。我听说中原国家的读书人，明了礼义却不善解人心，我不想见他们。"

去到齐国，返回途中又在鲁国歇足，这些人又请求会见。温伯雪子说："先前要求会见我，如今又要求会见我，这些人一定是有什么可以打动我的。"

温伯雪子于是出来接见了这些客人，可是回到屋里就叹息不已。第二天再次会见这些客人，回到屋里又再次叹息不已。他的仆从问道："每次会见这些客人，必定回到屋里就叹息不已，这是为什么呢？"

温伯雪子说："我原先就告诉过你：'中原国家的人，明了礼义却不善解人心。'前几天会见我的那些人，进退全都那么循规蹈矩，动容却又全都如龙似虎，他们劝告我时那样子就像是个儿子，他们开导我时那样子又像是个父亲，因此我总是叹息不已。”

孔子见到温伯雪子时却一言不发。子路问：“先生一心想会见温伯雪子已经很久很久了，可是见到了他却一句话也不说，为什么呢？”

孔子说：“像他那样的人，目光方才投出，大道就已经在那里存留，也就无须再用言语了。”

［原文］

颜渊问于仲尼曰：“夫子步亦步①，夫子趋亦趋②，夫子驰亦驰③；夫子奔逸绝尘④，而回瞠（chēng）若乎后矣⑤！”

仲尼曰：“回，何谓邪？”

曰：“夫子步，亦步也；夫子言，亦言也；夫子趋，亦趋也；夫子辩，亦辩也；夫子驰，亦驰也；夫子言道，回亦言道也；及奔逸绝尘而回瞠若乎后者，夫子不言而信⑥，不比而周⑦，无器而民滔乎前⑧，而不知所以然而已矣。”

仲尼曰：“恶！可不察与！夫哀莫大于心死，而人死亦次之。日出东方而入于西极⑨，万物莫不比方⑩，有首有趾者，待是而后成功⑪，是出则存，是入则亡⑫。万物亦然，有待也而死，有待也而生。吾一受其成形⑬，而不化以待尽⑭，效物而动⑮，日夜无隙，而不知其所终；薰然其成形⑯，知命不能规乎其前⑰，丘以是日徂（cú）⑱。吾终身与汝交一臂而失之，可不哀与！汝殆著乎吾所以著也⑲。彼已尽矣，而汝求之以为有，是求马于唐肆也⑳。吾服汝也甚忘㉑，汝服吾也亦甚忘。虽然，汝奚患焉！虽忘乎故吾㉒，吾有不忘者存。”

［注释］

①步：缓行。②趋：快行。③驰：跑。④奔逸绝尘：形容极快。⑤瞠若：直视的样子。⑥信：令人信服。⑦不比而周：指不偏私而周遍。比，阿私。周，亲近。⑧器：爵位。⑨西极：西方的尽头。⑩比方：指顺着太阳的方向。⑪待是：待日。是，指日。⑫是出则存，是入则亡：日出而作，日落而息。⑬受其成形：禀受天道

赋予的形体。⑭不化：化作他物。待尽：等待着形体的消亡。⑮效：仿效，跟随。⑯薰然：形容成形的样子。⑰规：“窥”的省字。⑱日徂：一天天地参与变化。徂，往。⑲著：可见的东西。⑳唐：空。肆：市场。㉑服：思存。㉒故吾：过去的我。

[译文]

颜渊向孔子问道：“先生行走我也行走，先生快步我也快步，先生奔跑我也奔跑，先生脚不沾地迅疾飞奔，学生只能干瞪着眼落在后面了！”

孔子说：“颜回，你这些话是什么意思呢？”

颜回说：“先生行走，我也跟着行走；先生说话，我也跟着说话；先生快步，我也跟着快步；先生辩论，我也跟着辩论；先生奔跑，我也跟着奔跑；先生谈论大道，我也跟着谈论大道；等到先生快步如飞、脚不沾地迅速奔跑而学生干瞪着眼落在后面，是说先生不说什么却能够取信于大家，不表示亲近却能使情意传遍周围所有的人，不居高位、不获权势却能让人民像滔滔流水那样涌聚于身前，而我却不懂得先生为什么能够这样。”

孔子说：“唉，这怎么能够不加审察呢！悲哀没有比心灵的僵死更大，而人的躯体死亡还是次一等的。太阳从东方升起而隐没于最西端，万物没有什么不遵循这一方向，有眼有脚的人，期待着太阳的运行而获取成功，太阳升起便获得生存，太阳隐没便走向死亡。万物全都是这样，等候太阳的隐没而逐步消亡，仰赖太阳的升起而逐步生长。我一旦禀受大自然赋予我的形体，就不会变化成其他形体而等待最终的衰亡，随应外物的变化而相应有所行动，日夜不停从不会有过间歇，而且竟不知道变化发展的终结所在，是那么温和而又自然地铸就了现在的形体。我知道命运的安排不可能预先窥测，所以我只是每天随着变化而推移。我终身跟你相交亲密无间而你却不能真正了解我，能不悲哀吗？你大概只是明显地看到了我那些显著的方面，它们全都已经逝去，可是你还在寻求它们而肯定它们的存在，这就像是在空市上寻求马匹一样。我对你形象的思存很快就会遗忘，你对我的形象的思存也会很快成为过去。虽然如此，你还忧患什么呢！即使忘掉了旧有的我，而我仍会有不被遗忘的东西存在。”

[原文]

孔子见老聃，老聃新沐[1]，方将被发而干，慹(zhé)然似非人[2]。孔子便而待之[3]，少焉见，曰：“丘也眩与，其信然与？向者先生形体掘若槁木[4]，似遗物离人而立于独也[5]。”

老聃曰：“吾游心于物之初。”

孔子曰：“何谓邪？”

曰：“心困焉而不能知，口辟焉而不能言[6]，尝为汝议乎其将[7]。至阴肃肃[8]，至阳赫赫[9]；肃肃出乎天，赫赫发乎地；两者交通成和而物生焉，或为之纪而莫见其形[10]。消息

满虚[11]，一晦一明，日改月化，日有所为，而莫见其功。生有所乎萌[12]，死有所乎归，始终相反乎无端而莫知乎其所穷。非是也，且孰为之宗！”

孔子曰：“请问游是[13]。”

老聃曰：“夫得是，至美至乐也，得至美而游乎至乐，谓之至人。”

孔子曰：“愿闻其方。”

曰：“草食之兽不疾易薮(sǒu)[14]，水生之虫不疾易水，行小变而不失其大常也，喜怒哀乐不入于胸次。夫天下也者，万物之所一也。得其所一而同焉，则四支百体将为尘垢，而死生终始将为昼夜而莫之能滑[15]，而况得丧祸福得失之所介乎[16]！弃隶者若弃泥涂[17]，知身贵于隶也，贵在于我而不失于变。且万化而未始有极也，夫孰足以患心[18]！已为道者解乎此。”

孔子曰：“夫子德配天地，而犹假至言以修心，古之君子，孰能脱焉？”

老聃曰：“不然。夫水之于汋(zhuó)也[19]，无为而才自然矣。至人之于德也，不修而物不能离焉，若天之自高，地之自厚，日月之自明，夫何修焉！”

孔子出，以告颜回曰：“丘之于道也，其犹醯(xī)鸡与[20]！微夫子之发吾覆也，吾不知

问礼老聃

《礼记·曾子问》四次记载孔子问礼于老子。第一次有年代可考，是在孔子十七岁时，即鲁昭公七年（前535年），地点在鲁国的巷党。第二次是在鲁昭公二十四年（前518年），地点在周都洛邑（今洛阳）。第三次是孔子五十三岁时，即周敬王二十二年（前498年），地点在一个叫沛的地方。第四次在鹿邑，具体时间不详。

天地之大全也。”

［注释］

①新沐：刚洗头。②被发：头发披散。慹然：形容不动的样子。非人：犹木偶人。③便而待之：在隐处等候。便，蔽。④掘：“兀”的借字，形容直立不动的样子。⑤遗物：遗弃万物。离人：脱离众人。⑥辟：闭，合。⑦乎其将：说个概略。将，大略。⑧肃肃：形容冷。⑨赫赫：形容炎热。⑩纪：纲纪，规律。⑪消息满虚：消逝、生长、盈满、空虚，即事物死生盛衰规律。⑫所乎萌：萌生的地方。⑬游是：指游心于虚无之道。⑭不疾易薮：不怕变换草泽。⑮滑：乱。⑯介：际，即分际。⑰隶：仆隶，指身份的得失祸福。泥涂：泥土。⑱患心：忧心。⑲汋：水涌流。⑳醯鸡：酒瓮里的小飞虫“蠛蠓”。

［译文］

孔子拜见老聃，老聃刚洗了头，正披散着头发等待发干，那凝神寂志、一动不动的样子好像木头人一样。孔子在门下屏蔽之处等候，不一会儿见到老聃，说：“是孔丘眼花了吗，抑或真是这样的呢？刚才先生的身形体态一动不动地真像是枯槁的树桩，好像遗忘了外物、脱离于人世而独立自存一样。”

老聃说：“我是处心遨游于浑沌鸿濛宇宙初始的境域。”

孔子问：“这说的是什么意思呢？”

老聃说：“你心中困惑而不能理解，嘴巴封闭而不能谈论，还是让我为你说个大概。最为阴冷的阴气是那么肃肃寒冷，最为灼热的阳气是那么赫赫炎热，肃肃的阴气出自苍天，赫赫的阳气发自大地；阴阳二气相互交通融合因而产生万物，有时候还会成为万物的纲纪却不会显现出具体的形体。消逝、生长、满盈、虚空，时而晦暗时而显明，一天天地改变一月月地演化，每天都有所作为，却不能看到它造就万物、推演变化的功绩。生长有它萌发的初始阶段，死亡也有它消退败亡的归向，但是开始和终了相互循环没有开端也没有谁能够知道它们变化的穷尽。倘若不是这样，那么谁又能是万物的本源！”

孔子说：“请问游心于宇宙之初、万物之始的情况。”

老聃回答：“达到这样的境界，就是‘至美’‘至乐’了，体察到‘至美’也就是遨游于‘至乐’，这就叫作‘至人’。”

孔子说：“我希望能听到那样的方法。”

老聃说：“食草的兽类不担忧更换生活的草泽，水生的虫豸不害怕改变生活的水域，这是因为只进行了小小的变化而没有失去惯常的生活环境，这样喜怒哀乐的各种情绪就不会进入到内心。普天之下，莫不是万物共同生息的环境。获得这共同生活的环境而又混同其间，那么人的四肢以及众多的躯体都将最终变成尘垢，而死亡、生存、终结、开始也将像昼夜更替一样没有什么力量能够扰乱它，更何况去介意那些得失祸福呢！舍弃得失祸福之类附属于己的东西就像丢弃泥土一样，懂得自身远比这些附属于自己的东西更为珍贵，珍贵在于我自身而不因外在变化而丧失。况且宇宙间的千变万化从来就没有过终极，怎么值得使内心忧患！已经体察大道的人便能通晓这个道理。”

孔子说：“先生的德行合于天地，仍然借助于至理真言来修养心性，古时候的君子，又有谁能够免于这样做呢？”

老聃说：“不是这样的。水激涌而出，不借助于人力方才自然。道德修养高尚的人对于德行，无须加以培养万物也不会脱离他的影响，就像天自然地高，地自然地厚，太阳与月亮自然光明，又哪里用得着修养呢！”

孔子从老聃那儿走出，把见到老聃的情况告诉给了颜回，说：“我对于大道，就好像瓮中的小飞虫对于瓮外的广阔天地啊！不是老聃的启迪揭开了我的蒙昧，我不知道天地之大那是完完全全的了。”

［原文］

庄子见鲁哀公[1]。哀公曰：“鲁多儒士，少为先生方者[2]。”

庄子曰：“鲁少儒。”

哀公曰：“举鲁国而儒服[3]，何谓少乎？”

庄子曰：“周闻之，儒者冠圜(yuán)冠者[4]，知天时；履句屦(jù)者[5]，知地形；缓佩玦(jué)者[6]，事至而断[7]。君子有其道者，未必为其服也；为其服者；未必知其道也。公固以为不然，何不号于国中曰：‘无此道而为此服者，其罪死！’”

于是哀公号之五日，而鲁国无敢儒服者，独有一丈夫儒服而立乎公门。公即召而问以国事，千转万变而不穷。

庄子曰：“以鲁国而儒者一人耳，可谓多乎？”

百里奚爵禄不入于心[8]，故饭牛而牛肥[9]，使秦穆公忘其

澹台灭明

宰予能说会道，孔子就认为他不错，后来发现他不仁还懒惰。澹台灭明相貌丑陋，孔子就认为他不能成才。但他处事光明正大，后来广受赞誉。孔子对自己的以貌取人非常感慨。文中鲁哀公认为穿着儒士服装的就都是儒士，也是以貌取人了。

贱[10]，与之政也。有虞氏死生不入于心，故足以动人。

[注释]

①庄子见鲁哀公：庄子是战国时代人，与魏惠王、齐威王同时，距鲁哀公一百二十年，不可能见到哀公。这里所说纯属寓言。②方：道，术。③举：全。④圜：同“圆”。⑤句：方。⑥缓佩玦：用五色的丝带穿的玉玦。⑦事至而断：遇事能够决断。⑧百里奚：公元前五世纪的一位著名人物。复姓百里，名奚。百里奚原居虞国，后入秦国，为秦穆公所重用。孟子对他颇有好评。⑨饭：同“饲”。⑩忘：不顾。

[译文]

庄子拜见鲁哀公。鲁哀公说：“鲁国多儒士，很少有信仰先生道学的人。”

庄子说：“鲁国很少儒士。”

鲁哀公说：“全鲁国的人都穿着儒士的服装，怎么说儒士很少呢？”

庄子说：“我听说，儒士戴圆帽的知晓天时；穿着方鞋的，熟悉地形；佩带用五色丝绳系着玉玦的，遇事能决断。君子身怀那种学问和本事的，不一定要穿儒士的服装；穿上儒士服装的人，不一定会具有那种学问和本事。你如果认为一定不是这样，何不在国中号令：‘没有儒士的学问和本事而又穿着儒士服装的人，定处以死罪！’”

于是哀公号令五天，鲁国国中差不多没有敢再穿儒士服装的人，只有一个男子穿着儒士服装站立于朝门之外。鲁哀公立即召他进来以国事征询他的意见，无论多么复杂的问题他都能做出回答。

庄子说：“鲁国这么大而儒者只有一人呀，怎么能说是很多呢？”

百里奚从不把爵位和俸禄放在心上，所以饲养牛时牛喂得很肥，使秦穆公忘记了他地位的卑贱，而把国事交给他。有虞氏从不把死生放在心上，所以能够打动人心。

[原文]

宋元君将画图[1]，众史皆至[2]，受揖而立[3]；舐(shì)笔和墨[4]，在外者半[5]。有一史后至者，儃(tǎn)儃然不趋[6]，受揖不立，因之舍。公使人视之，则解衣般礴，臝(luǒ)[7]。君曰：“可矣，是真画者也。”

[注释]

①宋元君：宋国国君宋元公。②史：指画工。③受：受命。立：就位。④舐笔：用口水润笔。⑤在外者半：言其超竞者多。⑥儃儃然：安闲的样子。⑦般礴：交叉着坐着。臝：同“裸”，光着身子。

[译文]

宋元公打算画几幅画，众多的画师都赶来了，他们接受了旨意便在一旁恭敬地拱手站着，舐着笔，调着墨，站在门外的还有半数人。有一位画师最后来到，神态自然一点也不慌急，接受了旨意也不恭候站立，随即回到馆舍里去。宋元公派人去观察，这个画师已经解开了衣襟、裸露身子、叉腿而坐。宋元公说：“好呀，这才是真正的画师。”

［原文］

文王观于臧[1]，见一丈人钓[2]，而其钓莫钓[3]；非持其钓，有钓者也，常钓也[4]。

文王欲举而授之政，而恐大臣父兄之弗安也；欲终而释之[5]，而不忍百姓之无天也[6]。于是旦而属之大夫曰：“昔者寡人梦，见良人[7]黑色而䫇(rán)[8]，乘驳马而偏朱蹄[9]，号曰：‘寓而政于臧丈人[10]，庶几乎民有瘳(chōu)乎[11]！’”

诸大夫蹴(cù)然曰：“先君王也。”

文王曰：“然则卜之[12]。”

诸大夫曰：“先君之命王，其无它[13]，又何卜焉！”

遂迎臧丈人而授之政。典法无更，偏令无出。三年，文王观于国，则列士坏植散群[14]，长官者不成德，斔(yǔ)斛(hú)不敢入于四竟[15]。列士坏植散群，则尚同也[16]；长官者不成德，则同务也[17]；斔斛不敢入于四竟，则诸侯无二心也。

文王于是焉以为大师，北面而问曰：“政可以及天下乎？”臧丈人昧然而不应[18]，泛然而辞[19]，朝令而夜遁，终身无闻。

颜渊问于仲尼曰：“文王其

姜尚

姜子牙，姜姓，吕氏，名望，字子牙，也称吕尚。儒、道、法、兵、纵横诸家皆追他为本家人物，被尊为“百家宗师”。姜子牙隐居在终南山时经常到渭河钓鱼，他用的鱼钩是直的，三年中没钓到一条鱼。人们嘲笑他，他却无动于衷。后来他果然钓到一条肚子里有兵法书的鱼。更巧合的是，当天晚上，周文王梦见一位高人，第二天周文王就起用了姜子牙。

犹未邪？又何以梦为乎？”

仲尼曰：“默，汝无言！夫文王尽之也，而又何论刺焉[20]！彼直以循斯须也[21]。”

［注释］

①臧：地名，近渭水，今西安附近。②丈人：对老人的尊称，这里指姜子牙。③莫钓：不是真心在钓鱼。④常钓：钩常在手，聊以度日。⑤释：舍弃。⑥无天：失去庇荫。⑦昔：通“夕”。⑧顿：同“髯”。⑨驳马：杂色的马。偏朱蹄：马蹄的半边是红色的。⑩而：汝。⑪有瘳乎：有救了。⑫卜：占卜吉凶。⑬其无它：不必犹疑。⑭列士：各种士。坏植散群：私党解散，不立朋党。⑮斔斛：量器。一斛容五斗，六斛四斗为“斔”。⑯尚同：统一于上。⑰同务：齐心合力。⑱昧然：懵懵懂懂的样子。⑲泛然：若无其事的样子。⑳论刺：讥刺。㉑斯须：顷刻之间。

［译文］

文王在臧地游览，看见一位老人在水边垂钓，可是他身在垂钓却不像是在钓鱼，不是手拿钓竿而有心钓鱼，钓钩总是悬在水面上。

文王一心要起用他并把朝政委托给他，可是又担心大臣和宗族放心不下；打算就此作罢这个念头，却又不忍心天下的百姓得不到天子的恩泽。于是大清早便召来诸大夫嘱咐说：“昨晚我梦见了一位非常贤良的人，他黑黑的面孔长长的胡须，骑着一匹斑驳的杂色马，而且四只马蹄半侧是红的，他对我大声呼喊说：‘把你的朝政托付给那位臧地的老人，恐怕你的百姓也就差不多解除了痛苦啦！’”

诸位大夫惊恐不安地说：“这个显梦的人就是君王的父亲！”

文王说：“既然如此，那么我们还是卜问这件事吧。”

诸位大夫说：“这是先君的命令，君王还是不必多虑，又哪里用得着再行卜问呢！”

于是迎来了这位臧地老人并且把朝政委托给他。典章法规不更改，偏曲的政令不发布。三年时间，文王在国内遍访考察，见到各地的地方势力集团全都纷纷离散，各级长官不再树立夸耀自己的功德，不同的斔和斛不再能进入国境使用。地方势力集团全都纷纷离散，也就政令通达上下同心；各级长官不再树立夸耀个人的功德，也就政务相当劳绩统一；不同的斔斛不再能进入国境使用，诸侯也就不会生出异心。

文王于是把臧地老人拜作太师，以臣下的礼节恭敬地向他问道：“这样的政事可以推行于天下吗？”臧地老人默默地不做回应，抑或漫不经心地予以推辞，早晨文王向他征询意见而夜晚他就逃跑了，从那以后就再也听不到他的消息。

颜渊向孔子问道：“文王难道还未能达到圣人的境界吗？为什么还要假托于梦呢？”

孔子说：“闭嘴，你不要再说！文王算得上最完美的圣人了，你怎么能随意评论和指责呢？他也只不过是短时间内顺应众人的心意罢了。”

［原文］

列御寇为伯昏无人射[1]，引之盈贯[2]，措杯水其肘上，

发之，适矢复沓③，方矢复寓④。当是时，犹象人也⑤。

伯昏无人曰："是射之射⑥，非不射之射也。尝与汝登高山，履危石，临百仞之渊，若能射乎？"

于是无人遂登高山，履危石，临百仞之渊，背逡巡⑦，足二分垂在外⑧，揖御寇而进之。御寇伏地，汗流至踵。

伯昏无人曰："夫至人者，上窥青天，下潜黄泉，挥斥八极⑨，神气不变⑩。今汝怵然有恂目之志⑪，尔于中也殆矣夫⑫！"

［注释］

①伯昏无人：人名，见于《德充符》。②引之盈贯：谓拉满了弓弦。引即引弦。贯，即箭头。③适矢复沓：形容刚射出一箭又紧接着一箭。④方矢：两箭并排。复寓：双射中。⑤象人：偶人，即木偶。⑥射之射：有心发的射。⑦背逡巡：向后移步。⑧足二分垂在外：脚的三分之二悬空。⑨挥斥：犹纵放，形容精神自由奔放。八极：八方。⑩神气：神色，表情。⑪恂：眩。⑫中：命中，射中。

［译文］

列御寇为伯昏无人表演射箭的本领，他拉满弓弦，又放置一杯水在手肘上，发出第一支箭，箭还未至靶的紧接着又搭上了一支箭，刚射出第二支箭而另一支又搭上了弓弦。在这个时候，列御寇的神情真像是一动也不动的木偶人似的。

伯昏无人看后说："这只是有心射箭的箭法，还不是无心射箭的射法。我想跟你登上高山，脚踏危石，面对百丈的深渊，那时你还能射箭吗？"

于是伯昏无人便登上高山，脚踏危石，身临百丈深渊，然后再背转身来慢慢往悬崖退步，直到部分脚掌悬空这才拱手恭请列御寇跟上来射箭。列御寇伏在地上，吓得汗水直流到脚后跟。

伯昏无人说："一个修养高尚的'至人'，上能窥测青天，下能潜入黄泉，精神自由奔放达于宇宙八方，神情始终不会改变。如今你胆战心惊，有了眼花恐惧的念头，你要射中靶的不就很困难了吗？"

［原文］

肩吾问于孙叔敖曰①："子三为令尹而不荣华②，三去之而无忧色。吾始也疑子，今视子之鼻间栩(xǔ)栩然③，子之用心独奈何？"

孙叔敖曰："吾何以过人哉！吾以其来不可却也，其去

孙叔敖

孙叔敖，字叔敖，通称孙叔敖，一名艾猎，楚国名相，期思邑（治所在今河南省淮滨县期思镇）潘乡（今属河南省固始县）人。

不可止也，吾以为得失之非我也，而无忧色而已矣。我何以过人哉！且不知其在彼乎，其在我乎？其在彼邪，亡乎我；在我邪，亡乎彼。方将踌躇，方将四顾，何暇至乎人贵人贱哉！”

仲尼闻之曰：“古之真人，知者不得说④，美人不得滥⑤，盗人不得劫，伏戏、黄帝不得友。死生亦大矣，而无变乎己，况爵禄乎！若然者，其神经乎大山而无介⑥，入乎渊泉而不濡，处卑细而不惫，充满天地，既以与人，己愈有。”

[注释]

①肩吾：隐士。孙叔敖：楚国贤人。曾任宰相的官职。②令尹：宰相。③栩栩然：欢畅自适的样子。④说：游说，说服。⑤滥：淫乱。⑥介：界。

[译文]

肩吾向孙叔敖问道：“你三次出任令尹却不显出荣耀，你三次被罢官也没有露出忧愁的神色，起初我对你确实不敢相信，如今看见你容颜是那么欢畅自适，你的心里究竟是怎样的呢？”

孙叔敖说：“我哪里有什么过人之处啊！我认为官职爵禄的到来不必去推却，它们的离去也不可以去阻止。我认为得与失都不是出自我自身，因而没有忧愁的神色罢了。我哪里有什么过人之处啊！况且我不知道这官爵是落在他人身上呢，还是落在我身上呢？落在他人身上吗？那就与我无关；落在我的身上吗？那就与他人无关。我正心安理得悠闲自在，我正踌躇满志四处张望，哪里有闲暇去顾及人的尊贵与卑贱啊！”

孔子听到这件事，说：“古时候的真人，最有智慧的人不能说服他，最美的女人不能使他淫乱，强盗不能够抢劫他，就是伏羲和黄帝也无法跟他结为朋友。死与生也算得上是大事情了，却不能使他有什么改变，更何况是爵位与俸禄呢？像这样的人，他精神穿越大山不会有阻碍，潜入深渊不会沾湿，处身卑微不会感到困乏，他的精神充满于天地，将全部奉献给他人，自己却越发感觉到充实富有。”

［原文］

楚王与凡君坐[1]，少焉，楚王左右曰凡亡者三。凡君曰：“凡之亡也，不足以丧吾存。夫‘凡之亡不足以丧吾存’，则楚之存不足以存存[2]。由是观之，则凡未始亡而楚未始存也。”

［注释］

①楚王：楚文王。凡君：凡僖侯。凡，国名。②不足以存存：不能因为官的存在而令我感到它存在。

［译文］

楚文王与凡国国君坐在一起，不一会儿，楚王的近臣一次又一次报告凡国已经灭亡。凡国国君说：“凡国的灭亡，不足以丧失我的存在。既然‘凡国的灭亡不足以丧失我的存在’，那么楚国的存在也不足以保存它的存在。由此看来，那么，凡国也就未尝灭亡而楚国也就未尝存在了”。

题解

本篇是“外篇”的最后一篇，“知”是一寓托的人名，“北游”指向北方游历。在传统的哲学体系中，北方被叫作“玄”，“玄”指昏暗、幽远，因此北方就是所谓不可知的地方。篇中认为“道”是不可知的，因此开篇便预示了主题。

在本文作者看来，大道虽然无所不在，凡昭昭可见的事物，大至天地，小如蝼蚁、稊稗、瓦甓、屎溺等等，都在它的包举之内，但它本身却绝对虚无，至明者不能见其形，至聪者不能审其声，至智者不可定其是非，至辩者不能论其贵贱，而只有如无为谓那样忘其知，然后才可以悟其真；只有像狂屈那样忘其言，然后才可以与其相似，否则便落形迹，便非真道。故文章开端就以知者北游寄寓返虚还源之意，而篇末以无言、无为归到“无”字之上。由此可见，庄子所谓的“道”是玄虚不可捉摸的，充满了神秘主义的色彩。

《知北游》是《庄子》中比较重要的一篇。集中阐述庄子和道家哲学的宇宙论、认识论。对最高本体的道作了较多论述，一方面指出了宇宙的本原和本性，提出道是万物之本，既产生万物，又在万物之中，并主宰其运动变化，天地万物都不能离开道。另一方面也论述了人对于宇宙和外在事物应取的认识与态度。论述了道是不可知的，并对事物矛盾对立、新故相除、死生交替的发展观作了多方面阐述，这些思想对后代哲学发展有多方面影响。

知北游

［原文］

知北游于玄水之上①，登隐弅（fèn）之丘②，而适遭无为谓焉③。知谓无为谓曰：“予欲有问乎若：何思何虑则知道？何处何服则安道④？何从何道则得道⑤？”三问而无为谓不答也，非不答，不知答也。

知不得问，反于白水之南⑥，登狐阕（què）之上⑦，而睹狂屈焉⑧。知以之言也问乎狂屈。狂屈曰：“唉！予知之，将语若，中欲言而忘其所欲言⑨。”

知不得问，反于帝宫，见黄帝而问焉。黄帝曰：“无思无虑始知道，无处无服始安道，无从无道始得道。”

知问黄帝曰：“我与若知之，彼与彼不知也⑩，其孰是邪⑪？”

黄帝曰：“彼无为谓真是也，狂屈似之；我与汝终不近也⑫。夫知者不言，言者不知，故圣人行不言之教⑬。道不

可致[14]，德不可至。仁可为也[15]，义可亏也[16]，礼相伪也[17]。故曰：‘失道而后德，失德而后仁，失仁而后义，失义而后礼。礼者，道之华而乱之首也[18]。’故曰：‘为道者日损[19]，损之又损之以至于无为，无为而无不为也。’今已为物也[20]，欲复归根，不亦难乎！其易也，其唯大人乎[21]！

“生也死之徒[22]，死也生之始，孰知其纪！人之生，气之聚也；聚则为生，散则为死。若死生为徒，吾又何患！故万物一也[23]。是其所美者为神奇，其所恶者为臭腐；臭腐复化为神奇，神奇复化为臭腐。故曰：‘通天下一气耳[24]。’圣人故贵一。”

知谓黄帝曰：“吾问无为谓，无为谓不应我，非不我应，不知应我也。吾问狂屈，狂屈中欲告我而不我告，非不我告，中欲告而忘之也。今予问乎若，若知之，奚故不近？”

黄帝曰：“彼其真是也[25]，以其不知也；此其似之也[26]，以其忘之也；予与若终不近也，以其知之也。”

狂屈闻之，以黄帝为知言[27]。

［注释］

①知：虚拟人名。玄水：虚拟水名。②隐弅：虚拟地名。③遭：遇。无为谓：虚拟人名。④服：行事。⑤何从何道：由何种途径，用何种方法。⑥反：通“返”。白水：神话中的水名，传说源于昆仑山，饮了可以不死。⑦狐阕：虚拟山名。⑧狂屈：虚拟人名。⑨中欲言：正想说的时候。⑩彼与彼：指无为谓与狂屈。⑪是：对，指合乎天道。⑫不近：与道不相近。⑬不言之教：不用言语的教化。⑭致：

万物之本

人之生，气之聚也；聚则为生，散则为死。若死生为徒，吾又何患！

取得。⑮仁可为：仁是人可以做到的。⑯义：裁断是非的标准。⑰礼相伪：礼有一定的形式来表现，那都是一些表面功夫，而并非出自人的真心本性，故此是虚伪相欺的。⑱华：通“花”，装饰。首：开始。⑲损：减损，指减损人之知识、经验、欲望等。⑳今已为物：现已成有形之物。㉑大人：至人。㉒徒：类。㉓万物一也：万物都统一在生死循环的变化之中。㉔通：贯通。气：作用。㉕彼：指无为谓。㉖此：指狂屈。㉗知言：懂得知者不言、言者不知的道理。

［译文］

知向北游历来到玄水岸边，登上名叫隐弅的山丘，正巧在那里遇上了无为谓。知对无为谓说：“我想向你请教一些问题：怎样思索、怎样考虑才能懂得道？怎样居处、怎样行事才符合于道？依从什么、采用什么方法才能获得道？”问了好几次无为谓都不回答，不是不回答，而是不知道回答。

知从无为谓那里得不到解答，便返回到白水的南岸，登上名叫狐阕的山丘，在那里见到了狂屈。知把先前的问话向狂屈提出请教。狂屈说：“唉，我知道怎样回答这些问题，我将告诉你，可是心中正想说话却又忘记了那些想说的话。”

知从狂屈那里也没有得到解答，便转回到黄帝的住所，见到黄帝向他再问。黄帝说：“没有思索、没有考虑方才能够懂得道，没有安处、没有行动方才能够符合于道，没有依从、没有方法方才能够获得道。”

知于是问黄帝：“我和你知道这些道理，无为谓和狂屈不知道这些道理，那么，谁是正确的呢？”

黄帝说：“那无为谓是真正正确的，狂屈接近于正确；我和你则始终未能接近于道。知道的人不说，说的人不知道，所以圣人施行的是不用言传的教育。道不可能靠言传来获得，德不可能靠谈话来达到。没有偏爱是可以有所作为的，讲求道义是可以亏损残缺的，而礼仪的推行只是相互虚伪欺诈。所以说：‘失去了道而后能获得德，失去了德而后能获得仁，失去了仁而后能获得义，失去了义而后能获得礼。礼，乃是道的伪饰、乱的祸首。’所以说：‘体察道的人每天都得清除伪饰，清除而又再清除以至达到无为的境界，达到无所作为的境界也就没有什么可以作为的了。’如今你已对外物有所作为，想要再返回根本，不是很困难吗！假如容易改变而回归根本，恐怕只有是得道的人啊！

“生是死的同类，死是生的开始，谁能知道它们的端绪！人的诞生，是气的聚合，气的聚合形成生命，气的离散便是死亡。如果死与生是同类相属的，那么对于死亡我又忧患什么呢？所以，万物说到底是同一的。这样，把那些所谓美好的东西看作是神奇，把那些所谓讨厌的东西看作是臭腐，而臭腐的东西可以再转化为神奇，神奇的东西可以再转化为臭腐。所以说：‘整个天下只不过同是气罢了。’圣人也因此看重万物同一的特点。”

知又对黄帝说：“我问无为谓，无为谓不回答我，不是不回答我，是不知道回答我。我问狂屈，狂屈内心里正想告诉我却没有告诉我，不是不告诉我，是心里正想告诉我又忘掉了怎样告诉我。现在我想再次请教你，你懂得我所提出的问题，为什么又说回答了我便不是接近于道呢？”

黄帝说：“无为谓他是真正了解大道的，因为他什么也不知道；狂屈他是接近于道的，因为他忘记了；我和你终究不能接近于道，因为我们什么都知道。”

狂屈听说了这件事，认为黄帝的话是最了解道的谈论。

［原文］

天地有大美而不言①，四时有明法而不议②，万物有成理而不说③。圣人者，原天地之美而达万物之理，是故至人无为，大圣不作，观于天地之谓也。

今彼神明至精④，与彼百化，物已死生方圆，莫知其根也，扁然而万物自古以固存⑤。六合为巨⑥，未离其内；秋豪为小，待之成体。天下莫不沉浮，终身不故；阴阳四时运行，各得其序。惛(hūn)然若亡而存⑦，油然不形而神，万物畜而不知⑧。此之谓本根，可以观于天矣。

［注释］

①大美：指天地覆载万物，生养万物而又不自居其功，具有最大美德。②明法：分明的规律。议：论。③成理：指事物自然形成的特殊形式。④彼神明：指对人的心。彼，指圣人。⑤扁然：轻快的样子。扁，通“翩”。⑥六合：上下四方的无限空间。⑦惛然：暗昧之状。形容大道暗昧模糊，似亡而存的样子。⑧畜：养，表被动，被养育。

［译文］

天地具有伟大的美却无法用言语表达，四时运行具有显明的规律却无法加以评议，万物的变化具有现成的定规却用不着加以谈论。圣哲的人，探究天地伟大的美而通晓万物生长的道理，所以“至人”顺应自然无所作为，“大圣”也不会妄加行动，这是说对于天地做了深入细致的观察。

大道神明精妙，参与宇宙万物的各种变化；万物业已或死、或生、或方、或圆，却没有谁知晓变化的根本，一切都是那么自然而然地自古以来就自行存在。“六合”算是十分巨大的，却始终不能超出道的范围；秋天的毫毛算是最小的，也得仰赖于道方才能成就其细小

貙

貙，古书上说的一种似狸而大的猛兽。秋毫：秋天鸟兽身上新长的细毛。文中“秋豪为小，待之成体”意思是秋毫虽小可也得依靠神明才能形成。万物都被神明所养，但自己并不知道，这就叫作本根。

的形体。宇宙万物无时不在发生变化，始终保持着变化的新姿；阴阳与四季不停地运行，各有自身的序列。大道是那么浑沌昧暗仿佛并不存在却又无处不在，生机盛旺、神妙莫测却又不留下具体的形象，万物被它养育却一点也未觉察。这就称作本根，可以用它来观察自然之道了。

［原文］

啮(niè)缺问道乎被衣，被衣曰："若正汝形，一汝视，天和将至；摄汝知，一汝度，神将来舍。德将为汝美，道将为汝居，汝瞳焉如新生之犊而无求其故①！"

言未卒，啮缺睡寐。被衣大说，行歌而去之，曰："形若槁骸(hái)②，心若死灰，真其实知③，不以故自持。媒媒晦晦，无心而不可与谋。彼何人哉！"

［注释］

①瞳：无知的样子。犊：小牛。②槁骸：枯骨。形容静寂非常。③真其实知：真正是懂得的。指懂得天道。其，语中助词，无义。

［译文］

啮缺向被衣请教道，被衣说："你得端正你的形体，集中你的视力，自然的和气便会到来；收敛你的心智，集中你的思忖，精神就会来你这里停留。玄德将为你而显得美好，大道将居处于你的心中，你那瞪着圆眼稚气无邪的样子就像初生的小牛犊而不会去探求外在的事物！"

被衣话还没说完，啮缺便已睡着。被衣见了十分高兴，唱着歌儿离去，说："身形犹如枯骸，内心犹如死灰，朴实的心思返归本真，而且并不因为这个缘故而有所矜持。浑浑噩噩，昏昏暗暗，没有心计而不能与之共谋。那将是什么样的人啊！"

［原文］

舜问乎丞曰①："道可得而有乎？"曰："汝身非汝有也，汝何得有夫道？"舜曰："吾身非吾有也，孰有之哉？"曰："是天地之委形也②。生非汝有，是天地之委和也；性命非汝有，是天地之委顺也；子孙非汝有，是天地之委蜕也③。故行不知所往，处不知所持，食不知所味。天地之强阳气也，又胡可得而有邪！"

［注释］

①丞：古之得道者，舜之师。又说为官名。古代帝王有四辅之官，前面有左丞右丞，后面有左疑右疑。②委：授，赋予。③蜕：如蝉蛇那样蜕壳生新。

［译文］

舜向丞请教说："道可以获得而据有吗？"丞说："你的身体都不是你所据有，你怎么能获得并占有大道呢？"舜说："我的身体不是由我所有，那谁会拥有我的身体呢？"丞说："这是天地把形体托给了你。降生人世并非你所据有，这是天地给予的和顺之气凝积而成；性命也不是你所据有，这也是天地把和顺之气凝聚于你；即使是你的子孙也不是你所据有，这是天地所给予你的蜕变之形。所以，行走不知去哪里，居处不知持守什么，饮食不知什么滋味。行走、居处和饮食都不过是天地之间气的运动，又怎么可以获得并据有呢？"

［原文］

孔子问于老聃曰："今日晏闲①，敢问至道。"

老聃曰："汝齐戒，疏瀹(yuè)而心②，澡雪而精神③，掊击而知④！夫道，窅(yǎo)然难言哉⑤！将为汝言其崖略⑥。

"夫昭昭生于冥冥，有伦生于无形⑦，精神生于道，形本生于精⑧。而万物以形相生，故九窍者胎生⑨，八窍者卵生⑩。其来无迹，其往无崖，无门无房⑪，四达之皇皇也⑫。邀于此者，四肢彊，思虑恂达⑬，耳目聪明，其用心不劳，其应物无方⑭。天不得不高，地不得不广，日月不得不行，万物不得不昌，此其道与！

"且夫博之不必知，辩之不必慧，圣人以断之矣⑮。若夫益之而不加益，损之而不加损者，圣人之所保也。渊渊乎其若海，魏魏乎其，终则复始也，运量万物而不匮⑯。则君子之道，彼其外与！万物皆往资焉而不匮，此其道与！

"中国有人焉⑰，非阴非阳，处于天地之间，直且为人，将反于宗。自本观之，生者，喑醷(yīn yì)物也。虽有寿夭，相去几何？须臾之说也，奚足以为尧、桀之是非？果蓏(luǒ)有

理[18]，人伦虽难，所以相齿。圣人遭之而不违[19]，过之而不守。调而应之[20]，德也；偶而应之[21]，道也；帝之所兴，王之所起也。

“人生天地之间，若白驹之过郤(xì)[22]，忽然而已。注然勃然[23]，莫不出焉；油然漻(liú)然[24]，莫不入焉。已化而生，又化而死，生物哀之，人类悲之。解其天弢(tāo)[25]，堕其天袠(zhì)[26]，纷乎宛乎，魂魄将往，乃身从之，乃大归乎[27]！不形之形，形之不形，是人之所同知也，非将至之所务也，此众人之所同论也。彼至则不论，论则不至。明见无值[28]，辩不若默。道不可闻，闻不若塞。此之谓大得。”

［注释］

①晏闲：安闲。②疏瀹：疏通。③澡雪：洗净。精神：指精微的流动变化的精气。④掊击：打破，意即抛弃。知：通“智”。⑤窅然：深远的样子。⑥崖略：大概。⑦有伦：有纹理结构，即有形。⑧形本：形体。精：精神。⑨胎生：人兽之类。⑩卵生：鱼鸟之类。⑪无门：不知从哪儿生出来。门，指出生的地方。无房：不知哪儿是归宿。房，归宿。⑫四达：无所不通。皇皇：宽广。皇，大。⑬恂：畅通。⑭无方：没有一定框框。⑮圣人：指老子。⑯运量：运用计量。⑰中国：国中。⑱果蓏：瓜果之总称，分而言之则是木实曰果，草实曰蓏。有理：二者各有区分之条理。⑲遭：遇。之：指人伦。不违：顺从。⑳调：和顺。应：对待，处理。之：指人伦，即人与人的关系。㉑偶：谐合。㉒白驹之过郤：比喻时间极为短暂，就像快马跑过一个缝隙的时间。郤，通“隙”，缝隙。㉓注然、勃然：都是兴起、出生的样子。㉔油然、漻然：都是消亡、静寂的样子。漻，通“寥”。㉕弢：通“韬”，弓袋。㉖堕：通“隳”，毁。袠：通“帙”，书衣。㉗大归：最大的复归，即死亡。㉘明见无值：用聪明智慧去识见大道就不得相遇，必须闭智塞聪，无知无虑，才能与道冥合。值，遇。

［译文］

孔子对老聃说：“今天安居闲暇，我冒昧地向你请教至道。”

老聃说：“你先得斋戒静心，再疏通你的心灵，洗净你的精神，抛弃你的才智！大道，真是深奥神妙难以言表啊！不过我将为你说个大概。

“明亮的东西产生于昏暗，具有形体的东西产生于无形，精神产生于道，形质产生于精微之气。万物全都凭借形体而诞生，所以，具有九个孔窍的动物是胎生的，具有八个孔窍的动物是卵生的。它的来临没有踪迹，它的离去没有边界，不知从哪儿进出、在哪儿停留，通向广阔无垠的四面八方。遵循这种情况的人，四肢强健，思虑通达，耳目灵敏，运用心思不会劳顿，顺应外物不拘定规。天不从它那儿获得什么便不会高远，地不从那儿获得什么便不会广大，太阳和月亮不能从那儿获得什么便不会运行，万物不能从那儿获得什么便不会昌盛，这恐怕就是道啊！

“再说博读经典的人不一定懂得真正的道理，善于辩论的人不一定就格外聪明，圣人因而断然割弃上述种种做法。至于增多了却不像是更加增加，减少了却不像是有所减少，那便是圣人所要持守的东西。深邃莫测呀它像大海一样，高大神奇呀它没有终结也没有开始，万物的运动全在它的范围之内，而且从不曾缺少什么。那么，世俗君子所谈论的大道，恐怕都是些皮毛啊！万物全都从它那里获取生命的资助，而且从不匮乏，这恐怕就是道啊！

“中原一带有人居住着，不偏于阴也不偏于阳，处在大地的中间，只不过姑且具备了人的形体罢了，而人终将返归他的本原。从道的观点来看，人的诞生，乃是气的聚合，虽然有长寿与短命，相差又有多少呢？说起来只不过是俄顷之间，又哪里用得着区分唐尧和夏桀的是非呢！果树和瓜类各不相同却有共同的生长规律，人们的次第关系即使难以划分，也还可以用年龄大小相互为序。圣人遇上这些事从不违拗，即使亲身过往也不会滞留。调和而顺应，这就是德；无心却适应，这就是道；而德与道便是帝业兴盛的凭借，王侯兴起的规律。

“人生于天地之间，就像骏马穿过一个狭窄的通道，瞬间而过罢了。自然而然地，全都蓬勃而生；自然而然地，全都顺应变化而死。业已变化而生长于世间，又会变化而死离人世，活着的东西为之哀叹，人们为之悲悯。可是人的死亡，也只是解脱了自然的捆束，毁坏了自然的拘括，纷纷扰扰地，魂魄必将消逝，于是身形也将随之而去，这就是最终归向宗本啊！不具有形体变化而为有了形体，具有形体再变化而为消失形体，这是人们所共同了解的，绝不是体察大道的人所追求的道理，也是人们所共同谈论的话题。体悟大道的人就不会去议论，议论的人就没有真正体悟大道。显明昭露地寻找不会真正有所体察，宏辞巧辩不如闭口不言。道不可能通过传言而听到，听到不如塞住耳朵不听。这就称作是真正懂得了玄妙之道。”

［原文］

东郭子问于庄子曰[1]：“所谓道，恶乎在？”庄子曰：“无所不在。”东郭子曰：“期而后可[2]。”庄子曰：“在蝼蚁[3]。”曰：“何其下邪？”曰：“在稊稗(tí bài)[4]。”曰：“何其愈下邪[5]？”曰：“在瓦甓。”曰：“何其愈甚邪？”曰：“在屎溺。”

东郭子不应。庄子曰：“夫子之问也，固不及质[6]。正获之问于监市履狶(xī)也，每下愈况。汝唯莫必，无乎逃物[7]。至道若是，大言亦然[8]。周、遍、咸三者，异名同实。其指

练剑

练剑有剑道，喝茶有茶道，写字有书道。庄子的“道在屎尿中”的观点看似让人费解，其实不然，正如佛教的“一沙一世界”。佛教认为处处有佛，而庄子认为处处有道。

一也。尝相与游乎无何有之宫，同合而论[⑨]，无所终穷乎！尝相与无为乎！澹而静乎！漠而清乎！调而闲乎！寥已吾志[⑩]，无往焉而不知其所至，去而来而不知其所止，吾已往来焉而不知其所终；彷徨乎冯闳（hóng）[⑪]，大知入焉而不知其所穷[⑫]。物物者与物无际[⑬]，而物有际者，所谓物际者也；不际之际[⑭]，际之不际者也[⑮]。谓盈虚衰杀[⑯]，彼为盈虚非盈虚，彼为衰杀非衰杀，彼为本末非本末，彼为积散非积散也。”

［注释］

①东郭子：住在东郭的某先生。②期：必，证实。③蝼：蝼蛄，一种对农作物有害的昆虫。蚁：蚂蚁。④稊、稗：两种相似的杂草。⑤下：低级。⑥不及质：未接触道的实质。⑦无乎逃物：所有的物都未逃离道外。⑧大言：表现道的言论。⑨同合而论：把你的言论合同于至道之言。⑩寥：空虚寂寞。⑪冯闳：空虚开阔的样子。⑫大知入焉：指大智入心，即心怀大智。知，通“智”。焉，于此。⑬物物者：主宰万物的，即天道。⑭不际之际：由没有边际之道转成有形之物。⑮际之不际：由有形之物复归于无际之道。⑯衰杀：疑是“隆杀”之误。因为前后文说的盈与虚、本与末、积与散，都是反义词相配搭的，而“衰”与“杀”是同义词。

［译文］

东郭子向庄子请教说：“人们所说的道，究竟存在于什么地方呢？”庄子说：“大道无所不在。”东郭子曰：“必定得指出具体存在的地方才行。”庄子说：“在蝼蚁之中。”东郭子说：“怎么处在这样低下卑微的地方？”庄子说：“在稻田的稗草里。”东郭子说：“怎么越发低下了呢？”庄子说：“在瓦块砖头中。”东郭子说：“怎么越来越低下呢？”庄子说：“在屎尿里。”

东郭子听了后不再吭声。庄子说：“先生的提问，本来就没有触及道的本质。一个名叫获的管理市场的官吏向屠夫询问猪的肥瘦，踩踏猪腿的部位越是往下就越能探知肥瘦的真实情况。你不要只是在某一事物里寻找道，万物没有什么东西可以逃离开它。‘至道’是这样，最伟大的言论也是这样。万物、言论和大道遍及各个角落，它们名称各异而实质却是相同，它们的意旨是归于同一的。让我们一道游历于什么也没有的地方，用混同合一的观点来加以讨论，宇宙万物的变化是没有穷尽的啊！我们再顺应变化无为而处吧！恬淡而又寂静啊！广漠而又清虚啊！调谐而又安闲啊！我的心思早已虚空宁寂，不会前往何处也不知道应该去哪里，离去以后随即归来也从不知道停留的所在，我已在人世来来往往却并不了解哪里是最后的归宿；放纵我的思想遨游在虚旷的境域，大智的人跟大道交融相契而从不了解它的终极。造就万物的道跟万物本身并无界域之分，而事物之间的界线，就是所谓具体事物的差异；没有差异的区别，也就是表面存在差异而实质并非有什么区别。人们所说的盈满、空虚、衰退、减损，认为是盈满或空虚而并非真正是盈满或空虚，认为是衰退或减损而并非真正是衰退或减损，认为是宗本或末节而并非真正是宗本或末节，认为是积聚或离散而并非真正是积聚或离散。”

［原文］

妸(ē)荷甘与神农同学于老龙吉①。神农隐几阖户昼瞑②，妸荷甘日中奓(zhà)户而入曰③：“老龙死矣！”神农隐几拥杖而起，嚗(bó)然放杖而笑④，曰：“天知予僻陋慢訑⑤，故弃予而死。已矣！夫子无所发予之狂言而死矣夫！”

弇堈(yǎn gāng)吊闻之曰⑥：“夫体道者⑦，天下之君子所系焉。今于道，秋豪之端万分未得处一焉，而犹知藏其狂言而死，又况夫体道者乎！视之无形，听之无声，于人之论者，谓之冥冥⑧，所以论道，而非道也。”

［注释］

①妸荷甘、神农、老龙吉：都是虚拟人物。②隐：凭靠。瞑：古“眠”字。③奓：开。④嚗然：手杖跌在地上发出的声音。笑：不哭而笑，言其已悟生死齐之一道。⑤天：指老龙吉。慢訑：通“谩诞”，荒唐之意。⑥弇堈吊：虚拟人物。⑦体道者：与道相合之人。⑧冥冥：昏昏，糊里糊涂的样子。

［译文］

妸荷甘和神农一同在老龙吉处学习。神农大白天靠着几案、关着门睡觉，中午时分，妸荷甘推门而入说：“老龙吉死了！”神农抱着拐杖站起身来，“啪”的一声丢下拐杖而笑起来，说：“老龙吉知道我见识短浅心志不专，所以丢下了我而死去。完了，我的先生！没有用至道的言论来启发教导我就死去了啊！”

弇堈吊知道了这件事，说：“体悟大道的人，天下一切有道德修养的人都将归附于他。如今老龙吉对于道，连秋毫之末的万分之一也未能得到，尚且懂得深藏他的谈吐

而死去，又何况真正体悟大道的人呢！大道看上去没有形体，听起来没有声音，对于人们所谈论的道，称它是昏昧而又晦暗，而可以用来加以谈论的道，实际上并不是真正的道。”

［原文］

于是泰清问乎无穷曰①：“子知道乎？”

无穷曰：“吾不知。”

又问乎无为②。

无为曰：“吾知道。”

曰：“子之知道，亦有数乎？”

曰：“有。”

曰：“其数若何？”

无为曰：“吾知道之可以贵，可以贱，可以约，可以散，此吾所以知道之数也。”

泰清以之言也问乎无始③，曰：“若是，则无穷之弗知，与无为之知，孰是而孰非乎？”

无始曰：“不知深矣，知之浅矣；弗知内矣，知之外矣。”

于是泰清中而叹曰：“弗知乃知乎！知乃不知乎！孰知不知之知？”

无始曰：“道不可闻，闻而非也；道不可见，见而非也；道不可言，言而非也。知形形之不形乎④！道不当名。”

无始曰：“有问道而应之者，不知道也。虽问道者，亦未闻道。道无问，问无应。无问问之，是问穷也；无应应之，是无内也。以无内待问穷，若是者，外不观乎宇宙，内不知乎大初，是以不过乎昆仑⑤，不游乎太虚⑥。”

［注释］

①泰清、无穷：都是虚拟人物。②无为：虚拟人物。③无始：虚拟人物。④形形之不形：使形成为形的那个东西，本身是无形的。即指道。⑤昆仑：地之极高处，比喻有形与无形的分界处。⑥太虚：广漠的虚空。

[译文]

于是，泰清向无穷请教：“你知晓道吗？”

无穷回答：“我不知晓。”

又问无为。

无为回答说：“我知晓道。”

泰清又问：“你知晓道，道也有名目吗？”

无为说：“有。”

泰清说：“道的名目怎么样呢？”

无为说：“我知道道可以处于尊贵，也可以处于卑贱，可以聚合，也可以离散，这就是我所了解的道的方数。”

泰清用上述谈话去请教无始，说：“像这样，那么无穷的不知晓和无为的知晓，谁对谁错呢？”

无始说：“不知晓是深奥玄妙，知晓是浮泛浅薄；不知晓处于深奥玄妙之道的范围内，知晓却刚好与道相乖背。”

于是泰清半中有所醒悟而叹息，说：“不知晓就是真正的知晓啊！知晓就是真正的不知晓啊！有谁懂得不知晓的知晓呢？”

无始说：“道不可能听到，听到的就不是道；道不可能看见，看见了就不是道；道不可以言传，言传的就不是道。要懂得有形之物之所以具有形体正是因为产生于无形的道啊！因此大道不可以称述。”

无始又说：“有人询问大道便随口回答的，乃是不知晓道。就是询问大道的人，也不曾了解过道。道无可询问，问了也无从回答。无可询问却一定要问，这是在询问空洞无形的东西；无从回答却勉强回答，这是说对大道并无了解。内心无所得却期望回答空洞无形的提问，像这样的人，对外不能观察广阔的宇宙，对内不能了解自身的本原，所以不能越过那高远的昆仑，也不能遨游于清虚宁寂的太虚之境。”

[原文]

光曜(yào)问乎无有曰①：“夫子有乎？其无有乎？”

光曜不得问，而孰视其状貌，窅(yǎo)然空然②，终日视之而不见，听之而不闻，搏之而不得也。”

光曜曰：“至矣！其孰能至此乎！予能有无矣，而未能无无也；及为无有矣，何以至此哉！”

[注释]

①光曜、无有：都是虚拟人物。②窅然：这里引申为暗淡不明的样子。

[译文]

光曜问无有：“先生你是存在呢？还是不存在呢？”

境界

道的最高境界不是“有无”的境界，而是“无无”的境界。

光曜得不到回答，便仔细地观察他的形状和容貌，是那么深远，那么空虚，整天看他看不见，听他听不到，摸他却摸不着。

光曜说：“最高的境界啊，谁能够达到这种境界呢！我能够做到‘无’，却未能达到‘无无’，等到做到了‘无’却仍然是在基于‘有’，从哪儿能够达到这种境界啊！”

[原文]

大马之捶钩者①，年八十矣，而不失豪芒②。大马曰：“子巧与？有道与？”

曰：“臣有守也。臣之年二十而好捶钩，于物无视也，非钩无察也。是用之者，假不用者也以长得其用，而况乎无不用者乎③！物孰不资焉④！”

[注释]

①大马：官名，楚国的大司马。捶：打锻。②不失豪芒：无丝毫差失。③不用者：指于物无视所节省的那一部分精力。④资焉：靠他资助。资，助。焉，于此。

[译文]

大司马家锻制带钩的人，年纪虽然已经八十，却一点也不会出现差误。大司马说：“你是特别灵巧呢，还是有什么门道呀？”

锻制带钩的老人说：“我遵循着道。我二十岁时就喜好锻制带钩，对于其他外在的事物我什么也看不见，不是带钩就不会引起我的专注。锻制带钩这是得用心专一的事，借助这一工作便不再分散自己的用心，而且锻制出的带钩得以长期使用，更何况对于那些无可用心之事啊！能够这样，外物有什么不会予以资助呢？”

[原文]

冉求问于仲尼曰：“未有天地可知邪？”

仲尼曰：“可。古犹今也。”

冉求失问而退①，明日复见，曰：“昔者吾问‘未有天地可知乎？’夫子曰：‘可。古犹今也。’昔日吾昭然，今日

吾昧然②，敢问何谓也。”

仲尼曰：“昔之昭然也，神者先受之③；今之昧然也，且又为不神者求邪④！无古无今，无始无终。未有子孙而有子孙，可乎？”

冉求未对。

仲尼曰：“已矣，未应矣！不以生生死，不以死死生。死生有待邪⑤？皆有所一体。有先天地生者物邪？物物者非物。物出不得先物也，犹其有物也。犹其有物也，无已。圣人之爱人也终无已者，亦乃取于是者也。”

［注释］

①失问：失去问意。心有所悟，不想再问。②昧：糊涂。③受：领会。④求：索取。⑤待：相互依赖、相互依存之意。死与生并不相互依赖，它们各有自己的体系。

［译文］

冉求向孔子请教：“天地产生以前的情况可以知道吗？”

孔子说：“可以，古时候就像今天一样。”

冉求没有得到满意的回答便退出屋来，第二天再次见到孔子，说：“昨天我问‘天地产生以前的情况可以知道吗？’先生回答说：‘可以。古时候就像今天一样。’昨天我心里还很明白，今天就糊涂了，请问先生说的是什么意思呢？”

孔子说：“昨天你心里明白，是因为心神先有所领悟；今天你糊涂了，是因为又拘滞于具体形象而有所疑问吧？没有古就没有今，没有开始就没有终结。不曾有子孙而存在子孙，可以吗？”

冉求不能回答。

孔子说：“算了，不必再回答了！不会为了生而使死者复生，不会为了死而使生者死去。人的死和生相互有所依赖吗？其实全存在于一个整体。有先于天地而产生的物类吗？使万物成为具有各别形体事物的并不是具有形体的事物。万物的产生不可能先行出现具象性的物体，而是气的聚合而产生万物。由气的聚合形成万物之后，这才连续不断繁衍生息。圣人对于人的怜爱始终没有终结，也就是取法于万物的生生相续。”

［原文］

颜渊问乎仲尼曰：“回尝闻诸夫子曰：‘无有所将①，无有所迎。’回敢问其游②。”

仲尼曰：“古之人，外化而内不化③，今之人，内化而

外不化。与物化者，一不化者也。安化安不化[4]，安与之相靡，必与之莫多。狶韦氏之囿[5]，黄帝之圃[6]，有虞氏之宫[7]，汤、武之室[8]，君子之人，若儒、墨者师，故以是非相䪡也，而况今之人乎！圣人处物不伤物。不伤物者，物亦不能伤也。唯无所伤者，为能与人相将迎。山林与！皋壤与[9]！使我欣欣然而乐与！乐未毕也，哀又继之。哀乐之来，吾不能御，其去弗能止。悲夫，世人直为物逆旅耳！夫知遇而不知所不遇[10]，能能而不能所不能。无知无能者，固人之所不免也。夫务免乎人之所不免者，岂不亦悲哉！至言去言，至为去为。齐知之所知[11]，则浅矣。”

［注释］

①将：送。②其游：指精神进入不将不迎的境界。游，游心，精神活动。③外：指言行活动。内：指心神。④安：习惯。⑤狶韦氏：远古帝王的称号。⑥黄帝：轩辕，五帝中的第一帝。⑦有虞氏：虞舜。⑧汤：商汤王。武：周武王。囿、圃、宫、室：皆指帝王居处栖息之所。圃比囿小、宫比圃小、室比宫小。⑨皋壤：平原。⑩遇：碰上，见过。⑪齐：齐一。

［译文］

颜渊问孔子说：“我曾听先生说过：‘不要有所送，也不要有所迎。’请问先生，一个人应该怎样居处与闲游。”

孔子说：“古时候的人，外表适应环境变化但内心世界却持守凝寂，现在的人，内心世界不能凝寂持守而外表又不能适应环境的变化。随应外物变化的人，必定内心纯一，凝寂而不离散游移。对于变化与不变化都能安然听任，安闲自得地跟外在环境相顺应，必定会与外物一道变化而不有所偏移。狶韦氏的苑囿，黄帝的果林，虞舜的宫室，商汤、周武王的房舍，都是他们养心任物的好处所。那些称作君子的人，如像儒家、墨家之流，以是非好坏来相互诋毁，何况现时的人呢！圣人与外物相处却不损伤外物。不伤害外物的人，外物也不会伤害他。正因为无所伤害，因而能够与他人自然相送或相迎。山林呢，还是旷野呢？这都使我感到无限欢乐啊！可是欢乐还未消逝，悲哀又接着到来。悲哀与欢乐的到来，我无法阻挡，悲哀与欢乐的离去，我也不可能制止。可悲啊，世上的人们只不过是哀乐临时栖息的旅舍罢了。人们知道遇上了什么却不知道遇不上什么，能够做自身能力所及却不能做自身能力所不及的事。不知道与不能够，本来就是人们所不可回避的。一定要避开自己所不能避开的事，难道不可悲吗！最好的言论是什么也没说，最好的行动是什么也没做。要想把每个人所知道的各种认识全都等同起来，那就实在是浅陋了。”

杂篇

题解

《庚桑楚》以人名为篇名。历史上有无庚桑楚其人有不同的看法。《汉书·古今人表》中无其人，而《史记·老子列传》中则有其人。庄子以其人名为篇名说明应该实有其人。

全篇涉及许多方面的内容，有讨论顺应自然倡导无为的，有讨论认知的困难和是非难以认定的，但多数段落还是在讨论养生。

庄子在“老聃之役有庚桑楚者”“南荣趎蹴然而坐”和南荣趎复见老子的段落中，主要阐述了养主要以无为思想做基础。主张藏其身而反对尊贤授能和先善于利，批判了尧舜的有为政治是人相食的根源。庄子的无为而治本身就是一种“治”。并不是什么都不做，它讲求的是顺其自然，而不是任其自然。但无为而治，是不符合统治者的愿望和利益的，不会得到实施。惠施说庄子大而无当，这是很切合实际的评价。

通过老聃的谈话说明养生之道，这就是“与物委蛇，而同其波”“身若槁木而心若死灰”，即随物而应、处之无为的生活态度。指出保持心境安泰，不能让外物扰乱自己的“灵台”。接着庄子转而讨论万物的生成与变化，讨论人的认识的局限，说明是与非不是永远不变的，可以转移和变化。后又转回来讨论修身养性，指出扰乱人心的诸多情况，把养生之道归纳到“平气”“顺心”的基本要求上来。庄子主张养生的最高境界就是一切缘于自然，指出自然的天性是生命的根本，归结于无为产生有为的观点上去。

庚桑楚

［原文］

老聃之役[1]，有庚桑楚者[2]，偏得老聃之道[3]，以北居畏垒之山[4]，其臣之画然知者去之[5]，其妾之挈然仁者远之[6]；拥肿之与居[7]，鞅掌之为使[8]。居三年，畏垒大穰（rǎng）[9]。畏垒之民相与言曰：“庚桑子之始来，吾洒然异之[10]。今吾日计之而不足[11]，岁计之而有余[12]。庶几其圣人乎！子胡不相与尸而祝之，社而稷之乎[13]？”

庚桑子闻之，南面而不释然[14]。弟子异之。庚桑子曰：“弟子何异于予？夫春气发而百草生[15]，正得秋而万宝成[16]。夫

春与秋，岂无得而然哉？天道已行矣！吾闻至人，尸居环堵之室[17]，而百姓猖狂不知所如往。今以畏垒之细民而窃窃欲俎豆予于贤人之间[18]，我其杓之人邪[19]！吾是以不释于老聃之言。”

弟子曰：“不然。夫寻常之沟[20]，巨鱼无所还其体，而鲵、鰌(qiū)为之制[21]；步仞之丘陵，巨兽无所隐其躯，而蘖(niè)狐为之祥[22]。且夫尊贤授能，先善与利[23]，自古尧、舜以然，而况畏垒之民乎！夫子亦听矣！”

庚桑子曰：“小子来！夫函车之兽[24]，介而离山，则不免于罔罟之患；吞舟之鱼，砀(dàng)而失水[25]，则蚁能苦之。故鸟兽不厌高，鱼鳖不厌深。夫全其形生之人，藏其身也，不厌深眇而已矣。

“且夫二子者，又何足以称扬哉！是其于辩也，将妄凿垣墙而殖蓬蒿也。简发而栉(zhì)，数米而炊，窃窃乎又何足以济世哉！举贤则民相轧，任知则民相盗[26]。之数物者[27]，不足以厚民[28]。民之于利甚勤[29]，子有杀父，臣有杀君，正昼为盗[30]，日中穴阫(péi)[31]。吾语女，大乱之本，必生于尧、舜之间，其末存乎千世之后。千世之后，其必有人与人相食者也！”

［注释］

①役：门徒，弟子。古代做门徒的要为师父干杂差，故称役。②庚桑楚：老聃弟子，姓庚桑，名楚。③偏得：部分地学到。偏，不全。④畏垒：山名，所在不详，一说在鲁国，一说在梁州，一说即《禹贡》的羽山。⑤画然：明察的样子。知：通“智”。去之：离开庚桑楚。⑥挈然仁者：自信做到仁的。挈，通“契”，本指讲信用的契约，引申为自信。⑦拥肿：糊涂无知的样子。⑧鞅掌：失容的样子。⑨穰：丰收。⑩洒然：指见所未见，耳目一新的样子。异之：使他感到奇异。⑪日计之而不足：指三年之前，每日盼望他有所作为而不去作为，所以说不足。⑫岁计之而有余：指三年后，物不疵疠，而大丰收，无为是异于寻常的，所以说有余。⑬社而稷之：为他建立社稷。社、稷均作动词用。⑭释：通“怿”，高兴。⑮百草生：指包括谷物的自然生长。⑯万宝：各种果实。⑰尸居：像尸主（神主牌）一样静寂而

居，表示无为。环堵之室：四面围有一堵之墙的居室。堵，一丈。环堵，一平方丈。⑱窃窃：烦琐计较的样子。俎、豆：都是祭祀时放祭品的器具。这里作动词用，引申为奉祀。⑲其：岂。杓：榜样。⑳寻常之沟：指深八尺，宽十八尺的沟洫。寻，八尺，二寻为常。㉑鲵、鳝：都是小鱼。制：通“折”，曲折回旋。㉒孽狐：妖孽的狐狸。孽，通“孽”，妖孽。祥：善，得意。㉓先善与利：首先推举善而又对众人有利的人。㉔函：含。兽能把车吞含，说明很大。㉕砀而失水：因波流动荡而离开了水。砀，通“荡”㉖盗：欺骗。㉗数物：指举贤、任智等事。物，事。㉘厚民：利民，给老百姓带来好处。㉙于利甚勤：努力谋利。勤，努力。㉚正昼：中午。㉛日中：中午。穴阫：把墙挖穿。

［译文］

老聃的弟子中有个叫庚桑楚的，独得老聃真传，居住在北边的畏垒山，奴仆中着力炫耀才智的他就让他们纷纷离去，侍婢中着力标榜仁义的他就让他们远离自己；只有敦厚朴实的人跟他住在一起，只有任性自得的人作为他的役使。居住三年，畏垒山一带大丰收。畏垒山一带的人民相互传言：“庚桑楚刚来畏垒山，我们都微微吃惊感到诧异。如今我们一天天地计算收入虽然还嫌不足，但一年总的计算收益也还富足有余。庚桑楚恐怕就是圣人了吧！大家何不共同像供奉神灵一样供奉他，像对待国君一样地敬重他？”

庚桑楚听到了大家的谈论，坐朝南方心里很不愉快。弟子们感到奇怪。庚桑楚说：“你们对我有什么感到奇怪呢？春天阳气蒸腾勃发百草生长，正当秋天时节庄稼成熟果实累累。春天与秋天，难道无所遵循就能够这样吗？这是自然规律的运行与变化。我听说道德修养极高的人，像没有生命的人一样虚淡宁静地生活在斗室小屋内，而百姓都无识无知地不知道应该做些什么。如今畏垒山一带的庶民百姓私下里谈论想把我列入贤人的行列而加以供奉，我难道乐意成为众人所注目的人吗？我正因为遵从老聃的教诲而对此大不愉快。”

弟子说：“不是这样的。小水沟里，大鱼没有办法回转它的身体，可是小小的泥鳅却能转身自如；矮小的山丘，大的野兽没有办法隐匿它的躯体，可是妖狐却正好得以栖身。况且尊重贤才授权能人，以善为先给人利禄，从尧舜时代起就是这样，何况畏垒山一带的百姓呢！先生你还是顺从大家的心意吧！”

庚桑楚说：“小子你过来！口能含车的巨兽，孤零零地离开山野，那就不能免于罗网的灾祸；口能吞舟的大鱼，一旦被水波荡出水流，小小的蚂蚁也会使它困苦不堪。所以鸟兽不厌山高，鱼鳖不厌水深。保全身形本性的人，隐匿自己的身形，不厌深幽高远罢了。

“至于尧与舜两个人，又哪里值得加以称赞和褒扬呢！尧与舜那样分辨世上的善恶贤愚，就像是在胡乱地毁坏好端端的垣墙而去种上没有什么用处的蓬蒿。选择头发来梳理，点数米粒来烹煮，计较于区区小事又怎么能够有益于世啊！举荐贤才人民就会相互出现伤害，任用智能百姓就会相互出现伪诈。这数种做法，不足以给人民带来好处。人们对于追求私利向来十分迫切，为了私利有的儿子杀了父亲，有的臣子杀了国君，大白天抢人，光天化日之下在别人墙上打洞。我告诉你，天下大乱的根源，必定是产生于尧舜的时代，而它的流毒和遗害又一定会留存于千年之后。千年之后，还将会出现人与人相食的情况呢！”

［原文］

南荣趎(chú)蹴(cù)然正坐曰[1]："若趎之年者已长矣，将恶乎托业以及此言邪？"

庚桑子曰："全汝形，抱汝生，无使汝思虑营营[2]。若此三年，则可以及此言矣。"

南荣趎曰："目之与形，吾不知其异也，而盲者不能自见；耳之与形，吾不知其异也，而聋者不能自闻；心之与形，吾不知其异也，而狂者不能自得。形之与形亦辟矣[3]，而物或间之邪[4]，欲相求而不能相得？今谓趎曰：'全汝形，抱汝生，勿使汝思虑营营。'趎勉闻道耳矣[5]！"

庚桑子曰："辞尽矣。奔蜂不能化藿蠋(zhú)[6]，越鸡不能伏鹄(hú)卵[7]，鲁鸡固能矣[8]。鸡之与鸡，其德非不同也，有能与不能者，其才固有巨小也。今吾才小，不足以化子。子胡不南见老子！"

南荣趎赢粮[9]，七日七夜至老子之所。

老子曰："子自楚之所来乎？"南荣趎曰："唯。"

老子曰："子何与人偕来之众也？"南荣趎惧然顾其后。

老子曰："子不知吾所谓乎？"

南荣趎俯而惭，仰而叹曰："今者吾忘吾答，因失吾问。"

老子曰："何谓也？"

南荣趎曰："不知乎？人谓我朱愚[10]。知

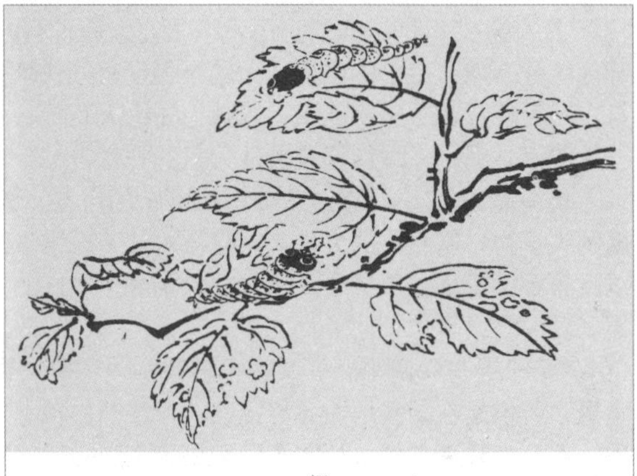

蠋

蠋即毛毛虫，蝴蝶或蛾子的伸长状幼虫。色青，形似蚕，大小如手指。庚桑子用"奔蜂不能化藿蠋，越鸡不能伏鹄卵"说明道没有不同，但得道的程度却有大小，自己的才能没有达到感化南荣趎的程度。

乎？反愁我躯。不仁则害人，仁则反愁我身；不义则伤彼，义则反愁我已。我安逃此而可？此三言者，趎之所患也，愿因楚而问之[11]。”

老子曰：“向吾见若眉睫之间[12]，吾因以得汝矣[13]，今汝又言而信之[14]。若规规然若丧父母[15]，揭竿而求诸海也。女亡人哉，惘惘乎[16]！汝欲反汝情性而无由入，可怜哉！”

南荣趎请入就舍[17]，召其所好[18]，去其所恶[19]，十日自愁[20]，复见老子。

老子曰：“汝自洒濯[21]，熟哉郁郁乎[22]！然而其中津津乎犹有恶也[23]。夫外韄(hù)者不可繁而捉[24]，将内揵(jiàn)；内韄者不可缪而捉[25]，将外揵。外、内韄者，道德不能持，而况放道而行者乎！”

南荣趎曰：“里人有病[26]，里人问之，病者能言其病，然其病病者，犹未病也。若趎之闻大道，譬犹饮药以加病也，趎愿闻卫生之经而已矣[27]。”

老子曰：“卫生之经，能抱一乎？能勿失乎？能无卜筮而知吉凶乎？能止乎？能已乎？能舍诸人而求诸已乎[28]？能翛然乎[29]？能侗然乎[30]？能儿子乎[31]？儿子终日嗥而嗌不嗄(shà)[32]，和之至也；终日握而手不掜，共其德也；终日视而目不瞚(shùn)，偏不在外也。行不知所之，居不知所为，与物委蛇[33]，而同其波[34]。是卫生之经已。”

南荣趎曰：“然则是至人之德已乎？”

曰：“非也。是乃所谓冰解冻释者，能乎？夫至人者，相与交食乎地而交乐乎天，不以人物利害相撄(yīng)[35]，不相与为怪[36]，不相与为谋[37]，不相与为事[38]，翛然而往，侗然而来。是谓卫生之经已。”

曰：“然则是至乎？”

曰："未也。吾固告汝曰：'能儿子乎？'儿子动不知所为，行不知所之，身若槁木之枝而心若死灰矣。若是者，祸亦不至，福亦不来。祸福无有，恶有人灾也！"

婴儿纯真、朴质，"动不知所为，行不知所之，身若槁木之枝而心若死灰"。

［注释］

①南荣趎：庚桑子的学生。姓南荣，名趎。蹴然：不安的样子。正坐：正容端坐，以示敬畏。②营营：劳累而不知休息的样子。③辟：通"譬"，比类，相似。④间：间隔，阻塞。⑤勉：勉强，约略。⑥奔蜂：蜾蠃，细腰小虫。藿：豆。蠋：又叫毛虫，鳞翅目昆虫的幼虫，形似蚕而大如指。生在豆中的即叫藿蠋。⑦越鸡：越地所产的鸡。伏：孵。鹄：天鹅。⑧鲁鸡：鲁地所产的鸡。或当时鲁地鸡种优良，所以比越地的大。⑨赢：担。⑩朱愚：铢愚，愚钝。楚人谓刀钝为铢。⑪因楚：通过庚桑楚的介绍。⑫眉睫之间：本指眼睛，眼睛是最能反映人的表情的，故引申为表情。⑬得汝：指掌握了你的心事。⑭信：证实。⑮规规然：不由自主的样子。⑯惘惘：不得意的神情。⑰入就舍：就居弟子之舍。⑱所好：指天道。⑲所恶：指仁义等。⑳自愁：自感苦恼。㉑洒濯：洗涤，指清除掉那些不合乎天道的东西。㉒郁郁：闷闷不乐的样子。㉓津津：这里表示渗出、流露的样子。㉔外韄：被外物所牵制。韄，系缚，束缚。繁：杂。捉：促，急迫。㉕内韄：被心事所缠缚。缪：绸缪，缠缚。㉖里人：同住一居里的人。㉗卫生：养生。经：原则，方法。㉘舍诸人：对人无所求。诸，之于。㉙翛然：无所牵挂的样子。㉚侗然：心怀开朗的样子。㉛能儿子：能和小孩一样天真。㉜嗥：号叫。嗌：咽喉。嗄：通"哑"，沙哑。㉝与物委蛇：随物变化。㉞同其波：随波逐流。㉟撄：扰。㊱怪：责怪。㊲谋：谋算。㊳事：服务。

［译文］

南荣趎虔敬地端正而坐，说："像我这样的人已经年纪大了，将怎样学习才能达到你所说的那种境界呢？"

庚桑楚说："保全你的身形，护养你的生命，不要使你的思虑为求取私利而奔波劳苦。像这样三年时间，那就可以达到我所说的那种境界了。"

南荣趎说："盲人的眼睛和普通人的眼睛，彼此的外形我看不出有什么不同，而盲人的眼睛却看不见东西；聋子的耳朵和普通人的耳朵，彼此的外形我看不出有什么不同，而聋子的耳朵却听不见声音；疯狂人的样子与普通人的样子，彼此之间我看不出有

什么不同，而疯狂人却不能把持自己。形体与形体之间本是相通的，但出现不同的感知是外物有什么使之区别吗？还是希望获得却始终未能获得呢？如今先生对我说：‘保全你的身形，护养你的生命，不要使你的思虑为求取私利而奔波劳苦。’我只不过勉强听到耳里罢了！”

庚桑楚说：“我的话说尽了。小土蜂不能孵化出豆叶虫，越鸡不能孵化天鹅蛋，而鲁鸡却能够做到。鸡与鸡，它们的禀赋并没有什么不同，有的能做到有的不能做到，是因为它们的本领原本就有大有小。拿现在说我的才干就很小，不足以使你受到感化，你何不到南方去拜见老子？”

南荣趎带足干粮，走了七天七夜来到老子的住所。

老子说：“你是从庚桑楚那儿来的吧？”南荣趎说：“是的。”

老子说：“怎么跟你一块儿来的人如此多呢？”南荣趎恐惧地回过头来看看自己的身后。

老子说：“你不知道我所说的意思吗？”

南荣趎低下头来羞惭满面，而后仰面叹息：“现在我已忘记了我应该怎样回答，因为我忘掉了我的提问。”

老子说：“什么意思呢？”

南荣趎说：“不聪明吗？人们说我愚昧无知。聪明吗？反而给身体带来愁苦和危难。不具仁爱之心便会伤害他人，推广仁爱之心反而给自身带来愁苦和危难。不讲信义便会伤害他人，推广信义反而给自己带来愁苦和危难。这三句话所说的情况，正是我忧患的事，希望因为庚桑楚的引介而获得赐教。”

老子说：“刚来时我察看你眉宇之间，也就借此了解了你的心思。如今你的谈话更证明了我的观察。你失神的样子真像是失去了父母，又好像在举着竹竿探测深深的大海。你确实是一个丧失了真性的人啊，是那么迷惘而又昏昧！你一心想返归你的真情与本性却不知道从哪里做起，实在是值得同情啊！”

南荣趎回到寓所，求取自己所喜好的东西，舍弃自己所讨厌的东西，整整十天愁思苦想，再去拜见老子。

老子说：“你做了自我反省，郁郁不安的心情实在是沉重啊！然而你心中那充满外溢的情况说明还是存有邪念。受到外物的束缚便不可避免繁杂与急促，于是内心世界必将堵塞不通；内心世界受到束缚便不可避免杂乱无绪和急促，于是外部感官必定会闭塞不通。外部感官和内心世界都被束缚缠绕，即使道德高尚也不能持守，何况是初学道仿行的人呢！”

南荣趎说：“邻里的人生了病，周围的乡邻询问他，生病的人能够说明自己的病情，而能够把自己的病情说个清楚的人，那就算不上是生了重病。像我这样的听闻大道，好比服用了药物反而加重了病情，因而我只希望能听到养护生命的常规罢了。”

老子说：“养护生命的常规，能够使身形与精神浑一谐合吗？能够不失却真性吗？能够不求助于卜筮而知道吉凶吗？能够满足于自己的本分吗？能够对消逝了的东西不作追求吗？能够舍弃仿效他人的心思而寻求自身的完善吗？能够无拘无束、自由自在吗？能够心神宁寂无所执着吗？能够像初生的婴儿那样纯真、朴质吗？婴儿整天啼哭咽喉却不会嘶哑，这是因为声音谐和自然达到了顶点；婴儿整天握着小手而不松开，这是因为听任小手自然地握着乃是婴儿的天性与常态；婴儿整天瞪着小眼睛一点也不眨眼，这是因为内心世界不会滞留于外界事物。行走起来不知道去哪里，平日居处不知道做什么，接触外物随顺应合，如同随波逐流、听其自然：这就是养护生命的常规了。”

南荣趎：“那么这就是至人的最高思想境界吗？”

老子回答：“不是的。这仅只是所谓冰冻消解那样自然消除心中积滞的本能吧？道德修养最高尚的人，跟人们一块儿向大地寻食而又跟人们一块儿向天寻乐，不因外在的人物或利害而扰乱自己，不参与怪异，不参与图谋，不参与尘俗的事务，无拘无束、自由自在地走了，又心神宁寂无所执着地到来。这就是所说的养护生命的常规。”

南荣趎说：“那么这就达到了最高的境界吗？”

老子说：“没有。我原本就告诉过你：‘能够像初生的婴儿那样纯真、朴质吗？’婴儿活动不知道干什么，行走不知道去哪里，身形像枯槁的树枝而心境像熄尽了的死灰。像这样的人，灾祸不会到来，幸福也不会降临。祸福都不存在，哪里还会有人间的灾害呢！”

[原文]

宇泰定者①，发乎天光②。发乎天光者，人见其人，物见其物。人有修者③，乃今有恒④；有恒者，人舍之⑤，天助之。人之所舍，谓之天民；天之所助，谓之天子。

[注释]

①泰定：大定，非常宁静。②天光：天的光芒。③修：修炼，指使自己心地宁静的修炼。④恒：常，即恢复本性。⑤舍之：居止其下，意即归附于他。舍，居于。

[译文]

心境安泰镇定的人，就会发出自然的光芒。发出自然光芒的，人各自显其为人，物各自显其为物。注重修养的人，才能保持较高的道德修养境界；保持较高的道德修养境界，人们就会自然地向往他，上天也会帮助他。人们所向往的，称他叫作天民；上天辅佐的，称他叫作天子。

[原文]

学者，学其所不能学也；行者，行其所不能行也；辩者，辩其所不能辩也。知止乎其所不能知，至矣；若有不即是者①，天钧败之。

[注释]

①即是：依照如此。

[译文]

学习，是想要学习那些不能学到的东西；行走，是想要去到那些不能去到的地方；分辩，是想要分辩那些不易辩清的事物。知道停留于所不知道的境域，便达到了知道的极点。假如有人不是这样，那么自然的禀性一定会使他败亡。

[原文]

备物以将形[1]，藏不虞以生心[2]，敬中以达彼[3]，若是而万恶至者，皆天也，而非人也，不足以滑成[4]，不可内于灵台[5]。

灵台者有持，而不知其所持，而不可持者也。不见其诚己而发，每发而不当，业入而不舍[6]，每更为失。

为不善乎显明之中者，人得而诛之；为不善乎幽间之中者[7]，鬼得而诛之。明乎人[8]，明乎鬼者[9]，然后能独行。

券内者[10]，行乎无名；券外者，志乎期费[11]。行乎无名者，唯庸有光；志乎期费者，唯贾人也[12]，人见其跂(qí)，犹之魁然[13]。

暗鬼弃人

《醋葫芦》中，成妻都氏在画像时要求画成女左男右。画师觉得这样画违礼，于是画成他二人在园里行游，男在右前方走，女在左后方走，并有一美丽侍女跟随。画师又得知都氏易妒，就把侍女抹成了假山。都氏把画挂起来天天欣赏。画面颜色渐退后，都氏发现假山后面有个女人，就认为是自己虐待的翠苔来索命而吓得魂飞魄散。明处做恶众人诛罚，暗处做恶鬼神诛罚，正大光明“然后能独行”。

与物穷者，物入焉；与物且者[14]，其身之不能容，焉能容人！不能容人者无亲，无亲者尽人[15]。

兵莫憯(cǎn)于志，镆铘为下；寇莫大于阴阳，无所逃于天地之间。非阴阳贼之[16]，心则使之也。

[注释]

①备：具备。将：养。②藏：指心里所藏。不虞：无所思虑。

虞，思虑。生：活。③彼：外物。④滑：乱。⑤内：通“纳”。灵台：心。⑥业：指习已成性。舍：舍弃，制止。⑦幽间之中：在阴暗的地方。⑧明乎人：对人光明正大。⑨明乎鬼：对鬼光明正大。⑩券：本指契据（合同），这里作动词，意即契合。⑪志：愿，想。期：必。费：用。⑫贾人：商人。⑬魁：伟大。⑭与物且：由于胸怀梗塞，与外物格格不入。且，通“阻”。⑮尽人：被弃绝的人。⑯贼：害，伤害。

［译文］

备足造化的事物而顺应成形，深敛外在情感不做任何思虑而使心境快活并富有生气，谨慎地持守心中的一点灵气用以通达外在事物，像这样做而各种灾祸仍然纷至沓来，那就是自然安排的结果，而不是人为所造成，因而不足以扰乱了内心的静定，也不可以纳入灵府。

灵府，就是有所持守却不知道持守什么，并且不可以着意去持守的地方。不能表现真诚的自我而任随情感外驰，虽然有所表露却总是不合适宜，外事一旦侵扰心中就不会轻易离去，即使有所改变也会留下创伤。

在光天化日下做了坏事，人人都会谴责他、处罚他；在昏暗处隐蔽地做下坏事，鬼神也会谴责他、处罚他。对于人群清白光明，对于鬼神也清白光明，这之后便能独行于世。

名分合乎自身，行事就不显于名声；名分超出自身，就是心思总在于穷尽财用。行事不显名声的人，即使平庸也有光辉；心思在于穷尽财用的人，只不过是商人而已，人人都能看清他们在奋力追求分外的东西，还自以为泰然无危。

跟外物顺应相通的人，外物必将归依于他；跟外物相互阻遏的人，他们自身都不能相容，又怎么能容纳他人！不能容人的人没有亲近的人，没有亲近的人也就为人们所弃绝。

兵器没有什么能对人的心神做出伤害，从这一意义说良剑莫邪也只能算是下等；寇敌没有什么比阴阳的变异更为巨大，因为任何人也没有办法逃脱出天地之间。其实并非阴阳的变异伤害他人，而是人们心神自扰不能顺应阴阳的变化而使自身受到伤害。

［原文］

道通[1]。其分也，其成也毁也。所恶乎分者，其分也以备[2]；所以恶乎备者，其有以备。故出而不反，见其鬼，出而得，是谓得死。灭而有实[3]，鬼之一也。

以有形者象无形者而定矣。

出无本[4]，入无窍[5]，有实而无乎处，有长而无乎本剽[6]，有所出而无窍者有实。有实而无乎处者，宇也[7]。有长而无本剽者，宙也[8]。有乎生，有乎死，有乎出，有乎入，

宇宙

用有形来拟象无形，天地间的事物就是这样确定的，有形而无居所的是"宇"(空间)，有长而无始末的是"宙"(时间)。

入出而无见其形，是谓天门。天门者，无有也，万物出乎无有。有不能以有为有⑨，必出乎无有，而无有一无有⑩。圣人藏乎是⑪。

[注释]

①道通：道、通为一，即道一。通，贯通，统一。②备：全体。③有实：形骸的实体。④本：根源。⑤窍：门。⑥剽：通"标"，末端。⑦宇：指空间上没有止境的上下四方。⑧宙：指时间上没有终始的古往今来。⑨以有为有：靠有来产生有。为，产生，形成。⑩一无有：把无与有统一起来。一，作动词，统一。⑪藏：居，指居心。是：此，指无有。

[译文]

大道通达于万物。一种事物分离了新的事物就形成了，新的事物形成了原有的事物便毁灭了。对于分离厌恶的原因，就在于对分离求取完备；对于完备厌恶的原因，又在于对完备进一步求取完备。所以心神离散外逐欲情而不能返归，就会徒具形骸而显于鬼形；心神离散外逐欲情而能有所得，这就叫作接近于死亡。迷灭本性而徒有外形，也就跟鬼一个样。

把有形的东西看作是无形，那么内心就会得到安宁。

产生没有根本，消逝没有踪迹。具有实在的形体却看不见确切的处所，有成长却见不到成长的始末，有所产生却没有产生的孔窍的情况又实际存在着。具有实在的形体而看不见确切的处所的，是因为处在四方上下没有边际的空间中。有成长却见不到成长的始末，是因为处在古往今来没有极限的时间里。存在着生，存在着死，存在着出，存在着入，入与出都没有具体的形迹，这就叫作自然之门。所谓自然之门，就是不存在一个人为的门，万事万物都出自这一自然之门。"有"不可能用"有"来产生"有"，必定要出自"无有"，而"无有"就是一切全都没有。圣人就藏身于这样的境域。

[原文]

古之人，其知有所至矣。恶乎至？有以为未始有物者，至矣，尽矣，弗可以加矣。其次以为有物矣，将以生为丧也，以死为反也，是以分已①。其次曰始无有，既而有生，

生俄而死②；以无有为首，以生为体，以死为尻③；孰知有无死生之一守者，吾与之为友。是三者虽异④，公族也。昭、景也⑤，著戴也⑥，甲氏也，著封也，非一也。

有生，黡(yǎn)也⑦，披然曰移是⑧。尝言移是，非所言也。虽然⑨，不可知者也。腊者之有膍胲(pí gāi)⑩，可散而不可散也；观室者周于寝庙⑪，又适其偃焉⑫，为是举移是⑬。

请尝言移是。是以生为本⑭，以知为师，因以乘是非；果有名实⑮，因以己为质，使人以己为节⑯，因以死偿节。若然者，以用为知⑰，以不用为愚，以彻为名⑱，以穷为辱。移是，今之人也，是蜩与学鸠同于同也⑲。

［注释］

①以：通“已”，已经。已：通“矣”。②俄：一下子。③尻：屁股，指尾。④三者：指以无为首，以生为体，以死为尻。⑤昭、景：都是楚国的王族。⑥著：著称。戴：爱戴，指尊奉的先人。⑦黡：疵，黑痣。⑧披然：纷纷的样子。披，纷。移：去。是：指面痣。⑨虽然：虽然说了。⑩腊：腊祭，古代十二月的祭祀。膍：牛胃。胲：牛蹄。⑪寝庙：住所，有东西厢的叫庙，无东西厢而有室的叫寝。⑫偃：厕所。⑬举：举例说明。⑭以生为本：指生死方面的事情。⑮果：真的。名实：指名实相符的问题。⑯节：符节，符合。⑰用：利，指对己有利。知：通“智”，聪明。⑱彻：显达。名：声誉，光荣。⑲同于同：同于所同。

［译文］

古时候的人，他们的才智达到很高的境界。什么样的境界呢？有认为宇宙初始是不曾有物的，这种观点是最高明的，最完美的了，不可以再添加什么了。次一等认为宇宙初始已经存在事物，他们把产生看作是另一种事物的失落，他们把消逝看作是返归自然，而这样的观点已经对事物有了区分。再次一等认为宇宙初始确实不曾有过什么，不久就产出了生物，有生命的东西又很快地死去；他们把虚空看作是头，把生命看作躯体，把死亡看作是尾脊。谁能懂得有、无、死、生归结为一体，我就跟他交上朋友。以上三种认识虽然各有不同，但从万物一体的观点看却并没有什么差异，犹如楚国王族中昭、景二姓，以世代为官而著显，都是大姓，又以世代封赏而著显，只不过是姓氏不同罢了。

世上存在生命，乃是从昏暗中产生出来，生命一旦产生彼与此、是与非就在不停地转移而不易分辨。让我来谈谈转移和分辨，其实这本不足以谈论。虽然如此，即使谈论了也是不可以明了的。譬如说，年终时大祭备有牛牲的内脏和四肢，可以分别陈列却又不可以离散整体牛牲；又譬如说，游观王室的人周旋于整个宗庙，但同时又必须上厕所。像这些例子全都说明彼与此、是与非在不停地转移。

请让我再进一步谈谈是非的转移和不定。这全是因为把生存看作根本，把才智看作老师。于是以这样的观点来驾驭是与非，便果真分辨出次要、主要的区别；于是把自我看作是主体，并且让人把这一点当作神圣的节操，于是又用死来殉偿这一节操。像这样的人，以举用为才智，以晦迹为愚昧，以通达为荣耀，以困厄为羞耻。是非、彼此的不定，是现今人们的认识，这就跟蜩与学鸠共同讥笑大鹏那样，乃是同样的无知。

［原文］

蹍(niǎn)市人之足[1]，则辞以放骜[2]，兄则以妪，大亲则已矣[3]。故曰，至礼有不人[4]，至义不物[5]，至知不谋[6]，至仁无亲[7]，至信辟金[8]。

［注释］

①蹍：踩，踏。市人：集市上不相识的人。②辞：谢，道歉。放骜：放纵妄动，说明自己不够谨慎，但不是故意的。③大亲：父母。已矣：算了。④至礼有不人：不以人为的礼仪文质为重。⑤不物：不当作一回事。⑥不谋：无须谋虑。⑦无亲：不分亲疏。⑧辟：摒弃。金：指金虽坚不足为比。

［译文］

踩了路上行人的脚，就要道歉说不小心，兄长踩了弟弟的脚就要怜惜抚慰，父母踩了子女的脚也就算了。因此说，最好的礼仪就是不分彼此视人如己，最好的道义就是不分物我各得其宜，最高的智慧就是无须谋虑，最大的仁爱就是对任何人也不表示亲近，最大的诚信就是无须用贵重的东西作为凭证。

［原文］

彻志之勃[1]，解心之谬[2]，去德之累[3]，达道之塞[4]。富、贵、显、严、名、利六者，勃志也。容、动、色、理、气、意六者[5]，谬心也。恶、欲、喜、怒、哀、乐六者[6]，累德也。去、就、取、与、知、能六者[7]，塞道也。此四六者不荡胸中则正，正则静，静则明，明则虚，虚则无为而无不为也。道者，德之钦也[8]；生者，德之光也；性者，生之质也。性之动，谓之为；为之伪，谓之失。知者，接也[9]；知者，谟也[10]；知者之所不知，犹睨(nì)也[11]。动以不得已之谓

德[12]，动而非我之谓治[13]，名相反而实相顺也。

[注释]

①勃：乱。②谬：通“缪”，亦作缪，束缚。③累：拖累。④塞：不通，堵塞。⑤容：容貌。动：举动。色：颜色。理：情理。气：辞气。意：意志。⑥恶：厌恶。欲：喜爱。⑦去：舍弃。就：趋。能：本领。⑧钦：主，君。⑨接：接触，如耳闻目见之类。这里指感性认识。⑩谟：谋虑，思索。这里指理性认识。⑪睨：斜视。⑫不得已：说明被动而又无心。⑬治：不乱，顺心。

[译文]

毁除意志的干扰，解脱心灵的束缚，遗弃道德的牵累，打通大道的阻碍。高贵、富有、尊显、威严、声名、利禄六种情况，全是扰乱意志的因素。容貌、举止、美色、辞理、气调、情意六种情况，全是束缚心灵的因素。憎恶、欲念、欣喜、愤怒、悲哀、欢乐六种情况，全部是牵累道德的因素。离去、靠拢、贪取、施与、智虑、技能六种情况，全是堵塞大道的因素。这四个方面各六种情况不至于震荡胸中，内心就会平正，内心平正就会宁静，宁静就会明澈，明澈就会虚空，虚空就能恬适顺应无所作为而又无所不为。大道，是自然的敬仰；生命，是盛德的光华；禀性，是生命的本根。合乎本性的行动，称之为率真的作为；受伪情驱使而行动，称之为失却本性。知识，出自与外物的应接；智慧，出自内心的谋划；具有智慧的人也会有不了解的知识，就像斜着眼睛看，所见必定有限。有所举动却出于不得已叫作德，有所举动却不是为了自我叫作治，追求名声必定适得其反，而讲求实际就会事事顺应。

[原文]

羿工乎中微而拙乎使人无己誉[1]。圣人工乎天而拙乎人[2]。夫工天而俍（liáng）乎人者[3]，唯全人能之[4]。唯虫能虫，唯虫能天。全人恶天？恶人之天？而况吾天乎人乎[5]！

[注释]

①羿：古代射箭能手。工：善。中微：射中微小的目标。无己誉：不要赞扬自己。②工乎天：善于顺应天时。拙乎人：不善于处理人事。③俍乎人：指能顺应人的天性，无为而治。俍，善。④全人：完美的人。⑤天乎人乎：天人对立。

[译文]

羿精于射中微细之物而拙于使人们不称誉自己。圣人精于顺应自然而拙于人为。精于顺应自然而又善于周旋人世，只有“全人”能够这样。唯独只有虫豸能够像虫豸一样地生活，唯独只有虫豸能够禀赋于自然。“全人”厌恶自然，是厌恶人为的自然，更何况用自我的尺度来看待自然和人为呢！

［原文］

一雀适羿，羿必得之，威也；以天下为之笼，则雀无所逃[1]。是故汤以庖人笼伊尹，秦穆公以五羊之皮笼百里奚。是故非以其所好笼之而可得者，无有也。

［注释］

①无所逃：指逃不出天地之外。

［译文］

一只小雀迎着羿飞来，羿一定会射中它，这是羿的威力；把整个天下当作雀笼，那么鸟雀没有一只能够逃脱。因此商汤用庖厨来笼络伊尹，秦穆公用五张羊皮来笼络百里奚。所以说，不用其所好来笼络人心而可以成功的，从不曾有过。

［原文］

介者拸（chǐ）画[1]，外非誉也[2]；胥靡登高而不惧[3]，遗死生也。夫复谓（xí）不馈（kuì）而忘人[4]，忘人，因以为天人矣。故敬之而不喜，侮之而不怒者，唯同乎天和者为然[5]。出怒不怒[6]，则怒出于不怒矣；出为无为，则为出于无为矣。欲静则平气，欲神则顺心，有为也。欲当则缘于不得已，不得已之类，圣人之道。

［注释］

①介者：单足的人。拸：移。画：装饰。②外：排除。③胥靡：犯人。④复：免除。谓不：通“慴右”，惧怕。馈：通“愧”，负疚。忘人：忘却自己是人。⑤同乎天和：混同在与自然的绝对统一之中。为然：做到如此。⑥出：产生。

［译文］

砍断了脚的人不图修饰，因为已把毁誉置之度外；服役的囚徒登上高处不存恐惧，因为已经忘掉了死生。对于谦卑的言语不愿作出回报而忘掉了他人，能够忘掉他人的人，就可称作合于自然之理又忘却人道之情的“天人”。所以，敬重他却不感到欣喜，侮辱他却不会愤怒的人，只有混同于自然顺和之气的人才能够这样。发出了怒气但不是有心发怒，那么怒气也就出于不怒；有所作为但不是有心作为，那么作为也就出于无心作为。想要宁静就得平和气息，想要寂神就得顺应心志，即使有所作为也须处置适宜，事事顺应于不得已。事事不得已的做法，也就是圣人之道。

题解

“徐无鬼”是开篇的人名，以人名作为篇名。本篇是《庄子》中的又一长篇，由十余个各不相关的故事组成，并夹带少量的议论。全篇内容很杂，中心不明朗，故事之间也缺乏关联，但多数是倡导无为思想的。

庄子写徐无鬼拜见魏武侯，用相马之术引发魏武侯的喜悦，借此讥讽《诗》《书》《礼》《乐》的无用。在“徐无鬼因女商见魏武侯”“黄帝将见大隗子具茨之山”“管仲有病”“仲尼之楚”“子綦有八子”和“以目视目”诸段中，庄子阐述了无为的观点，宣扬了因任自然的无为政治主张。写庄子和惠子的对话，指出天下并没有共同认可的是非标准，从而批评了各家“各是其所是”的态度。写庄子对惠子的怀念，诉说为失去一位主张有为的辩论对象而感叹。借吴王射杀猴子的故事，告诫人们不应有所自恃。写南伯子綦对世人迷误的哀叹，提出“无求，无失，无弃”和“不以物易己”的观点，强调不用言语、返归无为的功效。表述子綦游于天地不跟外物相违逆的生活旨趣。文章最后为杂论，批判唐尧，指斥仁义是贪婪者的工具。提倡“无所甚亲”“无所甚疏”的态度。主要是阐明顺任自适的思想。

徐无鬼

[原文]

徐无鬼因女商见魏武侯[1]，武侯劳之曰[2]：“先生病矣[3]！苦于山林之劳[4]，故乃肯见于寡人。”

徐无鬼曰：“我则劳于君，君有何劳于我！君将盈耆欲[5]，长好恶[6]，则性命之情病矣[7]；君将黜耆欲[8]，掔（qiān）好恶[9]，则耳目病矣[10]。我将劳君，君有何劳于我！”武侯超然不对[11]。

少焉，徐无鬼曰：“尝语君[12]，吾相狗也[13]。下之质，执饱而止[14]，是狸德也[15]；中之质，若视日[16]；上之质，若亡其一[17]。吾相狗，又不若吾相马也。吾相马，直者中绳，曲者中钩，方者中矩，圆者中规，是国马也[18]，而未若天下马也[19]。天下马有成材[20]，若卹（xù）若失[21]，若丧其一[22]，若是者，超轶绝尘[23]，不知其所[24]。”武侯大悦而笑。

徐无鬼出，女商曰：“先生独何以说吾君乎[25]？吾所以说吾君者，横说之则以《诗》《书》《礼》《乐》，从说之则以《金板》《六弢》[26]，奉事而大有功者不可为数[27]，而吾君

未尝启齿[28]。今先生何以说吾君[29]，使吾君说若此乎？”

徐无鬼曰：“吾直告之吾相狗马耳。”

女商曰：“若是乎？”

曰：“子不闻夫越之流人乎[30]？去国数日[31]，见其所知而喜[32]；去国旬月[33]，见所尝见于国中者喜；及期年也[34]，见似人者而喜矣[35]；不亦去人滋久[36]，思人滋深乎？夫逃虚空者[37]，藜藋(diào)柱乎鼪(shēng)鼬之迳[38]，良位其空[39]，闻人足音跫(qióng)然而喜矣[40]，而况乎兄弟亲戚之謦欬(kài)其侧者乎[41]！久矣夫，莫以真人之言謦欬吾君之侧乎！”

静夜相思

远在他乡的人哪怕遇到陌生的同乡也会欣喜。武侯一直被各种礼制包围，离天然本性越来越远，徐无鬼给他只讲些相狗相马之术（自然的东西），武侯就会高兴地笑。

［注释］

①徐无鬼：姓徐，字无鬼，缗山（今山西平定）人，战国时期魏国的隐士。因：通过。女商：姓女，名商，魏武侯的宠臣。魏武侯：名击，魏文侯的儿子。②劳：慰劳。下文“劳于君”“劳于我”之劳，与此同义。③病：贫困。④劳：劳苦。⑤盈：满足。耆欲：爱好和欲望。耆：同“嗜”。⑥长：增长，增加。好恶：爱憎。⑦性命之情：性命的实质。病：伤害，损害。⑧黜：减损。⑨掔：通“牵”，引申为除去。⑩病：困苦。⑪超然：若有所失的样子。⑫尝：尝试。⑬相：观察相貌。⑭质：材，材质，质地。⑮狸：山猫。⑯视日：比喻看得高远，明察。⑰亡：指亡失。一：指身躯。⑱国马：国中好马。⑲天下马：天下中的好马。⑳成材：一种无须训练的天然性能。㉑若卹：若有忧思的意思。卹，忧。㉒若丧其一：情性静寂专一。㉓超轶：超越。绝尘：不知其所止。㉔不知其所：不知去向。㉕何以：以何，用什么。㉖从：通“纵”。《金板》《六弢》：《周书》篇名。有说《六弢》即《六韬》，是讲太公兵法的。㉗奉事：从事。不可为数：无法计算，表明很多。㉘启齿：微笑。㉙说：通“悦”。㉚流人：被流放的人。㉛去国：离开国都。㉜知：见过面的人。㉝旬月：或一旬（十天）或一月。㉞期年：周年。㉟似人：似自己国家的人。㊱人：指所亲、所认识的人。滋：益，越。㊲逃虚空者：逃到荒凉之地的人。㊳藜

藋：又称灰菜，野草的一种，嫩叶可食。柱：塞。鼪鼬：鼠的一种。迳：往来。㊴踉：踉跄，走路不稳的样子。空：空地。㊵足音：走路的声音。跫：脚步声。㊶謦欬：本指咳嗽，引申为言说。

［译文］

徐无鬼靠女商的引荐得见魏武侯，武侯慰问他说："先生一定是极度困惫了！为隐居山林的劳累所困苦，所以方才肯前来会见我。"

徐无鬼说："我是来慰问你的，你对于我有什么慰问！你想要满足嗜好和欲望，增多喜好和憎恶，那么性命攸关的心灵就会弄得疲惫不堪；你想要废弃嗜好和欲望，退却喜好和憎恶，那么耳目的享用就会困顿乏厄。我正打算来慰问你，你对于我有什么可慰问的！"武侯听了怅然若失，不能应答。

不一会儿，徐无鬼说："请让我告诉你，我善于观察狗的体态以确定它们的优劣。下等品类的狗只求填饱肚子也就算了，这是跟野猫一样的禀性；中等品类的狗好像总是凝视上方；上等品类的狗便总像是忘掉了自身的存在。我观察狗，又不如我观察马。我观察马的体态，直的部分要合于墨线，弯的部分要合于钩弧，方的部分要合于角尺，圆的部分要合于圆规，这样的马就是国马，不过还比不上天下最好的马。天下最好的马具有天生的材质，或缓步似有忧虑或奔逸神采奕奕，总像是忘记了自身的存在，超越马群疾如狂风把尘土远远留在身后，却不知道这样高超的本领从哪里得来。"魏武侯听了高兴得笑了起来。

徐无鬼走出宫廷，女商说："先生究竟是用什么办法使国君高兴的呢？我用来使国君高兴的办法是，从远处说向他介绍《诗》《书》《礼》《乐》，从近处说向他谈论太公兵法。侍奉国君而大有功绩的人不可计数，而国君从不曾有过笑脸。如今你究竟用什么办法来取悦国君，竟使国君如此高兴呢？"

徐无鬼说："我只不过告诉他我怎么相狗、相马罢了。"

女商说："就是这样吗？"

徐无鬼说："你没有听说过越地流亡人的故事吗？离开都城几天，见到故交旧友便十分高兴；离开都城十天或一个月，见到在国都中所曾经见到过的人便大喜过望；等到过了一年，见到好像是同乡的人便欣喜若狂；不就是离开故人越久，思念故人的情意越深吗？逃向空旷原野的人，丛生的野草堵塞了黄鼠狼出入的路径，他在这洞里住的久了，听到人的脚步声就高兴起来，更何况是兄弟亲戚在身边说笑呢？很久很久了，没有谁用真人纯朴的话语在国君身边说笑了啊！"

［原文］

徐无鬼见武侯，武侯曰："先生居山林，食芧（xù）栗[1]，厌葱韭[2]，以宾寡人[3]，久矣夫！今老邪？其欲干酒肉之味邪[4]？其寡人亦有社稷之福邪[5]？"

徐无鬼曰："无鬼生于贫贱，未尝敢饮食君之酒食，将来劳君也。"

君曰：“何哉，奚劳寡人？”

曰：“劳君之神与形。”

武侯曰：“何谓邪？”

徐无鬼曰：“天地之养也一，登高不可以为长[6]，居下不可以为短。君独为万乘之主，以苦一国之民，以养耳目鼻口，夫神者不自许也[7]。夫神者，好和而恶奸[8]；夫奸，病也，故劳之。唯君所病之，何也？”

武侯曰：“欲见先生久矣。吾欲爱民而为义偃兵[9]，可乎？”

徐无鬼曰：“不可。爱民，害民之始也；为义偃兵，造兵之本也；君自此为之，则殆不成[10]。凡成美，恶器也；君虽为仁义，几且伪哉[11]！形固造形[12]，成固有伐[13]，变固外战。居亦必无盛鹤列于丽谯(qiáo)之间[14]，无徒骥于锱坛之宫[15]，无藏逆于得，无以巧胜人，无以谋胜人，无以战胜人。夫杀人之士民，兼人之土地，以养吾私与吾神者[16]，其战不知孰善？胜之恶乎在？君若勿已矣[17]，修胸中之诚[18]，以应天地之情而勿撄。夫民死已脱矣[19]，君将恶乎用夫偃兵哉！”

［注释］

①芧栗：橡子。②厌：通“餍”，饱食。③宾：通“摈”。④干：求。酒肉之味：指代官位。⑤社稷：国家。⑥登高：登上高位。⑦神者：指心神。自许：自身感到舒服。⑧和：平和。奸：乱。⑨偃兵：放下兵器，停战。⑩殆：危险。⑪几且：近乎。伪：虚伪。⑫形：形势。固：必。造：造成，导致。⑬伐：拔，夸耀。⑭盛鹤列：陈列出强大的部队。鹤列，本是阵名，这里指兵。丽谯：城楼。⑮无：毋。徒：步兵。骥：骑兵。锱坛：祭坛。⑯私：指私利，如上文说的耳目鼻口的享受。⑰勿已：不然，指不杀人之士民。⑱修：修养。诚：真情。⑲脱：免除。

［译文］

徐无神拜见魏武侯，武侯说：“先生居住在山林，吃的是橡子，满足于葱韭之类的菜蔬，而谢绝与我交往，已经很久很久了！如今是上了年岁吗？还是为了寻求酒肉之类的美味呢？抑或有什么治国的良策而造福于我的国家吗？”

徐无鬼说："我出身贫贱，不敢奢望能够享用国君的酒肉美食，只是打算来慰问你。"

武侯说："什么，怎么是慰问我呢？"

徐无鬼说："前来慰问你的精神和形体。"

武侯说："你说的是什么呀？"

徐无鬼说："天与地对于人们的养育是同样的，登上了高位不可以自以为高人一等，身处低下的地位不可以认为是矮人三分。你作为大国的国君，使全国的百姓劳累困苦，以人民的劳苦来满足眼耳口鼻的享用，而圣明的人却从不为自己求取分外的东西。圣明的人，喜欢跟外物和顺而厌恶为自己求取私利；为个人求取私利，这是一种严重的病态，所以我特地前来慰问。只有国君你患有这种病症，为什么呀？"

武侯说："我希望见到先生已经很久了。我想爱护我的人民并为了道义而停止战争，这恐怕就可以了吧？"

徐无鬼说："不行。所谓爱护人民，实乃祸害人民的开始；为了道义而停止争战，也只是制造新的争端的祸根；你如果从这些方面来着手治理，恐怕什么也不会成功。大凡成就了美好的名声，也就有了作恶的工具；你虽然是在推行仁义，却更接近于虚伪和作假啊！有了仁义和形迹必定会出现仿造仁义的形迹，有了成功必定会自夸，有了变故也必定会再次挑起战争。你一定不要浩浩荡荡地像鹤群飞行那样布阵于丽谯楼前，不要陈列步卒骑士于锱坛的宫殿，不要包藏贪求之心于多种苟有所得的环境，不要用智巧去战胜别人，不要用谋划去打败别人，不要用战争去征服别人。杀死他人的士卒和百姓，兼并他人的土地，用来满足自己的私欲和精神的，他们之间的争战不知道究竟有谁是正确的？胜利又存在于哪里？你不如停止争战，修养心中的诚意，从而顺应自然的真情而不去扰乱其规律。百姓死亡的威胁得以摆脱，你将哪里用得着再止息争战呢！"

[原文]

黄帝将见大隗（wěi）乎具茨之山①，方明为御，昌寓骖乘，张若謵（xí）朋前马，昆阍（hūn）滑稽后车②；至于襄城之野③，七圣皆迷④，无所问涂。

适遇牧马童子⑤，问涂焉，曰："若知具茨之山乎？"

曰："然。"

"若知大隗之所存乎⑥？"

曰："然。"

黄帝曰："异哉小童！非徒知具茨之山，又知大隗之所存。请问为天下⑦。"

小童曰："夫为天下者，亦若此而已矣，又奚事焉？予少而自游于六合之内⑧，予适有瞀（mào）病⑨，有长者教予曰：

‘若乘日之车而游于襄城之野⑩。’今予病少痊，予又且复游于六合之外⑪。夫为天下亦若此而已⑫。予又奚事焉？”

放马

治理天下和放马没有什么不同，只要不伤害马的本性就可以了。

黄帝曰：“夫为天下者，则诚非吾子之事。虽然，请问为天下。”

小童辞。

黄帝又问。小童曰：“夫为天下者，亦奚以异乎牧马者哉？亦去其害马者而已矣！”

黄帝再拜稽(qǐ)首⑬，称天师而退⑭。

[注释]

①大隗：亦作“泰隗”，古时候的至人形象。具茨：山名，在今河南密县东南，现在叫大隗山。②“方明”四句：方明、昌寓、张若、谞朋、昆阍、滑稽：都是虚拟人名。骖乘：同车做侍卫。前马：向导。后车：车后随从。③襄城：今河南襄城，在大隗山南。④七圣：黄帝加上以上六人。⑤适：时逢，恰巧。⑥存：在。⑦为：治理。⑧六合之内：世间。⑨瞀病：头目晕眩的病症。瞀，眼花，目眩。⑩若：你。乘日之车：比喻顺随着时光的流逝。⑪六合之外：世外。⑫若此：指随便过日子。⑬稽首：叩头点地。⑭天师：天道之师。

[译文]

黄帝到具茨山去拜见大隗，方明赶车，昌寓做陪乘，张若、谞朋在马前导引，昆阍、滑稽在车后跟随；来到襄城的旷野，七位圣人都迷失了方向，而且没有什么地方可以问路。

正巧遇上一位牧马的少年，便向牧马少年问路，说：“你知道具茨山吗？”

少年回答：“是的。”

又问：“你知道大隗居住在什么地方吗？”

少年回答：“是的。”

黄帝说：“真是奇怪啊，这位少年！不只是知道具茨山，而且知道大隗居住的地方。请问怎样治理天下。”

少年说："治理天下，也就像牧马一样罢了，又何须多事呢？我幼小时独自在宇宙范围内游玩，碰巧生了头眼眩晕的病，有位长者教导我说：'你还是乘坐太阳车去襄城的旷野里游玩。'如今我的病已经有了好转，我又将到宇宙之外去游玩。至于治理天下恐怕也就像牧马一样罢了，我又何须去多事啊？"

黄帝说："治理天下，固然不是你操心的事。虽然如此，我还是要向你请教怎样治理天下。"

少年听了拒绝回答。

黄帝又问。少年说："治理天下，跟牧马哪里有什么不同呢！也就是去除过分、任其自然罢了！"

黄帝听了叩头至地行了大礼，口称"天师"而退去。

[原文]

知士无思虑之变则不乐①，辩士无谈说之序则不乐②，察士无凌谇之事则不乐③，皆囿(yòu)于物者也。

招世之士兴朝④，中民之士荣官⑤，筋力之士矜难⑥，勇敢之士奋患⑦，兵革之士乐战⑧，枯槁之士宿名⑨，法律之士广治⑩，礼教之士敬容⑪，仁义之士贵际⑫。农夫无草莱之事则不比⑬，商贾无市井之事则不比⑭。庶人有旦暮之业则劝⑮，百工有器械之巧则壮⑯。钱财不积则贪者忧，权势不尤则夸者悲⑰。势物之徒乐变⑱，遭时有所用，不能无为也。此皆顺比于岁，不易于物者也⑲。驰其形性，潜之万物⑳，终身不反㉑，悲夫！

[注释]

①知士：指搞智谋的人。思虑之变：指考虑问题灵活。②谈说之序：指论说的逻辑性。序，层次。③察士：以明察见长的人，犹今天的观察家。凌谇：凌辱责骂。④兴朝：使朝政振兴。⑤荣官：以官爵为显荣。⑥筋力之士：大力士，壮士。矜难：以能解难而自豪。矜，自夸。⑦奋患：奋身于排除患难。⑧兵革：持兵披革，即武装。⑨枯槁之士：隐士。宿名：保持自己的名声。宿，守。⑩法律之士：法家一类人物。广治：扩充统治的地盘。⑪敬容：注重仪式。⑫贵际：重视交际。⑬草莱之事：指除草等田野耕作。不比：合不来。⑭市井之事：买卖。⑮旦暮之业：日常的工作。劝：努力。⑯百工：各种手工业。器械之巧：能尽其巧。壮：气壮。⑰尤：出众。夸者：自大的人。⑱势物：权利。⑲易：变化，变易。物：外物控制。⑳潜：沉溺。之：于。㉑反：通"返"，指恢复本性。

[译文]

才智聪颖的人没有思虑上的变易与转换便不会感到快乐，善于辩论的人没有谈说的话题与机会就不会感到快乐，喜于明察的人没有对别人的冒犯与责问就不会感到快乐，这都是因为受到了外物的拘限与束缚。

招引贤才的人从朝堂上开始建功立业，善于治理百姓的人以做官为荣，身强体壮的人不把危难放在眼里，英勇无畏的人遇上祸患总是奋不顾身，手持武器身披甲胄的人乐于征战，隐居山林的人追求的是清白的名声，研修法制律令的人一心推行法治，崇尚礼教的人注重仪容，讲求仁义的人看重人际交往。农夫没有除草耕耘的事便觉内心不定无所事事，商人没有贸易买卖也会心神不安无所事事。百姓只要有短暂的工作就会勤勉，工匠只要有器械的技巧就会工效快、成效高。钱财积攒得不多贪婪的人总是忧愁不乐，权势不高不大而私欲很盛的人便会悲伤哀叹。依仗权势掠取财物的人热衷于变故，一遇时机就会有所动作，不能够做到清静无为。这样的人就像是顺应时令次第一样地取舍俯仰，不能够摆脱外物的拘累，使其身形与精神过分奔波驰骛，沉溺于外物的包围之中，一辈子也不会醒悟，实在是可悲啊！

[原文]

庄子曰：“射者非前期而中[1]，谓之善射，天下皆羿也，可乎？”

惠子曰：“可。”

庄子曰：“天下非有公是也[2]，而各是其所是，天下皆尧也，可乎？”

惠子曰：“可。”

庄子曰：“然则，儒、墨、杨、秉四，与夫子为五[3]，果孰是邪？或者若鲁遽者邪[4]？其弟子曰：‘我得夫子之道矣，吾能冬爨（cuàn）鼎而夏造冰矣[5]。’鲁遽曰：‘是直以阳召阳[6]，以阴召阴，非吾所谓道也。吾示子乎吾道。’于是为之调瑟[7]，废一于堂[8]，废一于室，鼓宫宫动，鼓角角动，音律同矣[9]。夫或改调一弦[10]，于五音无当也[11]，鼓之，二十五弦皆动，未始异于声，而音之君已。且若是者邪？”

惠子曰：“今夫儒、墨、杨、秉，且方与我以辩，相拂以辞[12]，相镇以声[13]，而未始吾非也[14]，则奚若矣[15]？”

庄子曰：“齐人蹢子于宋者[16]，其命阍也不以完[17]，其求

羿射河伯

后羿，善射。他失去了嫦娥和灵药后，与河神之妻宓妃相遇并相爱。羿射中监视宓妃的河神左目，而后娶宓妃。如果射箭的人射中的不是预期目标也被称为善射的话，天下人都可称为后羿了。庄子认为天下没有公认的真理，想要寻找真理必须要跳出自己狭隘范围。庄子还说，“不期而然射中目标的人，才是精于射箭之人”。

钘(xíng)钟也以束缚⑱，其求唐子也而未始出域⑲，有遗类矣⑳！楚人寄而蹢阍者㉑，夜半于无人之时而与舟人斗，未始离于岑而足以造于怨也㉒。”

[注释]

①前期：预定目标。②公是：大家都承认是对的，犹公理。③儒：一般指孔子的门徒。秉：公孙龙的字。四、五：指学派家数。夫子：指惠施，名家。④鲁遽：姓鲁，名遽，周初人。⑤爨：烧。鼎：古代烹煮用的器物，三足两耳。造冰：制造成冰。⑥是：此，指冬爨鼎而夏造冰。直：只是。以阳召阳：灰属阳，火也是属阳，二阳相召合，所以能爨鼎。⑦调瑟：调整瑟音的高低。⑧废：置，放。一：指一瑟。堂：厅。⑨室：在堂后面的寝室。宫、角：五音中的两音。放在厅与室中的两个瑟宫、角二弦音律相同，所以弹其中的一个，则另一个的同一音的弦也起共鸣。⑩改调：调整变换。⑪五音：宫、商、角、徵、羽。无当：不合。⑫相拂：相互指责，相互反驳。拂，违戾。⑬镇：压。声：名声。⑭吾非：非吾，说明我不对。⑮奚若：何如，怎么样。⑯蹢：通“擿”，投，放。⑰命阍：叫他做守门人。阍，守门人。不以完：使他不健全。⑱钘：乐器，似小钟而长颈。⑲唐：失。未始出域：没有出门。域，借为阈，门限之内。⑳遗类：失掉伦类，违反常理。㉑寄而蹢阍者：寄居在别人那里而又投掷那里的守门人。㉒岑：岸。造于怨：造成仇恨。

[译文]

庄子说：“射箭的人不是预先瞄准而误中靶的，称他是善于射箭，那么普天下都是羿那样善射的人，可以这样说吗？”

惠子说：“可以。”

庄子说：“天下本没有共同认可的正确标准，却各以自己认可的标准为正确，那么普天下都是唐尧那样圣明的人，可以这样说吗？”

惠子说：“可以。”

庄子说：“那么郑缓、墨翟、杨朱、公孙龙四家，跟先生你一道便是五家，到底谁是正确的呢？或者都像是周初的鲁遽那样吗？鲁遽的弟子说：‘我学得了先生的学问，我能够在冬天生火烧饭在夏天制出冰块。’鲁遽说：‘这只不过是用具有阳气的东西来招引出具有阳气的东西，用具有阴气的东西来招引出具有阴气的东西，不是我所倡导的学问。我告诉给你我所主张的道理。’于是当着大家调整好瑟弦，放一张瑟在堂上，放一张瑟在内室，弹奏起这张瑟的宫音而那张瑟的宫音也随之应合，弹奏那张瑟的角音而这张瑟的角音也随之应合，调类相同的缘故啊。如果其中任何一根弦改了调，五个音不能合谐，弹奏起来，二十五根弦都发出震颤，然而却始终不会发出不同的声音，方才是乐音之王了。而你恐怕就是像鲁遽那样的人吧？”

惠子说：“如今郑缓、墨翟、杨朱、公孙龙，他们正跟我一道辩论，相互间用言词进行指责，相互间用声望压制对方，却从不曾认为自己是不正确的，那么将会怎么样呢？”

庄子说：“齐国有个人使自己的儿子滞留于宋国，命令他守门而不让他有完整的身体，想要演奏却又把钘钟包起来，捆了又捆，他寻找远离家门的儿子却不曾出过郊野，这就像辩论的各家忘掉了跟自己相类似的情况！楚国有个人客居别人家而怒责守门人，半夜无人时又跟船家打了起来，还不曾离开岸边就又结下了怨恨。”

［原文］

庄子送葬，过惠子之墓，顾谓从者曰：“郢人垩漫其鼻端①，若蝇翼②，使匠石斫之③。匠石运斤成风④，听而斫之⑤，尽垩而鼻不伤⑥，郢人立不失容⑦。宋元君闻之，召匠石曰：‘尝试为寡人为之⑧。’匠石曰：‘臣则尝能斫之。虽然，臣之质死久矣⑨。’自夫子之死也，吾无以为质矣，吾无与言之矣。”

［注释］

①郢：楚国的国都。垩：白灰。漫：涂。端：尖。②蝇翼：苍蝇翅膀，比喻非常微薄。③匠石：匠人名石。斫：削。④运：挥动。斤：斧。成风：说明动作快。⑤听：任。表示毫不介意。⑥尽垩：把石灰全削净。尽，作使动用法。鼻不伤：说明技巧高超。⑦不失容：脸不变色，不害怕。⑧为之：指削鼻尖上的石灰。⑨质：对手。

［译文］

庄子送葬，经过惠子的墓地，回过头来对跟随的人说：“郢地有个人让白垩泥涂抹了他自己的鼻尖，像蚊蝇的翅膀那样大小，让匠石用斧子砍削掉这一小白点。匠石挥动斧子呼呼作响，漫不经心地砍削白点，鼻尖上的白泥完全除去而鼻子却一点也没有受伤，郢地的人站在那里也若无其事不失常态。宋元君知道了这件事，召见匠石说：‘你为我也这么试试’。匠石说：‘我确实曾经能够砍削掉鼻尖上的小白点。虽然如此，我可

以搭配的伙伴已经死去很久了。’自从惠子离开了人世，我没有可以匹敌的对手了！我没有可以与之论辩的人了！”

［原文］

管仲有病①，桓公问之曰：“仲父之病病矣②，可不讳云！至于大病③，则寡人恶乎属国而可④？”

管仲曰：“公谁欲与⑤？”

公曰：“鲍叔牙⑥。”

曰：“不可。其为人，洁廉善士也，其于不己若者不比之⑦，又一闻人之过，终身不忘。使之治国，上且钩乎君⑧，下且逆乎民⑨。其得罪于君也，将弗久矣！”

公曰：“然则孰可？”

对曰：“勿已，则隰(xí)朋可⑩。其为人也，上忘而下不畔⑪，愧不若黄帝而哀不己若者⑫。以德分人谓之圣，以财分人谓之贤。以贤临人⑬，未有得人者也；以贤下人⑭，未有不得人者也。其于国有不闻也，其于家有不见也。勿已，则隰朋可。”

［注释］

①管仲：春秋时期齐国桓公的佐相，著名的政治家，法家学派的先驱者。②仲父：这是齐桓公对管仲的尊称。病矣：病危了。③大病：死。④恶：怎么，何。属：同“嘱”，嘱托。国：指国政。⑤谁欲与：欲与谁，想委任给谁。⑥鲍叔牙：姓鲍，名叔牙。⑦不己若：不若己，比不上自己。比：亲近。⑧钩：曲，违背。⑨逆乎民：违反民意，说明他不善容人。⑩隰朋：姓隰，名朋，齐国贤臣。⑪上忘：对上无心窥察，无心计较，与“钩乎君”相反。下畔：对下亲善、团结，与“逆乎民”相反。畔，通“伴”。⑫愧：惭愧。哀：怜爱。⑬以贤临人：标榜自己贤能，居高临下地对待别人。⑭以贤下人：虽然自己贤能，但能谦逊待人。

［译文］

管仲生了病，齐桓公问他：“您老的病已经很重了，不避讳地说，一旦病危不起，我将把国事托付给谁才合适呢？”

管仲说：“你想要交给谁呢？”

齐桓公说：“鲍叔牙。”

管仲说："不可以。鲍叔牙为人，算得上是清白廉正的好人，他对于不如自己的人从不去亲近，而且一听到别人的过错，一辈子也忘不掉，让他治理国家，对上势必约束国君，对下势必忤逆百姓。一旦得罪于国君，也就不会长久执政了！"

齐桓公说："那么谁可以呢？"

管仲回答说："要不，隰朋还可以。隰朋为人，对上不显示位尊而对下不分别卑微，自愧不如黄帝又能怜悯不如自己的人。能用道德去感化他人的称作圣人，能用财物去周济他人的称作贤人。以贤人自居而驾临于他人之上，不会获得人们的拥戴；以贤人之名而能谦恭待人，不会得不到人们的拥戴。他对于国事一定不会事事听闻，他对于家庭也一定不事事看顾。不得已，那么还是隰朋可以。"

[原文]

吴王浮于江，登乎狙之山①。众狙见之，恂然弃之而走②，逃于深蓁③。有一狙焉，委蛇攫採(jué chā)④，见巧乎王⑤。王射之，敏给搏捷矢⑥。王命相者趋射之⑦，狙执死⑧。

王顾谓其友颜不疑曰⑨："之狙也⑩，伐其巧⑪，恃其便以敖予⑫，以至此殛(jí)也⑬！戒之哉！嗟乎，无以汝色骄人哉⑭！"颜不疑归而师董梧以锄其色⑮，去乐辞显⑯，三年而国人称之。

[注释]

①狙：指猕猴。②恂：惊怕的样子。③深蓁：荆棘丛。蓁，通"榛"。④委蛇：通"逶迤"，庄重而又从容自得的样子。攫採：攀搏抓取。⑤见巧：表现自己灵巧。见，通"现"。⑥敏给：迅速。捷：通"接"。矢：箭头。⑦相者：协助吴王出猎的人。相，助。趋：通"促"，急。⑧执死：被执而死。⑨颜不疑：姓颜，字不疑。⑩之：此，⑪伐：夸。⑫便：敏捷。敖予：在我面前表现骄傲。敖，通"傲"。予，我。⑬殛：死。⑭色：颜色，态度。骄人：对人骄傲。⑮董梧：姓董，名梧，应是吴国有道的人。锄其色：抛弃自己自信不疑的态度。⑯去乐：去除享乐。辞显：辞谢显贵。

观器论道

这幅图讲的是孔子见到装满水就翻倒，装少水就倾斜的欹器，而教育弟子的故事。《易》曰："不损而益之，故损。自损而终，故益。"庄子讲射猴的故事，是告诫人们要戒骄戒躁。

[译文]

吴王渡过长江。登上猕猴聚居的山岭。猴群看见吴王打猎的队伍，惊惶地四散奔逃，躲进了荆棘丛林的深处。有一个猴子留下了，它从容不迫地腾身而起抓住树枝跳来跳去，在吴王面前显示它的灵巧。吴王用箭射它，它敏捷地接过飞速射来的利箭。吴王下命令叫来左右随从打猎的人一起上前射箭，猴子躲避不及抱树而死。

吴王回身对他的朋友颜不疑说："这只猴子夸耀它的灵巧，仗恃它的便捷而蔑视于我，以至受到这样的惩罚而死去！要以此为戒啊！唉，不要用傲气对待他人啊！"颜不疑回来后便拜贤士董梧为师用以铲除自己的傲气，弃绝淫乐辞别尊显，三年时间全国的人各个称赞他。

[原文]

南伯子綦隐几而坐①，仰天而嘘。

颜成子入见曰："夫子，物之尤也②。形固可使若槁骸③，心固可使若死灰乎？"

曰："吾尝居山穴之中矣。当是时也，田禾一睹我④，而齐国之众三贺之⑤。我必先之⑥，彼故知之；我必卖之⑦，彼故鬻之⑧。若我而不有之，彼恶得而知之？若我而不卖之，彼恶得而鬻之？嗟乎！我悲人之自丧者⑨，吾又悲夫悲人者，吾又悲夫悲人之悲者，其后而日远矣。"

韩康卖药

韩康，表字伯休，汉朝人。他卖了几十年的药没有两样的价钱。一次一个女子买药，韩康就是不肯让价。女子说，你难道是韩伯休吗？为什么不二价？韩康叹口气说，我本为了避去名声才卖药的，现在连女子们也晓得我了，还要卖药干嘛呢。就在霸陵山隐居了，朝廷屡次征召，他也不肯出世。文中南伯子綦也达到了忘却声名、心如死灰的境界。

[注释]

①南伯子綦：《齐物论》篇中的南郭子綦。隐：凭靠。几：古代用来坐的器具。②尤：最。指子綦出类拔萃。③形：形体，身体。固：乃。槁骸：枯骨。④田禾：齐国国君的姓名，即齐太公。⑤贺之：祝贺国君得到了贤能的人士。⑥先之：指首先有所表现。⑦卖之：指出卖名声。⑧鬻：卖。⑨自丧：指追逐名利而丧失了自己的天性。

［译文］

南伯子綦靠着几案静静地坐着，然后又仰着头缓缓地吐气。

颜成子进屋来看见后说："先生，你真是了不起的人物！人的形体固然可以使它像枯槁的骸骨，心灵难道也可以像死灰一样吗？"

南伯子綦说："我曾在山林洞穴里居住。正当这个时候，齐太公田禾曾来看望我，因而齐国的民众再三向他表示祝贺。我必定是名声在先，他所以能够知道我；我必定是名声张扬，他所以能利用我的名声。假如我不具有名声，他怎么能够知道我呢？假如我不是名声张扬于外，他又怎么能够利用我的名声呢？唉，我悲悯自我迷乱失却真性的人，我又悲悯那些悲悯别人的人，我还悲悯那些悲悯人们的悲悯者，从那以后我便一天天远离人世沉浮而达到心如死灰的境界。"

［原文］

仲尼之楚[1]，楚王觞(shāng)之[2]，孙叔敖执爵而立，市南宜僚受酒而祭曰："古之人乎！于此言已。"

曰："丘也闻不言之言矣[3]，未之尝言，于此乎言之。市南宜僚弄丸而两家之难解[4]，孙叔敖甘寝秉羽而郢人投兵[5]。丘愿有喙(huì)三尺[6]！"

彼之谓不道之道[7]，此之谓不言之辩[8]，故德总乎道之所一[9]。而言休乎知之所不知，至矣。道之所一者，德不能同也；知之所不能知者，辩不能举也[10]；名若儒、墨而凶矣。故海不辞东流[11]，大之至也；圣人并包天地，泽及天下，而不知其谁氏。是故生无爵[12]，死无谥[13]，实不聚[14]，名不立，此之谓大人。狗不以善吠为良，人不以善言为贤，而况为大乎！夫为大不足以为大，而况为德乎！夫大备矣，莫若天地，然奚求焉，而大备矣[15]。知大备者，无求，无失，无弃，不以物易己也[16]。反己而不穷，循古而不摩[17]，大人之诚。

［注释］

①之：去，往。②觞：本来是酒器的总名，这里作动词用，意即用酒接待，古时称为燕礼。③不言之言：不说话的言论。④弄丸：玩球。解：免。⑤甘寝：安寝。羽：羽毛扇。投兵：放下武器。⑥愿有喙三尺：希望有如三尺长的鸟嘴那样的

嘴巴。喙，鸟嘴。⑦彼：指市南宜僚与孙叔敖。⑧此：指孔子。⑨所一：所共同的。⑩举：并举。⑪不辞东流：不拒绝东流入海的水流。⑫无爵：不要爵位。⑬死无谥：古时君王死后，人们根据他的平生表现来定他的谥号。但圣人无为，不留功名，所以死后无谥号。⑭实不聚：意即不求利。实，实利。聚，收。⑮大备：体现了大。⑯以物易己：由于追求外物而改变了自己的天性。⑰摩：灭。

[译文]

孔子去到楚国，楚王宴请孔子，孙叔敖拿着酒器站立一旁，市南宜僚把酒洒在地上祭祷，说："古时候的人啊！在这种情况下总要说一说话。"

孔子说："我听说有不用言谈的言论，但从不曾说过，在这里说上一说。市南宜僚从容不迫地玩弄弹丸而使两家的危难得以解脱，孙叔敖运筹帷幄使敌国不敢对楚国用兵而楚国得以停止征战。我孔丘多么希望有只长长的嘴巴来说上几句呀！"

市南宜僚和孙叔敖可以称作不是办法的办法，孔子可以称作不用言词的说辩，所以循道所得归结到一点就是道的原始浑一的状态。言语停留在才智所不知晓的境域，这就是最了不起的了。大道是混沌同一的，而体悟大道却各不相同；才智所不能通晓的知识，辩言也不能一一列举，名声像儒家、墨家那样的人也常因强不知以为知而招致凶祸。所以，大海不辞向东的流水，成就了博大之最，圣人包容天地，恩泽施及天下百姓，而百姓却不知道他们的姓名。因此生前没有爵禄，死后没有谥号，财物不曾汇聚，名声不曾树立，这才可以称作是伟大的人。狗不因为善于狂吠便是好狗，人不因为善于说话便是贤能，何况是成就于伟大的啊！成就伟大却不足以算是伟大，又何况是修养心性随顺自然啊！伟大而又完备，莫过于天地；然而天地哪里会求取什么，却是伟大而又完备的哩。伟大而又完备的人，没有追求，没有丧失，没有舍弃，不因外物而改变自己的本性。返归自己的本性就会没有穷尽，遵循恒古不变的规律就会没有矫饰，这就是伟大的人的真情。

[原文]

子綦有八子①，陈诸前②，召九方歅(yīn)曰③："为我相吾子，孰为祥？"

九方歅曰："梱(kǔn)也为祥④。"

子綦瞿然喜曰⑤："奚若？"

曰："梱也将与国君同食以终其身。"

子綦索然出涕曰⑥："吾子何以至于是极也⑦！"

九方歅曰："夫与国君同食，泽及三族，而况父母乎！今夫子闻之而泣，是御福也⑧。子则祥矣，父则不祥。"

子綦曰："歅，汝何足以识之，而梱祥邪？尽于酒肉入

于鼻口矣，而何足以知其所自来[9]？吾未尝为牧而牂(zāng)生于奥[10]，未尝好田而鹑(yǎo)生于宎[11]，若勿怪，何邪？吾所与吾子游者，游于天地。吾与之邀乐于天，吾与之邀食于地；吾不与之为事，不与之为谋，不与之为怪[12]；吾与之乘天地之诚而不以物与之相撄[13]，吾与之一委蛇而不与之为事所宜[14]。今也然有世俗之偿焉[15]！凡有怪征者[16]，必有怪行。殆乎，非我与吾子之罪，几天与之也[17]！吾是以泣也。”

无几何而使梱之于燕[18]，盗得之于道，全而鬻之则难[19]，不若刖(yuè)之则易[20]，于是刖之，而鬻之于齐，适当渠公之街[21]，然身食肉而终。

［注释］

①子綦：上文的南伯子綦。②陈：列队。③九方歅：传说是秦穆公时人，善看相。④梱：子綦儿子名。⑤瞿然：惊喜的样子，兴奋的样子。⑥索然：流泪的样子。⑦是极：此端，这个样子。⑧御福：有幸福而拒绝不受。御，抵御。⑨而：你。所自来：来源。⑩牂：母羊。奥：屋里西南角的地方。⑪好田：乐于畋猎。宎：屋里东南角的地方。⑫为怪：干一些不正常的事。怪，异。⑬乘天地之诚：掌握天地的根本，即顺天地之自然。⑭一：皆。委蛇：逶迤，随顺的样子。⑮偿：报答。⑯怪征：怪异的征兆。⑰几：大概。⑱之：往。⑲全：健全。鬻：卖。⑳刖：把脚砍掉。㉑当：主管。渠公之街：街名。

［译文］

子綦有八个儿子，排列在子綦身前，叫来九方歅说：“给我八个儿子看看相，谁最有福气。”

九方歅说：“梱最有福气。”

子綦惊喜地说：“怎么最有福气呢？”

九方歅回答：“梱将会跟国君一道饮食而终了一生。”

子綦泪流满面地说：“我的儿子为什么会达到这样的境遇！”

九方歅说：“跟国君一道饮食，恩泽将施及三族，何况只是父母啊！如今先生听了这件事就泣不成声，这是拒绝要降临的福禄。你的儿子倒是有福气，你做父亲的却是没有福分了。”

子綦说：“歅，你怎么能够知道，梱确实是有福呢？享尽酒肉，只不过从口鼻进到肚腹里，又哪里知道这些东西从什么地方来？我不曾牧养而羊子却出现在我屋子的西南角，不曾喜好打猎而鹌鹑却出现在我屋子的东南角，假如不把这看作是怪事，又是为了

什么呢？我和我的儿子所游乐的地方，只在于天地之间。我跟他一道在苍天里寻乐，我跟他一道在大地上求食；我不跟他建功立业，不跟他出谋划策，不跟他标新立异，我只和他一道随顺天地的实情而不因外物便相互背违，我只和他一应顺任自然而不为任何外事所左右。如今我却得到了世俗的回报啊！大凡有了怪异的征兆，必定会有怪异的行为，实在是危险啊，并不是我和我儿子的罪过，大概是上天降下的罪过！我因此泣不成声。”

没过多久派遣梱到燕国去，强盗在半道上劫持了他，想要保全其身形而卖掉实在担心他跑掉，不如截断他的脚容易卖掉些，于是截断他的脚卖到齐国，正好齐国的富人渠公买了去给自己看守街门，仍能够一辈子吃肉而终了一生。

［原文］

啮缺遇许由①，曰：“子将奚之？”

曰：“将逃尧②。”

曰：“奚谓邪？”

曰：“夫尧畜畜然仁③，吾恐其为天下笑。后世其人与人相食与！夫民，不难聚也④；爱之则亲，利之则至，誉之则劝⑤，致其所恶则散⑥。爱利出乎仁义，捐仁义者寡⑦，利仁义者众⑧。夫仁义之行，唯且无诚⑨，且假夫禽贪者器⑩。是以一人之断制利天下⑪，譬之一⿰必页(piē)也⑫。夫尧知贤人之利天下也⑬，而不知其贼天下也⑭，夫唯外乎贤者知之矣⑮！”

［注释］

①许由：人名。尧时贤人。②逃尧：逃避尧帝。因为尧要把帝位让给他。③畜畜：汲汲，不断追求的样子。④聚：笼络。⑤誉：表扬。⑥致：造成。⑦捐：抛弃。⑧利：利用。⑨无诚：不真诚，即带有虚伪。⑩禽贪：像渔猎一样，愈多愈好。禽，通“擒”。⑪断制：独裁。⑫⿰必页：古同“瞥”，看一眼。⑬贤人：指行仁义的人。⑭贼：害。⑮外乎贤者：无心为仁义的人。

［译文］

啮缺遇见许由，说：“你准备去哪里呢？”

许由回答：“打算逃避尧。”

啮缺说：“你说些什么呢？”

许由说：“尧，孜孜不倦地推行仁的主张，我担心他受到天下人的耻笑。后代一定会人与人相食啊！百姓，并不难以聚合，给他们爱护就会亲近，给他们好处就会靠拢，给他们奖励就会勤勉，送给他们所厌恶的东西就会离散。爱护和利益出自仁义，而弃置仁义的少，利用仁义的多。仁义的推行，只会没有诚信，而且还会被禽兽一般贪婪的人借用为工具。所以一个人的裁断与决定给天下人带来了好处，打个比方说就好像是短暂的一瞥。唐尧知道贤人能给天下人带来好处，却不知道他们对天下人的残害，而只有身处贤者之外的人才能知道这个道理。”

［原文］

有暖姝(shū)者[1]，有濡需者[2]，有卷娄者[3]。

所谓暖姝者，学一先生之言，则暖暖姝姝而私自说也，自以为足矣，而未知未始有物也[4]，是以谓暖姝者也。

濡需者，豕(shǐ)虱是也[5]，择疏鬣(liè)自以为广宫大囿(yòu)[6]，奎(kuí)蹏(tí)曲隈(wēi)[7]，乳间股脚，自以为安室利处[8]，不知屠者之一旦鼓臂、布草、操烟火[9]，而己与豕俱焦也。此以域进，此以域退，此其所谓濡需者也。

卷娄者，舜也。羊肉不慕蚁，蚁慕羊肉，羊肉膻也[10]。舜有膻行，百姓悦之，故三徙成都，至邓之虚而十有万家[11]。尧闻舜之贤，举之童土之地[12]，曰冀得其来之泽[13]。舜举乎童土之地，年齿长矣[14]，聪明衰矣[15]，而不得休归[16]，所谓卷娄者也。

是以神人恶众至[17]，众至则不比，不比则不利也。故无所甚亲[18]，无所甚疏，抱德炀和以顺天下[19]，此谓真人。于蚁弃知，于鱼得计[20]，于羊弃意。

以目视目，以耳听耳，以心复心。若然者，其平也绳[21]，其变也循[22]。古之真人，以天待

紫堇

紫堇，别名楚葵、蜀堇、苔菜，灰绿色直立草本植物。根茎短而肥厚，呈椭圆形。

之㉓，不以人入天。古之真人，得之也生，失之也死㉔；得之也死，失之也生。药也，其实堇（jǐn）也㉕，桔梗也，鸡廱也㉖，豕零也㉗，是时为帝者也，何可胜言！

［注释］

①暖姝：自得的样子。②濡需：偷安一时的样子。③卷娄：借为倦劳，勤勤恳恳的样子。④未始有物：指远古未生万物的时候。⑤豕虱：猪身上的虱子。⑥疏鬣：生在颈上的疏长鬣毛。广宫：宽广的宫殿。大囿：大的园子。⑦奎：两腿之间。蹏：蹄子。曲隈：深曲处，这里指猪身上那些隐蔽皱折的地方。⑧利处：好住的地方。⑨鼓：奋举。操：拿起。⑩膻：膻气。⑪邓：地名。虚：通“墟”。而：则。有：又。⑫童土：不长草木的地，犹不毛之地。⑬其来之泽：他带来的恩泽。⑭年齿：年龄。⑮聪明：指视力听觉。⑯休归：退居家中休息。⑰众至：来归附的人多。⑱甚：特别。⑲抱德：坚守天德。炀和：温和，不冷不热。⑳得计：适意。㉑绳：直。㉒循：顺，指随顺于外物环境。㉓以天待之：以天道对待人事。㉔得、失：指有无用药。㉕堇：药名，又叫紫堇，二年生草本植物，有毒。㉖廱：鸡头，又叫茨，与藕子合为散，服之，延年。㉗豕零：一名猪苓，可以治渴。

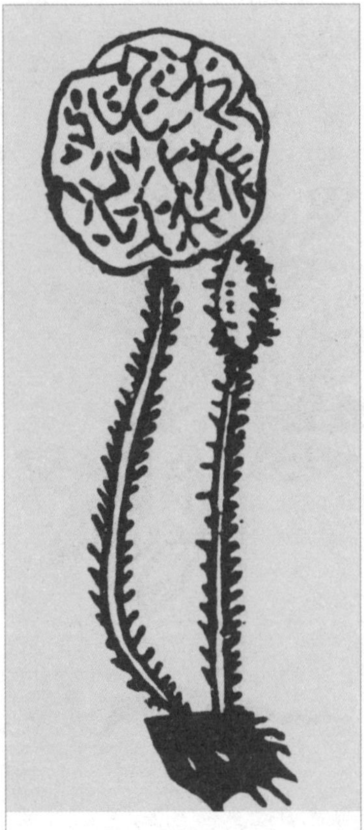

茨

［译文］

有沾沾自喜的人，有偷安矜持的人，有弯腰驼背、勤苦不堪的人。

所谓沾沾自喜的人，懂得了一家之言，就沾沾自喜地私下里暗自得意，自以为满足了，却不知道从未曾有过丝毫所得，所以称他为沾沾自喜的人。

所谓偷安矜持的人，就像猪身上的虱子一个样，选择稀疏的鬃毛当中自以为就是广阔的宫廷与园林，后腿和蹄子间弯曲的部位，乳房和腿脚间的夹缝，就认为是安宁的居室和美好的处所，殊不知屠夫一旦挥动双臂布下柴草生起烟火，便跟随猪身一块儿烧焦。这就是依靠环境而安身，这又是因为环境而毁灭，而这也就是所说的偷安自得的人。

所谓弯腰驼背、勤苦不堪的人，就是舜那样的人。羊肉不会爱慕蚂蚁，蚂蚁则喜爱羊肉，因为羊肉有膻腥味。舜有膻腥的行为，百姓都十分喜欢他，所以他多次搬迁居处都自成都邑，去到邓的废址就聚合了有十万人家。尧了解到舜的贤能，从荒芜的土地上举荐了他，说是希望他能把恩泽布施百姓。舜从荒芜的土地上被举荐出来，年岁逐渐老了，敏

捷的听力和视力衰退了，还不能退回来休息，这就是所说的弯腰驼背、勤苦不堪的人。

所以超凡脱俗的神人讨厌众人跟随，众人跟随就不会亲密和睦，不亲密和睦也就不会带来好处。因此没有什么特别的亲密，没有什么格外的疏远，持守德行、温暖和气以顺应天下，这就叫作真人。就像是，蚂蚁不再追慕膻腥，鱼儿得水似的悠闲自在，羊肉也清除了膻腥的气味。

用眼睛来看视自己眼睛所应看视的东西，用耳朵来听取自己耳朵所应听取的声音，用心思来收回分外逐物的心思。像这样的人，他们内心的平静就像墨线一样正直，他们的变化总是处处顺应。古时候的真人，用顺任自然的态度来对待人事，不会用人事来干扰自然。古时候的真人，获得生存就听任生存，失掉生存就听任死亡；获得死亡就听任死亡，失掉死亡就听任生存。药物，紫堇也好，桔梗也好，芡草也好，猪苓也好，这几种药更换着作为主药，怎么可以说得完呢！

［原文］

句践也以甲楯（dùn）三千栖于会稽①。唯种也能知亡之所以存，唯种也不知其身之所以愁②。故曰，鸱（chī）目有所适③，鹤胫有所节，解之也悲④。

故曰，风之过河也有损焉，日之过河也有损焉。请只风与日相与守河，而河以为未始其撄也⑤，恃源而往者也⑥。故水之守土也审，影之守人也审，物之守物也审。

故目之于明也殆，耳之于聪也殆。心之于殉也殆⑦。凡能其于府也殆⑧，殆之成也不给改⑨。祸之长也兹萃⑩，其反也缘功⑪，其果也待久⑫。而人以为己宝，不亦悲乎！故有亡国戮民无已⑬，不知问是也。

［注释］

①句践：春秋时期越国的国君。甲楯：披甲执盾，这里指士兵。会稽：这里指会稽山，在今浙江绍兴地区诸暨县与嵊县之间的山区。②种：姓文，名种，字少禽，是越国大夫。③鸱：又名鸱鸺，即猫头鹰。④胫：小腿。节：度，分寸。⑤未始：未曾。撄：干扰。⑥往者：指水从源流中流来。⑦殉：逐。⑧府：灵府，指心脏。⑨不给改：不及改。⑩长：增长。兹：通“滋”，多。萃：聚。⑪反：通“返”，回头。缘：由。功：功夫。⑫果：有成效。⑬无已：不止。

［译文］

勾践率领三千士兵困守于会稽，只有文种能够知道越国复国的办法，也只有文种不知道复国后将要遭受杀戮的祸害。所以说猫头鹰的眼睛只有在夜晚才适宜看视，仙鹤

具有修长的双腿，截断就会感到悲哀。

所以说，风儿吹过了河面河水就会有所减损，太阳照过河去河水也会有所减损。假如风与太阳总是盘桓在河的上空，而河水却认为不曾受到过干扰，那就是靠河水源头小溪的不断汇聚。所以，水保持住了，泥土也就安定下来，影子留住了是因为人体安定下来，事物固守着事物因而相互安定下来。

所以，眼睛一味地追求超人的视力也就危险了，耳朵一味地追求超人的听力也就危险了，心思一味地追求外物也就危险了。才能从内心深处显露出来就会危险，危险一旦形成已经来不及悔改。灾祸滋生并逐渐地增多与聚集，返归本性却为功名所萦绕，要想获得成功便须持续很久很久。可是人们却把上述情况看作是自己最可宝贵的，不可悲吗？因此国家败亡、人民受戮从没有中断，却又不知道问一问造成这种情况的原因。

[原文]

故足之于地也践，虽践，恃有所不蹍(niǎn)而后善博也①；人之于知也少，虽少，恃其所不知而后知天之所谓也②。知大一，知大阴，知大目，知大均，知大方，知大信，知大定，至矣。大一通之，大阴解之③，大目视之④，大均缘之⑤，大方体之⑥，大信稽之⑦，大定持之⑧。

尽有天，循有照，冥有枢(shū)，始有彼⑨。则其解之也似不解之者，其知之也似不知之也，不知而后知之。其问之也，不可以有崖，而不可以无崖，颉滑有实，古今不代⑩，而不可以亏⑪，则可不谓有大扬搉乎⑫！阖不亦问是已，奚惑然为⑬！以不惑解惑，复于不惑，是尚大不惑⑭。

[注释]

①蹍：踩。博：博远。②天之所谓：指天所表现的自然之道。③大阴：绝对的静止。④大目：大道的观点。⑤大均：指大道的均衡作用。⑥大方：指大道的度量。体之：体现万物。⑦大信：指大道纯真而没有虚伪的性质。稽之：指与万物相契合。稽，合。⑧大定：指道体安宁的性质。⑨彼：它，指大道。⑩不代：指大道的核心不变。代，变换。⑪不可以亏：指大道永远完美。亏，损。⑫扬搉：大体轮廓。⑬为：疑问助词，即“呢”。⑭尚：庶几。大不惑：初步算是不惑。大，初。

[译文]

所以，脚对于地的践踏很小很小，因此，仰赖所不曾践踏的地方而后才可以去到更为博大、旷远的地方；人对于各种事物的了解也很少很少，虽然很少，仰赖所不知道的知识而后才能够知道自然所称述的道理。知道“天”，知道“地”，知道“大目”，知道“大均”，知道“大方”，知道“大信”，知道“大定”，这就达到了认识的极限。“天”加以贯通，“地”加以化解，万物各视其所见，顺其本性令其自得，各得其宜自成轨迹，各守其实无使超逸，顺任安定持守不渝。

万物之中全都有其自然，顺应就会逐渐明朗清晰，深奥的道理之中都存在着枢要，而任何事物产生的同时又必然出现相应的对立面。那么，自然的理解好像是没有理解似的，自然的知晓好像是没有知晓，但这“不知”之后方才会有真知。深入一步问一问，本不可能有什么界限，然而又不可以没有什么界限。万物虽然纷扰杂乱却有它的根本，古今不能相互替换，但是无古无今、无今无古谁也不能缺少，这能不说是仅只显露其概略吗？何不再深入一步探问这博大玄妙的道理，为什么会迷惑成这个样呢？用不迷惑去解除迷惑，再回到不迷惑，这恐怕还是当初的不迷惑。

题解

“则阳”是以篇首的人名做篇名。全篇的主旨在于道论，反映了庄子的世界观。本篇内容仍很庞杂，主要说明恬淡、清虚、顺任的旨趣和生活态度，对滞留人事、迷恋权势的人给予抨击。讨论宇宙万物的基本规律，讨论宇宙的起源，讨论对外在事物的主体认识。

在本篇的“则阳游于楚”“圣人达绸缪”段落中阐述了王公士人追求于禄而圣人追求的是无言之道。不用语言，返归本性，以道化人。在“旧国旧都”“冉相氏得其环中以随成”段落中，说明归还自然本性不仅畅然，而且“得其环中以随成”才能达到天人合一，与物偕行，善于自处。在“魏莹与田侯牟约”段中，以虚静之道讥讽战国之争，实即以无为斥有为。“孔子之楚”中又以隐士的无为而斥孔子及楚君的有为为佞人。在“长梧封人问子牢”“柏矩学于老聃”段中，指责为政卤莽和君主作伪的问题，说他们之所以如此是因为丧失本性，徇逐俗事的必然结果。文章后一部分写少知与大公调的对话，借大公调之口从讨论宇宙整体与万物之个体间“合异”“散同”的关系入手，指出各种事物都有其自身的规律，各种变化也都会向自己的反面转化，同时还讨论了宇宙万物的产生，又最终归结为浑一的道。这种变化又皆尊道而行，充分说明了以道为核心的自然观。可以看出，庄子的思想是从最高层次的天道——生命之道来批评相对低层次的言论，又统而摄之，因而百转不穷，不落言筌；亦不落《齐物论》的“物论”樊篱。

则阳

[原文]

则阳游于楚[1]，夷节言之于王[2]，王未之见，夷节归。

彭阳见王果曰[3]：“夫子何不谭我于王[4]？”

王果曰：“我不若公阅休[5]。”

彭阳曰：“公阅休奚为者邪？”

曰：“冬则擉（chuò）鳖于江[6]，夏则休乎山樊[7]。有过而问者，曰：‘此予宅也[8]。’夫夷节已不能[9]，而况我乎！吾又不若夷节[10]。夫夷节之为人也，无德而有知，不自许，以之神其交，固颠冥乎富贵之地[11]，非相助以德[12]，相助消也[13]。夫冻者假衣于春[14]，暍（yē）者反冬乎冷风[15]。夫楚王之为人也，形尊而严；其于罪也，无赦如虎[16]；非夫佞（nìng）人、正德[17]，其孰能挠焉[18]！

“故圣人，其穷也使家人忘其贫，其达也使王公忘爵禄而化卑[19]。其于物也[20]，与之为娱矣[21]；其于人也[22]，乐物之通而保己焉；故或不言而饮人以和[23]，与人并立而使人化。父子之宜，彼其乎归居[24]，而一闲其所施[25]。其于人心者，若是其远也。故曰待公阅休。”

［注释］

①则阳：人名，姓彭，名阳，字则阳，鲁国人。②夷节：人名，姓夷，名节，楚国大臣。言：介绍。③王果：人名，楚大夫。④谭：通“谈”，介绍，推荐。⑤公阅休：人名，姓公阅，名休，楚国的隐士。⑥擉：通“戳”，刺。⑦休：休息。樊：樊圃，借为“傍”。⑧予宅：我的住处。⑨不能：指不能介绍给楚王。⑩不若：不如。⑪固：通“故”。颠冥：犹言瘖寐，沉溺。冥，借为“瞑”。⑫非：不能。相助：帮助。⑬消：消除。⑭冻者：受冻的人。假：借助。春：春天的温暖。⑮暍：中暑，伤暑。反：复求。⑯赦：赦免，宽恕。如虎：像虎一样凶狠。⑰佞人：有才能的人。正德：有纯正的道德。⑱挠：屈服，矫正。⑲化卑：变得谦卑。⑳物：事。㉑娱：快乐。㉒人：人事。㉓饮人以和：以和顺的态度待人。㉔彼其：叠词，即彼，他。归居：隐居。㉕一闲：一切出于闲暇无事。施：为事，施物。

［译文］

则阳周游到楚国，夷节向楚王谈到则阳，楚王没有接见他，夷节只得作罢归家。

则阳见到王果，说：“先生怎么不在楚王面前谈谈我呢？”

王果说：“我不如公阅休。”

则阳问：“公阅休是干什么的人呢？”

王果说：“他冬天到江河里刺鳖，夏天到山脚下憩息。有人经过而问他，他就说：‘这就是我的住宅。’夷节尚且不能做到，何况是我呢？我又比不上夷节。夷节的为人，缺少德行却有世俗人的智巧，不能约束自己做到清虚恬淡，用他特有的办法巧妙地跟人交游与结识，在富有和尊显的圈子里弄得神情颠狂内心迷乱，不是用德行去相助他人，而是使德行有所毁损。受冻的人盼着温暖的春天，中暑的人刚好相反得求助冷风带来凉爽。楚王的为人，外表高贵而又威严；他对于有过错的人，像老虎一样不会给予一点宽恕；不是极有才辩的人而又端正德行，谁能够使他折服！

“所以圣人，他们潜身世外能使家人忘却生活的清苦，他们身世显赫能使王公贵族忘却爵禄而变得谦卑起来。他们对于外物，与之和谐欢娱；他们对于别人，乐于沟通、混迹人世而又能保持自己的真性；有时候一句话不说也能用中和之道给人以满足，跟人在一块儿就能使人受到感化。父亲和儿子都各得其宜，各自安于自己的地位，而圣人却完全是清虚无为地对待周围所有的人。圣人的想法跟一般人的心思，相比起来差距是那么远。所以说，要使楚王信服还得期待公阅休呢。”

[原文]

chóumóu

圣人达绸缪[1]，周尽一体矣[2]，而不知其然，性也。复命摇作而以天为师[3]，人则从而命之也。忧乎知[4]，而所行恒无几时[5]，其有止也，若之何！生而美者，人与之鉴[6]，不告则不知其美于人也。若知之，若不知之，若闻之，若不闻之，其可喜也终无已，人之好之亦无已，性也[7]。圣人之爱人也，人与之名[8]，不告则不知其爱人也。若知之，若不知之，若闻之，若不闻之，其爱人也终无已，人之安之亦无已[9]，性也。

[注释]

①达绸缪：使矛盾和解、纷争了事。绸缪，纠葛。②周尽一体：调合得完全一致。③复命：复归于天命。摇作：摇动而作。④忧乎知：为自己所知的事而担忧。这指一般人说。⑤无几时：没有多少时间。⑥鉴：鉴别，评价。⑦性也：指美者与好者两方面都是出于本性。⑧与之名：给他以圣人的称号。⑨安：心服。

寿阳公主

梅花妆，古代女子在额上贴梅花形的一种妆饰。相传南朝宋武帝女寿阳公主，卧睡于含章殿檐下，梅花落在她额上，拂之不去。仕女们觉得很漂亮纷纷效仿，此后有“梅花妆”。庄子说：“生而美者，人与之鉴，不告则不知其美于人也”。天然本性的东西，是别人给了鉴定，自己才有了美与丑的定义，庄子主张安于自然，追求心灵的安静。

[译文]

圣人通达于人世间的各种纷扰和纠葛，周遍而又透彻地了解万物混同一体的状态，却并不知道为什么会是这样，这是出于自然的本性。为回返真性而又有所动作也总是把师法自然作为榜样，人们随后方才称呼他为圣人。忧心于智巧与谋虑因而行动常常不宜持久，时而有所终止又将能怎么样呢！生来就漂亮的人，是因为别人给他做了一面镜子，如果不通过比较他也不会知道自己比别人漂亮。好像知道，又好像不知道，好像听见了，又好像没有听见，他内心的喜悦就不会有所终止，人们对他的好感也不会有所终止，这就是出于自然的本性。圣人抚爱众人，是因为人们给予了他相应的名字，如果人们不这样称誉他，圣人也不知道自己怜爱他人。好像知道，又好像不知道，好像听见了，又好像没有听见，他给予人们的爱就不会有所终止，人们安于这样的抚爱也不会有所终止，这就是出于自然的本性。

［原文］

旧国旧都，望之畅然；虽使丘陵草木之缗(mín)[1]，入之者十九，犹之畅然。况见见闻闻者也[2]，以十仞之台县众间者也！

冉相氏得其环中以随成[3]，与物无终无始，无几无时。日与物化者，一不化者也，阖尝舍之！夫师天而不得师天，与物皆殉，其以为事也若之何[4]？夫圣人未始有天，未始有人，未始有始，未始有物，与世偕行而不替[5]，所行之备而不洫[6]，其合之也若之何[7]？汤得其司御门尹登恒为之傅之[8]，从师而不囿(yòu)，得其随成。为之司其名；之名嬴法，得其两见[9]。仲尼之尽虑，为之傅之。容成氏曰[10]：“除日无岁，无内无外。”

［注释］

①缗：朦胧不分明的样子。②见见闻闻者：眼前随处可见的。③冉相氏：传说中远古时代的帝王。其：指天道。环中：枢纽，要领。随成：随顺天道而成功。④为事：对待事情。⑤不替：不改变虚无的态度。替，变。⑥洫：泄，引申为放弃。⑦之：指圣人之道。⑧汤：商汤。司御：指官吏。门尹：官名。登恒：姓登，名恒。为之傅之：登恒为汤王辅导其司御之官。⑨得其两见：此指仲尼而言。两见，犹两端。⑩容成氏：传说是老子的老师。

［译文］

祖国与家乡，一看到她就分外喜悦；即使是丘陵草木使她显得面目不清，甚至掩没了十之八九，心里还是十分欣喜。更何况亲身见到她的真面目、真情况，就像是数丈高台高悬于众人的面前让人崇敬、仰慕啊！

冉相氏体察出道的精髓因而能听任外物自然发展，跟外物接触相处没有终始，也显不出时日。天天随外物而变化，而其凝寂虚空的心境却一点也不会改变，何尝舍弃过大道的精髓！有心去效法自然却得不到效法自然的结果，跟外物一道相追逐，对于所修的事业又能够怎么样呢？圣人心目中从不曾有过天，从不曾有过人，从不曾有过开始，

从不曾有过外物，跟随世道一块儿发展变化而没有废止，有所行动也是那么完备因而不会受到败坏，他与外物的契合与融洽又将是怎么样的呢！商汤启用他的司御门尹登恒做他的师父，而他随从师父学习却从不拘泥于所学；能够随顺而成，为此而察其名迹；对待这样的名迹又无心寻其常法，因而君臣、师徒能各得其所、各安其分。仲尼最后弃绝了谋虑，因此对自然才有所辅助。容成氏说："摒除了日就不会累积成年，忘掉了自己就能忘掉周围的事物。"

[原文]

魏莹与田侯牟约[1]，田侯牟背之。魏莹怒，将使人刺之。

犀首公孙衍闻而耻之曰[2]："君为万乘之君也，而以匹夫从雠[3]！衍请受甲二十万[4]，为君攻之，虏其人民，系其牛马，使其君内热发于背[5]。然后拔其国。忌也出走[6]，然后抶(chì)其背[7]，折其脊。"

季子闻而耻之曰："筑十仞之城，城者既十仞矣，则又坏之，此胥靡之所苦也[8]。今兵不起七年矣，此王之基也[9]。衍乱人，不可听也。"

华子闻而丑之曰："善言伐齐者[10]，乱人也；善言勿伐者[11]，亦乱人也；谓伐之与不伐乱人也者，又乱人也。"

王曰："然则若何？"

曰："君求其道而已矣！"

惠子闻之而见戴晋人[12]。戴晋人曰："有所谓蜗者[13]，君知之乎？"

曰："然。"

"有国于蜗之左角者曰触[14]，有国于蜗之右角者曰蛮氏[15]，时相与争地而战，伏尸数万[16]，逐北旬有五日而后反[17]。"

君曰："噫！其虚言与[18]？"

曰："臣请为君实之[19]。君以意在四方上下有穷乎[20]？"

君曰："无穷。"

曰："知游心于无穷，而反在通达之国[21]，若存若亡乎[22]？"

君曰："然。"

曰："通达之中有魏，于魏中有梁[23]，于梁中有王。王与蛮氏，有辩乎[24]？"

君曰："无辩。"

客出而君惝(tǎng)然若有亡也[25]。

客出，惠子见。

君曰："客，大人也[26]，圣人不足以当之[27]。"

惠子曰："夫吹筦也，犹有嗃(xiāo)也[28]；吹剑首者[29]，吷(xuè)而已矣[30]。尧、舜，人之所誉也；道尧、舜于戴晋人之前，譬犹一吷也。"

勾践三战灭吴

庄子主张无为。国家是有疆界的，有界的国家处于无界的宇宙之中，本就微不足道，若有若无，那么战争还有什么意义呢？

[注释]

①魏莹：魏惠王的名字。田侯牟：指齐威王。②犀首：魏官名，如后世的虎牙将军之类。③以匹夫从雠：用一般老百姓的办法来报仇，指刺杀。④受甲：领兵。⑤内热：心火之热。发于背：心火燃烧至背部。说明愤急异常。⑥忌：田忌，齐国的将军。⑦抶：鞭打。⑧胥靡：囚徒。⑨基：基础，资本。⑩善言伐齐者：指公孙衍。⑪善言勿伐者：指季子。⑫惠子：惠施。戴晋人：姓戴，字晋人，是得道的人。⑬蜗：蜗牛。⑭触：取争斗的意思为名。⑮蛮：取野蛮的意思为名。⑯伏尸：横尸。⑰北：败走。有：又。反：通"返"。⑱虚言：谎言。⑲实：证实。⑳以意在：用心细想一下。在，察。㉑反在：回过头来想一想。通达之国：指人马舟车所能到达的地方。㉒若存若亡：如在有无之间。㉓梁：魏国的国都。㉔辩：通"辨"，辨别，区别。㉕惝然：恍惚不定的样子。亡：失。㉖大人：犹今说伟大人物。指戴晋人。㉗圣人：指尧、舜等。当之：与之相比。㉘嗃：吹竹管声，表示大而长的声音。㉙剑首：指剑环头的小孔。㉚吷：吹气声，小而短的声音。

[译文]

魏惠王与齐威王订立盟约，而齐威王违背了盟约。魏王大怒，打算派人刺杀齐威王。

将军公孙衍知道后认为可耻，说："您是大国的国君，却用普通百姓的手段去报仇！我愿统带二十万部队，替你攻打齐国，俘获齐国的百姓，牵走他们的牛马，使齐国的国君心急如焚热毒发于背心。然后我就攻占齐国的土地。齐国的大将田忌望风逃跑，于是我再鞭打他的背，折断他的脊骨。"

季子知道后又认为公孙衍的做法可耻，说："建筑七八丈高的城墙，筑城已经七八丈高了，接着又把它毁掉，这是役使之人所苦的事。如今战争不起已经七年了，这是你王业的基础。公孙衍实在是挑起祸乱的人，不可听从他的主张。"

华子知道以后又鄙夷公孙衍和季子的做法，说："极力主张讨伐齐国的人，是拨弄祸乱的人；极力劝说不要讨伐齐国的人，也是拨弄祸乱的人；评说讨伐齐国还是不讨伐齐国为拨弄祸乱之人的人，他本身就是拨弄祸乱的人。"

魏王说："既然如此，那将怎么办呢？"

华子说："你还是求助于清虚淡漠、物我兼忘的大道罢！"

惠子知道了，引见戴晋人。戴晋人对魏王说："有叫蜗牛的小动物，国君知道吗？"

魏王说："知道。"

戴晋人说："有个国家在蜗牛的左角，名字叫触氏，有个国家在蜗牛的右角，名字叫蛮氏，正相互为争夺土地而打仗，倒下的尸体数也数不清，追赶打败的一方花去整整十五天方才撤兵而回。"

魏王说："咦，那都是虚妄的言论吧？"

戴晋人说："让我为你证实这些话。你认为四方与上下有尽头吗？"

魏王说："没有止境。"

戴晋人说："知道使自己的思想在无穷的境域里遨游，却又返身于人迹所至的狭小的生活范围，这狭小的生活范围处在无穷的境域里恐怕就像是若存若失一样吧？"

魏王说："是的。"

戴晋人又说："在这人迹所至的狭小范围内有一个魏国，在魏国中有一个大梁城，在大梁城里有你魏王。大王与那蛮氏相比，有区别吗？"

魏王回答说："没有。"

戴晋人辞别而去，魏王心中不畅，怅然若有所失。

戴晋人离开后惠子见魏惠王。

魏王说："戴晋人，真是个了不起的人，圣人不足以和他相提并论。"

惠子说："吹起竹管，就会有嘟嘟的响声；吹着剑首的环孔，只会有丝丝的声音罢了。尧与舜，都是人们所赞誉的圣人；在戴晋人面前称赞尧与舜，就好比那微弱的丝丝之声罢了。"

［原文］

孔子之楚，舍于蚁丘之浆[1]。其邻有夫妻臣妾登极者[2]，子路曰："是稯(zǒng)稯何为者邪[3]？"

仲尼曰："是圣人仆也[4]。是自埋于民，自藏于畔[5]。其声销[6]，其志无穷[7]，其口虽言，其心未尝言，方且与世违

而心不屑与之俱⑧。是陆沉者也，是其市南宜僚邪⑨？”

子路请往召之。

孔子曰：“已矣！彼知丘之著于己也⑩，知丘之适楚也，以丘为必使楚王之召己也，彼且以丘为佞人也⑪。夫若然者，其于佞人也羞闻其言，而况亲见其身乎！而何以为存⑫？”

子路往视之，其室虚矣。

[注释]

①蚁丘：丘名。浆：指卖浆之家。②极：屋顶。③稯稯：犹“总总”，群聚在一起的样子。④仆：仆后、学徒。⑤埋、藏：都是隐居的意思。畔：田垄。⑥声销：名声消失。⑦无穷：远大。⑧之：指世俗。俱：一起。⑨市南宜僚：姓熊，字宜僚，居于市南，故称。⑩著于己：显露自己。⑪佞人：媚世的人，取巧的人。⑫而：你。存：问。

[译文]

孔子到楚国去，寄宿在蚁丘的卖浆人家。卖浆人家的邻居夫妻奴仆全都登上了屋顶观看孔子的车骑，子路说：“这么多人聚集在一起是干什么呢？”

孔子说：“这些人都是圣人的仆从。这个圣哲之人把自己隐藏在百姓之中，藏身于田园生活里。他的声音从世上消失了，他的志向却是伟大的，他嘴里虽然在说着话，心里却好像不曾说过什么，处处与世俗相违背而且心里总不屑与世俗为伍。这是隐遁于世俗中的隐士，这个人恐怕就是楚国的市南宜僚吧？”

子路请求前去召见他。

孔子说：“算了吧！他知道我对他十分了解，又知道我到了楚国，认为我必定会让楚王来召见他，他将把我看成是巧言献媚的人。如果真是这样，他对于巧言献媚的人一定会羞于听其言谈，更何况是亲自见到其人呢！你凭什么认为他还会留在那里呢？”

子路前往探视，市南宜僚的居室已经空无一人了。

[原文]

长梧封人问子牢曰①：“君为政焉勿卤莽，治民焉勿灭裂②。昔予为禾③，耕而卤莽之，则其实亦卤莽而报予④；芸而灭裂之⑤，其实亦灭裂而报予⑥。予来年变齐⑦，深其耕而熟耰（yōu）之⑧，其禾繁以滋⑨，予终年厌飧（sūn）⑩。”

庄子闻之曰：“今人之治其形，理其心，多有似封人之所谓，遁其天，离其性，灭其情，亡其神，以众为。故卤

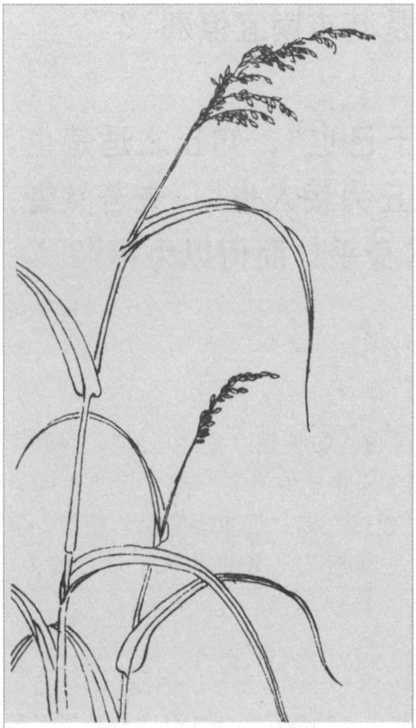

蒹

莽其性者，欲恶之孽[11]，为性萑(huán)苇蒹葭[12]，始萌以扶吾形[13]，寻擢(zhuó)吾性；并溃漏发[14]，不择所出，漂疽疥痈[15]，内热溲(sōu)膏是也[16]。”

［注释］

①长梧：地名。封人：守边疆的人。子牢：孔子弟子，姓琴，宋国卿士。②灭裂：胡乱从事。③为禾：种稻。④实：果实。卤莽而报：草率报答，即结谷不多。⑤芸而灭裂：说明必伤禾苗。⑥灭裂而报：胡乱报答。即结谷甚少。⑦变齐：变更耕田的方法。⑧熟耰：反复耘田。⑨繁：繁盛。滋：茂盛。⑩厌飧：吃得饱。⑪孽：通“蘖”。树木被斩后再生出来的芽子。⑫萑：荻。苇：芦苇。两者同类，荻细苇粗。蒹：没有穗的芦苇。葭：初生的芦苇。⑬始萌：发芽生长。扶：保养。⑭并溃漏发：溃漏并发。烂到流浓出血叫溃，疮口成管，浓不止叫漏。⑮漂疽：瘭疽，脓疮。疥：疥疮。痈：皮肉间的急性化脓性疾病。⑯溲膏：今叫乳糜尿。多由内热炎症引起。

［译文］

长梧地方守护封疆的人对子牢说：“你处理政事不要太粗疏，治理百姓不要太草率。从前我种庄稼，耕地粗疏马虎，而庄稼收获时也就用粗疏马虎的态度来报复我；锄草也轻率马虎，而庄稼收获时也用轻率马虎的态度来报复我。我来年改变了原有的方式，深深地耕地细细地平整，禾苗繁茂果实累累，我一年到头不愁食品不足。”

庄子听了后说：“如今人们治理自己的身形，调理自己的心思，许多都像这守护封疆的人所说的情况，逃避自然，背离天性，泯灭真情，丧失精神，这都因为粗疏鲁莽所致。所以对待本性和真情粗疏鲁莽的人，欲念与邪恶的祸根，就像萑苇、蒹葭蔽遮禾黍那样危害人的本性，开始时似乎还可以用来扶助人的形体，逐渐地就拔除了自己的本性，就像遍体毒疮一齐溃发，不知选择什么地方泄出，毒疮流浓，内热遗精就是这样。”

［原文］

柏矩学于老聃[1]，曰：“请之天下游。”

老聃曰：“已矣！天下犹是也。”

又请之，老聃曰：“汝将何始？”

曰：“始于齐。”

至齐，见辜人焉②，推而彊之③，解朝服而幕之④，号天而哭之曰：“子乎子乎！天下有大菑（zī）⑤，子独先离之⑥！”曰：“莫为盗！莫为杀人！荣辱立，然后睹所病；货财聚，然后睹所争。今立人之所病⑦，聚人之所争⑧，穷困人之身使无休时⑨，欲无至此⑩，得乎！

“古之君人者，以得为在民，以失为在己；以正为在民，以枉为在己⑪；故一形有失其刑者⑫，退而自责。今则不然。匿为物而愚不识，大为难而罪不敢，重为任而罚不胜，远其涂而诛不至。民知力竭，则以伪继之，日出多伪，士民安得不伪！夫力不足则伪，知不足则欺，财不足则盗。盗窃之行，于谁责而可乎？”

[注释]

①柏矩：人名，姓柏，名矩，老子的学生。②辜：辜磔，是古代的一种裂尸酷刑，施刑后把尸体丢在市场上。③彊：借作僵，僵仆。因被施刑的人尸体竖立，故推倒使他僵仆在地。④幕：覆盖。⑤菑：灾祸。⑥离：通“罹”，遭受。⑦所病：指犯罪。⑧所争：指货财。⑨无休时：指无时无刻不去违法夺利。⑩至此：指犯罪被杀。⑪枉：过失。⑫一：一旦。形有失其刑：刑有所不当，错判人罪。

[译文]

柏矩就学于老聃，说：“请求老师同意我到天下去游历。”

老聃说：“算了，天下就像这里一样。”

柏矩再次请求，老聃说：“你打算先去哪里？”

柏矩说：“先从齐国开始。”

柏矩到了齐国，见到一个处以死刑而抛尸示众的人，推推尸体把他摆正，再解下朝服覆盖在尸体上，仰天号啕大哭地诉说：“你呀你呀！天下出现如此大的灾祸，偏偏你先碰上了。人们常说不要做强盗，不要杀人！世间一旦有了荣辱的区别，然后各种弊端就显示出来；财货日渐聚积，然后各种争斗也就表露出来。如今树立人们所厌恶的弊端，聚积人们所争夺的财物，贫穷困厄的人疲于奔命便没有休止之时，想要不出现这样的遭遇，怎么可能呢？

“古时候统治百姓的人，把社会清平归于百姓，把管理不善归于自己；把正确的做

法归于百姓，把各种过错归于自己；所以只要有一个人其身形受到损害，便私下总是责备自己。如今却不是这样。隐匿事物的真情却责备人们不能了解，扩大办事的困难却归罪于不敢克服困难，加重承受的负担却处罚别人不能胜任，把路途安排得十分遥远却谴责人们不能达到。人民耗尽了智慧和力量，就用虚假来继续应付，天天出现那么多虚假的事情，百姓怎么会不弄虚作假！力量不够便作假，智巧不足就欺诈，财力不济便行盗。盗窃的行径，对谁加以责备才合理呢？”

［原文］

蘧(qú)伯玉行年六十而六十化①，未尝不始于是之而卒诎之以非也②，未知今之所谓是之非五十九非也。万物有乎生而莫见其根③，有乎出而莫见其门④。人皆尊其知之所知，而莫知恃其之所不知而后知，可不谓大疑乎⑤！已乎已乎！且无所逃⑥。此则所谓然与，然乎？

［注释］

①蘧伯玉：人名，姓蘧，名瑗，字伯玉，卫国的大夫。②始于是之：开始时认为对的。诎：通“黜”，贬斥，批判。③根：根本，指万物的产生者。④门：出口，指产生万物的地方。⑤大疑：大惑，极端糊涂。⑥无所逃：无法避免，指世人无法避免这种糊涂。

［译文］

蘧伯玉活了六十岁而六十年来随年变化与日俱新，何尝不是年初时认为是对的而年终时又转过来认为是错的，不知道现今所认为是对的是不是五十九岁时认为是错的。万物有其产生却看不见它的本根，有其出现却寻不见它的门径。人人都尊崇自己的才智所了解的知识，却不懂得凭借自己才智所不知道而后知道的知识，这能不算是最大的疑惑吗？算了吧算了吧！没有什么办法可以逃避这样的情况。这就是所谓对吗，真正的对吗？

［原文］

仲尼问于大史大弢(tāo)、伯常骞(qiān)、狶(xī)韦曰①：“夫卫灵公饮酒湛乐②，不听国家之政；田猎毕弋③，不应诸侯之际④；其所以为灵公者何邪？”

大弢曰：“是因是也。”

伯常骞曰：“夫灵公有妻三人，同滥而浴⑤。史鰌(qiū)奉御而

进所[6]，搏币而扶翼[7]。其慢若彼之甚也[8]，见贤人若此其肃也，是其所以为灵公也。”

狶韦曰：“夫灵公也死，卜葬于故墓不吉[9]，卜葬于沙丘而吉。掘之数仞，得石椁（guǒ）焉[10]，洗而视之，有铭焉，曰：‘不冯其子，灵公夺而里之。’夫灵公之为灵也久矣，之二人何足以识之[11]！”

式闾礼士

卫灵公荒淫无度，对待大臣也极为傲慢，但他对待贤人却十分肃敬因此被称为灵公。魏文侯也是一位敬重贤人的人。式闾礼士，讲的是魏文侯经过贤人段干木居住的地方，就手扶车前横木表示敬重。

［注释］

①大弢、伯常骞、狶韦：三人都是太史官。②湛乐：沉溺于享乐。湛，通“耽”。③毕：古时田猎用的长柄网。弋：系着绳子的箭。都是用来捕捉禽兽的工具。④际：交际。⑤滥：洗澡盆。⑥史鰌：卫大夫。奉御：手捧御用的东西。御，御用，君王所用。所：指灵公住所。⑦搏：急取。币：帛，即史鰌所奉御的。扶翼：恭敬地扶接。翼，敬。⑧慢：傲慢，放纵。彼：那样，指与三妻同浴。⑨故墓：寿穴，生前挖好的墓穴。⑩石椁：石制的棺椁。⑪之二人：指大弢与伯常骞。

［译文］

孔子向太史大弢、伯常骞、狶韦请教：“卫灵公饮酒作乐荒淫无度，不愿处理国家政务；经常出外张网打猎射杀飞鸟，又不参与诸侯间的交往与盟会；他死之后为什么还追谥为灵公呢？”

大弢说：“这样的谥号就是因为他具有这样的德行。”

伯常骞说：“那时候卫灵公有三个妻子，他们在一个盆池里洗澡。卫国的贤臣史鰌奉召进到卫灵公的寓所，卫灵公只得急忙接过衣裳来相互帮助遮掩。他对待大臣是多么的傲慢，而他对贤人又是如此的肃敬，这就是他死后追谥为灵公的原因。”

狶韦则说：“当年卫灵公死了，占卜问葬说是葬在原墓地不吉利，而葬在沙丘上就能吉利。于是挖掘沙丘数丈，发现有一石制外棺，洗去泥土一看，上面还刻有一段文字，说：‘不靠子孙，灵公将得此为冢。’灵公被叫作‘灵’看来已经很久很久了，大弢和伯常骞怎么能够知道！”

[原文]

少知问于大公调曰[1]:“何谓丘里之言[2]?”

大公调曰:“丘里者,合十姓百名而以为风俗也[3],合异以为同,散同以为异。今指马之百体而不得马,而马系于前者,立其百体而谓之马也。是故丘山积卑而为高,江河合小而为大,大人合并而为公[4]。是以自外入者[5],有主而不执;由中出者[6],有正而不距。四时殊气,天不赐,故岁成;五官殊职[7],君不私,故国治;文武大人不赐,故德备;万物殊理,道不私,故无名。无名故无为,无为而无不为。时有终始,世有变化。祸福淳淳[8],至有所拂者而有所宜[9];自殉殊面[10],有所正者有所差。比于大泽,百材皆度[11];观于大山,木石同坛[12]。此之谓丘里之言。”

少知曰:“然则谓之道,足乎?”

大公调曰:“不然。今计物之数,不止于万,而期曰‘万物’者[13],以数之多者号而读之也[14]。是故天地者,形之大者也;阴阳者,气之大者也;道者为之公。因其大而号以读之,则可也,已有之矣[15],乃将得比哉[16]?则若以斯辩,譬犹狗马,其不及远矣[17]!”

[注释]

①少知、大公调:都是虚拟人名。②丘里:一说四井为邑,四邑为丘。五家为邻,五邻为里。一说十家为丘,二十家为里。③合:集中。十姓百名:群众。④大人:有道的人。合并:容合众人。⑤入:指入于大人之心。⑥中:指大人心中。⑦五官:包括司徒、司马、司空、司士、司寇。⑧淳淳:茫昧难测的样子。⑨拂:逆乱,矛盾。宜:适合,统一。⑩殉:逐。面:向。意即各走各的路。⑪度:分寸。⑫坛:用土堆成的平台,上面用来放东西,引申为基础。⑬期:要,限。⑭读:称。⑮有之:指有“道”之名。⑯比:指把大道与丘里之言相比。⑰不及:无法相比。

[译文]

少知向大公调求教:“什么叫作‘丘里’之言?”

大公调说:“所谓‘丘里’，就是聚合十个族姓或上百个人而形成共同的风气与习俗;组合各个不同的个体就形成混同的整体，离散混同的整体又成为各个不同的个体。如今指称马的上百个部位都不能获得马的整体，而马就拴缚在眼前，只有确立了马的每一个部位并组合成一整体才能称之为马。所以说山丘积聚卑小的土石才成就其高，江河汇聚细小的流水才成就其大，伟大的人物并合了众多的意见才成就其公。所以，从外界反映到内心里的东西，自己虽有定见却并不执着己见，由内心里向外表达的东西，即使是正确的也不愿跟他人相违逆。四季具有不同的气候，大自然并没有对某一节令给予特别的恩赐，因此年岁的序列得以形成;各种官吏具有不同的职能，国君没有偏私，因此国家得以治理;文臣武将具有各不相同的本事，国君不作偏爱，因此各自德行完备;万物具有各别的规律，大道对它们也都没有偏爱，因此不去授予名称以示区别。没有称谓因而也就没有作为，没有作为因而也就无所不为。时序有终始，世代有变化。祸福在不停地流转，出现违逆的一面同时也就存在相宜的一面;各自追逐其不同的侧面，有所端正的同时也就有所差误。就拿山泽来比方，生长的各种材质全都有自己的用处;再看看大山，树木与石块处在同一块地方。这就叫作‘丘里’的言论。”

少知问:“既然如此，那么称之为道，可以吗?”

大公调说:“不可以。现在计算一下物的种数，不止于一万，而只限于称作万物，是用数目字最多的来称述它。所以，天和地，是形体中最大的;阴与阳，是元气中最大的;而大道却把天地、阴阳相贯通。因为它大就用‘道’来称述它是可以的，已经有了‘道’的名称，还能够用什么来与它相提并论呢?假如用这样的观点来寻求区别，就好像狗与马，其间的差别也就太大了!”

道

“道”不可能是“有”的，“有”不可能是“无”的。“道”这个名号，是有所凭借才能够运行的。

[原文]

少知曰:“四方之内，六合之里，万物之所生恶起?”

大公调曰:“阴阳相照，相盖相治;四时相代①，相生相杀②。欲恶去就③，于是桥起④;雌雄片合⑤，于是庸有。安危相易⑥，祸福相生，缓急相摩⑦，聚散以成。此名实之可纪⑧，精微之可志也。随序之相理，桥运之相使⑨，穷则反⑩，终则始;此物之所有⑪。言之所尽，知之

所至，极物而已。睹道之人[12]，不随其所废[13]，不原其所起[14]，此议之所止。”

少知曰：“季真之莫为，接子之或使，二家之议，孰正于其情，孰偏于其理[15]？”

大公调曰：“鸡鸣狗吠，是人之所知；虽有大知，不能以言读其所自化[16]，又不能以意其所将为[17]。斯而析之[18]，精至于无伦，大至于不可围，或之使，莫之为，未免于物，而终以为过。或使则实，莫为则虚。有名有实，是物之居；无名无实，在物之虚[19]。可言可意，言而愈疏。未生不可忌，已死不可徂（cú）。死生非远也，理不可睹[20]。或之使，莫之为，疑之所假[21]。吾观之本，其往无穷；吾求之末，其来无止。无穷无止，言之无也，与物同理；或使莫为，言之本也，与物终始。道不可有[22]，有不可无[23]。道之为名，所假而行[24]。或使莫为，在物一曲[25]，夫胡为于大方[26]？言而足[27]，则终日言而尽道[28]；言而不足，则终日言而尽物[29]。道、物之极，言、默不足以载[30]；非言非默，议其有极[31]。”

[注释]

①相代：相替换。②相生：相孕育。相杀：相消除。③欲恶：爱憎。去：疏远。就：亲近。④桥起：如桔槔一样翘起，意即一头翘起则另一头垂落。桥，桔槔。⑤片合：异性相交配。⑥易：变换，转化。⑦相摩：互相摩擦，互相影响。⑧此：指上述对立统一的。⑨桥运：如桔槔一样运动。相使：相互作用。⑩穷则反：物极必反。穷，极。⑪所有：所具有的现象。⑫睹道：认识大道。⑬随：追寻。其：指大道。废：止。⑭原：溯源。起：开端。⑮季真、接子：都是齐人，同在稷下学官活动，一个主张“莫为”，一个主张“或使”。⑯读：称，表达。其所自化：指鸡鸣狗吠自然变化所包含的意思。⑰以意测其所将为：凭着它（指鸡鸣狗吠）来臆测出鸡狗想要干的事情。⑱析：剖析。⑲在物之虚：指虚无的大道。⑳理：指死生之理。睹：看见。㉑疑：怀疑。所假：依据。假，凭借。㉒不可有：说明是无。有，掌握。㉓有不可无：既然称为道，就说明是有而不能说是无了。㉔行：运用。㉕一曲：一个方面。㉖胡为：哪里算得上。大方：大道。㉗言而足：用语言足以论道。这是假设的说法。㉘尽道：把道说尽。㉙尽物：只能把物说个够，意即还是未及大道。

㉚言：言谈。默：沉默。载：传，表达。㉛极：限，止。

［译文］

少知问："四境之内，宇宙之间，万物的产生从哪里开始？"

大公调说："阴阳互相辉映、互相伤害又互相调治，四季互相更替、互相产生又互相衰减。欲念、憎恶、离弃、靠拢，于是像桥梁一样相互连接相互兴起，雌性、雄性的分开、交合，于是相互为常相互具有。安全与危难相互变易，灾祸与幸福相互生存，寿延与夭折相互交接，生还与死亡因此而形成。这些现象的名称与实际都能理出端绪，精细微妙之处都能记载下来。随物变化的次序相互更替总是遵循着一定的轨迹，又像桥梁连接彼此两方那样地运动而又彼此相互制约，到了尽头就会折回，有了终结就有开始；这都是万物所共有的规律。言语所能致意的，智巧所能达到的，只限于人们所熟悉的少数事物罢了。体察大道的人，不追逐事物的消亡，不探究事物的源起，这就是言语评说所限止的境界。"

少知又问："季真的'莫为'观点，接子的'或使'主张，两家的议论，谁最合乎事物的真情，谁又偏离了客观的规律？"

大公调说："鸡鸣狗叫，这是人人都能了解的现象；可是，即使是具有超人的才智，也不能用言语来称述其自我变化的原因，同样也不能臆断它们将会怎么样。用这样的道理来加以推论和分析，精妙达到了无以伦比，浩大达到了不可围量，事物的产生有所支持，还是事物的产生全出于虚无，两种看法各持一端均不能免于为物所拘滞，因而最终只能是过而不当。'或使'的主张过于执滞，'莫为'的观点过于虚空。有名有实，这就构成物的具体形象。无名无实，事物的存在也就显得十分虚无。可以言谈也可以测度，可是越是言谈距离事物的真情也就越疏远。没有产生的不能禁止其产生，已经死亡的不能阻挡其死亡。死与生并不相距很远，其中的规律却是不易察见。事物的产生有所支使，还是事物的产生全都出于虚无，两者都是因为疑惑而借此生出的偏执之见。我观察事物的原本，事物的过去没有穷尽；我寻找事物的末绪，事物的将来不可限止。没有穷尽又没有限止，言语的表达不能做到，这就跟事物具有同一的规律；而'或使''莫为'的主张，用言谈各持一端，又跟事物一样有了外在的终始。道不可以用'有'来表达，'有'也不可以用无来描述。大道之所以称为'道'，只不过是借用了'道'的名称。'或使'和'莫为'的主张，各自偏执于事物的一隅，怎么能称述于大道呢？言语圆满周全，那么整天说话也能符合于道；言语不能圆满周全，那么整天说话也都滞碍于物。道是阐释万物的最高原理，言语和缄默都不足以称述；既不说话也不缄默，评议有极限而大道却是没有极限的。"

题解

"外物"，顾名思义即身外之物，是你所不能控制的客观事物。整篇《外物》里探讨的是理想与现实的差距，强调以完全随顺自然、排除外物干扰为主旨。庄子首先例举历史上有无数忠良志士冤死或疯的事迹，说明外在事物不可能有确定的标准，不要追逐外在的利害得失。写庄周家贫前往借贷的故事,说明人的活动受客观条件制约，并借以讽刺执着于外物的吝啬鬼的刻薄虚伪。任公子钓大鱼的故事,描绘了超脱物外，心胸广大能容物的洒脱形象。作者以一个"儒以诗礼发"（盗墓）的寓言，指责有的儒者假借仁义盗国盗民。以写老莱子对孔丘的训示，指出"与其誉尧而非桀，不如两忘而闭其誉"。借神龟被杀的故事，揭示"知有所困，神有所不及"的道理。本篇还对庄子的"圣人"观有所发挥，认为有时候"圣人""无殊于小人"（王夫之语）。都说明人对客观事物的判断是非难定，每个人对自己命运的判断也是各不相同，期望也不同。余下部分，进一步阐明顺应自然的观点，反对矫饰，希望能做到遗物而忘我，最终进入到"得意而忘言"的境界。

《外物》篇是庄子后学阐述庄子思想颇为重要的篇章之一。在认识论方面，本篇指出人的认识器官诸如目、耳、鼻、口、心等应当与客观世界沟通。本篇提出了"德溢乎名"的命题，指出"德"实被"炫于形"的"名"所破坏。这实际上也是将人的认识从自然、从社会现实中区别出来。通过对于"得意忘言"命题的阐述，发挥了本篇所强调的去掉外物羁绊的意旨。

外物

［原文］

外物不可必[1]，故龙逢诛，比干戮，箕子狂[2]，恶来死[3]，桀、纣亡[4]。人主莫不欲其臣之忠，而忠未必信，故伍员流于江，苌弘死于蜀[5]，藏其血三年而化为碧。人亲莫不欲其子之孝，而孝未必爱，故孝己忧而曾参悲[6]。木与木相摩则然[7]，金与火相守则流[8]。阴阳错行，则天地大絯[9]，于是乎有雷有霆，水中有火[10]，乃焚大槐[11]。有甚忧两陷而无所逃[12]，螴蜳(chényǔn)不得成[13]，心若悬于天地之间[14]，慰暋沉屯[15]，利害相摩，生火甚多[16]，众人焚和[17]，月固不胜火[18]，于是乎有僓(tuí)然而道尽[19]。

［注释］

①不可必：不能有必然的标准。②箕子：殷纣王的庶叔，曾劝谏纣王，纣王

不从，箕子因而佯狂。③恶来：人名，殷纣王的媚臣。④桀：夏代的最后一个君主，名履癸，是个暴君，后为商汤所灭。纣：殷纣王，是商朝的最后一个君主，也是暴君，被周武王打败而自焚。⑤蜀：周时一个小邑。在今河南禹县西北。⑥孝己：殷高宗的儿子，受后母虐待，忧苦而死。曾参：字子舆，孔子弟子。对父母十分孝顺，但常常被父母毒打，所以经常悲泣。⑦然："燃"的本字。⑧相守：相处，放在一块。流：熔化流动。⑨绫：通"骇"，惊动。⑩水中有火：指雨中闪电。⑪大槐：大树。⑫甚：过分。两陷：陷于阴阳。⑬螴蜳：证忡，心神不定的样子。成：平。⑭悬于天地之间：说明没有着落，浮动不定的样子。⑮慰暋：苦闷。沉屯：深难。⑯生火甚多：指心火甚多。⑰众人焚和：众人焚烧心中的和气。⑱月：比喻人清静平明的本性。⑲僓然：败坏的样子。道尽：指人的天性丧失干净。

比干

商朝末年，因不满纣王无道，比干被剖心残杀，葬于牧野。

[译文]

外在事物不可能有个定准，所以忠良之士关龙逢被斩杀，比干遭剖心，箕子被迫装疯，而谀臣恶来同样不能免于一死，暴君夏桀和殷纣也同样身毁国亡。国君无不希望他的臣子效忠于己，可是竭尽忠心未必能够取得信任，所以伍子胥被赐死而且飘尸江中，苌弘被流放西蜀而死，西蜀人珍藏他的血液三年后竟化作碧玉。做父母的无不希望子女孝顺，可是竭尽孝心未必能够受到怜爱，所以孝己愁苦而死、曾参悲切一生。木与木相互摩擦就会燃烧，金属跟火相互厮守就会熔化。阴与阳错乱不顺，天与地都会大受惊骇，于是雷声隆隆，雷雨中夹着闪电，甚至烧毁高大的树木。心存忧喜而且在这两种心境中越陷越深就会没有办法逃避，小心翼翼、恐惧不安而又一无所成，内心像高悬在天地之间，忧郁沉闷，利害得失在心中碰撞，于是内心烦乱焦躁万分；世俗人内热如火烧毁了中和之气，清虚淡泊的心境抑制不住内心如火的焦虑，于是便精神颓然玄理荡然无存。

[原文]

庄周家贫，故往贷粟于监河侯[1]。监河侯曰："诺。我将得邑(yì)金[2]，将贷子三百金[3]，可乎？"

庄周忿(fèn)然作色曰[4]："周昨来，有中道而呼者[5]。周顾视

车辙中⑥，有鲋(fù)鱼焉⑦。周问之曰：'鲋鱼来！子何为者邪？'对曰：'我，东海之波臣也⑧。君岂有斗升之水而活我哉⑨？'周曰：'诺。我且南游吴越之土，激西江之水而迎子⑩，可乎？'鲋鱼忿然作色曰：'吾失我常与，我无所处。吾得斗升之水然活耳，君乃言此，曾不如早索我于枯鱼之肆⑪！'"

［注释］

①贷：借。②邑金：指监河侯在封邑内向老百姓征收来的财物。邑，古代诸侯受封的领地。金，租赋收入，包括财货之类。③金：这是指物品价值数量的计算单位。④作色：变色。⑤中道：路中。⑥车辙：车轮辗过留下的痕迹。⑦鲋鱼：鲫鱼。⑧波臣：水界的臣子。⑨斗升之水：比喻少量的水。⑩激：阻遏水势使之急流。西江：指蜀江。⑪曾：竟。索：求。枯鱼之肆：卖鱼干的市场。肆，市场。

［译文］

庄周家境贫寒，于是向监河侯借粮。监河侯说："行，我将收取封邑之地的税金，打算借给你三百金，好吗？"

庄周听了脸色骤变愤愤地说："我昨天来的时候，有谁在半道上呼唤我。我回头看看路上车轮辗过的小坑洼处，有条鲫鱼在那里挣扎。我问它：'鲫鱼，你干什么呢？'鲫鱼回答：'我是东海水族中的一员。你也许能用斗升之水使我活下来吧。'我对它说：'行啊，我将到南方去游说吴王越王，引发西江之水来迎候你，可以吗？'鲫鱼变了脸色生气地说：'我失去我经常生活的环境，没有安身之处。眼下我能得到斗升那样多的水就活下来了，而你竟说出这样的话，还不如早点到干鱼店里找我！'"

［原文］

任公子为大钩巨缁(zī)①，五十犗(jiè)以为饵②，蹲乎会稽，投竿东海，旦旦而钓③，期年不得鱼。已而大鱼食之，牵巨钩，錎(xiàn)没而下④，骛扬而奋鬐(qí)⑤，白波若山，海水震荡，声侔鬼神⑥，惮赫千里⑦。任公子得若鱼，离而腊之⑧，自制河以东⑨，苍梧已北⑩，莫不厌若鱼者。已而后世辁(quán)才讽说之徒⑪，皆惊而相告也。夫揭竿类累⑫，趋灌渎(dú)⑬，守鲵鲋⑭，其于得大鱼难矣。饰小说以干县令⑮，其于大达亦远矣⑯。是以未尝闻任氏之风俗，其不可与经于世亦远矣⑰。

[注释]

①任公子：任国的公子。缁：黑绳。②犗：阉了的牛。牛阉后长的特别肥壮。饵：钓饵。③旦旦：每天早上。④錎没：沉没。錎，通“陷”。⑤扬而：举起鱼鳍。鬐：通“鳍”。⑥侔：同。⑦惮赫：震惊。⑧离：解剖开。腊：晾干。⑨制河：浙江。⑩苍梧：九嶷山。已：通“以”。⑪辁才：粗浅的才能。讽说：诵说，道听途说。⑫揭：举。⑬趋：走向。灌渎：排灌用的小水沟。⑭鲵、鲋：都是小鱼。⑮饰小说：把自已低微琐碎的言论装饰一番。县令：悬赏的诏令，谁按这些诏令做到了就可以赏得功名。县，通“悬”。⑯大达：大道。⑰经于世：处理世务。

广陵怪异

唐代的广陵法师，是一位得道高僧，但他外形丑陋且嗜好酒肉。别人斥责他不守戒律，他却说：“我的道法哪里是你所知的！”修饰浅薄以求得美名的人，与广陵法师的境界相差甚远。想要达到通晓大道的境界要靠淡泊广大的心境，浅薄之人却要伪饰求道，那距离道也就相差甚远了。

[译文]

任国公子做了个大鱼钩系上粗大的黑绳，用五十头牛牲做钓饵，蹲在会稽山上，把钓竿投向东海，每天都这样钓鱼，整整一年一条鱼也没钓到。不久大鱼食吞鱼饵，牵着巨大的钓钩，急速沉没海底，又迅急地扬起脊背腾身而起，掀起如山的白浪，海水剧烈震荡，吼声犹如鬼神，震惊千里之外。任公子钓得这样一条大鱼，将它剖开制成鱼干，从浙江以东，到苍梧以北，没有谁不饱饱地吃上这条鱼的。这以后那些浅薄之人和喜好品评议论之士，都大为吃惊奔走相告。他们举着钓竿丝绳，奔跑在山沟小渠旁，守候小鱼上钩，至于想得到大鱼那就很难很难了。修饰浅薄的言词以求得高高的美名，对于达到通晓大道的境界来说距离也就很远很远了，因此说不曾了解过任公子有所大成的志趣，恐怕也不可以说是善于治理天下，而且其间的差距也是很远很远了。

[原文]

儒以《诗》《礼》发冢①，大儒胪传曰②：“东方作矣③！事之何若？”

小儒曰：“未解裙襦，口中有珠。”

“《诗》固有之曰：‘青青之麦，生于陵陂④，生不布施⑤，死何含珠为？’接其鬓⑥，压其顪(huì)⑦，儒以金椎控其

颐[8]，徐别其颊[9]，无伤口中珠。”

［注释］

①儒：指盗墓的儒士。《诗》《礼》：指代儒家经典。发：发掘。冢：古墓。②胪传：传话。③东方作：东方亮，日出。④陂：山坡。⑤布施：把财物施舍给别人。⑥接：接引，拖曳。⑦颊：下巴上的胡须，这里指下巴。⑧金椎：金属做的锤子。控：敲打。⑨别：分开。

［译文］

儒生表面运用《诗》《礼》而暗地里却在盗墓。大儒在上面向下传话：“太阳快升起来了，事情进行得怎么样？”

小儒说：“下裙和内衣还未解开，口中还含着珠子。”

大儒说：“古诗上就有这样的诗句：‘青青的麦苗，长在山坡上。生前不愿周济别人，死了怎么还含着珠子！’挤压他的两鬓，按着他的胡须，你再用锤子敲打他的下巴，慢慢地分开他的两颊，不要损坏了口中的珠子！”

［原文］

老莱子之弟子出薪[1]，遇仲尼，反以告，曰：“有人于彼[2]，修上而趋下，末偻而后耳[3]，视若营四海[4]，不知其谁氏之子？”

老莱子曰：“是丘也。召而来。”

仲尼至。曰：“丘！去汝躬矜与汝容知[5]，斯为君子矣。”

仲尼揖而退[6]，蹙(cù)然改容而问曰[7]：“业可得进乎[8]？”

老莱子曰：“夫不忍一世之伤，而骜万世之患[9]，抑固窭(jù)邪[10]，亡其略弗及邪？惠以

脯林酒池

夏桀，是有名的暴君。他树挂肉脯，地掘酒池，用七宝建造瑶台，金碧辉煌，在那里就只知道玩，连时日都忘了。“与其誉尧而非桀也，不如两忘而闭其所非誉”，意思就是说，夸尧舜禹好，说夏桀商纣不好，不如把他们的是非都忘掉。也就是说大的境界是把一切都淡忘掉，没有什么东西是一定好，也没有什么东西一定不好。

欢为骜[11]，终身之丑，中民之行进焉耳，相引以名[12]，相结以隐。与其誉尧而非桀，不如两忘而闭其所誉[13]。反无非伤也[14]，动无非邪也[15]。圣人踌躇以兴事[16]，以每成功[17]。奈何哉其载焉终矜尔！”

［注释］

①老莱子：人名。楚国的贤人、隐者。出薪：打柴。②人：指孔子。于彼：在那里。③末偻：背微曲。后耳：耳朵向后。④视：眼光，神情。营四海：经营天下。⑤去：抛弃。躬矜：自以为贤能的态度。容知：装得很有智慧的样子。⑥揖而退：作揖而后退。一种恭敬的表示。⑦蹙然：局促不安的样子。改容：改变的表情、态度。⑧业：指学道的事。进：提高。⑨骜：通“傲”，轻视。⑩窭：本指生活贫寒，这里指智力的贫乏。⑪惠以欢为：以欢为惠，以媚悦为施惠。⑫引：抬举。⑬两忘：忘誉尧与忘非桀。⑭反：指违反自然，总是闹矛盾。无非伤：必有损害。⑮动：不安不静。无非邪：必生邪恶。⑯踌躇：心无主意，从容随物的样子。⑰每：常常。

［译文］

老莱子的弟子出外打柴，遇上了孔丘，打柴归来告诉给老莱子，说：“有个人在那里，上身长下身短，伸颈曲背而且两耳后贴，眼光敏锐周遍四方，不知道他是姓什么的人。”

老莱子说：“这个人一定是孔丘。快去叫他来见我。”

孔丘来了，老莱子说：“孔丘，去掉你仪态上的矜持和容颜上的睿智之态，那就可以成为君子了。”

孔丘听了后谦恭地作揖而退，面容顿改心悸不安地问道：“我所追求的仁义之学可以修进并为世人所用吗？”

老莱子说：“不忍心一世的损伤却会留下使后世奔波不息的祸患，你是本来就孤陋蔽塞，还是才智赶不上呢？布施恩惠以博取欢心并因此自命不凡，这是终身的丑恶，是庸人的行为罢了，这样的人总是用名声来相互招引，用私利来相互勾结。与其称赞唐尧非议夏桀，不如两种情况都能遗忘而且堵住一切称誉。背逆事理与物性定会受到损伤，心性被搅乱就会邪念顿起。圣哲的人顺应事理稳妥行事，因而总是事成功就。你执意推行仁义而且以此自矜又将会怎么样呢？”

［原文］

宋元君夜半而梦人被发窥阿门[1]，曰：“予自宰路之渊[2]，予为清江使河伯之所[3]，渔者余且得予[4]。”

元君觉，使人占之[5]，曰：“此神龟也。”

鹈鹕

鹈鹕，水鸟，喜群居，捕食鱼类。亦称“伽蓝鸟”“淘河鸟”“塘鹅”。庄子说：“鱼不怕鱼网，而害怕鹈鹕。”说明摒弃小智慧，大智慧才能显著，除去小善行，自然的善性才能显现。

君曰：“渔者有余且乎？”

左右曰：“有。”

君曰：“令余且会朝⑥。”

明日，余且朝。君曰：“渔何得？”

对曰：“且之网得白龟焉，其圆五尺。”

君曰：“献若之龟。”

龟至，君再欲杀之，再欲活之，心疑，卜之，曰：“杀龟以卜，吉。”乃刳(kū)龟以卜七十二钻而无遗筴(cè)⑦。

仲尼曰：“神龟能见梦于元君⑧，而不能避余且之网；知能七十二钻而无遗筴，不能避刳肠之患。如是，则知有所困⑨，神有所不及也。虽有至知，万人谋之。鱼不畏网而畏鹈鹕(tí hú)⑩。去小知而大知明⑪，去善而自善矣。婴儿生无石师而能言⑫，与能言者处也⑬。”

［注释］

①被发：散发。窥：从小孔、缝隙或隐蔽处偷看。阿门：旁门。②宰路：渊名。③清江：江名。使：出使。河伯：河神。④渔者：打渔的人。余且：姓余，名且。⑤占：用蓍草、竹片等来测吉凶的迷信活动。⑥令：召。会朝：赴朝，拜见国君。⑦刳：剖开而挖空。七十二钻：钻了许多次。七十二，虚指，表示多。无遗筴：没有推算不准的，意即十分灵验。筴，算。⑧见梦：托梦。⑨困：局限。⑩鹈鹕：一种大鸟，又名伽蓝鸟，下颌底部有个皮囊，能伸缩，用来兜食鱼类。网是常用的大型捕鱼工具，比鹈鹕更能捕鱼，但鱼只怕鹈鹕而不懂得网的可怕，说明只知小害而不知大害。⑪小知：指常人狭隘的智慧。大知：指得道者的智慧，以无智为智。⑫石师：大师。⑬处：共同生活。

［译文］

宋元君半夜里梦见有人披散着头发在侧门旁窥视，说：“我来自名叫宰路的深渊，我作为清江的使者出使河伯的居所，渔夫余且捕捉了我。”

宋元君醒来，派人占卜，说：“这是一只神龟。”

宋元君问：“渔夫有名叫余且的吗？”

左右侍臣回答：“有。”

宋元君说：“叫余且来朝见我。”

第二天，余且来朝。宋元君问：“你捕捞到了什么？”余且回答：“我的网捕捉到一只白龟，周长五尺。”

宋元君说：“献出你捕获的白龟。”

白龟送到，宋元君一会儿想杀掉，一会儿又想养起来，心里正犯疑惑，卜问吉凶，说：“杀掉白龟用来占卜，一定大吉。”于是把白龟剖开挖空，用龟板占卜数十次推断起来也没有一点失误。

孔子知道后说：“神龟能显梦给宋元君，却不能避开余且的渔网；才智能占卜数十次也没有一点失误，却不能逃脱剖腹挖肠祸患。如此说来，才智也有困窘的时候，神灵也有考虑不到的地方。即使存在最高超的智慧，也匹敌不了万人的谋算。鱼儿即使不畏惧渔网却也会害怕鹈鹕。摒弃小聪明方才显示大智慧，除去矫饰的善行方才能使自己真正回到自然的善性。婴儿生下来没有高明的老师指教也能学会说话，只因为跟会说话的人自然相处。”

［原文］

惠子谓庄子曰[1]：“子言无用。”

庄子曰：“知无用而始可与言用矣。夫地非不广且大也，人之所用容足耳。然则厕足而垫之致黄泉[2]，人尚有用乎？”

惠子曰：“无用。”

庄子曰：“然则无用之为用也亦明矣。”

［注释］

①惠子：惠施，宋人，庄子朋友，名家代表人物。②厕足：置足。厕，通“侧”。垫：陷下，使之陷，犹下掘。

［译文］

惠子对庄子说：“你的言论没有用处。”

庄子说：“懂得没有用处方才能够跟他谈

春日远行

本文讲了无用的用处。人所使用的不过立足之地，但必须依靠没有踩着的地方才能远行。

论有用。大地不能不说是既广且大了，人所用的只是脚能踩踏的一小块罢了。既然如此，那么只留下脚踩踏的一小块其余全都挖掉，一直挖到黄泉，那人还有用吗？”

惠子说：“当然没有用处。”

庄子说：“如此说来，没有用处的用处也就很明白了。”

［原文］

庄子曰：“人有能游，且得不游乎？人而不能游，且得游乎？夫流遁(dùn)之志①，决绝之行②，噫，其非至知厚德之任与③！覆坠而不反④，火驰而不顾，虽相与为君臣，时也，易世而无以相贱。故曰至人不留行焉⑤。

“夫尊古而卑今，学者之流也。且以豨(xī)韦氏之流观今之世，夫孰能不波？唯至人乃能游于世而不僻，顺人而不失己⑥。彼教不学⑦，承意不彼。”

［注释］

①流遁：指逃避现实。②决绝：指与当政者决裂。③至知：最聪明。厚德：品德高尚。与：通“欤”。④覆坠：从上直跌下来。反：通“返”。⑤留行：固执于自己的所作所为。⑥不失己：不会丧失自己的本性。⑦彼教不学：他们作为教者不知学。彼，指学者，豨韦氏。

［译文］

庄子说：“人若能随心而游，那么难道还会不自适自乐吗？人假如不能随心而游，那么难道还能够自适自乐吗？流荡往返于外物的心思，矢志不渝弃世孤高的行为，唉，恐怕不是真知大德之人的所作所为吧！沉溺于世事而不知悔悟，心急如焚地追逐外物而不愿反顾，即使相互间有的为君有的为臣，也只是看作一时的机遇，时世变化后就没有谁会认为自己地位低下了。所以说道德修养极为高尚的人从不愿意在人生的旅途上有所滞留。

周亚夫

汉文帝慰勉将士到了细柳周亚夫军营时，必须凭节待传而进，在营中只能走路不能骑马。周亚夫只以军礼朝见皇帝并不下跪。周亚夫在七国之乱时挽救了西汉，官至宰相，但他生性耿直不懂进退之术，最后冤死狱中。本文讲了得失与变通。有作为就失掉了不作为的好处，无作为就失掉了有作为的好处，时代变了人们对同一件事的看法也变了，所以说“至人并不是滞塞不通的”。

"崇尚古代鄙薄当今，这是未能通达事理之人的观点。用豨韦氏之流的角度来观察当今的世事，谁又能不在心中引起波动？道德修养极为高尚的人方才能够混迹于世而不出现邪僻，顺随于众人之中却不会失却自己的真性。尊古卑今的见教不应学取，禀受其意也不必相互对立争辩不已。"

[原文]

目彻为明[1]，耳彻为聪，鼻彻为颤[2]，口彻为甘，心彻为知，知彻为德。凡道不欲壅[3]，壅则哽[4]，哽而不止则跈(jiàn)[5]，跈则众害生。物之有知者恃息[6]，其不殷，非天之罪。天之穿之[7]，日夜无降，人则顾塞其窦(dòu)[8]。胞有重阆(làng)[9]，心有天游。室无空虚，则妇姑勃豀(xī)[10]；心无天游，则六凿相攘[11]。大林丘山之善于人也，亦神者不胜。

[注释]

①彻：灵通。②颤：通"膻"，善辨别气味。③壅：堵塞。④哽：哽咽，哽塞。⑤跈：古同"践"。意思为践踏。⑥息：呼吸。⑦穿：通。⑧顾：反。窦：孔窍。⑨胞：胎胞。重阆：指胞衣内外都有空隙的地方。阆，空、旷。⑩勃豀：争吵，矛盾。⑪凿：窍。攘：排斥。

[译文]

眼光敏锐叫作明，耳朵灵敏叫作聪，鼻子灵敏叫作膻，口感灵敏叫作甘，心灵透彻叫作智，聪明贯达叫作德。大凡道德总不希望有所壅塞，壅塞就会出现梗阻，梗阻而不能排除就会出现相互践踏，相互践踏那么各种祸害就会随之而起。物类有知觉靠的是气息，假如气息不盛，那么绝不是自然禀赋的过失。自然的真性贯穿万物，日夜不停，可是人们却反而堵塞自身的孔窍。腹腔有许多空旷之处因而能容受五脏怀藏胎儿，内心虚空便会没有拘系地顺应自然而游乐。屋里没有虚空感，婆媳之间就会争吵不休；内心不能虚空而且游心于自然，那么六种官能就会出现纷扰。森林与山丘之所以适宜于人，也是因为人们的内心促狭、心神不爽。

[原文]

德溢乎名，名溢乎暴，谋稽乎諴(xián)[1]，知出乎争，柴生乎守[2]，官事果乎众宜[3]。

春雨日时，草木怒生，铫鎒于是乎始修[4]，草木之到植者过半而不知其然。

［注释］

①稽：合。谥：急迫。②柴：塞。守：固执。③果：结果，成功。众宜：与众人相适应。④铫鎒：除草的农具。

［译文］

德行的外溢是由于名声，名声的外溢是由于张扬，谋略的考究是由于危急，才智的运用是由于争斗，闭塞的出现是由于执滞，官府事务处理果决是由于顺应了民众。

春雨应时而降，草木勃然而生，锄地的农具开始整修，田地里杂草锄后再生超过半数，而人们往往并不知道为什么会这样。

［原文］

静然可以补病①，眦媙(zì miè)可以休老②，宁可以止遽(jù)。虽然，若是，劳者之务也，非佚者之所未尝过而问焉。圣人之所以駴天下③，神人未尝过而问焉；贤人所以駴世，圣人未尝过而问焉；君子所以駴国，贤人未尝过而问焉；小人所以合时④，君子未尝过而问焉。

［注释］

①补病：养病。②眦：上下眼睑接合的地方，即内外眼角。媙：通“搣”，按摩。③駴：通“骇”，惊动。④合时：顺应时令进行耕作等。

［译文］

沉静可以调养病体，摩摩擦擦可以延缓衰老，宁寂安定可以止息内心的急促。虽然如此，像这样，仍是操劳的人所务必要做到的，闲逸的人却从不予以过问。圣人用来惊骇天下的办法，神人不曾过问；贤人用来惊骇时世的办法，圣人不曾过问；君子用来惊骇国人的办法，贤人不曾过问；小人用来苟合于一时的办法，君子也不曾过问。

［原文］

演门有亲死者①，以善毁爵为官师②，其党人毁而死者半③。尧与许由天下，许由逃之；汤与务光，务光怒之，纪他闻之，帅弟子而踆(qūn)于窾(kuǎn)水④，诸侯吊之⑤，三年，申徒狄因以踣河⑥。

［注释］

①演门：宋城门名。②毁：毁容，指由于死了父母而悲伤得不成样子。爵：作动词，封爵。官师：一官之长，当时由中士或下士担任。③党人：乡里。党，乡党，古代五百家为党。毁而死：毁容而至死。④踆：通“蹲”。窾水：水名。⑤吊之：向他慰问。⑥申徒狄：人名，姓申徒，名狄，隐士。踣河：投河。踣，向前扑倒。

［译文］

东门口有个死了亲人的人，因为格外哀伤日渐消瘦而加官晋爵封为官师，他的同乡仿效他也消瘦毁容却死者过半。尧要禅让天下给许由，许由因而逃到箕山；商汤想把天下禅让给务光，务光大发脾气；纪他知道了这件事，率领弟子隐居在窾水一带，诸侯纷纷前往慰问，过了三年，申徒狄仰慕其名而投河自溺。

［原文］

quán

荃者所以在鱼①，得鱼而忘荃；蹄者所以在兔②，得兔而忘蹄；言者所以在意，得意而忘言。吾安得夫忘言之人而与之言哉！

［注释］

①荃：通“筌”，捕鱼工具。②蹄：一种装兔的工具，绳子绕成活套，放上食物，兔子来食时，踏中活套就被绑住。

［译文］

鱼篓是用来捕鱼的，捕到鱼后就忘掉了鱼篓；兔网是用来捕捉兔子的，捕到兔子后就忘掉了兔网；言语是用来传告思想的，领会了意思就忘掉了言语。我怎么能寻找到忘掉言语的人而跟他谈一谈呢！

题解

寓言即虚拟的寄寓于他人他物的言语。《庄子》阐述道理和主张，常假托于故事人物，寓言的方法正是《庄子》语言表达上的一大特色。

全文的主体部分讨论了“寓言”“重言”和“卮言”，指出宇宙万物从根本上说是齐一的、等同的，辨析事物的各种言论说到底是不符合客观事理的，要么不如忘言，要么随顺而言不留成见，日日变化更新。篇中借庄子之口评说孔子不再励志用心，指出再好的言论也不能使人心悦诚服。写曾参两次做官心情不一样，但都不能做到心无牵挂，所以还是不能摆脱外物的拘系。表述体悟大道的过程，指出这其间最为重要的是忘却死生。写影外微阴问影子变化不定的故事，指出无所依待才能随心而动。写老子对阳子居的批评以及阳子居的悔改，借此说明去除骄矜、容于众人，方才能真正做到修身养性。

寓言

[原文]

寓言十九[1]，重言十七[2]，卮(zhī)言日出[3]，和以天倪(ní)[4]。

寓言十九，藉外论之[5]。亲父不为其子媒。亲父誉之，不若非其父者也；非吾罪也，人之罪也。与己同则应[6]，不与己同则反；同于己为是之，异于己为非之。

重言十七，所以已言也，是为耆(qí)艾[7]。年先矣[8]，而无经纬本末以期年耆者[9]，是非先也。人而无以先人，无人道也；人而无人道[10]，是之谓陈人[11]。

卮言日出，和以天倪，因以曼衍[12]，所以穷年。不言则齐，齐与言不齐，言与齐不齐也，故曰无言。言无言，终身言，未尝言；终身不言，未尝不言。有自也而可[13]，有自也而不可；有自也而然，有自也而不然。恶乎然？然于然。恶乎不然，不然于不然。恶乎可？可于可，恶乎不可？不可于不可。物固有所然，物固有所可，无物不然，无物不可。非卮言日出[14]，和以天倪，孰得其久！万物皆种也[15]，以不同形相禅(shàn)[16]，始卒若环，莫得其伦[17]，是谓天均。天均者天倪也。

[注释]

①寓言十九：寄托寓意的言论占了十分之九。寓言，寄托他人说的话。②重言十七：借重先哲时贤的言论占了十分之七。③卮言：自然而无成见的，无心的言论。④天倪：自然。⑤藉：通“借”。外：他人。⑥应：赞同。⑦耆艾：指年长的人。耆，六十岁。艾，五十岁。⑧先：长。⑨经纬本末：合指道理。经纬，本指织品纵横的纹理。本末，头尾。期：待。⑩无人道：缺乏为人之道。⑪陈人：陈久之人，或陈腐无用的人。⑫曼衍：支漫推衍，犹今说穿插、发挥。⑬自：由，缘故。⑭日出：经济运用。⑮皆种：皆有种类。种，指万物的起源。⑯以不同形相禅：以不同的类型相传接。相禅，新陈代谢。⑰伦：端倪，事情的头绪。

[译文]

寄寓的言论十句有九句让人相信，引用前辈圣哲的言论十句有七句让人相信，随心表达、无有成见的言论天天变化更新，跟自然的区分相吻合。

寄寓之言十句有九句让人相信，是因为借助于客观事物的实际来进行论述。做父亲的不给自己的儿子做媒。做父亲的夸赞儿子，总不如别人来称赞显得真实可信；这不是做父亲的过错，是人们易于猜疑的过错。跟自己的看法相同就应和，跟自己的看法不同就反对；跟自己的看法一致就肯定，跟自己的看法不一致就否定。

引述前辈圣哲的言论十句有七句让人相信，是因为传告了前辈的论述，这些人都是年事已高的长者。年龄比别人大，却不能具备治世的本领和通晓事理的端绪而符合长者的厚德，这样的人就不能算是前辈长者。一个人如果没有什么先于他人的长处，也就缺乏做人之道；一个人如果缺乏做人之道，这就称作陈腐无用的人。随心表达、无有成见的言论天天变化更新，跟自然的区分相互吻合，因循无尽的变化与发展，因此能持久延年。

不用说话事物的常理自然齐一，原本齐一的自然之理跟分辨事物的言论相比就不可能等同齐一了，既然言论跟客观齐一的自然之理不能谐和一致，所以虽然有话可说却不如不说。说出跟自然常理不能谐和一致的话就如同没有说话，终身在说话，也像是不曾说过话；而终身不说话，也未尝不是在说话。总是有所原由方才认可，也总是有所原由而不予认可；总是有所原由方才肯定，也总是有所原由而否定。怎么算是正确的？正确的就在于是正确的。怎样算是不正确的？不正确的就在于是不正确的。怎样才可以肯定？肯定就在于它可以肯定。怎样才应当否定？否定就在于它应当否定。万物原本就有它正确的方面，万物原本就有它可以肯定的方面，没有什么物类不存在正确的方面，没有什么物类不存在应当肯定的方面。如果不是随心表达、无有成见的言论天天变化更新，跟自然的区分相互吻合，什么言论能够维持长久？万物都有一个共同的起源，却用不同的形态相互替代，开始和终了就像在循环往返，没有谁能够掌握其间的规律，这就称作自然的均衡。自然的均衡也就是常说的自然的分际。

[原文]

庄子谓惠子曰：“孔子行年六十而六十化，始时所是①，

韦编三绝

孔子学习极为勤奋。孔子晚年喜欢读《易》，反来复去的阅读，以至于连穿竹简的皮条都断了多次。孔子说："再给我几年时间研究《易》，就可以没有过错了。"

卒而非之，未知今之所谓是之非五十九非也。"

惠子曰："孔子勤志服知也②。"

庄子曰："孔子谢之矣③，而其未之尝言④。孔子云：'夫受才乎大本，复灵以生⑤。鸣而当律，言而当法，利义陈乎前，而好恶是非直服人之口而已矣。使人乃以心服，而不敢蘁(wù)立⑥，定天下之定。'已乎已乎！吾且不得及彼乎⑦！"

[注释]

①所是：所认为是对的。②勤志：努力实现自己的志愿。服知：运用心智。服，用。③谢之：改了那种态度。谢，辞去。之，指勤志服知。④未之尝言：未尝之言，不要再说三道四。⑤复灵：复得天地之灵气。⑥蘁：违忤，不顺从。⑦彼：指得道无为而可以令人心服的人。

[译文]

庄子对惠子说："孔子活了六十岁而六十年来随年变化与日俱新，当初所肯定的，最终又作了否定，不知道现今所认为是对的不就是五十九岁时所认为是不对的。"

惠子说："孔子勤于励志用心学习。"

庄子说："孔子励志用心的精神已经大为减退，你不必再妄自评说。孔子说过：'禀受才智于自然，回复灵性以全生。'如今发出的声音合于乐律，说出的话语合于法度。如果将利与义同时陈列于人们的面前，进而分辨好恶与是非，这仅仅只能使人口服罢了。要使人们能够内心诚服，而且不敢有丝毫违逆，还得确立天下的定规。算了算了，我还比不上他呢！"

[原文]

曾子再仕而心再化①，曰："吾及亲仕②，三釜而心乐③；后仕④，三千钟而不洎⑤，吾心悲。"

弟子问于仲尼曰：“若参者，可谓无所县其罪乎[6]？”

曰：“既已县矣。夫无所县者，可以有哀乎？彼视三釜三千钟，如观雀蚊虻相过乎前也。”

［注释］

①仕：做官。化：变。②及亲：能养父母。③三釜：属当时较低的俸禄。釜，古代量器，流行于东周时的齐国。六斗四升为釜。④后：指双亲死后。⑤三千钟：说明官爵甚高。钟，古代量器，六斛四斗为一钟。不洎：指不能养亲。洎，及。⑥县其罪：受其罪。指受利禄的牵制。县，通“悬”，系。

［译文］

曾参第二次出来做官内心感情较前一次又有了变化，说：“我当年做官双亲在世，三釜微薄的俸禄也令人感到快乐；自那以后再次做官，三千钟的丰厚俸禄也赶不上赡养双亲了，所以我心里很悲伤。”

孔子的弟子问孔子：“像曾参这样至孝的人，可以说是没有牵挂俸禄的过错吧？”

孔子说：“曾参的心思已经跟俸禄联系起来了。如果内心没有牵挂，会出现悲伤的感情吗？对待俸禄心无所系的人他们看待三釜乃至三千钟，就像是看待雀儿和蚊虻从眼前飞过一样。”

［原文］

颜成子游谓东郭子綦(qí)曰：“自吾闻子之言，一年而野[1]，二年而从[2]，三年而通[3]，四年而物[4]，五年而来[5]，六年而鬼入[6]，七年而天成[7]，八年而不知死，不知生，九年而大妙[8]。”

［注释］

①野：不文雅，指抛弃世俗的规矩礼节。②从：顺从，不固执。③通：通“达”，指与外物没有矛盾。④物：物化，即与物不分彼此。⑤来：使物（包括人）来归附。⑥鬼入：神化。⑦天成：合于自然。⑧大妙：指领悟了大道的微妙。

［译文］

颜成子游对东郭子綦说：“自从我听了你的谈话，一年之后就返归质朴，两年之后就顺从世俗，三年豁然贯通，四年与物混同，五年神情自得，六年领会神悟，七年融于自然，八年就忘却生死，九年之后便达到了玄妙的境界。”

［原文］

生有为，死也。劝公：以其死也，有自也；而生阳也，无自也。而果然乎？恶乎其所适？恶乎其所不适？天有历数[①]，地有人据[②]，吾恶乎求之？莫知其所终，若之何其无命也？莫知其所始，若之何其有命也？有以相应也[③]，若之何其无鬼邪？无以相应也，若之何其有鬼邪？

［注释］

①历数：寒暑春秋。②人据：人所占据，指邦国地域。③相应：相感应，如相梦见等。

［译文］

生前驰逐外物恣意妄为，必然要走向死亡，劝诫人们事事求取平正。生命的终结，有它一定的原因；可是生命的产生却是感于阳气，并没有什么显明的迹象。你果真能够这样认识人的生与死吗？那么生与死何处算是适宜？又何处不算适宜呢？天有日月星辰和节气的变化，地有人们居住区域和寓所的划分，我又去哪里追求什么呢？没有人能够真正懂得生命的归向与终了，怎么能说没有命运安排？没有人能够真正懂得生命的起始与形成，又怎么能说存在命运的安排？有时候可以跟外物形成相应的感召，怎么能说没有鬼神主使呢？有时候又不能跟外物形成相应的感召，又怎么能说是存在鬼神的驱遣呢？

［原文］

众罔两问于景曰[①]：“若向也俯而今也仰，向也括撮（cuō）而今也被发[②]，向也坐而今也起，向也行而今也止，何也？”

景曰：“搜搜也[③]，奚稍问也[④]！予有而不知其所以[⑤]。予，蜩（tiáo）甲也[⑥]，蛇蜕也，似之而非也。火与日，吾屯也；阴与夜，吾代也[⑦]。彼吾所以有待邪？而况乎以无有待者乎！彼来则我与之来，彼，往则我与之往，彼强阳则我与之强阳[⑧]。强阳者又何以有问乎！”

［注释］

①罔两：影外暗影。景：通“影”。②括撮：束结，指把头发束结起来。③搜搜：运动的样子。④奚稍问：哪里值得问。⑤所以：原因。⑥蜩甲：蝉蜕的皮。以

蝉蜕和蛇蜕来比喻自己。蝉蜕像蝉，蛇蜕像蛇，影子像人。虽然像，但却不是真的。⑦代：谢，消失。⑧强阳：徜徉活动，运动的样子。

[译文]

影外的微阴向影子问道：“你先前低着头现在仰起头，先前束着发髻现在披着头发，先前坐着现在站起，先前行走现在停下来，这是什么原因呢？”

影子回答：“我就是这样地随意运动，有什么可问的呢？我如此行止自己也不知道为什么会是这样。我，就如同寒蝉蜕下来的壳、蛇蜕下来的皮，跟那本体事物的相似却又不是那事物本身。火与阳光，使我聚合而显明；阴与黑夜，使我得以隐息。可是有形的物体真就是我赖以存在的凭借吗？何况是没有任何依待的事物呢！有形的物体到来我便随之到来，有形的物体离去我也随之离去，有形的物体徘徊不定我就随之不停地运动。变化不定的事物有什么可问的呢？”

[原文]

阳子居南之沛①，老聃西游于秦，邀于郊，至于梁而遇老子。老子中道仰天而叹曰②：“始以汝为可教，今不可也。”

阳子居不答。至舍③，进盥(guàn)漱巾栉(zhì)④，脱屦(jù)户外，膝行而前曰⑤：“向者弟子欲请夫子，夫子行不闲，是以不敢。今闲矣，请问其过。”

老子曰：“而睢(suī)睢盱(xū)盱⑥，而谁与居？大白若辱⑦，盛德若不足⑧。”

阳子居蹴(cù)然变容曰⑨：“敬闻命矣！”

其往也⑩，舍者迎将⑪，其家公执席⑫，妻执巾栉⑬，舍者避席⑭，炀者避灶⑮。其反也⑯，

自结履系

晋文公率部队与楚军作战。行军走到黄凤陵时，晋文公鞋带松了，便自己动手系了鞋带。“大白若辱，盛德若不足”，意思是“真正清白的人，不自以为清白，反而觉得好像有污点似的；真正盛德的人，不自以为德高，反而觉得欠缺了什么似的”。晋文公位居高位不以为位高反而自结履系，深得人心。

舍者与之争席矣。

［注释］

①阳子居：姓杨，名朱，字子居。之：往。沛：今徐州。②中道：途中。③舍：旅舍。④盥漱：引申为洗手漱口的用具。盥：洗手器。漱：漱口。巾栉：洗脸梳头的用具。栉，梳。⑤膝行：跪着行。⑥睢睢：仰目。盱盱：张目。都是一种傲慢的神态。⑦大白：非常清白。辱：污秽。⑧盛德：道德高尚。⑨蹴然：恭敬的样子。变容：改变态度。⑩其往也：当阳子居刚来到旅社时。其，指代阳子居。⑪舍者：指旅舍主人。将：奉，侍候。⑫公：旅舍的男主人。⑬妻：指旅店的女主人。执巾栉：亲手拿着毛巾、梳子服侍盥洗。⑭舍者：旅客。⑮炀：炊，烧饭。⑯反：通“返”。

［译文］

阳子居往南到沛地去，正巧老聃到西边的秦地闲游，阳子居估计将在沛地的郊野遇上老聃，可是到了梁城方才见上面。老子在半路上仰天长叹说：“当初我把你看作是可以教诲的人，如今看来你是不可受教的。”

阳子居一句话也没说。到了旅店，阳子居进上各种盥洗用具，把鞋子脱在门外，双腿跪着上前说道：“刚才弟子正想请教先生，正赶上先生旅途中没有空闲，所以不敢贸然启齿。如今先生闲暇下来，恳请先生指出我的过错。”

老聃说：“你仰头张目傲慢跋扈，你还能够跟谁相处？过于洁白的好像总会觉得有什么污垢，德行最为高尚的好像总会觉得有什么不足之处。”

阳子居听了脸色大变羞惭不安地说：“弟子由衷地接受先生的教导。”

阳子居刚来旅店的时候，店里的客人都得迎来送往，那个旅舍的男主人亲自为他安排坐席，女主人亲手拿着毛巾梳子侍候他盥洗，旅客们见了他都得让出座位，烤火的人见了也就远离火边。等到他离开旅店的时候，旅店的客人已经跟他无拘无束争席而坐了。

题解

篇名中所谓的“让王”。意思是禅让王位。由于主客观原因，篇中人物在“不当王”这一点上立场不同程度地一致，就是“让王”。篇文着意于阐述重生，提倡不因外物妨碍生命的思想。

《让王》篇提出的是一个很重要的人生哲学问题，即在一个人的生命自由与他外在的现实利害之间，究竟哪一个更加重要？文中特别是把批判的矛头直接指向了以王为中心的现实世界秩序，指出了在个体自由与现实政治秩序之间存在着无法解除的根本的矛盾关系，这才是我们特别重视这篇一般人并不看重的文章的根源。政治与自由、财富与精神、现实与审美，不可兼得，这就是生逢乱世而又性情孤高的庄子所获得的人生觉悟。好像是怕人们对此不能真正重视起来，在文章快要结束的时候，他还讲了两个非常激烈的故事，一个是舜以天下让其友北人无择，结果无择“自投清冷之渊”，一个是汤让瞀光，瞀光“乃负石而自沉于庐水”。表现出“宁为‘人’死，不为‘王’全”的态度。它的潜台词犹如西方的一句格言“不自由，毋宁死”。对于庄子的《让王》篇来说，在对个体具压抑、阉割意味的现实政治和他与生俱来的自由意志之间，在中国古代的哲人中，从来没有谁像《让王》篇一样，把它们不可并存的激烈矛盾如此空前紧张地表达出来。也可以这样看待它与庄子思想整体的关系：如果说，庄子“内篇”主要是以抽象方式讲述“什么是自由”的概念，那么《让王》篇则以最尖锐的方式指出了现实世界中不自由的根源，这正是庄子心目中的高人们对“王”唯恐躲避不及，甚至于以死相抗争的原因。

让王

[原文]

尧以天下让许由，许由不受。又让于子州支父[1]，子州支父曰：“以我为天子，犹之可也。虽然，我适有幽忧之病[2]，方且治之，未暇治天下也[3]。”夫天下至重也，而不以害其生[4]，又况他物乎！唯无以天下为者，可以托天下也。

舜让天下于子州支伯。子州支伯曰：“予适有幽忧之病，方且治之，未暇治天下也。”故天下大器也[5]，而不以易生[6]，此有道者之所以异乎俗者也。

舜以天下让善卷[7]，善卷曰：“余立于宇宙之中，冬日衣皮毛，夏日衣葛绨(chī)[8]；春耕种，形足以劳动；秋收敛，身足以休息；日出而作，日入而息，逍遥于天地之间而心意

巢父

巢父，上古传说中的一位有德之士，也是一位拒绝接受帝尧禅让的人。帝尧十分敬重巢父的才德，想把帝位禅让于他。巢父不愿做官，就悄悄地跑到颍河岸边，在一棵大树上筑巢而居，巢父的名字也因此而得。

自得。吾何以天下为哉！悲夫，子之不知余也！”遂不受。于是去而入深山，莫知其处。

舜以天下让其友石户之农[9]，石户之农曰：“捲(quán)捲乎后之为人[10]，葆力之士也[11]！”以舜之德为未至也，于是夫负妻戴[12]，携子以入于海[13]，终身不反也。

［注释］

①子州支父：人名，姓子州，字支父，亦即下文的支伯。②适：刚刚。幽忧：隐忧。病：患。③未暇：没有闲暇。④生：通“性”。⑤大器：贵重器物。⑥易生：牺牲自己的心性。易，改换，改变。⑦善卷：人名，姓善，名卷，隐者。⑧絺：较精细的葛布。⑨石户：地名。⑩捲捲：用力的样子。后：君，对舜的称呼。⑪葆力：勤力。⑫负：背。戴：用头顶顶东西。⑬入于海：指隐居海上。

［译文］

尧把天下让给许由，许由不接受。又让给子州支父，子州支父说：“让我来做天子，那还是可以的。不过，我正患有很深、很顽固的病症，正打算认真治一治，没有空闲时间来治天下。”统治天下是地位最高、权力最重的了，却不能因此而妨碍自己的生命，更何况是其他的一般事物呢？只有忘却天下而无所作为的人，方才可以把统治天下的重任托付给他。

舜让天下给子州支伯，子州支伯说：“我正患有很深很顽固的病症，正打算认真治一治，没有多余时间来治理天下。”由此可见，天下应当是最为贵重的东西了，可是却不能用它来替换生命，这就是怀道的人对待天下跟世俗大不一样的原因。

舜又把天下让给善卷，善卷说：“我处在宇宙之中，冬天披柔软的皮毛，夏天穿细细的葛布；春天耕地下种，形躯能够承受这样的劳作；秋天收割贮藏，自身完全能够满足给养；太阳升起时就下地干活儿，太阳下山了就返家安息，无拘无束地生活在天地之间而心中的快意只有我自身能够领受。我又哪里用得着去统治天下呢！可悲啊，你不了解我！”也就没有接受。于是善卷离开了家而隐入深山，再没有人能够知道他的住处。

舜再把天下让给他的朋友石户地方的一位农夫，这位石户的农夫说：“君后的为人实在是尽心尽力了，真是个勤苦劳累的人！”他认为舜的德行还未能达到最高的境界，于是夫妻二人背的背、扛的扛，带着子女逃到海上的荒岛，终身不再返回。

［原文］

大王亶（dǎn）父居邠（bīn）[1]，狄人攻之[2]；事之以皮帛而不受[3]，事之以犬马而不受，事之以珠玉而不受，狄人之所求者土地也。大王亶父曰：“与人之兄居而杀其弟，与人之父居而杀其子，吾不忍也。子皆勉居矣[4]！为吾臣与为狄人臣奚以异！且吾闻之，不以所用养害所养[5]。”因杖筴（cè）而去之[6]。民相连而从之，遂成国于岐山之下[7]。夫大王亶父，可谓能尊生矣[8]。能尊生者，虽贵富不以养伤身[9]，虽贫贱不以利累形[10]。今世之人居高官尊爵者，皆重失之[11]，见利轻亡其身[12]，岂不惑哉！

［注释］

①大王亶父：又称古公亶父，是周文王的祖父，周民族强大的奠基者。邠：又作豳，在今陕西省彬县。②狄人：北方的一个少数民族。③事：侍奉，这里指奉送。④子：对所属臣民的称呼。勉居：好好地居住下去。⑤所用养：依赖它来养活的东西，指土地。所养，指臣民。⑥杖筴：执鞭。筴，同“策”，马鞭。⑦岐山：在今陕西岐山东北六十里。今名箭括岭。⑧尊生：珍重性命。⑨养：作名词用，赖以供养的，指土地与人民。⑩累形：拖累了形体。⑪重失之：把失掉高官尊爵的事看得非常重要。之，指高官尊爵。⑫轻：轻易地。

［译文］

大王亶父居住在邠地，狄人常来侵扰，敬献兽皮和布帛狄人不愿意接受，敬献猎犬和宝马狄人也不愿意接受，敬献珠宝和玉器狄人仍不愿意接受，狄人所希望得到的是占有邠地的土地。大王亶父说：“跟别人的兄长住在一起却杀死他的弟弟，跟别人的父亲住在一起却杀死他的子女，我不忍心这样做。你们都去和狄人勉力居住在一块儿吧！做我的臣民跟做狄人的臣民有什么不同！而且我还听说，不要为争夺用以养生的土地而伤害养育的人民。”于是拄着拐杖离开了邠地。邠地的百姓人连着人、车连着车跟随他，于是在岐山之下建立起一个新的都城。大王亶父，可以说是最能看重生命的了。能够珍视生命的人，即使富贵也不会贪恋俸养而伤害身体，即使贫贱同样也不会追逐私利而拘累形躯。当今世上的人们居于高官显位的，都时时担忧失去它们，见到利禄就轻率地为之贴上了自己的性命，这难道不很迷惑吗？

［原文］

越人三世弑(shì)其君①，王子搜患之，逃乎丹穴②。而越国无君，求王子搜不得，从之丹穴。王子搜不肯出，越人薰之以艾③。乘以王舆④。王子搜援绥登车⑤，仰天而呼曰："君乎！君乎！独不可以舍我乎！"王子搜非恶为君也，恶为君之患也。若王子搜者，可谓不以国伤生矣，此固越人之所欲得为君也。

［注释］

①越人三世弑其君：指越王翳被他的儿子杀掉，越人又把他的儿子杀掉，立无余为国君，无余又被杀掉，立无颛为国君。②丹穴：南山洞。③薰之以艾：烧艾烟熏丹穴，迫王子搜出。④王舆：国君坐的车子。⑤援：拉。绥：上车时拉的绳子。

［译文］

越人先后三代杀掉自己的国君，王子搜对此十分忧患，逃到荒山野洞里去。越国没有了君主，到处找寻王子搜都没能找到，便追踪来到洞穴。王子搜不肯出洞，越人便点燃艾草用烟熏洞，还为他准备了国王的乘舆。王子搜拉过登车的绳索，仰天大呼说："国君之位啊，国君之位啊，就是不能够放过我啊！"王子搜并不是讨厌做国君，而是憎恶做了国君难免会招来杀身的祸患。像王子搜这样的人，可说是不因为国君之位而伤害自己生命的了，这必定就是越人一心想要让他做国君的缘故。

［原文］

韩魏相与争侵地。子华子见昭僖(xī)侯①，昭僖侯有忧色②。子华子曰："今使天下书铭于君之前③，书之言曰：'左手攫(jué)之则右手废④，右手攫之则左手废，然而攫之者必有天下。'君能攫之乎？"

昭僖侯曰："寡人不攫也。"

子华子曰："甚善！自是观之，两臂重于天下也，身亦重于两臂。韩之轻于天下亦远矣，今之所争者⑤，其轻于韩又远。君固愁身伤生以忧戚不得也⑥！"

僖侯曰："善哉！教寡人者众矣，未尝得闻此言也。"子华子可谓知轻重矣。

[注释]

①昭僖侯：韩国的国君。②有忧色：担心战败。③铭：契约。④攫：取。废：指斩去。⑤所争者：只是韩与魏相接邻的部分地区。⑥固：乃。不得：指得不到所争之地。

[译文]

韩国和魏国相互争夺边界上的土地。华子拜见昭僖侯，昭僖侯正面带忧色。华子说："如今让天下所有人都来到你面前书写铭记，书写的言词说：'左手抓取东西那么右手就砍掉，右手抓取东西那么左手就砍掉，不过抓取东西的人一定会拥有天下。'君侯会抓取吗？"

昭僖侯说："我是不会去抓取的。"

华子说："很好！由此观之，两只手臂比天下更为重要，而人的自身又比两只手臂重要。韩国比起整个天下实在是微不足道的了，如今两国所争夺的土地，比起韩国来又更是微不足道的了。你又何苦愁坏身体、损害生命而担忧得不到那边界上的弹丸之地呢！"

昭僖侯说："好啊！劝我的人很多很多了，却不曾听到过如此高明的言论。"华子真可说是懂得谁轻谁重的了。

[原文]

鲁君闻颜阖得道之人也①，使人以币先焉。颜阖守陋闾②，苴布之衣而自饭牛③。鲁君之使者至，颜阖自对之④。使者曰："此颜阖之家与？"颜阖对曰："此阖之家也。"使者致币，颜阖对曰："恐听谬而遗使者罪，不若审之⑤。"使者还，反审之，复来求之，则不得已⑥。故若颜阖者，真恶富贵也。

故曰，道之真以治身，其绪余以为国家⑦，其土苴以治天下⑧。由此观之，帝王之功，

道学清修

王冕家贫，自幼放牛，好学如痴。他的好学精神感动了韩性，韩性就教他读书、画画。后来王冕学识远近闻名。著作郎李孝光欲推荐王冕，却遭到拒绝。王冕认为："吾有田有书可读，安肯抱案备奴使哉？"庄子在文中说："今世俗之君子，多危身弃生以殉物，岂不悲哉！"意为不要抛弃生命，危害身体，追逐外物。

圣人之余事也，非所以完身养生也。今世俗之君子，多危身弃生以殉物[9]，岂不悲哉！

凡圣人之动作也，必察其所以之与其所以为。今且有人于此，以随侯之珠弹千仞之雀[10]，世必笑之。是何也？则其所用者重而所要者轻也。夫生者，岂特随侯珠之重哉！

[注释]

①鲁君：一说指鲁定公，一说指鲁哀公。其实作者并无确指。颜阖：人名，鲁国隐者。②守：居。陋闾：穷巷。③苴：本指大麻的雌株，此处泛指麻。饭：喂。④对：应对，接待。⑤审：审核。之：指鲁君命令的内容。⑥不得已：找不到颜阖了。已，通“矣”。⑦绪余：残余。⑧土苴：粪土。苴，通“渣”。⑨殉物：指追逐权势名利。⑩随侯之珠：古代名珠，被随国国君所得，故名。

[译文]

鲁国国君听说颜阖是一个得道的人，派出使者先行送去聘礼表达敬慕之意。颜阖居住在极为狭窄的巷子里，穿着粗麻布衣而且亲自喂牛。鲁君的使者来到颜阖家，颜阖亲自接待了他。使者问：“这里是颜阖的家吗？”颜阖回答：“这里就是颜阖的家。”使者送上礼物，颜阖巧妙地说：“恐怕听话的人听错了而给使者带来过失，不如回去再仔细问个明白。”使者返回，查问清楚了，再次来找颜阖，却再也找不到了。像颜阖这样的人，真正是厌恶富贵的。

所以，大道的真谛可以用来养身，大道的剩余可以用来治理国家，而大道的糟粕才用来统治天下。由此观之，帝王的功业，只不过是圣人余剩的事，不是可以用来保全身形、修养心性的。如今世俗所说的君子，大多危害身体、弃置禀性而一味地追逐身外之物，这难道不可悲吗！

大凡圣人有所动作，必定要仔细地审察他所追求的方式以及他所行动的原因。如今却有这样的人，用珍贵的随侯之珠去弹打飞得很高很高的麻雀，世上的人们一定会笑话他，这是为什么呢？乃是因为他所使用的东西实在贵重而所希望得到的东西实在微不足道。至于说到生命，难道只有随侯之珠那么珍贵吗！

[原文]

子列子穷，容貌有饥色。客有言之于郑子阳者曰[1]：“列御寇，盖有道之士也，居君之国而穷，君无乃为不好士乎[2]？”郑子阳即令官遗之粟[3]。子列子见使者，再拜而辞[4]。

使者去，子列子入，其妻望之而拊(fǔ)心曰[5]：“妾闻为有

道者之妻子，皆得佚乐⑥，今有饥色。君过而遗先生食⑦，先生不受，岂不命邪！”

子列子笑谓之曰：“君非自知我也。以人之言而遗我粟，至其罪我也又且以人之言⑧，此吾所以不受也。”其卒，民果作难而杀子阳。

[注释]

①子阳：当时任郑相。②好士：重视人才。③遗：送。④辞：辞谢不受。⑤拊心：表示愤惋。拊，拍、击。⑥佚乐：悠闲快乐。佚，通“逸”。⑦过：遇。有过问、关心的意思。⑧以：因，根据。

[译文]

列子生活贫困，面容常有饥色。有人对郑国的上卿子阳说起这件事：“列御寇，是一位有道的人，居住在你治理的国家却是如此贫困，你恐怕不喜欢贤达的士人吧？”子阳立即派官吏送给列子米粟。列子见到派来的官吏，再三辞谢不接受子阳的赐予。

官吏离去后，列子进到屋里，列子的妻子埋怨他并且拍着胸脯伤心地说：“我听说作为有道的人的妻子儿女，都能够享尽逸乐，可是如今我们却面有饥色。郑相子阳瞧得起先生方才会把食物赠送给先生，可是先生却拒不接受，这难道不是命里注定要忍饥挨饿吗！”

列子笑着对她说：“郑相子阳并不是亲自了解了我。他因为别人的谈论而派人赠予我米粟，等到他想加罪于我时必定仍会凭借别人的谈论，这就是我不愿接他赠予的原因。”后来，百姓果真发难而杀死了子阳。

[原文]

楚昭王失国①，屠羊说走而从于昭王②。昭王反国，将赏从者，及屠羊说③。屠羊说曰：“大王失国，说失屠羊④；大王反国，说亦反屠羊。臣之爵禄已复矣⑤，又何赏之有哉！”

王曰：“强之⑥！”

屠羊说曰：“大王失国，非臣之罪，故不敢伏其诛⑦；大王反国，非臣之功，故不敢当其赏。”

王曰：“见之⑧！”

屠羊说曰：“楚国之法，必有重赏大功而后得见，今臣

之知不足以存国，而勇不足以死寇[9]。吴军入郢，说畏难而避寇，非故随大王也[10]。今大王欲废法毁约而见说[11]，此非臣之所以闻于天下也。”

王谓司马子綦(qí)曰[12]：“屠羊说居处卑贱而陈义甚高[13]，子其为我延之以三旌(jīng)之位[14]。”

屠羊说曰：“夫三旌之位，吾知其贵于屠羊之肆也；万钟之禄，吾知其富于屠羊之利也；然岂可以贪爵禄而使吾君有妄施之名乎[15]！说不敢当，愿复反吾屠羊之肆[16]。”遂不受也。

[注释]

①楚昭王：名轸，平王的儿子，公元前515年立国。失国：失去国土，指吴伐楚，楚昭王逃到随、郑。②说：屠羊者的名。③及：赏到。④失屠羊：因亡国而丧失了屠羊的工作。⑤臣之爵禄：指屠羊。复：恢复。⑥强之：强令他受赏。⑦不敢：是不愿意的一种卑谦的说法。伏其诛：甘心受处杀。⑧见之：把他引见。⑨死寇：消灭敌人。⑩故：有心。⑪废法毁约：指不按法律条约处理。⑫司马子綦：楚国的将军，名司马子綦。又作司马子其。⑬陈义：说理。⑭延：引而上进，犹今说提拔。三旌：犹三命。一命而士，二命而大夫，三命而卿。三旌之位即卿位。⑮妄施：指不按法令规定而赐爵禄。⑯复：再。反：恢复。

[译文]

楚昭王丧失了国土，屠羊说跟随他在外逃亡。昭王返回楚国，打算赏赐跟随他逃亡的人，赏赐到屠羊说，屠羊说说：“当年大王丧失了国土，我也失去了屠宰羊牲的职业；大王返归楚国，我也就得以重操旧业。我从业的报酬已经得到恢复，又何必赏赐什么！”

昭王说：“强令接受奖赏！”

屠羊说说：“大王失去楚国，不是为臣的过失，所以我不愿坐以待毙伏法受诛；大王返归楚国，也不是为臣的功劳，所以我也不该接受赏赐。”

楚昭王说：“那么我就接见他！”

屠羊说又说：“按照楚国的法令，必定有大功的人重赏后方才能够得到接见的礼遇，现在我的才智不足以使国家得到保全而勇力又不足以使敌寇受到歼灭。吴军攻入郢都，我畏惧危难而躲避敌寇，并不是有心追随大王在外逃亡。如今大王意欲弃置法令和制度来接见我，这不是我所希望传闻天下的办法。”

楚昭王对司马子綦说：“屠羊说身处卑贱而陈述的道理却很深刻，你还是替我用三卿之位来延请他。”

屠羊说知道后说：“三卿的高位，我知道比起屠宰羊牲的作坊实在是高贵得多；优厚的俸禄，我也知道比起屠宰羊牲的报酬实在是丰厚得多；然而，怎么可以贪图高官厚禄而使国君蒙受胡乱施舍的坏名声呢！我不敢接受公卿之位，一心想回到屠宰羊牲的作坊。”于是拒不接受封赏。

［原文］

原宪居鲁①，环堵之室②，茨以生草③，蓬户不完④，桑以为枢⑤；而瓮牖(yǒu)二室⑥，褐以为塞；上漏下湿，匡坐而弦⑦。

子贡乘大马⑧，中绀(gàn)而表素⑨，轩车不容巷⑩，往见原宪。原宪华冠縰(xǐ)履⑪，杖藜而应门⑫。

子贡曰：“嘻！先生何病？”

原宪应之曰：“宪闻之，无财谓之贫，学道而不能行谓之病。今宪，贫也，非病也。”

子贡逡(qūn)巡而有愧色⑬。

原宪笑曰：“夫希世而行⑭，比周而友，学以为人，教以为己，仁义之慝(tè)⑮，舆马之饰，宪不忍为也。”

［注释］

①原宪：人名，字子思，孔子的弟子。②环堵：四周各一丈。一丈之墙称为堵。③茨：用草盖屋。生草：青草。④蓬户：用蓬草织成的门户。不完：不完整。⑤桑：桑条。枢：门轴。⑥瓮牖：简陋的窗户。二室：把室分隔为两部分，夫妻各一室。⑦匡：正。弦：奏乐而歌。⑧子贡：人名，名赐，孔子的弟子。⑨中绀：里边穿青红色衣服。表素：外面穿白色衣服。⑩轩车：大夫以上所乘的车。⑪华冠：以桦木皮做的帽子。縰履：无跟的鞋。⑫应门：应声开门。⑬逡巡：进退不得，进也不是退也不是。⑭希世而行：观望社会风向而行事。希，通“睎”，

原宪

原宪，字子思，孔子弟子。出身贫寒，个性狷介，一生安贫乐道，不肯与世俗合流。

望。⑮慝：邪恶。

［译文］

原宪住在鲁国，家居方丈小屋，盖着新割下的茅草；蓬草编成的门四处透亮，折断桑条作为门轴，用破瓮做窗隔出两个居室，再将粗布衣堵在破瓮口上；屋子上漏下湿，而原宪却端端正正地坐着弹琴唱歌。

子贡驾着高头大马，穿着暗红色的内衣外罩素雅的大褂，小小的巷子容不下这高大华贵的马车，前去看望原宪。原宪戴着裂开口子的帽子穿着破了后跟的鞋，拄着藜杖应声开门，

子贡说："哎呀！先生得了什么病吗？"

原宪回答："我听说，没有财物叫作贫，学习了却不能付诸实践叫作病。如今我原宪，是贫困，而不是生病。"

子贡听了退后数步面有羞愧之色。

原宪又笑着说："迎合世俗而行事，比附周旋而交朋结友，勤奋学习用以求取别人的夸赞，注重教诲是为了炫耀自己，用仁义作为奸恶勾当的掩护，讲求高车大马的华贵装饰，我原宪是不愿去做的。"

［原文］

曾子居卫，缊(yùn)袍无表①，颜色肿哙(kuài)②，手足胼胝(pián zhī)③。三日不举火④，十年不制衣，正冠而缨绝，捉衿而肘见，纳屦(jù)而踵决⑤。曳縰而歌《商颂》⑥，声满天地，若出金石。天子不得臣，诸侯不得友。故养志者忘形，养形者忘利，致道者忘心矣。

［注释］

①缊袍：用乱麻来做絮的袍子。无表：没有罩衫。②肿哙：肿而带有病色。③胼胝：手脚因劳动摩擦而生出来的老茧。④不举火：不举烟火，不做饭。⑤纳屦：穿鞋。踵决：鞋跟裂开。⑥曳縰：拖拉着鞋。《商颂》：《诗经》中的一部分，属贵族歌颂祖宗功德的作品。古时可以唱，并且各部分表现不同的感情："宽而静、柔而正者，宜歌颂……肆直而慈爱者，宜歌商。"

［译文］

曾子居住在卫国，用乱麻作为絮里的袍子已经破破烂烂，满脸浮肿，手和脚都磨出了厚厚的老茧。他已经三天没有生火做饭，十年没有添制新衣，正一正帽子帽带就会断掉，提一提衣襟臂肘就会外露，穿一穿鞋子鞋后跟就会裂开。他还拖着散乱的发带吟咏《商颂》，声音洪亮充满天地，就像用金属和石料做成的乐器发出的声响。天子不能把他看作是臣仆，诸侯不能跟他结交成朋友。所以，修养心志的人能够忘却形骸，调养

身形的人能够忘却利禄，得道的人能够忘却心机与才智。

[原文]

孔子谓颜回曰：“回，来！家贫居卑[1]，胡不仕乎？”

颜回对曰：“不愿仕。回有郭外之田五十亩，足以给馇(zhān)粥[2]；郭内之田十亩，足以为丝麻；鼓琴足以自娱，所学夫子之道者足以自乐也。回不愿仕。”

孔子愀(qiǎo)然变容曰[3]：“善哉回之意！丘闻之，‘知足者不以利自累也，审自得者失之而不惧[4]，行修于内者无位而不怍(zuò)[5]。’丘诵之久矣，今于回而后见之，是丘之得也[6]。”

[注释]

①居卑：所处的地位卑下。②给：供给。馇：稠粥。稠的叫馇，稀的叫粥。③愀然：表情改变的样子。④审自得者：对于自己的得失看得很清楚的人。审，明察。⑤行修于内者：进行内心修养的人。位：指官爵。怍：惭愧。⑥得：收获。

[译文]

孔子对颜回说：“颜回，你过来！你家境贫寒居处卑微，为什么不外出做官呢？”

颜回回答说：“我无心做官，城郭之外我有五十亩地，足以供给我食粮；城郭之内我有十亩地，足够用来种麻养蚕；拨动琴弦足以使我欢娱，学习先生所教给的道理足以使我快乐。因此我不愿做官。”

孔子听了深受感动改变面容说：“实在好啊，颜回的心愿！我听说：‘知道满足的人不会因为利禄而使自己受到拘累，真正安闲自得的人明知失去了什么也不会畏缩焦虑，注意内心修养的人没有什么官职也不会因此惭愧。’我吟咏这样的话已经很久很久了，如今在你身上才算真正看到了它，这也是我的一点收获呢。”

[原文]

中山公子牟谓瞻(zhān)子曰[1]：“身在江海之上，心居乎魏阙之下[2]，奈何？”

瞻子曰：“重生[3]。重生则轻利。”

中山公子牟曰：“虽知之，未能自胜也[4]。”

瞻子曰：“不能自胜则从[5]，神无恶乎？不能自胜而强不从者，此之谓重伤。重伤之人，无寿类矣[6]。”

刘玄英

刘玄英，号海蟾子。曾在燕主刘守光手下为相。一天有个道士来访。道人唤刘玄英取来十只鸡蛋和一枚金钱，道人把钱摆在桌子上，将十只鸡蛋累叠于钱上。道人说："荣禄之场危如累卵。"说罢拂袖而去。

魏牟，万乘之公子也[7]，其隐岩穴也，难为于布衣之士[8]；虽未至乎道，可谓有其意矣！

［注释］

①中山公子牟：魏公子，名牟，封地中山，故名中山公子牟，即《秋水》篇的魏牟。瞻子：魏人。②魏阙：巍然高大的宫门，代指宫廷。③重生：尊生，把性命看作最重要。④自胜：自我克制。⑤从：听任，随便。⑥无寿类：属于不能长寿之列。⑦万乘：本为天子之称，战国时诸侯大国也称万乘。⑧难为：虽然很难却做了。

［译文］

中山公子牟对瞻子说："我虽身居江湖之上，心思却时常留在宫廷里，怎么办呢？"

瞻子说："这就需要看重生命。重视生命的存在也就会看轻名利。"

中山公子牟说："虽然我也知道这个道理，可是总不能抑制住自己的感情。"

瞻子说："不能约束自己的感情也就听其自然放任不羁，这样你的心神会不厌恶对于宫廷生活的眷念吗？不能自己管束自己而又要勉强地管束自己，这就叫作双重损伤。心神受到双重损伤的人，就不会是寿延长久的人了。"

魏牟，是大国的公子，他隐居在山岩洞穴中，比起平民百姓来这就难为得多了；虽然未能达到体悟大道的境界，也可说是有了体悟大道的心愿了。

［原文］

孔子穷于陈、蔡之间[1]，七日不火食，藜(lí)羹不糁(sǎn)[2]，颜色甚惫，而犹弦歌于室。颜回择菜于外，子路、子贡相与言曰："夫子再逐于鲁，削迹于卫，伐树于宋，穷于商、周，围于陈、蔡，杀夫子者无罪，藉夫子者无禁[3]。弦歌鼓琴，未尝绝音，君子之无耻也若此乎？"

颜回无以应，入告孔子。孔子推琴喟(kuì)然而叹曰："由与赐[4]，细人也[5]。召而来，吾语之。"

子路、子贡入。子路曰：“如此者可谓穷矣！”

孔子曰：“是何言也！君子通于道之谓通，穷于道之谓穷。今丘抱仁义之道以遭乱世之患，其何穷之为！故内省而不穷于道[6]，临难而不失其德，天寒既至，霜露既降，吾是以知松柏之茂也。陈、蔡之隘[7]，于丘其幸乎！”

孔子削然反琴而弦歌[8]，子路扢(qì)然执干而舞[9]。

子贡曰：“吾不知天之高也，地之下也。”

古之得道者，穷亦乐，通亦乐。所乐非穷通也，道德于此，则穷通为寒暑风雨之序矣[10]。故许由娱于颍阳，而共伯得志乎共首[11]。

［注释］

①穷：困。陈蔡：陈国蔡国。②藜：野菜。糁：米粒。③藉：凌藉，欺负。无禁：没有被禁止。④由：子由，即子路。赐：子贡。⑤细人：见识狭小的人。⑥内省：反省，自我检查。不穷于道：对仁义之道还是坚持。穷，绝。⑦隘：险。⑧削：拉琴的动作声。反琴：原把琴推开，现再拿回来，故称反琴。⑨扢然：威武的样子。⑩寒暑风雨之序：比喻一种自然的变化，是十分平常的事。序，变化程序。⑪共伯：共伯和，食封于共而得名。西周末年，厉王被放逐，诸侯立共伯和为天子，在位一十四年，宣王立时共伯退回共丘山。

［译文］

孔子在陈、蔡之间遭受困厄，七天不能生火做饭，野菜汤里没有一粒米屑，脸色疲惫，可是还在屋里不停地弹琴唱歌。颜回在室外择菜，子路和子贡相互谈论：“先生两次被赶出鲁国，在卫国遭受铲削足迹的污辱，在宋国受到砍掉大树的羞辱，在商、周后裔居住的地方弄得走投无路，如今在陈、蔡之间又陷入如此困厄的境地，图谋杀害先生的没有治罪，凌辱先生的没有禁阻，可是先生还不停地弹琴吟唱，不曾中断过乐声，君子不懂得羞辱竟达到这样的地步吗？”

颜回没有办法回答，进入内室告诉给孔子。孔子推开琴弦长长地叹息说：“子路和子贡，真是见识浅薄的人。叫他们进来，我有话对他们说。”

子路和子贡进到屋里。子路说：“像现在这样的处境真可以说是走投无路了！”

孔子说：“这是什么话！君子通达于道叫作一以贯通，不能通达于道叫作走投无路。如今我信守仁义之道而遭逢乱世带来的祸患，怎么能说成是走投无路！所以说，善于反省就不会不通达于道，面临危难就不会丧失德行，严寒已经到来，霜雪降临大地，我这才真正看到了松柏仍是那么郁郁葱葱。陈、蔡之间的困厄，对于我来说恐怕还是一件幸事啊！”

孔子说完后安详地拿过琴来随着琴声阵阵歌咏，子路兴奋而又勇武地拿着盾牌跳起舞来。

子贡说："我真不知道先生是如此高洁，而我却是那么的浅薄啊！"

古时候得道的人，困厄的环境里也能快乐，通达的情况下也能快乐。心境快乐的原因不在于困厄与通达，道德存留于心中，那么困厄与通达都像是寒与暑、风与雨那样有规律地变化。所以，许由能够在颍水的北岸求得欢娱而共伯则在共首之山悠游自得地生活。

［原文］

舜以天下让其友北人无择[1]，北人无择曰："异哉！后之为人也[2]，居于畎(quǎn)亩之中而游于尧之门[3]！不若是而已[4]，又欲以其辱行漫我[5]。吾羞见之。"因自投清泠之渊。

［注释］

①北人无择：人名，姓北人，名无择。②后：君后。③畎亩：田间。畎，田中水沟。游于尧之门：指即帝位。④若：但，不如。是：如此，这。已：止。⑤辱行：可耻的行为。漫：玷污。

讵贪为宝

宋人林积进京赶考在投宿的客栈拣到有珍珠的布囊。林积告诉店主朋友如果失主回来找，就让他到京师上痒贯道斋找林积。失主找到林积后用珍珠酬谢。林积不以钱财为意，拒而不受。文中北人无择不以天下为意甚至觉得有害，故宁死不受君位。

［译文］

舜把天下让给他的朋友北人无择，北人无择说："真奇怪啊！舜的为人，本在历山之麓从事农耕，却要结识唐尧并且接受禅让！不仅接受了禅让而且没有就到此为止，又想要用那样的丑行来玷污我。我见到他真是感到羞辱。"于是跳入名叫清泠的深渊而死去。

［原文］

汤将伐桀，因卞随而谋[1]，卞随曰："非吾事也。"

汤曰："孰可？"

曰："吾不知也。"

汤又因瞀(mào)光而谋：瞀光曰："非吾事也。"

汤曰："孰可？"

曰："吾不知也。"

汤曰：“伊尹如何？”

曰：“强力忍垢②，吾不知其他也。”

汤遂与伊尹谋伐桀，剋(kè)之③，以让卞随。卞随辞曰：“后之伐桀也谋乎我，必以我为贼也④；胜桀而让我，必以我为贪也。吾生乎乱世，而无道之人再来漫我以其辱行⑤，吾不忍数闻也⑥。”乃自投稠水而死⑦。

汤又让瞀光曰：“知者谋之⑧，武者遂之⑨，仁者居之⑩，古之道也。吾子胡不立乎？”

瞀光辞曰：“废上⑪，非义也；杀民，非仁也；人犯其难，我享其利，非廉也。吾闻之曰，非其义者，不受其禄，无道之世，不践其土。况尊我乎⑫！吾不忍久见也。”乃负石而自沉于庐水⑬。

［注释］

①因：通过。卞随：人名，姓卞，名随，当时的隐者。②强力：自勉顽强。忍垢：忍受耻辱。③剋：通“克”，胜。④贼：残忍。⑤无道之人：指汤。⑥数：屡次。闻：搅扰。⑦稠水：在颍川。⑧知：通“智”。之：指伐桀。⑨遂：完成，指完成所谋划的事。⑩居之：指居天子位。⑪废上：指汤放逐桀。⑫尊我：指推崇为天子。⑬庐水：庐江，在今辽宁境内。

［译文］

商汤打算讨伐夏桀，拿这事跟卞随商量，卞随说：“这不是我该做的事。”

商汤问：“谁才可以呢？”

卞随回答：“我不知道。”

商汤又拿这件事跟瞀光商量，瞀光说：“这不是我该做的事。”

商汤问：“谁才可以呢？”

瞀光回答：“我不知道。”

商汤说：“伊尹怎么样？”

瞀光说：“伊尹这个人毅力坚强而且能够忍受耻辱，至于其他方面我便不知道了。”

商汤于是跟伊尹商量讨伐夏桀的事，打败桀王之后，商汤又想把天下让给卞随。卞随推辞说：“君后讨伐夏桀曾经跟我商量，必定是把我看作凶残的人；战胜桀王之后想要禅让天下给我，必定是把我看作贪婪的人。我生活在天下大乱的年代，而且不明大道的人两次用他的丑行玷污我，我不能忍受如此频仍的言谈。”就自己跳入涧水而死去。

商汤又打算禅让给瞀光，说：“智慧的人谋划夺取天下，勇武的人继而加以完成，仁德的人居于统治之位，这是自古以来的道理。先生怎么不居于其位呢？”

瞀光推辞说：“废除了自己的国君，不合于道义；征战杀伐，不合于仁爱；别人冒着危难，我却坐享其利，不合于廉洁。我听说这样的话：不合乎道义的人，不能接受他赐予的利禄；不合乎大道的社会，不能踏上那样的土地。何况是让我尊称为帝呢！我不忍长久地见到这种情况。”竟背着石块沉入庐水而死。

［原文］

昔周之兴①，有士二人处于孤竹②，曰伯夷、叔齐③。二人相谓曰：“吾闻西方有人，似有道者④，试往观焉。”至于岐阳，武王闻之，使叔旦往见之⑤，与之盟曰：“加富二等⑥，就官一列⑦。”血牲而埋之。

二人相视而笑曰⑧：“嘻，异哉！此非吾所谓道也。昔者神农之有天下也，时祀(sì)尽敬而不祈喜⑨；其于人也，忠信尽治而无求焉⑩。乐与政为政，乐与治为治，不以人之坏自成也，不以人之卑自高也⑪，不以遭时自利也⑫。今周见殷之乱而遽为政⑬，上谋而下行货⑭，阻兵而保威⑮，割牲而盟以为信，扬行以说众⑯，杀伐以要利，是推乱以易暴也⑰。吾闻古之士，遭治世不避其任，遇乱世不为苟存。今天下暗⑱，周德衰，其并乎周以涂吾身也⑲，不如避之以洁吾行⑳。”二子北至于首阳之山，遂饿而死焉。若伯夷、叔齐者，其于富贵也，苟可得已，则必不赖。高节戾行㉑，独乐其志，不事于世㉒，此二士之节也。

［注释］

①昔：过去。周：周朝。②孤竹：商代国名，在今辽宁境内。③伯夷、叔齐：孤竹君的两个儿子。④似有道者：指周文王。⑤叔旦：周武王的弟弟周公旦。⑥富：俸禄。⑦就：任。一列：一位。⑧二人：指伯夷、叔齐。⑨时祀：四时的祭祀。尽敬：竭尽虔诚。祈：求。喜：通“禧”，福。⑩尽治：尽心办理。无求：不求报答。⑪卑：低下。自高：抬高自己。⑫遭时：遇到时机。自利：自谋私利。⑬为政：整顿政治。⑭上谋：注重策划。上，通“尚”。行货：做买卖，指用爵禄收买人。⑮阻兵：凭靠武力。阻，恃。保威：保持威势。⑯扬行：宣扬自己的作为。说众：取悦于众。说，通“悦”。⑰推乱：行乱，造成混乱。易暴：换了另一种残暴。意

即以暴易暴。⑱暗：昏暗。⑲其：与其。并：立。周：指周朝社会。涂：玷污。⑳洁：作使动用法。㉑高节戾行：行为节气都显得不平凡。㉒事：用。

[译文]

当年周朝兴起的时候，孤竹国有两位贤人，名叫伯夷和叔齐。两人相互商量："听说西方有个人，好像是有道的人，我们前去看看。"他们来到岐山的南面，周武王知道了，派他的弟弟旦前去拜见，并且跟他们结下誓盟，说："增加俸禄二等，授予一等官职。"然后用牲血涂抹在盟书上埋入地下。

伯夷叔齐二人相视而笑说："咦，真是奇怪啊！这不是我们所谈论的道。从前神农氏治理天下，按时祭祀竭尽虔诚而不祈求赐福；他对于百姓，忠实诚信尽心治理而不向他们索取。乐于参与政事就让他们参与政事，乐于从事治理就让他们从事治理，不趁别人的危难而自取成功，不因别人地位卑下而自以为高贵，不因遭逢机遇而图谋私利。如今周人看见殷商政局动荡就急速夺取统治天下的权力，崇尚谋略收买臣属，依靠武力保持威慑，宰牲结盟表示诚信，宣扬德行取悦众人，凭借征战求取私利，这是用推动祸乱的办法替代已有的暴政。我听说上古的贤士，遭逢治世不回避责任，遇上乱世不苟且偷生。如今天下昏暗，周人如此做法说明德行已经衰败，与其跟周人在一起而使自身受到污辱，不如逃离他们保持品行的高洁。"两人向北来到了首阳山，终于不食周粟而饿死在那里。像伯夷、叔齐这样的人，他们对于富贵，假如真有机会得到，那也决不会去获取。高尚的气节和不同流俗的行为，自适自乐，而不追逐于世事，这就是二位贤士的节操。

题解

盗跖是春秋末期人，姓柳，因居住于柳下屯（今山东西部），故称为柳跖。据《史记》载，就是这个作恶多端的盗匪，却得到了善终，本篇以人物之名为篇名。《盗跖》的中心是抨击儒家观点的虚伪性和欺骗性，主张返归原始，顺其自然。

本篇写了三个寓言故事，分为三大部分。第一部分写盗跖与孔子的对话，通过盗跖之口揭露了社会的黑暗，批判儒家伦理道德的实质是贵贱无等，造成了天下之至害。并用先王之治的乱伦之例驳斥了宣扬圣士之治的一些观点，这对儒墨的尊先王的思想都是严厉地批判。从中可以看出儒墨显学之争，也可以看出庄子作为道家与儒墨学派思想观点的不同。第二部分写子张和满苟得的对话，通过其间的辩论更进一步揭示出儒家说教的虚伪性，是篇从各个方面着力破除“君子”与“小人”、圣人与俗人的区别，断定各种身份的人之间在遵循“无为”的原则面前都是一致的。是篇的“反徇而天”，意指返归人的贪婪欲望本性，这是庄子后学“情性”观的一个表达。第三部分写无足和知和的对话，一个尊崇权势与富有，一个反对贪求、抨击权贵，通过其间的讨论进一步明确提出“不以美害生”“不以事害己”的主张。是篇所提出的“无以为”具有特殊重要的思想史意义。《盗跖》篇的作者在道家理论的基本思路上实现了“无为”理论的转变，替“无为而无不为”的思想的出现铺平了道路。

本篇历来被认为是伪作，或认为是后学者所为。通观全篇，第一部分与二、三部分的语言风格也很不一样，第一部分一气呵成，直陈胸臆，淋漓尽致，不拖泥带水，与《庄子》内篇离奇婉曲的风格迥异；二、三部分又晦涩不畅，显得十分费解。

盗跖

［原文］

孔子与柳下季为友①，柳下季之弟，名曰盗跖(zhí)②。盗跖从卒九千人③，横行天下，侵暴诸侯，穴室枢(shū)户④，驱人牛马，取人妇女，贪得忘亲，不顾父母兄弟，不祭先祖。所过之邑，大国守城，小国入保⑤，万民苦之⑥。

孔子谓柳下季曰：“夫为人父者，必能诏(zhào)其子⑦；为人兄者，必能教其弟。若父不能诏其子，兄不能教其弟，则无贵父子兄弟之亲矣。今先生，世之才士也，弟为盗跖，为天下害，而弗能教也，丘窃为先生羞之。丘请为先生往说之⑧。”

柳下季曰：“先生言为人父者必能诏其子，为人兄者必能教其弟，若子不听父之诏，弟不受兄之教，虽今先生之辩[9]，将奈之何哉！且跖之为人也，心如涌泉[10]，意如飘风[11]，强足以距敌，辩足以饰非，顺其心则喜，逆其心则怒，易辱人以言[12]。先生必无往。”

孔子不听，颜回为驭[13]，子贡为右，往见盗跖。盗跖乃方休卒徒于太山之阳[14]，脍(kuài)人肝而铺(bū)之[15]。孔子下车而前，见谒者曰[16]：“鲁人孔丘，闻将军高义[17]，敬再拜谒者。”

谒者入通[18]，盗跖闻之大怒，目如明星，发上指冠[19]，曰：“此夫鲁国之巧伪人孔丘非邪[20]？为我告之：‘尔作言造语，妄称文、武，冠枝木之冠[21]，带死牛之胁[22]，多辞缪说[23]，不耕而食，不织而衣，摇唇鼓舌，擅生是非[24]，以迷天下之主，使天下学士不反其本[25]，妄作孝弟而侥幸于封侯富贵者也[26]。子之罪大极重[27]，疾走归[28]！不然，我将以子肝益昼铺之膳[29]！’”

孔子复通曰：“丘得幸于季，愿望履幕下[30]。”

谒者复通，盗跖曰：“使来前！”

孔子趋而进，避席反走[31]，再拜盗跖。盗跖大怒，两展其足，案剑瞋目，声如乳虎[32]，曰：“丘来前！若所言，顺吾意则生，逆吾心则死。”

孔子曰：“丘闻之，凡天下人有三德：生而长大[33]，美好无

柳下惠

柳下惠被认为是遵守中国传统道德的典范，他“坐怀不乱”的故事为中国历代广所传颂。《孟子》中说“柳下惠，圣之和者也”，所以他也有“和圣”之称。

双，少长贵贱见而皆说之[34]，此上德也；知维天地[35]，能辩诸物[36]，此中德也；勇悍果敢，聚众率兵，此下德也。凡人有此一德者，足以南面称孤矣[37]。今将军兼此三者，身长八尺二寸，面目有光，唇如激丹[38]，齿如齐贝[39]，音中黄钟[40]，而名曰盗跖，丘窃为将军耻不取焉[41]。将军有意听臣[42]，臣请南使吴、越，北使齐、鲁，东使宋、卫[43]，西使晋、楚，使为将军造大城数百里，立数十万户之邑[44]，尊将军为诸侯，与天下更始[45]，罢兵休卒，收养昆弟[46]，共祭先祖[47]。此圣人才士之行，而天下之愿也。”

盗跖大怒曰：“丘来前！夫可规以利而可谏以言者[48]，皆愚陋恒民之谓耳[49]。今长大美好，人见而悦之者，此吾父母之遗德也[50]。丘虽不吾誉，吾独不自知邪？且吾闻之，好面誉人者[51]，亦好背而毁之[52]。今丘告我以大城众民，是欲规我以利而恒民畜我也[53]，安可久长也！城之大者，莫大乎天下矣。尧、舜有天下，子孙无置锥之地[54]；汤、武立为天子，而后世绝灭[55]；非以其利大故邪[56]？

“且吾闻之，古者禽兽多而人少，于是民皆巢居以避之，昼拾橡栗[57]，暮栖木上，故命之曰有巢氏之民。古者民不知衣服，夏多积薪，冬则炀(yáng)之[58]，故命之曰知生之民。神农之世，卧则居居，起则于于[59]，民知其母，不知其父[60]，与麋(mí)鹿共处，耕而食，织而衣，无有相害之心，此至德之隆也[61]。然而黄帝不能致德[62]，与蚩尤战于涿鹿之野[63]，流血百里。尧、舜作[64]，立群臣[65]，汤放其主[66]，武王杀纣[67]。自是以后，以强陵弱，以众暴寡[68]。汤、武以来，皆乱人之徒也。

“今子修文、武之道[69]，掌天下之辩[70]，以教后世，缝衣浅带[71]，矫言伪行[72]，以迷惑天下之主，而欲求富贵焉，盗莫大于子。天下何故不谓子为盗丘，而乃谓我盗跖？子以

甘辞说子路而使从之[73]，使子路去其危冠，解其长剑，而受教于子[74]，天下皆曰孔丘能止暴禁非[75]。其卒之也[76]，子路欲杀卫君而事不成，身菹（zū）于卫东门之上[77]，子教路菹此患，上无以为身，下无以为人，是子教之不至也[78]。子自谓才士圣人邪？则再逐于鲁，削迹于卫，穷于齐[79]，围于陈、蔡，不容身于天下。子之道岂足贵邪？

“世之所高[80]，莫若黄帝，黄帝尚不能全德[81]，而战涿鹿之野，流血百里。尧不慈[82]，舜不孝[83]，禹偏枯[84]，汤放其主，武王伐纣，文王拘羑（yǒu）里[85]。此六子者[86]，世之所高也，孰论之[87]，皆以利惑其真而强反其情性[88]，其行乃甚可羞也。

“世之所谓贤士，莫若伯夷、叔齐。伯夷、叔齐辞孤竹之君，而饿死于首阳之山，骨肉不葬。鲍焦饰行非世[89]，抱木而死。申徒狄谏而不听，负石自投于河，为鱼鳖所食。介子推至忠也，自割其股以食文公[90]，文公后背之[91]，子推怒而去，抱木而燔（fán）死。尾生与女子期于梁下[92]，女子不来，水至不去，抱梁柱而死。此六子者，无异于磔（zhé）犬、流豕、操瓢而乞者[93]，皆离名轻死[94]，不念本养寿命者也。

“世之所谓忠臣者，莫若王子比干、伍子胥。子胥沉江，比干剖心，此二子者，世谓忠臣也，然卒为天下笑。自上观之[95]，至于子胥比干，皆不足贵也。

“丘之所以说我者，若告我以鬼事，则我不能知也[96]；若告我以人事者，不过此矣[97]，皆吾所闻知也。

“今吾告子以人之情，目欲视色，耳欲听声，口欲察味，志气欲盈[98]。人上寿百岁，中寿八十，下寿六十，除病瘐、死丧、忧患[99]，其中开口而笑者，一月之中不过四五日而已矣。天与地无穷，人死者有时，操有时之具而托于无穷之间[100]，忽然无异骐骥之驰过隙也。不能说其志意，养其寿命

者，皆非通道者也。

“丘之所言，皆吾之所弃也，亟(jí)去走归[101]，无复言之！子之道，狂狂汲汲[102]，诈巧虚伪事也，非可以全真也[103]，奚足论哉！”

孔子再拜趋走，出门上车，执辔三失[104]，目芒然无见[105]，色若死灰，据轼低头[106]，不能出气[107]。归到鲁东门外，适遇柳下季。柳下季曰：“今者阙然数日不见[108]，车马有行色[109]，得微往见跖邪[110]？”

孔子仰天而叹曰：“然。”

柳下季曰：“跖得无逆汝意若前乎[111]？”

孔子曰：“然。丘所谓无病而自灸也[112]，疾走料虎头[113]，编虎须，几不免虎口哉！”

［注释］

①柳下季：人名，姓展，名获，字禽，鲁国的大夫，封地于柳下而称柳下季，谥号惠，亦称柳下惠。②盗跖：春秋末、战国初的一位人民起义领袖。③从卒：跟随跖的起义者。④穴：作动词，穿破。室枢户：室之枢户。枢，门轴。⑤入保：进入小城守备。保，通“堡”，小城。⑥“万民”句：实质上只苦在统治阶级而并非万民。这句暴露了作者反起义的立场。⑦诏：教导。⑧说之：说服盗跖。⑨辩：善辩，口才。⑩涌泉：水向上冒。形容心血横流。⑪“意如”句：意气风发。飘风，暴风。⑫“易辱”句：轻易地用语言侮辱人，即骂人。⑬驭：同“御”，驾驭，驾车。⑭休卒徒：叫士兵休息。太山：泰山。阳：山之南。⑮脍：细切的肉。铺：食。⑯谒者：官名，掌管传达使命。亦指接待的人。⑰将军：对跖的称呼。高义：高尚的义气。⑱入通：进去向跖报告。⑲“目如”二句：眼睛像明星一样炯炯有光，头发竖起来把帽子都撑住。⑳此夫：这个。巧伪：狡猾虚伪。㉑“冠枝木”句：前“冠”作动词，戴。后冠为帽子。形容帽子上的装饰品像树枝一样。㉒胁：身体两边肋骨之后。皮带多用牛的胁皮做，故称之为死牛之胁。㉓多辞：啰啰嗦嗦。缪说：胡言乱语。缪，通“谬”。㉔“擅生”句：专门造谣生非。擅，专。㉕反：通“返”。本：本性。㉖侥幸：希望获得意外成功。㉗罪大极重：罪大而当重重诛罚。极，借为殛，诛也。㉘疾：快。㉙益：增加。膳：饭食，膳食。㉚望履幕下：在帐幕之下望见你的鞋子，意即望见足下。㉛避席：离开所到席位。反走：退步而走。㉜乳虎：哺乳期间的雌虎。㉝长大：高大。㉞说：通“悦”。㉟维天地：形容知识广博。维，包罗。㊱辩：通“辨”，分析。诸物：各种事物。㊲南面称孤：做国君。因为国君接

见臣下时南向而坐，自称为孤。㊳激丹：鲜红的丹砂。激，明。㊴齐贝：整齐的珠子。贝，珠。㊵中：合。黄钟：六律中比较宏亮的音调。㊶窃：暗暗。耻：感到羞耻。不取：指不选择做盗跖的道路。㊷臣：孔子自称。㊸“北使”二句：跖时在泰山之阳，说齐鲁在北、宋卫在东，是不切合实际方向的。㊹“使为”二句：按周朝的制度，规定王城方围九里。㊺与天下更始：与天下的潮流相一致。更始，除旧布新，变更，变化。㊻昆弟：指兄和弟，包括近、远房的弟兄。㊼共：通“供”。㊽规：劝。㊾恒民：亦作“顺民”，常人。㊿遗德：遗传的品性。51面誉：当面说好话。52背：背后。毁：诋毁。53畜：养，对待。54“尧舜”二句：尧、舜时代属原始社会，没有私有财产，没有后世的世袭制，自然他们的子孙都没有继承什么，史书上也没有任何记载。55“汤武”二句：商王朝早已过去，周室也已经衰微，故称“绝灭”。汤，商汤王。武，周武王。56“非以”句：说明占有利益太多就会被人谋算。57橡栗：橡子，栎树的果实，可充饥。58炀：焚烧，烧火取暖。59于于：混混沌沌的样子。60“民知”二句：那时是母系社会，故知母不知父。61至德之隆：最高尚的道德。隆，盛。62致德：做到至德。63蚩尤：人名，古代部落酋长。涿鹿：地名。在今河北涿州市。64作：指称帝。65立群臣：设立百官。这只是传说。尧、舜时没有国家，那时的首领不同于后代的君臣。66汤放其主：商汤王起兵讨伐夏桀王，桀流窜于南巢，如同流放，故云。67武王杀纣：周武王伐商纣王，纣烧死在鹿台。68暴：残害。69文武之道：周文王、武王的政治礼制。70辩：舆论。71缝衣：宽大而长的儒服。缝，通“逢”。72矫言伪行：言行造作虚伪。73甘辞：一作“甘言”，甜言蜜语。74“使子路”三句：子路初见孔子时，戴着很高的帽子，佩着长剑，对孔子很粗暴，而孔子以礼义教育了他，使他顺从自己，脱了高帽，除掉长剑。危，高。75止暴禁非：禁止残暴、错误的行为。76卒：后来，结果。77“子路”二句：卫君指蒯聩。原来卫灵公赶走了蒯聩，立公子辄为继承人。灵公死后，辄立为卫君，蒯聩从晋国回去作乱，并强迫卫大夫孔悝协助自己。子路当时是孔悝的家臣，想把孔悝救出而攻打蒯聩，结果被蒯聩指挥人夹攻打死。菹，剁成肉酱。78教：令，使得。不至：不成功。79穷于齐：鲁乱，孔子跑到齐国去，做高昭子的家臣，被齐景公所认识。80高：推崇。81全德：指具有完美的道德。82尧不慈：传说尧杀长子考监明。83舜不孝：舜不能服侍父母，而且没有禀告父母就结婚。这些都是以奴隶、封建社会的道德标准去看尧、舜的表现。尧、舜时代根本没有孝慈等观念。84偏枯：亦作“半枯”，偏瘫，半身不遂。过分劳苦，指禹为治水而奔波。85“文王”句：羑里，殷代监狱名，在今河南的牖城。商纣王无道，周文王为之感叹，后被崇侯告状，于是纣王把他抓起来关在羑里。86六子：尧、舜、禹、汤、文、武。87孰论：认真说来。孰，通“熟”。88惑：迷惑。其真：他们的本性。反：违背。情性：指所谓天然的本性。89饰行：粉饰自己的所为，意即装作清高。非世：不满当时社会。90食：给人东西吃。91文公：晋文公。背之：忘恩负义。92尾生：人名。期：约会。梁：桥。93磔犬：被抛弃在野外的死狗。流豕：漂流在江河里的死猪。操瓢而乞：拿着瓢讨饭。94离名：被追求名声的思想所蒙蔽。离，通“罹”。95自上观之：从上述黄帝等十二人看来。96不能知：表示不信鬼神。97此：指上述历史上的各种人物、事件。98盈：

充沛。⑲瘐：病的意思。⑳操：掌握。有时之具：指人的形体。无穷之间：指天地。㉑亟：急。㉒汲汲：急于追求的样子。㉓全真：保养天真的本性。㉔执辔三失：三次拿马缰绳都拿不稳。辔，驾驭牲口的缰绳。㉕芒：通“茫”。㉖据轼：扶靠着车前横木。据，依靠。轼，车前横木。㉗不能出气：说明紧张得连气都喘不过来。㉘今者：近来。阙：缺，不在。㉙有行色：有点像走过路的样子。㉚得微：莫非。微，无。㉛若前：如我前面所说的那样。㉜病自灸：说明无端生事找苦吃。㉝疾走：急忙跑去。料：通“撩”，挑弄。

［译文］

孔子跟柳下季是朋友，柳下季的弟弟名叫盗跖。盗跖的部下有九千人，横行天下，侵扰各国诸侯；穿室破门，掠夺牛马，抢劫妇女；贪财妄亲，全不顾及父母兄弟，也不祭祀祖先。他所经过的地方，大国避守城池，小国退入城堡，百姓被他弄得很苦。

孔子对柳下季说：“大凡做父母的，必定能告诫自己的子女，做兄长的，必定能教育自己的弟弟。假如做父亲的不能告诫自己的子女，做兄长的不能教育自己的兄弟，那么父子、兄弟之间的亲密关系也就没有什么可贵的了。如今先生你，是当世的贤士，然而兄弟却被叫作盗跖，成为天下的祸害，而且不能加以管教，我私下里替先生感到羞愧。我愿意替你前去说服他。”

伍子胥剑赠渔父

世人所称道的忠臣，没有超过比干和伍子胥的了。伍子胥被抛尸江中，比干被剖心而死，这两个人，世人都称作忠臣，然而最终被天下人讥笑。从上述事实看来，直到伍子胥、王子比干之流，都是不值得推崇的。

柳下季说：“先生谈到做父亲的必定能告诫自己的子女，做兄长的必定能教育自己的弟弟，假如子女不听从父亲的告诫，兄弟不接受兄长的教育，即使像先生今天这样能言善辩，又能拿他怎么样呢？而且盗跖的为人，思想活跃犹如喷涌的泉水，感情变化就像骤起的暴风，勇武强悍足以抗击敌人，巧言善辩足以掩盖过失，顺从他的心意他就高兴，违背他的意愿他就发脾气，容易用言语侮辱别人。先生千万不要去见他。”

孔子不听，让颜回驾车，子贡做骖乘，前去会见盗跖。盗跖正好在泰山的南麓休整队伍，将人肝切碎后吃掉。孔子下了车走上前去，见了禀报的人员说：“鲁国人孔丘，听说将军刚毅正直，多多拜托转达我前来拜见的心意。”

禀报的人入内通报，盗跖听说孔子求见勃然大怒，双目圆睁亮如明星，头发怒起直冲帽顶，说：“这不就是那鲁国的巧伪之人孔丘吗？替我告诉他：‘你矫造语言，托伪于文王、武王的主张；你头上戴着树杈般的帽子，腰上围着宽宽的牛皮带，满口的胡言乱语；你不种地却吃得不错，不织布却穿得讲究；你整天摇唇鼓舌，专门制造是非，用以迷惑天下的诸侯，

使天下的读书人全都不能返归自然的本性，而且虚妄地标榜尽孝尊长的主张以侥幸得到封侯的赏赐而成为富贵的人。你实在是罪大恶极，快些滚回去！要不然，我将把你的心肝挖出来增加午餐的膳食！'”

孔子再次请求通报接见，说："我荣幸地跟柳下季相识，诚恳希望能够面见将军。"

禀报人员再次通报，盗跖说："叫他进来！"

孔子小心翼翼地快步走进帐去，又远离座席连退数步，向盗跖深深施礼。盗跖一见孔子大怒不已，伸开双腿，按着剑柄怒睁双眼，喊声犹如哺乳的母虎，说："孔丘你上前来！你所说的话，合我的心意有你活的，不合我的心意你就等着一死。"

孔子说："我听说，大凡天下人有三种美德：生就魁梧高大，长得漂亮无双，无论少小年长高贵卑贱见到他都十分喜欢，这是上等的德行；才智能够包罗天地，能力足以分辨各种事物，这是中等的德行；勇武、慓悍、果决、勇敢，能够聚合众人统率士兵，这是下一等的德行。大凡人们有此一种美德，足以南面称王了。如今将军同时具备了上述三种美德，你高大魁梧身长八尺二寸，面容和双眼熠熠有光，嘴唇鲜红犹如朱砂，牙齿整齐犹如编贝，声音洪亮合于黄钟，然而名字却叫盗跖，我暗暗为将军感到羞耻并且认为将军不应有此恶名。将军如果有意听从我的劝告，我将南边出使吴国越国，北边出使齐国鲁国，东边出使宋国卫国，西边出使晋国秦国，派人为将军建造数百里的大城，确立数十万户人家的封邑，尊将军为诸侯，跟天下各国更除旧怨开启新的一页，弃置武器休养士卒，收养兄弟，供祭祖先。这才是圣人贤士的作为，也是天下人的心愿。"

盗跖大怒说："孔丘上前来！凡是可以用利禄来规劝、用言语来谏正的，都只能称作愚昧、浅陋的普通顺民。如今我身材高大魁梧面目英俊美好，人人见了都喜欢，这是我的父母给我留下的美德。你孔丘即使不当面吹捧我，我难道不知道吗？而且我听说，喜好当面夸奖别人的人，也好背地里诋毁别人。如今你把建造大城、汇聚众多百姓的意图告诉给我，这是用功利来诱惑我，而且是用对待普通顺民的态度来对待我，这怎么可以长久呢！城池最大的，莫过于整个天下。尧舜拥有天下，子孙却没有立锥之地；商汤与周武王立做天子，可是后代却遭灭绝，这不是因为他们贪求占有天下的缘故吗？

"况且我还听说，古时候禽兽多而人少，于是人们都在树上筑巢而居躲避野兽，白天拾取橡子，晚上住在树上，所以把他们叫作有巢之民。古时候人们不知道穿衣，夏天多多存积柴草，冬天就烧火取暖，所以把他们叫作懂得生存的人。到了神农时代，居处是多么安静闲暇，行动是多么悠游自得，人们只知道母亲，不知道父亲，跟麋鹿生活在一起，自己耕种自己吃，自己织布自己穿，没有伤害别人的心思，这就是道德鼎盛的时代。然而到了黄帝就不再具有这样的德行，跟蚩尤在涿鹿的郊野上争战，流血百里。尧舜称帝，设置百官，商汤放逐了他的君主，武王杀死了纣王。从此以后，世上总是依仗强权欺凌弱小，依仗势众侵害寡少。商汤、武王以来，就都是属于篡逆叛乱的人了。

"如今你研修文王、武王的治国方略，控制天下的舆论，一心想用你的主张传教后世子孙，穿着宽衣博带的儒式服装，说话与行动矫揉造作，用以迷惑天下的诸侯，而且一心想用这样的办法追求高官厚禄，要说大盗再没有比你大的了。天下为什么不叫你作盗丘，反而竟称我是盗跖呢？你用甜言蜜语说服了子路让他死心塌地地跟随你，使子路去掉了勇武的高冠，解除了长长的佩剑，受教于你的门下，天下人都说你孔子能够制止暴力禁绝不轨。可是后来，子路想要杀掉篡逆的卫君却不能成功，而且自身还在卫国东门上被剁成了肉酱，这就是你那套说教的失败。你不是自称才智的学士、圣哲的人物

吗？却两次被逐出鲁国，在卫国被人铲削掉所有足迹，在齐国被逼得走投无路，在陈国、蔡国之间遭受围困，不能容身于天下。而你所教育的子路却又遭受如此的祸患，做师长的没有办法在社会上立足，做学生的也就没有办法在社会上为人，你的那套主张难道还有可贵之处吗？

“世上所尊崇的，莫过于黄帝，黄帝尚且不能保全德行，而征战于涿鹿的郊野，流血百里。唐尧不慈爱，虞舜不孝顺，大禹半身不遂，商汤放逐了他的君主，武王出兵征讨商纣，文王曾经被囚禁在羑里。这以上的六个人，都是世人所尊崇的，但是仔细评论起来，都是因为追求功利迷惑了真性而强迫自己违反了自然的禀赋，他们的做法实在是极为可耻的。

“世人所称道的贤士，就如伯夷、叔齐。伯夷、叔齐辞让了孤竹国的君位，却饿死在首阳山，尸体都未能埋葬。鲍焦着意清高非议世事，竟抱着树木而死去。申徒狄多次进谏不被采纳，背着石块投河而死，尸体被鱼鳖吃掉。介子推算是最忠诚的了，割下自己大腿上的肉给晋文公吃，文公返国后却背弃了他，介子推一怒之下逃出都城隐居山林，也抱着树木焚烧而死。尾生跟一女子在桥下约会，女子没有如期赴约，河水涌来尾生却不离去，竟抱着桥柱子而淹死。这以上的六个人，跟肢解了的狗、沉入河中的猪以及拿着瓢到处乞讨的乞丐相比没有什么不同，都是重视名节轻生赴死，不顾念身体和寿命的人。

“世人所称道的忠臣，没有超过王子比干和伍子胥的了。伍子胥被抛尸江中，比干被剖心而死，这两个人，世人都称作忠臣，然而最终被天下人讥笑。从上述事实看来，直到伍子胥、王子比干之流，都是不值得推崇的。

“你孔丘用来说服我的，假如告诉我怪诞离奇的事，那我是不可能知道的；假如告诉我人世间实实在在的事，不过如此而已，都是我所听闻的事。

现在让我来告诉你人之常情，眼睛想要看到色彩，耳朵想要听到声音，嘴巴想要品尝滋味，志气想要满足、充沛。人生在世高寿为一百岁，中寿为八十岁，低寿为六十岁，除掉疾病、死丧、忧患的岁月，其中开口欢笑的时光，一月之中不过四五天罢了。天与地是无穷尽的，人的死亡却是有时限的，拿有时限的生命托付给无穷尽的天地之间，迅速地消逝就像是千里良驹从缝隙中骤然驰去一样。凡是不能够使自己心境获得愉快而颐养寿命的人，都不能算是通晓常理的人。

“你孔丘所说的，全都是我想要废弃的，你赶快离开这里滚回去，不要再说了！你的那套主张，癫狂失性钻营奔逐，全都是巧诈、虚伪的东西，不可能用来保全真性，有什么好谈论的呢！”

孔子一再拜谢快步离去，走出帐门登上车子，三次失落拿在手里的缰绳，眼光失神模糊不清，脸色犹如死灰，低垂着头靠在车前的横木上，颓丧地不能大口喘气。回到鲁国东门外，正巧遇上了柳下季。柳下季说：“近来多日不见心里很不踏实，看看你的车马好像外出过的样子，恐怕是前去见到盗跖了吧？”

孔子仰天长叹道：“是的。”

柳下季说：“盗跖莫不是像先前我所说的那样违背了你的心意吧？”

孔子说：“正是这样。我这样做真叫作没有生病而自行扎针一样，自找苦吃，急急忙忙地跑去撩拨虎头、编理虎须，几乎不免被虎口吞掉啊！”

[原文]

子张问于满苟得曰[1]："盍(hé)不为行[2]？无行则不信[3]，不信则不任[4]，不任则不利。故观之名[5]，计之利，而义真是也[6]。若弃名利，反之于心，则夫士之为行，不可一日不为乎[7]！"

满苟得曰："无耻者富，多信者显[8]。夫名利之大者，几在无耻而信[9]。故观之名，计之利，而信真是也[10]。若弃名利，反之于心，则夫士之为行，抱其天乎[11]！"

子张曰："昔者桀、纣贵为天子，富有天下，今谓臧聚曰[12]'汝行如桀、纣'，则有怍(zuò)色[13]，有不服之心者[14]，小人所贱也[15]。仲尼、墨翟，穷为匹夫，今谓宰相曰'子行如仲尼、墨翟'，则变容易色称不足者[16]，士诚贵也[17]。故势为天子，未必贵也；穷为匹夫，未必贱也；贵贱之分，在行之美恶。"

满苟得曰："小盗者拘，大盗者为诸侯，诸侯之门，仁义存焉。昔者桓公小白杀兄入嫂[18]，而管仲为臣[19]；田成子常杀君窃国，而孔子受币。论则贱之，行则下之[20]，则是言行之情悖战于胸中也[21]，不亦拂乎[22]！故《书》曰：'孰恶孰美？成者为首，不成者为尾[23]。'"

子张曰："子不为行，即将疏戚无伦[24]，贵贱无义，长幼无序；五纪六位[25]，将何以为别乎？"

满苟得曰："尧杀长子，舜流母弟[26]，疏戚有伦乎？汤放桀，武

颛孙师

颛孙师，字子张，陈人，孔子弟子。

王杀纣，贵贱有义乎？王季为适[27]，周公杀兄[28]，长幼有序乎？儒者伪辞[29]，墨者兼爱，五纪六位将有别乎？

“且子正为名，我正为利[30]。名利之实，不顺于理，不监于道[31]。吾日与子讼于无约曰[32]：‘小人殉财，君子殉名。其所以变其情，易其性，则异矣[33]；乃至于弃其所为而殉其所不为[34]，则一也。’故曰，无为小人，反殉而天[35]；无为君子，从天之理[36]。若枉若直[37]，相而天极[38]；面观四方，与时消息[39]。若是若非，执而圆机[40]；独成而意[41]，与道徘徊。无转而行[42]，无成而义，将失而所为。无赴而富[43]，无殉而成[44]，将弃而天。

“比干剖心，子胥抉（jué）眼，忠之祸也；直躬证父[45]，尾生溺死，信之患也；鲍子立乾，申子自理，廉之害也；孔子不见母，匡子不见父，义之失也。此上世之所传，下世之所语，以为士者正其言，必其行[46]，故服其殃，离其患也[47]。”

[注释]

①子张：子张是字，是孔子弟子。这里只是借用他的名字，并不是真的写子张的其人其事。满苟得：是假托人名。②盍：通“曷”，何不。为行：进行品德修养。③无行：没有好的品行。犹今说“缺德”。不信：不被信任。④不任：不被任用。⑤观：观察；考虑、计较。⑥“而义”句：意即若要求得名利，则做到义才是品德修养的根本。⑦“若弃”四句：就算是不要名利，扪心自问，那么对于一个士人的品行修养来说，也不应有一天不为义。反之于心，反求之于心，意即扪心自问。⑧“无耻”二句：意即无耻贪婪的人富有，善于夸耀多得信任的人显要。⑨几：近，大概。⑩“而信”句：意即取信于人才能得名与利。⑪抱其天：保养他的天性。抱，保。⑫今：假设之词。下“今谓宰相”亦同。臧聚：参加盗窃集团的人。⑬怍色：翻脸的样子。⑭者：也。⑮“小人”句：说明小人亦鄙视桀、纣的品行。⑯变容易色：指表现惭愧的样子。⑰“士诚”句：意即仲尼、墨翟的德行实在为士大夫所推崇。贵，推崇。⑱“昔者”句：齐桓公曾把他的哥哥子纠杀掉，并将嫂嫂作为自己的妻子。桓公，齐桓公，名小白。⑲为臣：做齐桓公的国相。⑳“论则”二句：口头上说的则认为是卑贱的行为，但行动上则顺从这样做。指管仲顺从小白，孔子顺从田常。下之，甘为之下，顺从。㉑悖战：次战。㉒拂：乱。㉓“成者”二句：成功的就是好的，失败的就是坏的。首，上等。尾，下等。都是从美恶好坏说的。㉔疏戚：

疏远了亲戚。无伦：失去了人与人应有的关系。伦，关系。㉕纪、位：都是指人的关系等级。㉖舜流母弟：舜封同母弟象到有庳之国。流，流放。㉗适：通“嫡”。㉘兄：指管、蔡。㉙伪辞：说假话，指以仁义等骗人。㉚“且子”二句：属假设之词。㉛监：通“鉴”，明。㉜讼于无约：以无约为裁判人。无约，假托人名。讼，争讼。曰，指无约说。㉝异：指改变性情的原因不同。㉞其所为：其所当为，指养性。其所不为：其所不当为，指追求名利。㉟“无为”二句：不要做为财而牺牲的小人，要转过来为你的天性而努力。无，毋。而，你。㊱“无为”二句：不要做为名而牺牲的君子，而要随顺自然之道。㊲“若枉”句：意即曲也罢，直也罢。枉，曲。㊳“相而”句：不管怎样，照着你那自然的准则行事就是了。相，看。而，你。天极，自然的准则。㊴“面观”二句：面向四方的变化，随着时间的推移而消亡、生长。消，消亡。息，生息。㊵执：掌握。圆机：循环变化的枢纽。㊶独：卓然与众不同。㊷无：毋。下三“无”字同。转：改变。㊸赴：趋赴，追求。㊹成：一成不变，指成名成义。㊺直躬：人名，或因忠直著称而得此名。证父：证实了他父亲偷了别人的羊的故事。㊻必：严格要求。㊼离：通“罹”，遭。

［译文］

子张向满苟得问道：“怎么不推行合于仁义的德行呢？没有德行就不能取得别人的信赖，不能取得别人的信赖就不会得到任用，不能得到任用就不会得到利益。所以，从名誉的角度来观察，从利禄的角度来考虑，能够实行仁义就真是这样的。假如弃置名利，只在内心求得反思，那么士大夫的所作所为，也不可能一天不讲仁义啊！”

满苟得说：“没有羞耻的人才会富有，善于吹捧的人才会显贵。大凡获得名利最大的，几乎全在于无耻而多言。所以，从名誉的角度来观察，从利禄的角度来考虑，能够吹捧就真是这样的。假如弃置名利，只在内心求得反思，那么士大夫的所作所为，也就只有保持他的天性了啊！”

子张说：“当年桀与纣贵为天子，富有到占有天下，如今对地位卑贱的奴仆说，你的品行如同桀、纣，那么他们定会惭愧不已，产生不服气的思想，这是因为桀、纣的所作所为连地位卑贱的人也瞧不起。仲尼和墨翟穷困到跟普通百姓一样，如今对官居宰相地位的人说，你的品行如同仲尼和墨翟，那么他一定会除去傲气谦恭地说自己远远比不上，这是因为士大夫确实有可贵的品行。所以说，势大为天子，未必就尊贵；穷困为普通百姓，未必就卑贱；尊贵与卑贱的区别，决定了德行的美丑。”

满苟得说：“小的盗贼被拘捕，大的强盗却成了诸侯，诸侯的门内，方才存有道义之士。当年齐桓公小白杀了兄长、娶了嫂嫂而管仲却做了他的臣子，田成子常杀了齐简公自立为国君而孔子却接受了他赠与的布帛。谈论起来总认为桓公、田常之流的行为卑下，做起来又总是使自己的行为更加卑下，这就是说言语和行动的实情在胸中相互矛盾和斗争，岂不是情理上极不相合吗？所以古书上说过：谁坏谁好？成功的居于尊上之位，失败的沦为卑下之人。”

子张说：“你不推行合于仁义的德行，就必将在疏远与亲近之间失去人伦关系，在尊贵与卑贱之间失去规范和准则，在长上与幼小之间失去先后序列；这样一来五伦和六位，又拿什么加以区别呢？”

满苟得说："尧杀了亲生的长子，舜流放了同母的兄弟，亲疏之间还有伦常可言吗？商汤逐放夏桀，武王杀死商纣，贵贱之间还有准则可言吗？王季被立为长子，周公杀了两个哥哥，长幼之间还有序列可言吗？儒家伪善的言词，墨家兼爱的主张，'五纪'和'六位'的序列关系还能有区别吗？

"而且你心里所想的正在于名，我心里所想的正为了利。名与利的实情，不合于理，也不明于道。我往日跟你在无约面前争论不休：'小人为财而死，君子为名献身。然而他们变换真情、更改本性的原因，却没有不同；而竟至舍弃该做的事而不惜生命地追逐不该寻求的东西，那是同一样的。'所以说，不要去做小人，反过来追寻你自己的天性；不要去做君子，而顺从自然的规律。或曲或直，顺其自然；观察四方，跟随四时变化而消长。或是或非，牢牢掌握循环变化的中枢；独自完成你的心意，跟随大道往返进退。不要执着于你的德行，不要成就于你所说的规范；那将会丧失你的禀性。不要为了富有而劳苦奔波，不要为了成功而不惜献身，那将会舍弃自然的真性。

"比干被剖心，子胥被挖眼，这是忠的祸害；直躬出证父亲偷羊，尾生被水淹死，这是信的祸患；鲍焦抱树而立、干枯而死，申生宁可自缢也不申辩委屈，这是廉的毒害；孔子不能为母送终，匡子发誓不见父亲，这是义的过失。这些现象都是上世的传闻，当代的话题，总认为士大夫必定会让自己的言论正直，让自己的行动跟着去做，所以深受灾殃，遭逢如此的祸患。"

［原文］

无足问于知和曰[1]："人卒未有不兴名就利者[2]。彼富则人归之，归则下之[3]，下则贵之[4]。夫见下贵者[5]，所以长生、安体、乐意之道也[6]。今子独无意焉[7]，知不足邪[8]，意知而力不能行邪[9]！故推正不忘邪[10]？"

知和曰："今夫此人以为与己同时而生[11]，同乡而处者，以为夫绝俗过世之士焉[12]；是专无主正，所以览古今之时，是非之分也，与俗化世。去至重，弃至尊，以为其所为也[13]；此其所以论长生、安体、乐意之道，不亦远乎！惨怛（dá）之疾[14]，恬愉之安[15]，不监于体[16]；怵惕（chù tì）之恐[17]，欣懽（huān）之喜[18]，不监于心；知为为而不知所以为，是以贵为天子，富有天下，而不免于患也。"

无足曰："夫富之于人，无所不利，穷美究势[19]，至人之所不得逮[20]，贤人之所不能及[21]，侠人之勇力而以为威强[22]，秉人之知谋以为明察[23]，因人之德以为贤良，非享国而严若

君父[24]。且夫声色、滋味、权势之于人，心不待学而乐之，体不待象而安之[25]。夫欲恶避就[26]，固不待师，此人之性也。天下虽非我，孰能辞之[27]！”

知和曰：“知者之为，故动以百姓，不违其度[28]，是以足而不争，无以为故不求[29]。不足故求之，争四处而不自以为贪[30]；有余故辞之，弃天下而不自以为廉[31]。廉贪之实，非以迫外也，反监之度[32]。势为天子而不以贵骄人，富有天下而不以财戏人[33]。计其患，虑其反[34]，以为害于性，故辞而不受也，非以要名誉也。尧、舜为帝而雍[35]，非仁天下也，不以美害生也[36]；善卷、许由得帝而不受[37]，非虚辞让也[38]，不以事害己。此皆就其利[39]，辞其害，而天下称贤焉，则可以有之[40]，彼非以兴名誉也[41]。”

无足曰：“必持其名，苦体绝甘，约养以持生，则亦久病长阨(è)而不死者也[42]。”

知和曰：“平为福[43]，有余为害者[44]，物莫不然，而财其甚者也[45]。今富人，耳营钟鼓管籥(yuè)之声[46]，口嗛(qiè)于刍豢(huàn)醪(láo)醴之味[47]，以感其意[48]，遗忘其业[49]，可谓乱矣；侅(gāi)溺于冯气[50]，若负重行而上坂(bǎn)也[51]，可谓苦矣；贪财而取慰[52]，贪权而取竭[53]，静居则溺[54]，体泽则冯[55]，可谓疾矣；为欲富就利，故满若堵耳而不知避，且冯而不舍[56]，可谓辱矣；财积而无用，服膺(yīng)而不

洁己家国

明朝屠任，曾任萧县训导，后迁任河南武陵知县，在任九年，丝毫不贪，曾有个人拿瓜菜来送给他，他说：“这就是贿赂的开始啊！”于是拒绝了。屠任后来升迁为刑部主事。他死后只留下几箱书而已。本文讨论了名利，庄子认为把身心用于争夺名利会使人迷乱。

舍[57]，满心戚醮[58]，求益而不止，可谓忧矣；内则疑劫请之贼[59]，外则畏寇盗之害，内周楼疏[60]，外不敢独行，可谓畏矣。此六者，天下之至害也，皆遗忘而不知察，及其患至，求尽性竭财，单以反一日之无故而不可得也[61]。故观之名则不见[62]，求之利则不得[63]，缭（liáo）意绝体而争此[64]，不亦惑乎！”

［注释］

①无足：假托人名，不知足的人。知和：假托人名，知道适于清廉的人。②人卒：人众，人们。兴名：喜欢名声。就利：趋利。③归：归附。④下：甘为之下，服从。⑤见下贵：得人服从，被人尊敬。见，被。贵，尊敬。⑥安体：使身体舒适。乐意：使心情愉快。⑦无意：无心。焉：于此。此指兴名就利。⑧知不足：指才智不足以兴名就利。知，通“智”。⑨“意知”句：抑或是才智虽然可以而没有力量办到呢？意，通“抑”。⑩“故推”句：还是本来就是要求走正道而不走邪路呢？故，通“固”，本来。推，求。⑪此人：这种人。指兴名就利者。⑫绝俗：超社会。过世：超时代。⑬所为：指兴名就利。⑭惨怛：痛苦的样子。⑮恬愉：舒服的样子。⑯不监于体：不注意疾苦与安乐对身体的影响。监，察。⑰怵惕：惊慌的样子。⑱欣懽：高兴。⑲“穷美”句：享尽美好，到达势位的顶峰。穷，尽。究，竟，终。⑳逮：及，达到。㉑不能及：不能赶上，比不上。指比不上兴名就利的人。㉒侠：通“挟”，挟持，利用。以为威强：以之作为自己的势力。㉓秉：持，掌握。知：通“智”。㉔享国：占有国家，即掌握国政。严：尊严。君父：君主。㉕体：身。象：效法。安：乐，喜爱。㉖欲：喜欢的。恶：厌恶的。避：回避的。就：靠近的，追求的。㉗孰：何。辞：拒绝。之：指声色、滋味、权力。㉘度：分寸，标准。据上述，即以是否利于养性为标准。㉙无以为：没有需要这样做的原因，即无须为。㉚争四处：到处争夺。㉛廉：清廉。㉜“廉贪”三句：意即如果是被外界条件所迫，不得不如此的话，尽管争四处也算不上贪，放弃天下也算不上廉，主要看他用心如何。实，实质。以，因。监，察，检查。㉝戏：戏弄，侮辱。㉞反：反作用，报复。㉟雍：和，即不骄人、不戏人。㊱“非仁”二句：并非有意对天下的人仁爱，而是为了不要因为富有天下之美而伤害自己的本性。㊲帝：指帝位。㊳虚：假装。㊴“此皆”句：意即他们都是有利于本性的就接受，有害于本性的就拒绝。此，这些人，指上述的尧、舜、善卷、许由。㊵“则可”句：因为这种称誉不是有心去追求的，而是自然而来的，所以可以接受。有，得，接受。之，指“贤”的称誉。㊶兴名誉：沽名钓誉。㊷“必持”四句：意即只要名声而不求利，则受苦一生。持，崇。苦体，令身体劳苦。绝甘，抛弃美味。约美，节约生活所需。厄，危。㊸平：不多不少，与“有余”对举。㊹“有余”句：有余则过度，故有害。㊺“而财”句：财物太多则为害尤其严重。㊻营：谋，求。管籥：两种管状乐器。㊼嗛：通“慊”，满足。刍豢：本指禽兽，食草的叫刍，食谷的叫豢。这里指肉。醪：醇酒。醴：甜酒。㊽感：

引起。其意：指享乐的意趣。㊾业：指正业。㊿“侅溺”句：意指由于气胀而上呃气、下出尿。侅，呃逆出气，咽喉噎住。溺，即尿字。冯，通“凭”，满。(51)“若负”句：形容气胀的痛苦。坂，山坡。(52)取：带来。慰：病。(53)竭：指精神疲竭。(54)溺：沉溺。(55)泽：肥。(56)舍：舍弃。(57)服膺：时常挂在心上。(58)戚醮：烦恼。醮，借为焦，焦急。(59)疑：虑，担心。劫请：强求。强求则有害，故称之为贼。(60)周：围。楼疏：犹今窗口上的铁丝网之类，古代用砖砌成。(61)“求尽”二句：意即就是想完全拼出一命，费尽家财而换回一天的平安无事都办不到。尽，完全。性竭，亡命。单，借为殚，尽。反，通“返”。故，事。(62)“故观”句：意即名声得不到。观，察。(63)“求之”句：说明利亦落空。(64)缭意：心神缭乱。绝体：尽全身之力。

［译文］

无足向知和问道：“人们终究没有谁不想树立名声并获取利禄的。那个人富有了人们就归附他，归附他也就自以为卑下，以自己为卑下就更会尊崇富有者。受到卑下者的尊崇，就是人们用来延长寿命、安康体质、快乐心意的办法。如今唯独你在这方面没有欲念，是才智不够用呢？还是有了念头而力量不能达到呢？抑或推行正道而一心不忘呢？”

知和说：“如今有这么一个兴名就利的人，就认为跟自己是同时生、同乡处，而且认为是超越了世俗的人了；其实这样的人内心里全无主心，用这样的办法去看待古往今来和是非的不同，只能是混同流俗而融合于世事。舍弃了贵重的生命，离开了最崇高的大道，而追求他一心想要追求的东西；这就是他们所说的延长寿命、安康体质、快乐心意的办法，不是跟事理相去太远吗！悲伤所造成的痛苦，愉快所带来的安适，对身体的影响自己不能看清；惊慌所造成的恐惧，欢欣所留下的喜悦，对于心灵的影响自己也不可能看清。知道一心去做自己想要去做的事却不知道为什么要这样去做，所以尊贵如同天子，富裕到占有天下，却始终不能免于忧患。”

无足说：“富贵对于人们来说，没有什么不利的，享尽天下的美好并拥有天下最大的权势，这是道德极高尚的人所不能得到的，也是贤达的人所不能赶上的；挟持他人的勇力用以显示自己的威强，把握他人的智谋用以表露自己的明察，凭借他人的德行用以赢得贤良的声誉，虽然没有享受过国家权力所带来的好处却也像君父一样威严。至于说到乐声、美色、滋味、权势对于每一个人，心里不等到学会就自然喜欢，身体不需要模仿早已习惯。欲念、厌恶、回避、俯就，本来就不需要师传，这是人的禀性。天下人即使都认为我的看法不对，谁又能摆脱这一切呢？”

知和说：“睿智的人的做法，总是依从百姓的心思而行动，不去违反民众的意愿，所以，知足就不会争斗，无所作为因而也就无有所求。不能知足所以贪求不已，争夺四方财物却不自认为是贪婪；心知有余所以处处辞让，舍弃天下却不自认为清廉。廉洁与贪婪的实情，并不是因为迫于外力，应该转回头来察看一下各自的禀赋。身处天子之位却不用显贵傲视他人，富裕到拥有天下却不用财富戏弄他人。想一想它的后患，再考虑考虑事情的反面，认为有害于自然的本性，所以拒绝而不接受，并不是要用它来求取名声与荣耀。尧与舜做帝王天下和睦团结，并非行仁政于天下，而是不想因为追求美好而损害生命；善卷与许由能够得到帝王之位却辞让不受，也不是虚情假意的谢绝禅让，

而是不想因为治理天下危害自己的生命。这些人都能趋就其利，辞避其害，因而人们称誉他们是贤明的人，可见贤明的称誉也是可以获取的，不过他们的本心并非建树个人的名誉。”

无足说：“必定要保持自己的名声，即使劳苦身形、谢绝美食、俭省给养以维持生命，那么这一定是个长期疾病困乏而没有死去的人。”

知和说：“均平就是幸福，有余便是祸害，物类莫不是这样，而财物更为突出。如今富有的人，耳朵谋求钟鼓、箫笛的乐声，嘴巴满足于肉食、佳酿的美味，因而触发了他的欲念，遗忘了他的事业，真可说是迷乱极了；深深地陷入了愤懑的盛气之中，像背着重荷爬行在山坡上，真可说是痛苦极了；贪求财物而招惹怨恨，贪求权势而耗尽心力，安静闲居就沉溺于嗜欲，体态丰腴光泽就盛气凌人，真可说是发病了；为了贪图富有追求私利，获取的财物堆得像齐耳的高墙也不知满足，而且越是贪婪就越发不知收敛，真可说是羞辱极了；财物囤积却没有用处，念念不忘却又不愿割舍，满腹的焦心与烦恼，企求增益永无休止，真可说是忧愁极了；在家内总担忧窃贼的伤害，在外面总害怕寇盗的残杀，在内遍设防盗的塔楼和射箭的孔道，在外不敢独自行走，真可说是畏惧极了。以上的六种情况，是天下最大的祸害，全都遗忘不求审察，等到祸患来临，想要倾家荡产保全性命，只求返归贫穷求得一日的安宁也不可能。所以，从名声的角度来观察却看不见，从利益的角度来探求却得不到，使心意和身体受到如此困扰地竭力争夺名利，岂不迷乱吗！”

题解

《说剑》以义名篇，内容就是写庄子说剑。赵文王喜欢剑，整天与剑士为伍而不料理朝政，庄子前往游说。庄子说剑有三种，即天子之剑、诸侯之剑和庶民之剑。以三种标准的“剑”为喻，委婉地指出赵文王的所为实际上是庶民之剑，而希望他能成为天子之剑。随着庄子对“天子剑、诸侯剑、庶人剑”论述的逐层展开，赵文王的神色从“茫然失色”到“肃然正色”再到“大惭”,行事从“嗜庶人剑”转向“悬天子剑”，赵国也从“国力渐衰”走向“国力日盛”，从而演绎出“标准之变”催生“国力之变”的治国之理。

本篇历来认为是一伪作，也不是庄子学派的作品，《说剑》里的庄子完全是一个说客，即战国时代的策士形象，已不是倡导无为无己、逍遥顺应、齐物齐论中的庄子。但此篇内容并非与庄子思想无关，它的主旨在于劝说赵文王不要争斗，反映了庄子清静无为的思想。说明为政当无事，以无为而治就会得到治理。如果认为该篇是庄子后学的作品也有道理。

说剑

[原文]

昔赵文王喜剑，剑士夹门而客三千余人[①]，日夜相击于前，死伤者岁百余人，好之不厌[②]。如是三年，国衰，诸侯谋之[③]。

太子悝（kuī）患之[④]，募左右曰[⑤]：“孰能说王之意止剑士者[⑥]，赐之千金。”左右曰：“庄子当能。”

太子乃使人以千金奉庄子。庄子弗受，与使者俱，往见太子曰：“太子何以教周，赐周千金？”

太子曰：“闻夫子明圣，谨奉千金以币从者[⑦]。夫子弗受，悝尚何敢言！”

庄子曰：“闻太子所欲用周者，欲绝王之喜好也。使臣上说大王而逆王意，下不当太子[⑧]，则身刑而死，周尚安所事金乎[⑨]？使臣上说大王，下当太子，赵国何求而不得也！”

太子曰：“然。吾王所见，唯剑士也。”

庄子曰：“诺。周善为剑。”

太子曰：“然吾王所见剑士，皆蓬头、突鬓、垂冠[⑩]，

曼胡之缨[11]，短后之衣[12]，瞋(chēn)目而语难[13]，王乃说之[14]。今夫子必儒服而见王，事必大逆[15]。”

庄子曰：“请治剑服[16]。”治剑服三日，乃见太子。太子乃与见王，王脱白刃待之[17]。庄子入殿门不趋[18]，见王不拜。

王曰：“子欲何以教寡人，使太子先焉[19]？”

曰：“臣闻大王喜剑，故以剑见王。”

王曰：“子之剑何能禁制[20]？”

曰：“臣之剑，十步一人，千里不留行[21]。”

王大悦之，曰：“天下无敌矣！”

庄子曰：“夫为剑者[22]，示之以虚[23]，开之以利[24]，后之以发，先之以至[25]。愿得试之。”

王曰：“夫子休就舍[26]，待命设戏请夫子[27]。”

王乃校剑士七日[28]，死伤者六十余人，得五六人，使奉剑于殿下，乃召庄子。王曰：“今日试使士敦剑[29]。”

庄子曰：“望之久矣。”

王曰：“夫子所御杖[30]，长短何如？”

曰：“臣之所奉皆可[31]。然臣有三剑，唯王所用，请先言而后试。”

王曰：“愿闻三剑。”

曰：“有天子之剑，有诸侯之剑，有庶人之剑。”

[注释]

①夹门：拥门。客：作客，客居在宫门左右。②不厌：不满足。厌，满足。③谋之：图谋攻打赵国。④悝：太子名。患之：担心赵王喜斗剑而国亡。⑤募：征求。左右：指左右的人。⑥“孰能”句：谁能设法说服大王，使他停止对斗剑之士的喜爱。说，劝说，说服。⑦以币从者：以作为您随从人员用的币帛。不便直称送给您，故委婉其词，以示尊敬。⑧不当太子：指没有完成太子交给的任务。当，合。⑨事：用。⑩蓬头：头发松散如蓬草。突鬓：鬓毛翘起。垂：冠。表示威武。⑪曼胡之缨：粗而没有纹理的帽带。⑫短后之衣：衣后较短，便于击打。⑬瞋目：瞪大眼睛。语难：说话不流利。都是一种愤激欲斗的神态。⑭乃：竟。说：通“悦”。

⑮逆：犹说碰壁。⑯治：做。剑服：剑士之服。⑰脱白刃：把雪白的利剑拔出来。⑱殿：古代泛指高大的堂屋，汉以后专指帝王所居的地方。趋：快步走。按礼，见王要快步上前，不趋就不礼貌。⑲使太子先：通过太子先作介绍。⑳制：服。㉑“臣之”三句：意即其剑十步杀一人，一去千里，所向无敌。㉒为剑：用剑。㉓“示之”句：别人看不见踪影。㉔“开之”句：开剑则显得锋利。㉕“后之”二句：似未发而已经先至。形容神速。㉖休：休息。就舍：住的客舍。㉗设戏：安排比赛武术的盛会。戏，指试剑比武。㉘校：较量。㉙敦：假借为对。如“憝”字或作“怼”，可证。㉚所御杖：指所惯用的剑。御杖，执持。杖，指剑。㉛所奉：指平日所用的剑。奉，通“捧”。

[译文]

当年赵文王喜好剑术，击剑的人蜂拥而至门下食客三千余人，在赵文王面前日夜相互比试剑术，死伤的剑客每年都有百余人，而赵文王喜好击剑从来就不曾得到满足。像这样过了三年，国力日益衰退，各国诸侯都在谋算怎样攻打赵国。

太子悝十分担忧，征求左右近侍说：“谁能够说服赵王停止比试剑术，赠予他千金。”左右近侍说：“只有庄子能够担当此任。”

太子于是派人携带千金厚礼赠送给庄子。庄子不接受，跟随使者一道，前往会见太子说：“太子有什么见教，赐给我千金的厚礼？”

太子说：“听说先生通达贤明，谨此奉上千金用以犒赏从者。先生不愿接受，我还有什么可说的！”

庄子说：“听说太子想要用我，意欲断绝赵王对剑术的爱好。假如我对上游说赵王却违拗了赵王的心意，对下也未能符合太子的意愿。那也就一定会遭受刑戮而死去，我还哪里用得着这些赠礼呢？假如我对上能说服赵王，对下能合于太子的心愿，在赵国这片天地上我希望得到什么难道还得不到！”

太子说：“是这样。父王的心目中，只有击剑的人。”

庄子说：“好的，我也善于运用剑术。”

太子说：“不过父王所见到的击剑人，全都头发蓬乱、鬓毛倒梳、帽子低垂，帽缨粗实，衣服紧身，瞪大眼睛而且气喘语塞，大王竟喜欢见到这样打扮的人。如今先生一定是穿儒服去会见赵王，事情一定会弄糟。”

庄子说：“请让我准备剑士的服装。”三天以后剑士的服装裁制完毕，于是面见太子。太子就跟庄子一道拜见赵王，赵王解下利剑等待着庄子。庄子不急不忙地进入殿内，见到赵王

舞剑

《后汉书·马援传》：“吴王好剑客，百姓多疮瘢；楚王好细腰，宫中多饿死。”文中赵文王与吴王一样好剑，“昔赵文王喜剑，剑士夹门而客三千余人，日夜相击于前，死伤者岁百余人”。

也不行跪拜之礼。

赵王说："你想用什么话来开导我，而且让太子先作引荐。"

庄子说："我听说大王喜好剑术，特地用剑术来参见大王。"

赵王说："你的剑术怎样能遏阻剑手、战胜对方呢？"

庄子说："我的剑术，十步之内可杀一人，行走千里也不会受人阻留。"

赵王听了大喜，说："天下没有谁是你的对手了！"

庄子说："击剑的要领是，有意把弱点显露给对方，再用有机可乘之处引诱对方，后于对手发起攻击，同时要抢先击中对手。希望有机会能试试我的剑法。"

赵王说："先生暂回馆舍休息等待通知，我将安排好击剑比武的盛会再请先生出面比武。"

赵王于是用七天时间让剑士们比武较量，死伤六十多人，从中挑选出五六人，让他们拿着剑在殿堂下等候，这才召见庄子。赵王说："今天可让剑士们跟先生比试剑术了。"

庄子说："我已经盼望很久了。"

赵王说："先生所习惯使用的宝剑，长短怎么样？"

庄子说："我的剑术长短都适应。不过我有三种剑，任凭大王选用，请让我先作些说明然后再行比试。"

赵王说："愿意听听你介绍三种剑。"

庄子说："有天子之剑，有诸侯之剑，有百姓之剑。"

[原文]

王曰："天子之剑何如？"

曰："天子之剑，以燕豀(xī)、石城为锋[1]，齐、岱(dài)为锷(è)[2]，晋、卫为脊[3]，周、宋为镡(xín)[4]，韩、魏为夹[5]；包以四夷，裹以四时，绕以渤海，带以常山[6]；制以五行[7]，论以刑德[8]；开以阴阳，持以春夏，行以秋冬[9]。此剑，直之无前，举之无上，案之无下，运之无旁[10]，上决浮云，下绝地纪[11]。此剑一用，匡诸侯[12]，天下服矣。此天子之剑也。"

文王芒然自失[13]，曰："诸侯之剑何如？"

曰："诸侯之剑，以知勇士为锋，以清廉士为锷，以贤良士为脊，以忠圣士为镡，以豪杰士为夹。此剑，直之亦无前，举之亦无上，案之亦无下，运之亦无旁；上法圆天以顺三光[14]，下法方地以顺四时，中和民意以安四乡[15]。此剑一用，如雷霆之震也，四封之内[16]，无不宾服而听从君命

者矣。此诸侯之剑也。”

王曰:“庶人之剑何如?”

曰:“庶人之剑,蓬头、突鬓、垂冠,曼胡之缨,短后之衣,瞋目而语难。相击于前,上斩颈领,下决肝肺。此庶人之剑,无异于斗鸡,一旦命已绝矣,无所用于国事。今大王有天子之位而好庶人之剑,臣窃为大王薄之[17]。”

王乃牵而上殿[18]。宰人上食[19],王三环之[20]。庄子曰:“大王安坐定气,剑事已毕奏矣[21]。”

于是文王不出宫三月,剑士皆服毙其处也[22]。

[注释]

①燕谿:地名,在战国时的燕国。石城:塞外山名。二地都在北方。锋:尖端。②岱:岱宗,泰山的别称。位在东方。锷:刃。③卫:原作“魏”。脊:剑背。④镡:剑环、剑口。⑤夹:通“铗”,剑把。⑥带:连。常山:恒山,在今河北正定。⑦制以五行:用五行的道理来支配天地。五行,金、木、水、火、土。古人认为天地间就是这五种东西在相互作用,相生相克。⑧论:讲究。刑:刑法。德:恩德,如奖赏、鼓励等。⑨“持以”二句:运用四季变化的时势。持,掌握。行,运用。⑩运:转动。无前、无上、无下、无旁:说明所向披靡,无可阻挡。⑪“上决”二句:说明可叱咤风云,改天换地。决,裂。绝,截断。地纪,神话中维系大地的纲(大绳子)。⑫匡:正。⑬芒:通“茫”。⑭三光:日、月、星辰。⑮四乡:“四响”,同“四方”。⑯四封:四境。封,封疆,疆界。⑰薄:鄙薄。⑱牵:带。指带庄子。⑲宰人:负责国君膳食的官。上食:奉上餐食。⑳王三环之:文王绕着餐食走了三个圈。环,绕。㉑毕奏:说完。㉒服毙其处:自杀于所居的客舍。服,通“伏”。

[译文]

赵王说:“天子之剑怎么样?”

庄子说:“天子之剑,拿燕谿的石城山做剑尖,拿齐国的泰山做剑刃,拿晋国和卫国做剑脊,拿周王畿和宋国做剑环,拿韩国和魏国做剑柄;用中原以外的四境来包扎,用四季来围裹,用渤海来缠绕,用恒山来做系带;靠五行来统驭,靠刑律和德教来论断;遵循阴阳的变化而进退,遵循春秋的时令而持延,遵循秋冬的到来而运行。这种剑,向前直刺一无阻挡,高高举起无物在上,按剑向下所向披靡,挥动起来旁若无物,向上割裂浮云,向下斩断地纪。这种剑一旦使用,可以匡正诸侯,使天下人全都归服。这就是天子之剑。”

赵文王听了茫然若有所失,说:“诸侯之剑怎么样?”

庄子说："诸侯之剑，拿智勇之士做剑尖，拿清廉之士做剑刃，拿贤良之士做剑脊，拿忠诚圣明之士做剑环，拿豪杰之士做剑柄。这种剑，向前直刺也一无阻挡，高高举起也无物在上，按剑向下也所向披靡，挥动起来也旁若无物；对上效法于天而顺应日月星辰，对下取法于地而顺应四时序列，居中则顺和民意而安定四方。这种剑一旦使用，就好像雷霆震撼四境之内，没有不归服而听从国君号令的。这就是诸侯之剑。"

赵王说："百姓之剑又怎么样呢？"

庄子说："百姓之剑，全都头发蓬乱、鬓毛倒梳、帽子低垂，帽缨粗实，衣服紧身，瞪大眼睛而且气喘语塞。相互在人前争斗刺杀，上能斩断脖颈，下能剖裂肝肺，这就是百姓之剑，跟斗鸡没有什么不同，一旦命尽气绝，对于国事就什么用处也没有。如今大王拥有夺取天下的地位却喜好百姓之剑，我私下认为大王应当鄙薄这种做法。"

赵文王于是牵着庄子来到殿上。厨师献上食物，赵王围着座席惭愧地绕了三圈。庄子说："大王安坐下来定定心气，有关剑术之事我已启奏完毕。"于是赵文王三月不出宫门，剑士们都在自己的住处自刎而死。

题解

此篇通过对儒家仁义忠孝观念和礼乐制度的批判，表达了作者“法天贵真”的思想。《渔父》篇中有两个主要人物：代表道家思想的渔父，和与之对立的儒家创始人孔子。以“孔子游乎缁帷之林，休坐乎杏坛之上。弟子读书，孔子弦歌鼓琴”开篇，着重叙述了渔父和孔子的对话。儒家奉行“杀身成仁”“舍生取义”的人生信念，孔子相信人的生命，只有承荷着崇高的品德和理想，才不失其价值，如果为此而捐躯，正是死得其所。渔父的言语表现出了道家“万物之所由”“得之者生”“顺之则成”的虚静、无为之境。渔父之言，纯为善意，所以孔子对渔父心折诚服，礼拜有加：“道之所在圣人尊之。今渔父之于道，可谓有矣，吾敢不敬乎！”此事恐有借孔子之口抬高道家的意思，但它所描述的“渔父”形象已深入我们的思想中。如《庄子·渔父》和《楚辞·渔父》中的“渔父”，皆一番高论诘驳，把孔子和屈原说得哑口无言，然后歌唱着棹舟而去，消失于烟波芦丛之中。渔父的形象被赋予一种文化内涵——纵情山水、超世旷达的隐逸思想和人格的象征。正与庄子梦蝶、李白月下独酌对影成三人的境界有异曲同工之妙。

关于《渔父》篇的真实性，学界有所怀疑。姑且不论。

渔父

[原文]

孔子游乎缁(zī)帷之林①，休坐乎杏坛之上②。弟子读书，孔子弦歌鼓琴，奏曲未半。有渔父者，下船而来，鬚(xū)眉交白③，被发揄袂(yú mèi)④，行原以上，距陆而止⑤，右手据膝⑥，左手持颐以听⑦。曲终而招子贡、子路，二人俱对⑧。

客指孔子曰：“彼何为者也？”

子路对曰：“鲁之君子也。”

客问其族。子路对曰：“族孔氏⑨。”

客曰：“孔氏者何治也⑩？”

子路未应，子贡对曰：“孔氏者，性服忠信⑪，身行仁义⑫，饰礼乐⑬，选人伦⑭，上以忠于世主，下以化于齐民⑮，将以利天下。此孔氏之所治也。”

又问曰：“有土之君与⑯？”

子贡曰：“非也。”

“侯王之佐与[17]？”

子贡曰：“非也[18]。”

客乃笑而还行[19]，言曰：“仁则仁矣，恐不免其身[20]；苦心劳形以危其真[21]。呜呼，远哉其分于道也[22]！”

子贡还，报孔子。孔子推琴而起曰：“其圣人与[23]！”乃下求之，至于泽畔，方将杖挐(ráo)而引其船[24]，顾见孔子，还乡而立[25]。孔子反走，再拜而进。

客曰：“子将何求？”

孔子曰：“曩(nǎng)者先生有绪言而去[26]，丘不肖，未知所谓，窃待于下风[27]，幸闻咳唾之音以卒相丘也[28]。”

客曰：“嘻！甚矣子之好学也！”

孔子再拜而起曰：“丘少而修学[29]，以至于今，六十九岁矣，无所得闻至教，敢不虚心！”

客曰：“同类相从，同声相应，固天之理也。吾请释吾之所有而经子之所以[30]。子之所以者，人事也。天子、诸侯、大夫、庶人，此四者自正，治之美也，四者离位而乱莫大焉[31]。官治其职，人忧其事，乃无所陵[32]。故田荒室露[33]，衣食不足，征赋不属[34]，妻妾不和，长少无序，庶人之忧也；能不胜任，官事不治[35]，行不清白[36]，群下荒怠[37]，功美不有[38]，爵禄不持[39]，大夫之忧也；廷无忠臣，国家昏乱，工技不巧，贡职不美[40]，春秋后伦[41]，不顺天子，诸侯之忧也；阴阳不和，寒暑不时，以伤庶物[42]，诸侯暴乱，擅相攘伐[43]，以残民人，礼乐不节，财用穷匮[44]，人伦不饬[45]，百姓淫乱，天子有司之忧也。今子既上无君侯有司之势[46]，而下无大臣职事之官，而擅饰礼乐，选人伦，以化齐民，不泰多事乎[47]。

“且人有八疵[48]，事有四患，不可不察也。非其事而事之[49]，谓之摠(zǒng)[50]；莫之顾而进之[51]，谓之佞；希意道言[52]，谓之谄；不择是非而言，谓之谀；好言人之恶[53]，谓之谗；析交离亲[54]，谓之贼；称誉诈伪以败恶人，谓之慝（tè）；不择善否[55]，两容颊适，偷拔其所欲[56]，谓之险。此八疵者，外以乱人，内以伤身，君子不友，明君不臣。所谓四患者：好经大事[57]，变更易常[58]，以挂功名[59]，谓之叨[60]；专知擅事，侵人自用[61]，谓之贪；见过不更，闻谏愈甚，谓之很[62]；人同于己则可，不同于己，虽善不善，谓之矜[63]。此四患也。能去八疵，无行四患，而始可教已。"

主明臣直

唐太宗因魏徵直言生气，说："一定要杀掉魏徵这个老顽固。"长孙皇后问明原因回到内室换上礼服，叩首拜称："恭祝陛下！妾闻主明臣直，今魏徵直，由此可见陛下明，妾故恭祝陛下。"唐太宗听后很高兴。庄子指出了人不可为的事，即"八病四祸"，魏徵不"谄"是臣子的典范，而唐太宗不"恨"也是国君的榜样。

［注释］

①缁：黑。②杏坛：坛名，在鲁东门外。③交：皆。④被发：散发。被，通"披"。揄：挥。袂：袖。⑤"行原"二句：陆高于原，故先行原而后距陆。距，至。⑥据：按。⑦持：撑。颐：面颊。以：而。⑧俱对：一齐来对话。⑨族：氏族，指姓。⑩治：为。⑪性服忠信：用心于忠信。性，心。服，用。⑫行：实践。⑬饰礼乐：以礼乐进行修饰。⑭选：通"撰"，制定。人伦：指人与人关系的准则。⑮齐民：平民。⑯有土之君：指国君，因为国君是土地的占有者。⑰侯王之佐：指做官的人。佐，助。⑱非也：因孔子此时没有当官，故说非。⑲还行：回头走。⑳不免其身：难免身心受害。㉑真：天性。㉒分：离。㉓其：指渔父。㉔杖：撑。拏：船桨。引：引去，指撑开。㉕乡：通"向"。㉖曩：昔。绪言：开头的话。绪，端。㉗窃：偷偷地。下风：膝下之风。㉘"幸闻"句：表示自己卑下，不配听尊者之言，只能听咳唾之音。卒，终。相，助。㉙修学：从事学习。㉚释：推。经：理，分析。以：为。㉛离位：指社会地位转化。㉜陵：乱。㉝露：败坏。㉞不属：指不按时完成赋税。属，逮，及。㉟官事：职内的工作。不治：做不好。㊱行：行为。㊲荒怠：荒废怠慢。㊳功美：功绩荣誉。㊴不持：不能保持。㊵"工技"二句：工艺技术不够精巧，进贡的任务完成得不满意。贡职，即职贡，把物品进贡给天子。㊶"春秋"

句：春天见天子曰朝，秋天见天子曰觐，朝觐时比同列的诸侯后到。伦，列。㊷庶物：众物，指畜牧庄稼之类。㊸“擅相”句：不听王命，擅自互相攻伐。㊹穷匮：贫乏。㊺饬：整顿好。㊻有司：有关负责人。㊼泰：太。㊽疵：毛病。㊾“非其”句：不属于自己管的事却要去管。后一“事”为动词，做。㊿摠：通“总”，包揽。㉛“莫之”句：别人不理睬却投合进身。进，进身投靠。㉜“希意”句：观察人的心意神态而说出一些迎合人的话。希，观望。㉝“好言”句：喜欢讲人坏话。恶，坏处。㉞析：分。交：朋友。㉟否：坏。㊱“两容”二句：意即人有善恶两种面孔，自己却以同样的面孔去投合他，暗中助长他心中所追求的东西。两容，两种面孔。颊，脸的两边。适，合。拔，举，助长。㊲经：管理。㊳“变更”句：意即标新立异。㊴挂功名：沽名钓誉。挂，悬取。㊵叨：叨窃，即不应当占有而占有了。㊶侵人自用：恃势凌人，刚愎自用。㊷很：执拗。㊸矜：自尊自大。

［译文］

孔子游观来到名叫缁帷的树林，坐在长有许多杏树的土坛上休息。弟子们在一旁读书，孔子在弹琴吟唱。曲子还未奏完一半，有个捕鱼的老人下船而来，胡须和眉毛全都白了，披着头发扬起衣袖，沿着河岸而上，来到一处高而平的地方便停下脚步，左手抱着膝盖，右手托起下巴听孔子弹琴吟唱。曲子终了渔父用手招唤子贡、子路，两个人一起走了过来。

渔父指着孔子说：“他是干什么的？”

子路回答说：“他是鲁国的君子。”

渔父问孔子的姓氏，子路回答：“姓孔。”

渔父说：“孔氏钻研并精通什么学问？”

子路还未作答，子贡说：“孔氏这个人，心性敬奉忠信，亲身实践仁义，修治礼乐规范，排定人伦关系，对上来说竭尽忠心于国君，对下而言施行教化于百姓，打算用这样的办法造福于天下。这就是孔氏钻研精习的事业。”

渔父又问道：“孔氏是拥有国土的君主吗？”

子贡说：“不是。”

渔父接着问道：“是王侯的辅臣吗？”

子贡说：“也不是。”

渔父于是笑着背转身去，边走边说道：“孔氏讲仁真可说是仁了，不过恐怕其自身终究不能免于祸患；真是折磨心性劳累身形而危害了他自己的自然本性。唉，他离大道也实在是太远太远了！”

子贡回来，把跟渔父的谈话报告给孔子。孔子推开身边的琴站起身来说：“恐怕是位圣人吧！”于是走下杏坛寻找渔父，来到湖泽岸边，渔父正操起船桨撑船而去，回头看见孔子，转过身来面对孔子站着。孔子连连后退，再次行礼上前。

渔父说：“你来找我有什么事？”

孔子说：“刚才先生留下话尾而去，我实在是不聪明，不能领受其中的意思，私下在这里等候先生，希望能有幸听到你的谈吐以便最终有助于我！”

渔父说：“咦，你实在是好学啊！”

孔子又一次行礼后站起身说："我少小时就努力学习，直到今天，已经六十九岁了，没有能够听到过真理的教诲，怎么敢不虚心请教！"

渔父说："同类相互汇聚，同声相互应和，这本是自然的道理。请让我说明我的看法从而分析你所从事的活动。你所从事的活动，也就是跻身于尘俗的事务。天子、诸侯、大夫、庶民，这四种人能够各自摆正自己的位置，也就是社会治理的美好境界，四者倘若偏离了自己的位置社会动乱也就没有比这再大的了。官吏处理好各自的职权，人民安排好各自的事情，这就不会出现混乱和侵扰。所以，田地荒芜居室破漏，衣服和食物不充足，赋税不能按时缴纳，妻子侍妾不能和睦，老少失去尊卑的序列，这是普通百姓的忧虑。能力不能胜任职守，本职的工作不能办好，行为不清白，属下玩忽怠惰，功业和美名全不具备，爵位和俸禄不能保持，这是大夫的忧虑。朝廷上没有忠臣，都城的采邑混乱，工艺技术不精巧，敬献的贡品不好，朝觐时落在后面而失去伦次，不能顺和天子的心意，这是诸侯的忧虑。阴阳不和谐，寒暑变化不合时令，以致伤害万物的生长，诸侯暴乱，随意侵扰征战，以致残害百姓，礼乐不合节度，财物穷尽匮乏，人伦关系未能整顿，百姓淫乱，这是天子和主管大臣的忧虑。如今你上无君侯主管的地位而下无大臣经办的官职，却擅自修治礼乐，排定人伦关系，从而教化百姓，不是太多事了吗！

"而且人有八种毛病，事有四种祸患，不可不清醒明察。不是自己职分以内的事也兜着去做，叫作揽；没人理会也说个没完，叫作佞；迎合对方顺引话意，叫作谄；不辨是非巴结奉承，叫作谀；喜欢背地说人坏话，叫作谗；离间故交挑拨亲友，叫作害；称誉伪诈败坏他人，叫作慝；不分善恶美丑，好坏兼容而脸色随应相适，暗暗攫取合于己意的东西，叫作险。有这八种毛病的人，外能迷乱他人，内则伤害自身，因而有道德修养的人不和他们交往，圣明的君主不以他们为臣。所谓四患，喜欢管理国家大事，随意变更常规常态，用以钓取功名，称作贪得无厌；自恃聪明专行独断，侵害他人刚愎自用，称作利欲薰心；知过不改，听到劝说却越错越多，称作犟头犟脑；跟自己相同就认可，跟自己不同即使是好的也认为不好，称作自负矜夸。这就是四种祸患。能够清除八种毛病，不再推行四种祸患，方才可以教育。"

［原文］

孔子愀(qiǎo)然而叹[1]，再拜而起曰："丘再逐于鲁，削迹于卫，伐树于宋，围于陈、蔡。丘不知所失，而离此四谤者何也[2]？"

客凄然变容曰："甚矣子之难悟也[3]！人有畏影恶迹而去之走者[4]，举足愈数而迹愈多，走愈疾而影不离身[5]，自以为尚迟，疾走不休，绝力而死。不知处阴以休影[6]，处静以息迹[7]，愚亦甚矣！子审仁义之间，察异同之际[8]，观动静之变，适受与之度[9]，理好恶之情[10]，和喜怒之节[11]，而几

于不免矣[12]。谨修而身[13]，慎守其真，还以物与人[14]，则无所累矣。今不修之身而求之人，不亦外乎！”

孔子愀然曰：“请问何谓真？”

客曰：“真者，精诚之至也。不精不诚，不能动人。故强哭者虽悲不哀，强怒者虽严不威，强亲者虽笑不和。真悲无声而哀，真怒未发而威，真亲未笑而和。真在内者，神动于外，是所以贵真也。其用于人理也[15]，事亲则慈孝，事君则忠贞，饮酒则欢乐，处丧则悲哀。忠贞以功为主，饮酒以乐为主，处丧以哀为主，事亲以适为主[16]，功成之美[17]，无一其迹矣[18]。事亲以适，不论所以矣[19]；饮酒以乐，不选其具矣[20]；处丧以哀，无问其礼矣[21]。礼者，世俗之所为也[22]；真者，所以受于天也[23]，自然不可易也[24]。故圣人法天贵真[25]，不拘于俗。愚者反此[26]。不能法天而恤于人[27]，不知贵真，禄禄而受变于俗[28]，故不足。惜哉，子之蚤湛(dān)于人伪而晚闻大道也[29]。”

汤显祖《牡丹亭》插图

汤显祖在文学艺术创作中主张“情有者理必无，理有者情必无”“率性任真”，受到庄子“法天贵真”的思想的影响。

孔子又再拜而起曰：“今者丘得遇也，若天幸然[30]。先生不羞而比之服役[31]，而身教之。敢问舍所在，请因受业而卒学大道。”

客曰：“吾闻之，可与往者与之[32]，至于妙道；不可与往者，不知其道，慎勿与之，身乃无咎[33]。子勉之！吾去子矣[34]，吾去子矣！”乃刺船而去[35]，延缘苇间[36]。

颜渊还车，子路授绥[suí]㊲，孔子不顾，待水波定，不闻拏音，而后敢乘。

子路旁车而问曰㊳："由得为役久矣㊴，未尝见夫子遇人如此其威也㊵。万乘之主，千乘之君，见夫子未尝不分庭伉礼㊶，夫子犹有倨傲之容。今渔者杖拏逆立㊷，而夫子曲要磬[qìng]折㊸，言拜而应㊹，得无太甚乎？门人皆怪夫子矣，渔人何以得此乎？"

孔子伏轼而叹曰㊺："甚矣由之难化也！湛于礼义有间矣㊻，而朴鄙之心至今未去。进，吾语汝！夫遇长不敬，失礼也；见贤不尊，不仁也。彼非至人，不能下人㊼，下人不精㊽，不得其真，故长伤身。惜哉！不仁之于人也，祸莫大焉，而由独擅之㊾。且道者，万物之所由也，庶物失之者死㊿，得之者生，为事逆之则败，顺之则成。故道之所在，圣人尊之。今渔父之于道，可谓有矣，吾敢不敬乎！"

［注释］

①愀然：脸色改变的样子。②离：通"罹"，遭。四谤：指被再逐于鲁等四次打击。③悟：觉醒。④畏影：害怕自己的影子。恶迹：厌恶自己的足迹。去：离，摆脱。⑤疾：急。⑥处阴：到阴暗的地方。休影：使影子不见。⑦处静：处于静止的状态。息迹：使足迹不再出现。⑧际：界限。⑨适：调和。受：接受。与：给人。度：分寸。⑩理：分析。⑪和：调和。节：度，分寸。⑫不免：意不免于祸患。⑬而：你。⑭还以物与人：把东西归还给别人，意谓与人无争。与，给。⑮理：化理。⑯适：顺。即顺合父母之意。⑰之：则。⑱"无一"句：意即不需限于一种途径。无，通"毋"。迹，途。⑲"不论"句：意即不管用哪种办法。以，用。⑳选：择。具：器具，指饮酒的器具。㉑礼：礼节仪式。㉒所为：人为地造出来的东西。㉓受于天：出于天然。㉔"自然"句：改变则失真。易，改变。㉕法天：效法自然。贵真：珍重精诚。㉖反此：与此相反。㉗恤于人：忧心于人事。恤，忧。㉘禄禄：通"碌碌"，凡庸的样子。受变于俗：受世俗影响而变。㉙蚤：通"早"。湛：通"耽"，沉溺。人伪：人为的事情。晚：迟。㉚天：犹天师，即得天道者。幸：意即得天道者的亲近。㉛不羞：不以为耻辱。比之服役：视同弟子。㉜与往：一同前往。㉝咎：祸害。㉞去：离开。㉟刺船：撑船。㊱"延缘"句：顺沿芦苇边而慢行。延，慢行。缘，顺。㊲授绥：把上车时拉的绳子交给孔子。㊳旁：通"傍"。㊴为役：做弟子。

㊵遇：接待。威：肃敬。㊶“见夫”句：古时宾主相见有一定的礼法：主人在门口迎宾，宾由庭西蹑步上西阶而升堂，主人由庭东蹑步上东阶而升堂。他们入门及上阶时都相互作揖，这就叫分庭。升堂之后，宾让座主亦让座，宾拜主亦拜，这就叫伉礼。㊷逆：通“迎”。㊸要：通“腰”。磬折：折腰鞠躬如磬的样子。磬，乐器，形曲折。㊹言拜而应：渔父说话，孔子先拜而后敢应答。㊺轼：车前扶手横木。㊻“湛于”句：意即长期沉溺在礼乐之中。有间，经过了相当长的一段时间。㊼下人：使人谦下，意即使人信服。㊽“下人”句：对人表示谦逊却不真诚。㊾由：从中产生。㊿庶物：众物，即各种生物。

［译文］

孔子凄凉悲伤地长声叹息，再次行礼后站起身来，说：“我在鲁国两次受到冷遇，在卫国被铲削掉所有的足迹，在宋国遭受砍掉坐荫之树的羞辱，又被久久围困在陈国、蔡国之间。我不知道我有什么过失，遭到这样四次诋毁的原因究竟是什么呢？”

渔父悲悯地改变面容说：“你实在是难于醒悟啊！有人害怕自己的身影、厌恶自己的足迹，想要避离而逃跑开去，举步越频繁足迹就越多，跑得越来越快而影子却总不离身，自以为还跑得慢了，于是快速奔跑而不休止，终于用尽力气而死去。不懂得停留在阴暗处就会使影子自然消失，停留在静止状态就会使足迹不复存在，这也实在是太愚蠢了！你仔细推究仁义的道理，考察事物同异的区别，观察动静的变化，掌握取舍的分寸，疏通好恶的情感，调谐喜怒的节度，却几乎不能免于灾祸。认真修养你的身心，谨慎地保持你的真性，把身外之物还与他人，那么也就没有什么拘系和累赘了。如今你不修养自身反而要求他人，这不是本末颠倒了吗？”

孔子凄凉悲伤地说：“请问什么叫作真？”

渔父回答：“所谓真，就是精诚的极点。不精不诚，不能感动人。所以，勉强啼哭的人虽然外表悲痛其实并不哀伤，勉强发怒的人虽然外表严厉其实并不威严，勉强亲热的人虽然笑容满面其实并不和善。真正的悲痛没有哭声而哀伤，真正的怒气未曾发作而威严，真正的亲热未曾含笑而和善。自然的真性存在于内心，神情的表露流于外在，这就是看重真情本性的原因。将上述道理用于人伦关系，侍奉双亲就会慈善孝顺，辅助国君就会忠贞不渝，饮酒就会舒心乐意，居丧就会悲痛哀伤。忠贞以建功为主旨，饮酒以欢乐为主旨，居丧以致哀为主旨，侍奉双亲以适意为主旨。功业与成就目的在于达到圆满美好，因而不必拘于一个轨迹；侍奉双亲目的在于达到适意，因而不必考虑使用什么方法；饮酒目的在于达到欢乐，没有必要选用就餐的器具；居丧目的在于致以哀伤，不必过问规范礼仪。礼仪，是世俗人的行为；纯真，却是禀受于自然，出自自然因而也就不可改变。所以圣哲的人总是效法自然看重本真，不受世俗的拘系。愚昧的人则刚好与此相反。不能效法自然而忧虑世人，不知道珍惜真情本性，庸庸碌碌地在流俗中承受着变化，因此总是不知满足。可惜啊，你过早地沉溺于世俗的伪诈而很晚才听闻大道。”

孔子又一次深深行礼后站起身来，说：“如今我孔丘有幸能遇上先生，好像苍天特别宠幸于我似的。先生不以此为羞辱并把我当作弟子一样看待，而且还亲自教导我。我冒昧地打听先生的住处，请求借此受业于门下而最终学完大道。”

渔父说：“我听说，可以迷途知返的人就与之交往，直至领悟玄妙的大道；不能迷途知返的人，不会真正懂得大道，谨慎小心地不要与他们结交，自身也就不会招来祸殃。你自己勉励吧！我得离开你了！我得离开你了！”于是撑船离开孔子，缓缓地顺着芦苇丛中的水道划船而去。

颜渊掉转车头，子路递过拉着上车的绳索，孔子看定渔父离去的方向头也不回，直到水波平定，听不见桨声方才登上车子。

子路依傍着车子而问道：“我能够为先生服务已经很久了，不曾看见先生对人如此谦恭尊敬。大国的诸侯，小国的国君，见到先生历来都是平等相待，先生还免不了流露出傲慢的神情。如今渔父手拿船桨对面而站，先生却像石磬一样弯腰鞠躬，听了渔父的话一再行礼后再做回答，恐怕是太过分了吧？弟子们都认为先生的态度不同于往常，一个捕鱼的人怎么能够获得如此厚爱呢？”

孔子伏身在车前的横木上叹息说：“你实在是难于教化啊！你沉湎于礼义已经有些时日了，可是粗野卑下的心态时至今日也未能除去。上前来，我对你说！大凡遇到长辈而不恭敬，就是失礼；见到贤人而不尊重，就是不仁。他倘若不是一个道德修养臻于完善的人，也就不能使人自感谦卑低下，对人谦恭卑下却不至精至诚，定然不能保持本真，所以久久伤害身体。真是可惜啊！不能见贤思齐对于人们来说，祸害再没有比这更大的了，而你子路却偏偏就有这一毛病。况且大道，是万物产生的根源，各种物类失去了道就会死亡，获得了道便会成功。所以大道之所在，圣人就尊崇。如今渔父对于大道，可以说是已有体悟，我怎么能不尊敬他呢？”

题解

列御寇就是我们熟悉的列子，他是战国时期的郑国人，相传战国时道家代表人物。这里用作篇名。全篇由许多小故事夹着议论组合而成。主要是阐述忘我的“虚而遨游”的思想境界。指出人生在世不应炫耀于外，不应求仕求禄，不应追求智巧，不应贪功图报。

文中通过伯昏瞀人与列御寇的对话，告诫人们不要显迹于外。人们之所以不能忘我，是因为他们始终不能忘外，无所求的人才能虚己而遨游。通过对贪天之功以为己有的人的批评，对照朱漫学习屠龙技成而无所用，教导人们要顺应天成，不要追求人为，要像水流一样“无形”，而且让精神归于“无始”。以嘲讽势利的曹商，批评矫饰学伪的孔子，指出给人们精神世界带来惩罚的，还是他自身的烦乱不安和行动过失，而能够摆脱精神桎梏的只有真人，即形同槁木、超脱于世俗之外的人。借孔子之口大谈人心叵测，择人困难，再用正考父做官为例，引出处世原则的讨论，这就是态度谦下，不自以为是，不自恃傲人，而事事通达随顺自然。余下连续写了庄子的三则小故事，进一步阐述处世之道。旨意全在于说明一无所求的处世原则；最后又深刻指出，不要自恃明智而为外物所驱使，追求身外的功利实是可悲，应该有所感才有所应。

列御寇

[原文]

列御寇之齐①，中道而反②，遇伯昏瞀(mào)人。伯昏瞀人曰③：“奚方而反④？”

曰：“吾惊焉。”

曰：“恶乎惊？”

曰：“吾尝食于十餮，而五餮先馈⑤。”

伯昏瞀人曰：“若是，则汝何为惊已？”

曰：“夫内诚不解⑥，形谍成光⑦，以外镇人心⑧，使人轻乎贵老⑨，而𩐋其所患⑩。夫餮特为食羹之货⑪，无多余之赢⑫，其为利也薄，其为权也轻，而犹若是，而况于万乘之主乎！身劳于国而知尽于事⑬，彼将任我，以事而效我以功，吾是以惊⑭。”

伯昏瞀人曰：“善哉观乎⑮！汝处已⑯，人将保汝矣！”

无几何而往⑰，则户外之屦(jù)满矣⑱。伯昏瞀人北面而立，

敦杖蹙之乎颐[19]，立有间，不言而出。

宾者以告列子，列子提屦，跣(xiǎn)而走[20]，暨(jì)乎门[21]，曰：“先生既来，曾不发药乎[22]？”

曰：“已矣，吾固告汝曰‘人将保汝’，果保汝矣。非汝能使人保汝，而汝不能使人无保汝也[23]，而焉用之感豫出异也[24]！必且有感摇而本才，又无谓也[25]。与汝游者又莫汝告也[26]，彼所小言[27]，尽人毒也[28]。莫觉莫悟，何相孰也[29]！巧者劳而知者忧，无能者无所求[30]，饱食而敖游，泛若不系之舟[31]，虚而敖游者也[32]。”

刘玄德三顾茅庐

道家认为“内诚不解，形谍成光，以外镇人心”就会导致“巧者劳而知者忧”，所以不应当让自己表现得与众不同，不要显迹于外。道家是主张“出世”，但对那些想要“入世”的人来说，做法肯定就相反了。三国时的孔明，便是把隐居当作一个幌子，却让自己声名远播，才会有后来“三顾茅庐”的故事发生。

［注释］

①之：去，往。②中道：半途。反：通“返”。③伯昏瞀人：指楚隐士。④奚：何。方：事。⑤“吾尝”二句：意即十家中有五家先把浆送上给列御寇，表示对他恭维。餐，米汤。这里指卖米汤的店子。馈，赠送。⑥“夫内”句：内心虽然真诚，但还没有达到化的程度。即对大道还未融会贯通。解，融化。⑦形谍：在外表上流露出来。意即显示自己。谍，义同“渫”，即泄。⑧镇：镇服。⑨“使人”句：意即列子令人对他不得不尊重而对高贵、年老的人反而轻视。⑩“而整”句：意即如上述所说的，会导致祸害。整，借为赍，遗，致。⑪特：只是。货：买卖。⑫赢：赚。⑬“身劳”句：为国事操心而身劳智尽。知，通“智”。⑭“彼将”三句：万乘之主将要把工作委任给我，为了取得成果而叫我去效力，所以我害怕。⑮“善哉”句：称赞列御寇善于观察问题。⑯处：安居。已：矣。⑰无几何：没多久。往：指伯昏瞀人到列子居舍。⑱“则户”句：古人进屋一定要在门外脱鞋。列子门外鞋子满地，可见来依附的人很多。⑲敦：竖立。蹙：紧贴。⑳跣：赤脚。㉑暨：及。乎：于。㉒曾：乃。发药：比喻赠言，表示伯昏瞀人的话能医治自己的毛病。㉓“非汝”

二句：这是对前两句用意的解释，意即我并非是肯定你能使人依附于你，而是责备你不能使人不要依附你。㉔“而焉”句：而何以因此感到愉快而显得与众不同呢！用，因。感豫，感到愉快。㉕“必且”二句：意即一定将会再次出现使人感到愉快的事，使你的本性不能平静，但这也是毫无用处的。且，将。有，又。摇，动。而，你。无谓，没用。㉖与汝游者：依附你的人。莫汝告：莫告汝。同游者多气味相投，故无法对你忠告。㉗小言：琐碎的言论。㉘尽人毒：全是害人的东西。㉙“莫觉”二句：不觉悟，哪能相互认识、明察呢？意即双方都在懵懂之中。孰，通“熟”，详审。㉚无能者：无为者，指得道者。㉛系：飘浮不定的样子。㉜“虚而”句：虚则心无症结，无所共鸣，无劳无忧，故能逍遥游。

［译文］

列御寇到齐国去，半路上又折了回来，遇上伯昏瞀人。伯昏瞀人问道：“什么事情使你又折了回来？”

列御寇说：“我感到惊惶不安。”

伯昏瞀人又问：“什么原因使你惊惶不安？”

列御寇说：“我曾在十家卖饮料的店子里饮用，却有五家事先就给我送来。”

伯昏瞀人说：“像这样的事，你怎么会惊惶不安呢？”

列御寇说：“内心至诚却又未能从流俗中解脱出来，外部身形就会有所宣泄而呈现出神采；用外在的东西镇服人心，对自己的尊重胜过尊重年老的人，必然会招致祸患。那卖饮料的人只不过是为了卖掉饮用的羹汤，没有多少赢利，他们获利是很微薄的，他们预先送来饮料时的内心打算也是微不足道的，可是还如此地对待我，何况那大国的国君呢？国君亲身操劳于国家而才智耗尽于政事，他们定会把重任托付给我并检验我的功绩。我正因为这个缘故才惊惶不已。”

伯昏瞀人说：“你的观察与分析实在是好啊！你安处自身吧，人们一定会归附于你了！”

没有多久伯昏瞀人前去看望列御寇，看见门外摆满了鞋子。伯昏瞀人面朝北方站着，竖着拐杖撑住下巴。站了一会儿，一句话也没说就走出去了。

接待宾客的人员告诉了列御寇，列御寇提着鞋子，光着脚就跑了出来，赶到门口，说：“先生已经来了，竟不说一句批评指教的话吗？”

伯昏瞀人说：“算了算了，我本来就告诉你说人们将会归附于你，果真都在归附你了。当初我曾责备过你让人们归附于你，而你却始终不能做到让人们不归附于你。你何必用显迹于外的做法让人感动而预先就表现得与众不同呢！必定是内心有所感动方才会动摇你的本性哩，而你又无可奈何。跟你交游的人又没有谁能提醒告诫你，他们的细巧迷惑的言辞，全是毒害人的；没有谁觉醒没有谁省悟，怎么能彼此相互审视详察！灵巧的人多劳累而聪慧的人多忧患，没有能耐的人也就没有什么追求，填饱肚子就自由自在地遨游，像没有缆索飘忽在水中的船只一样，这才是心境虚无而自由遨游的人。”

［原文］

郑人缓也呻吟于裘（qiú）氏之地①。祇三年而缓为儒②，润

河九里，泽及三族③，使其弟墨④。儒、墨相与辩，其父助翟⑤。十年而缓自杀⑥。其父梦之曰⑦：“使而子为墨者，予也⑧。阖（hé）胡尝视其良⑨，既为秋柏之实矣⑩？”

夫造物者之报人也⑪，不报其人而报其人之天⑫。彼故使彼。夫人以己为有以异于人以贱其亲⑬，齐人之井饮者相捽（zuó）也⑭。故曰：“今之世皆缓也。”自是，有德者以不知也⑮，而况有道者乎！古者谓之遁（dùn）天之刑⑯。

邓艾段谷破姜维

邓艾和文中的缓一样是居功自傲的人。邓艾奇兵灭西蜀后就自大起来，于是司马昭决定除掉邓艾，他派人马押送邓艾前往京师，在途中将其杀害。缓的弟弟成为墨家学人是因禀赋并不是他的功劳，缓自杀后仍没醒悟，甚至还要托梦居功，十分可笑。

圣人安其所安，不安其所不安；众人安其所不安，不安其所安。

庄子曰：“知道易，勿言难。知而不言，所以之天也⑰；知而言之，所以之人也⑱；古之至人，天而不人⑲。”

［注释］

①缓：郑人名。呻吟：吟诵。呻，即诵。②祇：刚好。为儒：成为儒者。③“河润”二句：以河水浸润九里之地比喻缓学成儒者之后，功成名遂，恩泽施及三族。三族，指父族、母族、妻族。④墨：作动词，成为墨者。⑤翟：缓弟名。⑥自杀：由于怨恨父亲帮助弟弟。⑦梦之：梦见缓，意即缓托梦于父亲。之，指缓。⑧而：你。⑨“阖胡尝”句：意为缓怨父亲看不到自己的好处。阖胡，何不。尝，试。其，缓自指。⑩“既为”句：以秋柏结果比喻翟已成为墨者。缓自夸翟成材是他培养的结果。⑪报：报答。⑫天：天性。⑬贱其亲：指他托梦责怪父亲。⑭井饮者：饮食井水的人。相捽：互相扯着头发殴打。这都是由于不明白井之有水是出于天然，而不是各人挖井的功劳。⑮不知：不可理解。⑯遁天之刑：违背天理所得到的刑罚。

遁，违。⑰之天：达到天然的境界。之，至。⑱之人：走人为的道路。⑲天而不人：一切自然用不着人为。

［译文］

郑国有个名叫缓的人在裘氏地方吟咏诵读，只用了三年就成了儒生，像河水滋润沿岸的土地一样润泽着广远的地方，他的恩惠还施及三族，并且使他的弟弟成为墨家的学人。儒家、墨家不能相容而相互争辩，缓的父亲则站在墨家一边。过了十年缓愤而自杀，他的父亲梦见他说："让你的儿子成为墨家，还是我的功劳。怎么不看看我的坟墓，我已变成秋天的柏树而结出了果实！"

造物者所给予人们的，不是赋予人的才智和能力而是赋予人们的自然本性。缓的弟弟具备了墨家的禀赋因而能使他成为墨家学人。缓总认为自己有什么与众不同的地方才这样轻侮他的父亲，就跟齐人自以为挖井有功而与饮水的人抓扯扭打一样，看来如今社会上的人差不多都是像缓这样贪天之功以为己有的人。自以为生活中总是这样，有德行的人却并不知道这样的情况，更何况是有道的人啊！古时候人们称这种贪天之功的做法是违背自然规律而受到刑戮。

圣哲的人安于自然，却不适应人为的摆布；普通人习惯于人为的摆布，却不安于自然。

庄子说："了解道容易，不去谈论却很困难。了解了道却不妄加谈论，这是通往自然的境界；了解了道却信口谈论，这是走向人为的尘世。古时候的人，体察自然而不追求人为。"

［原文］

朱泙(píng)漫学屠龙于支离益①，单千金之家②，三年技成而无所用其巧③。

圣人以必不必，故无兵；众人以不必必之，故多兵；顺于兵④，故行有求⑤。兵，恃之则亡⑥。

小夫之知⑦，不离苞苴(jū)竿牍⑧，敝精神乎蹇浅⑨，而欲兼济道物⑩，太一形虚⑪。若是者，迷惑于宇宙，形累不知太初。彼至人者，归精神乎无始而甘冥乎无何有之乡⑫。水流乎无形，发泄乎太清⑬。悲哉乎！汝为知在毫毛⑭，而不知大宁！

［注释］

①朱泙漫：姓朱泙，名漫。支离益：姓支离，名益。都是虚设人名。②单：借为殚，尽。家：家产。③巧：指屠龙的技巧。④顺于兵：意即有仗就打。⑤求：贪。⑥"恃之"句：专靠军事暴力则一定失败。恃，靠。⑦小夫：匹夫。知：通"智"。⑧"不离"句：古人把鱼肉之类送给别人时，常用茅苇等叶子裹着或者垫着。互相

问候多用竹简尺牍。裹叫苞，藉（垫着）叫苴。竿，通“简”。⑨“敝精”句：意即把精神消耗在浅陋的琐事上。敝，疲劳。这里作动词，消耗。蹇浅，浅陋。⑩兼济道物：全面地成全、引导万物。济，成就。道，通“导”。⑪太一：作动词，达到与万物同一的境界。形虚：体内清虚。⑫归：复。无始：万物还没有萌芽的时代。无何有之乡：虚无的境界。⑬“水流”二句：意即水流并没有固定的轨迹，纯粹出于自然。无形，没有固定形迹，意即只是随地势而流。发泄，流露。乎，于。太清，太虚之道，亦即自然之道。汝：指列子。为知：用心。在毫毛：在微细的琐事上。

守株待兔

宋国有个农夫，在田里翻土时看见一只野兔撞在田边的树墩上死了，农夫白捡野兔后再也不肯出力种地了。守株待兔比喻死守狭隘经验，不知变通，或抱着侥幸心理妄想不劳而获。“众人以不必必之”意为众人把偶然看作必然。众人执着于非必然的事物导致兵戈相向，进而导致灭亡。

[译文]

朱泙漫向支离益学习屠龙的技术，耗尽了千金的家产，三年后学成技术却没有什么机会可以施展这样的技巧。

圣哲的人对于必然的事物不与人持拗固执，所以总是没有争论；普通人却把非必然的东西看作必然，因而总是争论不休。曲从于纷争，总是因为一举一动都有所追求，纷争，仰仗于它到头来只会自取灭亡。

世俗人的聪明做法，离不开赠与酬答，在浅薄的事情上耗费精神，一心想着兼济天下疏导万物，满以为这就可以达到混沌初开、物我相融的境界。像这样的人，早已被浩瀚的宇宙所迷惑，身形劳苦拘累却并不了解混沌初始的真谛。那些道德修养极高的人，让精神回归到鸿蒙初开的原始状态，甘愿休眠在没有任何有形事物的世界。像水流一样随顺无形，自然而然地流淌在清虚空寂的境域。可悲啊！世俗人把心思用在毫毛琐事上，却一点也不懂得宁静、自然和无为。

[原文]

宋人有曹商者①，为宋王使秦。其往也，得车数乘；王说之，益车百乘。反于宋，见庄子曰：“夫处穷闾厄巷②，困窘织屦③，槁项黄馘（xù）者④，商之所短也；一悟万乘之主而从车百乘者⑤，商之所长也⑥。”

庄子曰："秦王有病召医，破痈(yōng)溃痤者得车一乘⑦，舐(shì)痔(zhì)者得车五乘⑧，所治愈下⑨，得车愈多。子岂治其痔邪，何得车之多也？子行矣！"

［注释］

①曹商：姓曹，名商。②厄巷：狭窄的小巷。③"困窘"句：贫苦而以织草鞋为生。④槁项：颈项干瘪。黄馘：面黄瘦的样子。⑤悟：作使动用法，使……觉醒，意指接受自己的意见。从车：随从的车子。⑥长：擅长。⑦痈、痤：都是疮疖之类。⑧舐：舔。⑨下：卑下。

［译文］

宋国有个叫作曹商的人，为宋王出使秦国。他前往秦国的时候，得到宋王赠与的数辆车子；秦王十分高兴，又加赐车辆一百乘。曹商回到宋国，见了庄子说："身居偏僻狭窄的里巷，贫困到自己去编织麻鞋卖，脖颈干瘪面色饥黄，这是我不如别人的地方；一旦有机会使大国的国君省悟而随从的车辆达到百乘之多，这又是我超过他人之处。"

庄子说："听说秦王有病召请属下的医生，破出脓疮溃散疖子的人可获得车辆一乘，舔治痔疮的人可获得车辆五乘，凡是疗治的部位越是低下，所能获得的车辆就越多。你难道给秦王舔过痔疮吗，怎么获奖的车辆如此之多呢？你走开吧！"

［原文］

鲁哀公问乎颜阖曰："吾以仲尼为贞幹(gàn)①，国其有瘳(chōu)乎②？"

曰："殆哉圾乎③！仲尼方且饰羽而画④，从事华辞⑤，以支为旨⑥，忍性以视民而不知不信⑦，受乎心⑧，宰乎神，夫何足以上民⑨！彼宜女与？予颐与⑩？误而可矣。今使民离实学伪⑪，非所以视民也⑫，为后世虑，不若休之⑬。难治也。"

［注释］

①贞幹：原指筑墙用的木条。这里借用来指国家重臣。犹言国家栋梁。贞，通"桢"。②"国其"句：意谓任仲尼为重臣，能否把国家治理好？瘳，病愈。③圾：同"岌"，危。④"仲尼"句：羽毛本来已经有文采，又用画来装饰，说明仲尼追求花样、巧伪。⑤华辞：花言巧语。⑥"以支"句：意即仲尼舍本逐末。支，枝末。旨，宗旨。⑦"忍性"句：孔子宣扬"克己复礼"，即叫人压抑自己的天性，故说忍性。视，通"示"。知，通"智"。⑧受乎心：意即不依大道，而以自己的心神为

主宰。受，受制。⑨上民：为民之上，即统治人民。⑩“彼宜”二句：意即仲尼的那一套如果适用于你和我的养生的话，就是错了，也不大要紧啊！彼，指仲尼那一套。宜，适合。颐，养。与，通“欤”。⑪实：真。⑫“非所”句：不是用来教育老百姓的正确主张。⑬休：止，做罢。指任仲尼为贞幹的事。

［译文］

鲁哀公向颜阖问道：“我想把仲尼任命为大臣，国家有希望了吧？”

颜阖说：“危险了，实在是危险啊！仲尼正一心想着粉饰装扮，追求和讲习虚伪的言词，把枝节看作是要旨，扭曲心性以夸示于民众却不知道全无一点诚信；让这样的做法承受于内心，并主宰着精神，怎么能够管理好人民！仲尼果真适合于你吗，还是他真的能够养育人民呢？你的考虑错误无疑了。现今让人民背离真情学习伪诈，这不是用来导引民众的办法，为后世子孙着想，不如早早放弃上述打算。孔丘是很难治理好国家的。”

［原文］

施于人而不忘①，非天布也②。商贾不齿③，虽以事齿之，神者勿齿④。

［注释］

①施：施恩。不忘：指总是以恩人自居。②天布：出于自然的布施。③“商贾”句：商人做买卖是为了获利，而“施于人而不忘”的人，也是为了收买名利，而又装着施恩于人的样子，故连商人都不如。不齿，不愿与之相提并论。④“虽以”二句：指商贾所做的（买卖）表面与他们相近似，但思想上并不像他们那样。神，思想。

［译文］

施与别人恩惠却总忘不了让人回报，远不是自然对普天之下广泛而无私的赐予。施恩图报的行为商人都瞧不起，即使有什么事情必须与他交往，内心也是瞧不起的。

［原文］

为外刑者①，金与木也；为内刑者，动与过也②。宵人之离

拷问

《三桂联芳记》中杜大娘得知丈夫与小桃有私情后就对小桃大加鞭打。在庄子看来皮肉之刑是对外体的刑罚，过失的束缚才是对心灵的刑罚。

外刑者③，金木讯之④；离内刑者，阴阳食之⑤。夫免乎外内之刑者，唯真人能之。

［注释］

①外刑：施在体外的刑罚。②“为内”二句：妄动与太过是施在内心的刑罚。③宵：通“小”。离：通“罹”，遭受。④讯：拷问。⑤食：通“蚀”，腐蚀，指对身心的逐渐伤害。

［译文］

施加皮肉之刑的，不外乎是金属或木质的刑具；给内心世界带来惩罚的，则是自身的烦乱和行动的过失。小人受到皮肉之刑，是用刑具加以拷问；小人内心受到惩罚，则是阴气阳气郁积所造成的侵害。能够免于内外刑辱的，只有真人才可做到。

［原文］

孔子曰：“凡人心险于山川①，难于知天②；天犹有春秋冬夏旦暮之期③，人者厚貌深情④。故有貌愿而益⑤，有长若不肖⑥，有顺懁(xuān)而达⑦，有坚而缦(màn)⑧，有缓而釬(hàn)⑨。故其就义若渴者⑩，其去义若热⑪。故君子远使之而观其忠⑫，近使之而观其敬⑬，烦使之而观其能，卒然问焉而观其知⑭，急与之期而观其信，委之以财而观其仁⑮，告之以危而观其节⑯，醉之以酒而观其侧⑰，杂之以处而观其色⑱。九征至⑲，不肖人得矣⑳。”

［注释］

①险：阴险。②“难于”句：天高深莫测，故用来比喻难知。③期：定时，说明可信。④厚貌：外表不浅露，说明善掩饰。深情：感情藏得深，说明难测度。⑤貌愿：表面谦虚老实。益：通“溢”，骄傲自满。⑥长：善，指优良的品德。不肖：指外表而言。⑦“有顺”句：意即狷介自守的人，不与人苟合。⑧缦：疏慢。⑨缓：和顺。釬：通“悍”，凶悍。⑩就义：追求义理。若渴：像口渴想饮水那样急切。⑪去义：抛弃义理。若热：像被热烫而退缩一样的急促。⑫远使之：派去远处工作。远则难监督，故可考察他是否忠。⑬“近使”句：派在身边，容易相熟而没有拘束，故便于考察他是否恭敬。⑭卒：同“猝”。很快的样子。知：通“智”。⑮委：放任。仁：不贪。⑯危：指危急的情形。节：节气。⑰则：规矩。⑱杂之：指男女杂居。色：指是否好色。⑲九征至：以上九方面都考察过了。征，检验，考

察。⑳得：掌握到。

[译文]

孔子说：“人心比山川还要险恶，比预测天象还要困难；自然界尚有春夏秋冬和早晚变化的一定周期，可是人却面容复杂多变情感深深潜藏。有的人貌似老实却内心骄溢，有的人貌似长者却心术不正，有的人外表拘谨内心急躁却通达事理，有的人外表坚韧却懈怠涣散，有的人表面舒缓而内心却很强悍。所以人们趋赴仁义犹如口干舌燥思饮泉水，而他们抛弃仁义也像是逃离炽热避开烈焰。因此君子总是让人远离自己任职而观察他们是否忠诚，让人就近办事而观察他们是否恭敬，让人处理纷乱事务观察他们是否有能力，对人突然提问观察他们是否有心智，交给期限紧迫的任务观察他们是否守信用，把财物托付给他们观察是否清廉，把危难告诉给他们观察是否持守节操，用醉酒的方式观察他们的仪态，用男女杂处的办法观察他们对待女色的态度。上述九种表现一一得到证验，不好的人也就自然挑捡出来。”

[原文]

正考父一命而伛(yǔ)[1]，再命而偻(lóu)，三命而俯，循墙而走，孰敢不轨[2]！如而夫者[3]，一命而吕钜[4]，再命而于车上儛(wǔ)[5]，三命而名诸父[6]，孰协唐、许[7]！

贼莫大乎德有心而心有睫[8]，及其有睫也而内视，内视而败矣[9]。凶德有五，中德为首。何谓中德？中德也者，有以自好也而吡其所不为者也[10]。

穷有八极[11]，达有三必[12]，形有六府[13]。美、髯(rán)[14]、长、大、壮、丽、勇、敢，八者俱过人也，因以是穷[15]。缘循[16]、偃佒(yǎng)[17]、困畏不若人[18]，三者俱通达。知慧外通[19]，勇动多怨，仁义多责[20]。达生之情者傀[21]，达于知者肖[22]；达大命者随[23]，达小命者遭[24]。

访乐苌弘

道家批评孔子一类人是不知礼的，有意思的是在儒家眼里，孔子是最为重礼的。这幅《访乐苌弘》图记载的是孔子拜访苌弘后，苌弘称赞孔子有圣人仪表，言必称先王，谦虚有礼，博闻强记。孔子听后说：“我怎么敢当呢？我只不过是个爱好礼乐的人。”

［注释］

①正考父：是孔子的七世祖。②轨：法。③而夫：你们这种人。指孔子一类人。④吕钜：意犹今说腰板硬，与伛偻相反，是一种自恃的表现。钜，强大。⑤“再命”句：说明被提升则得意忘形。保儛，即“舞”。⑥名诸父：称呼各位叔伯的名。⑦“孰协”句：正考父与你们这种人相比，谁符合唐尧、许由那样谦让的作风？孰，谁。协，合。⑧贼：害。德有心：德中藏有私心。心有睫：心眼有所遮蔽。⑨“及其”二句：到了心眼被遮蔽的时候而又只凭主观，不看外界实际，则必然失败。内视，主观。⑩自好：自以为是。吡：訾，诋毁。⑪穷：困，潦倒失意。⑫达：通达顺利。必：指必要条件。⑬形：通“刑”。即上文“外刑”“内刑”之“刑”，危害。府：如“怨府”之“府”，集中处。聚集了六种危害的地方，故称“六府”。⑭髯：两颊的胡子。古人以两颊胡子多为漂亮。⑮“因以”句：因为上述八方面都超过别人，自恃骄傲，就会倒霉。⑯缘循：因循，一切顺着。⑰偃佒：俯仰从人，卑顺的样子。佒，通“仰”。⑱困畏：懦弱。不若人：都甘心落后于人。甘心落后则与人无争，故一切通达顺利。⑲知：通“智”。外通：显露在外表。⑳“仁义”句：你行仁义，人们就会多求于你。责，求。㉑傀：不平凡。㉒肖：渺小。㉓大命：天命。随：顺利。㉔小命：人命。遭：遇，引申为阻滞，不顺利。

［译文］

正考父首次被任命为士便逢人躬着背，再次任命为大夫便深深地弯着腰，第三次任命为卿更谦恭地俯下身子，总是让开大道顺着墙根快步急走，态度如此谦下谁还敢干出不轨之事！如果是凡夫俗子，首次任命为士就会傲慢矜持，再次任命为大夫就会在车上手舞足蹈，第三次任命为卿就要人呼叔称伯了，像这样谁还会成为唐尧、许由那样谦让的人呢？

最大的祸害莫过于有意培养德行而且有心眼，等到有了心眼就会以意度事主观臆断，而主观臆断必定导致失败。招惹凶祸的官能有心、耳、眼、舌、鼻五种，内心的谋虑则是祸害之首。什么叫作内心谋虑的祸害呢？所谓内心谋虑的祸害，是指自以为是而诋毁自己所不赞同的事情。

困厄窘迫源于以下八个方面的自恃与矜持，顺利通达基于以下三种情况的必然发展，就像身形必具六个脏腑一样。貌美、须长、高大、魁梧、健壮、艳丽、勇武、果敢，八项长处远远胜过他人，于是依恃傲人必然导致困厄窘迫。因循顺应、俯仰随人、困厄怯弱而又态度谦下，三种情况都能遇事通达。自恃聪明炫耀于外，勇猛躁动必多怨恨，倡导仁义必多责难。通晓生命实情的人心胸开阔，通晓真知的人内心虚空豁达，通晓长寿之道的人随顺自然，通晓寿命短暂之理的人也能随遇而安。

［原文］

人有见宋王者，锡车十乘①，以其十乘骄稚庄子②。庄子曰：“河上有家贫恃纬萧而食者③，其子没于渊④，得千金

之珠。其父谓其子曰：‘取石来锻之⑤！夫千金之珠，必在九重之渊而骊龙颔(hàn)下⑥，子能得珠者，必遭其睡也。使骊龙而寤，子尚奚微之有哉⑦！’今宋国之深，非直九重之渊也⑧；宋王之猛⑨，非直骊龙也；子能得车者，必遭其睡也。使宋王而寤，子为齑(jī)粉矣⑩！”

[注释]

①“人有”二句：有人游说宋襄王，而宋襄王赐车十乘。锡，通“赐”。②稚：骄傲。③恃纬萧而食者：靠编织芦苇制品维持生活的。纬，织。萧，芦荻。④没：潜。⑤锻：锤烂。⑥骊龙：黑龙。颔：下巴。⑦“使骊”二句：意即假使骊龙醒来，定被它吃掉，故不但得不到千金之珠，而且会连自己也无些微残余。使，假使。奚微之有，即有奚微，宾语提前。⑧直：但。⑨猛：凶。⑩齑粉：切成碎末的菜，比喻粉身碎骨。

[译文]

有个拜会过宋王的人，宋王赐给他车马十乘，依仗这些车马在庄子面前炫耀。庄子说：“河上有一个家庭贫穷靠编织苇席为生的人家，他的儿子潜入深渊，得到一枚价值千金的宝珠，父亲对儿子说：‘拿过石块来锤坏这颗宝珠！价值千金的宝珠，必定出自深深的潭底黑龙的下巴下面，你能轻易地获得这样的宝珠，一定是正赶上黑龙睡着了。倘若黑龙醒过来，你还想活着回来吗？’如今宋国的险恶，远不只是深深的潭底；而宋王的凶残，也远不只是黑龙那样。你能从宋王那里获得十乘车马，也一定是遇上宋王睡着了。倘若宋王一旦醒过来，你也就必将粉身碎骨了。”

[原文]

或聘于庄子①。庄子应其使曰：“子见夫牺牛乎②？衣以文绣③，食以刍菽(shū)④，及其牵而入于太庙⑤，虽欲为孤犊⑥，其可得乎！”

[注释]

①或：有人。②牺牛：在三个月前养来祭祀宗庙的牛。③衣：作动词，指给牺牛穿。④食：饲，指给牺牛吃。刍：草。菽：大豆。⑤太庙：帝王的祖庙。⑥孤犊：没有人豢养的小牛。

[译文]

有人向庄子行聘。庄子答复他的使者说：“你见过那准备用作祭祀的牛牲吗？用织有花纹的锦绣披着，给它吃草料和豆子，等到牵着进入太庙杀掉用于祭祀，就是想要做

个没人看顾的小牛，难道还可能吗？”

［原文］

庄子将死，弟子欲厚葬之。庄子曰：“吾以天地为棺椁，以日月为连璧①，星辰为珠玑②，万物为赍(jī)送③。吾葬具岂不备邪④？何以加此！”

弟子曰：“吾恐乌鸢(yuān)之食夫子也⑤。”

庄子曰：“在上为乌鸢食，在下为蝼蚁食，夺彼与此⑥，何其偏也⑦！”

以不平平，其平也不平⑧；以不征征，其征也不征⑨。明者唯为之使，神者征之⑩。夫明之不胜神也久矣，而愚者恃其所见入于人⑪，其功外也⑫，不亦悲乎！

［注释］

①连璧：连城之璧。②珠玑：圆为珠，不圆为玑。③赍：送，此指送葬品。④备：齐备。⑤乌：乌鸦。鸢：老鹰。⑥彼：指乌鸢。此：指蝼蚁。⑦偏：偏心。⑧“以不”二句：把偏心偏见看作是公平的，这种公平其实就是不公平。平，公正，与上句“偏”义相反。⑨“以不”二句：把未经应验的看作是应验，这种应验其实是不可信的。征，应验，可信。⑩“明者”二句：看得见的人事只有被天道所支配，而天道才是可信的。明，与“神”相对，公开的，可以看到的，指人事。为，被。之，它，指天道。神，神秘的，看不到的，指天道。⑪所见：指愚者的偏见。入于人：沉溺于人事，如厚葬就是一例。⑫“其功”句：人为全是表面功夫。

［译文］

庄子快要死了，弟子们打算用很多的东西作为陪葬。庄子说：“我把天地当作棺椁，把日月当作连璧，把星辰当作珠玑，万物都可以成为我的陪葬。我陪葬的东西难道还不完备吗？哪里用得着再加上这些东西！”

弟子说：“我们担忧乌鸦和老鹰啄食先生的遗体。”

庄子说：“弃尸地面将会被乌鸦和老鹰吃掉，深埋地下将会被蚂蚁吃掉，夺过乌鸦老鹰的吃食再交给蚂蚁，怎么如此偏心！”

用偏见去追求均平，这样的均平绝对不是自然的均平；用人为的感应去应验外物，这样的应验绝不是自然的感应。自以为明智的人只会被外物所驱使，精神世界完全超脱于物外的人才会自然地感应。自以为明智的人早就比不上精神世界完全超脱的人，可是愚昧的人还总是自恃偏见而沉溺于世俗和人事，他们的功利只在于追求身外之物，这不很可悲吗！

题解

《天下》篇极其精要地评述了先秦各家的学说，从庄子学派的观点出发，对各家学派一一褒贬，对庄子的思想也作了高度的概括，是中国最早的一篇学术史论文，成为研究先秦哲学思想不可多得的珍贵文献。

首先,作者对各种“方术”(学术)的渊源和流变过程进行了回顾。他指出所谓“道术”，包涵了宇宙间的一切真理。而后世的百家曲士却不能继承古人的体道精神，仅执一察之见以评判天地，结果使“道术”分裂成各种“方术”。可见所谓“方术”，就是对大道的某一方面所“闻”的学问，所以它只能反映出宇宙间全部真理的某个小方面。接着，作者对各派学说的历史起源和自身价值进行了评论。

对于墨翟、禽滑厘一派的评论，篇文认为墨家的主张不具有现实性，其自苦的精神也不合于真情实感的自然表达。介绍宋尹学派，他们主张寡情少欲，忍辱负重，追求上下平等，希望社会平和安宁，反对攻伐和暴力。介绍彭蒙、田骈、慎到的学术思想。这三个人都是早期法家人物，主张“公而不当”“易而无私”，追求用齐同划一的尺度看待和处理事物。庄子主张的是混一的大同和超于物外的无我。此篇认为他们的主张仍不合于道。介绍关尹、老聃的思想。关尹和老聃是早期道家学派的代表人物，他们以道为本，认为事物之无有出于自然而非人为，主张恬淡空虚，因此篇文称赞他们是“博大真人”。介绍庄子的思想，庄子的学说“弘大而辟”“深闳而肆”，能够“应于化而解于物”，其要旨是宗本于道。介绍惠施、桓团与公孙龙等名家学派人物的思想，说他们渊博却不能符合于道。名家特别重视名与实的关系，篇文列数了名家学派的许多辩题，指斥他们夸饰、矜持的态度，从大道的角度说，他们只不过是一蚊一虻的喧扰。

本篇文笔洗炼，结构严谨，对各家概括十分精当，加之所集录、介绍的先秦学派，其著作多已亡佚，因此在中国古代学术史上具有极重要的地位。

天下

[原文]

天下之治方术者多矣[1]，皆以其有为不可加矣[2]。古之所谓道术者[3]，果恶乎在？曰：“无乎不在。”曰：“神何由降？明何由生？”“圣有所生，王有所成，皆原于一[4]。”

不离于宗，谓之天人。不离于精，谓之神人。不离于真，谓之至人。以天为宗[5]，以德为本[6]，以道为门，兆于变化[7]，谓之圣人。以仁为恩，以义为理，以礼为行，以乐为和[8]，薰然慈仁[9]，谓之君子。以法为分，以名为表[10]，以参为验[11]，以稽为决[12]，其数一二三四是也，百官以

桑林祷雨

传说商汤在位时，曾大旱了七年，以致赤地千里民不聊生。商汤为使民众从苦难中解脱出来，准备用自己作祭品来祭祀桑林之神以求降雨，神灵果然被他感动，庄稼获得了好的收成。这可算是“以衣食为主，以蕃息畜藏为意”，注重民生的典范了。

此相齿[13]，以事为常[14]，以衣食为主，蕃息畜藏，老弱孤寡为意[15]皆有以养，民之理也。

古之人其备乎[16]！配神明[17]，醇天地[18]，育万物，和天下，泽及百姓，明于本数[19]，系于末度[20]，六通四辟[21]，小大精粗，其运无乎不在。其明而在数度者[22]，旧法世传之史[23]，尚多有之。其在于《诗》《书》《礼》《乐》者，邹鲁之士、搢（jìn）绅先生，多能明之[24]。《诗》以道志，《书》以道事，《礼》以道行，《乐》以道和，《易》以道阴阳，《春秋》以道名分。其数散于天下而设于中国者，百家之学时或称而道之。

天下大乱，贤圣不明，道德不一[25]，天下多得一察焉以自好[26]。譬如耳目鼻口，皆有所明，不能相通。犹百家众技也，皆有所长，时有所用。虽然，不该不遍[27]，一曲之士也[28]。判天地之美，析万物之理，察古人之全，寡能备于天地之美，称神明之容。是故内圣外王之道，暗而不明，郁而不发[29]，天下之人各为其所欲焉以自为方。悲夫，百家往而不反，必不合矣！后世之学者，不幸不见天地之纯，古人之大体[30]，道术将为天下裂。

［注释］

①方术：指特定的学问，为道术的一部分。②以其有：认为自己所主张的。

不可加：无以复加，即顶峰。③道术：指洞悉宇宙人生本原的学问。④一：道。⑤宗：主宰。⑥本：根本。⑦变化：指万物的变化。⑧和：调和性情。⑨薰然：温和慈爱的样子。⑩名：职称。表：标志。⑪参：比较。验：检查。⑫稽：考核。决：判断。⑬“百官”句：百官依这样相列序位。齿，序列。⑭以事为常：以执事为常务。⑮蕃：繁殖。息：生息。畜：蓄积。藏：储藏。为意：作为关心的事。⑯备：完备。意即上述君子、百官、平民等各种人都只是偏于一面，而古代得道的人是全面具备的。⑰配神明：配合天地造化的灵妙。⑱醇天地：取法天地。醇，借为准。⑲明：表现。⑳末度：指法度，为道的末节。㉑六通四辟：六合通达四时顺畅。㉒数度：指礼乐制度。㉓世传之史：社会上流传的史书。㉔邹鲁之士：指儒士。搢：笏。绅：长带。搢绅亦指儒士。㉕不一：各家自有一套，故不统一。㉖一察：执一端。自好：自我欣赏。㉗该：兼备。㉘一曲：偏于一端，与上文“一察”同义，指只知道的一端而不明道的全体。㉙郁：闭塞。发：发挥出来。㉚大体：全貌。

[译文]

天下研究学术的人很多很多，都认为自己掌握了真理而且达到了无以复加、登峰造极的境界。那么，古时候所说的有关天道的规律，果真又存在哪里呢？回答是：“无处不在。”如果再问：“自然赋予的灵妙从何处降临？人们所拥有的睿智又从哪里产生？”回答是：“玄圣有他诞生的原因，圣王也有他出现的根由，因为他们全都源于宇宙万物本体混一的道。”

不违背道的宗本，称他叫天人。不违背道的精粹，称他叫神人。不违背道的真谛，称他叫至人，把自然视为本原，把禀赋视为根本，把规律视为途径，从而预知事物的各种变化，称他叫圣人。用仁慈来布施恩惠，用道义来分清事理，用礼义来规范行为，用音乐来调理性情，温和而又慈祥，称他叫君子。依照法规确定职分，遵从名分确立标准，反复比较求得验证，凭借查考作出决策，就像点数一二三四一样历历分别，各种官吏都以此相互就位；把各种职业固定下来，把农桑事务摆上重要位置，注意繁衍生息和蓄积储藏，老弱孤寡经心照料，全都有所安养，这又是安定民心、治理百姓的规律。

古代圣哲的人实在是完备啊！他们配合灵妙之理、圣明之智，效法天地的自然规律，哺育万物，使天下均衡和谐，把恩泽施及百姓，通晓根本的典规，又能贯穿细枝末节的法度，六合通达四时顺畅，无论大小精粗的各种事物，其运动变化真是无所不在。那明明白白地存在为数理和制度的，旧有的法规和世代相传的史记里还是多有记载，那些存在于《诗》《书》《礼》《乐》中的，邹地和鲁国的学者以及身着儒服的士绅先生们，大多能够明了其中的道理。《诗》用来表达思想感情，《书》用来记述政事，《礼》用来表述行为规范，《乐》用来传递和谐的音律，《易》用来阐明阴阳变化的奥秘，《春秋》用来讲述名分的尊卑与序列。其中的看法和主张散布天下并施行于中原各国，各家的学说时时有人称述和介绍。

天下大乱之时，贤圣的学术主张不能彰显于世，道德的标准也不能求得划一，天下人大多凭借一孔之见就自以为是炫耀于人。譬如眼、耳、口、鼻，各有各的官能和作用，不可能相互交替通用。又好像各种各样的技艺，各有各的长处，适用时就能派上用处。虽然如此，不能赅全周遍，只能是一些偏执于一端的人。他们分割了天地淳和

之美，离析了万物相通之理，肢解了古人的道术，很少能够真正合于纯真的自然之美，匹配灵妙和睿智的容状。所以内圣、外王的主张，晦暗不明，阻滞不通，天下人多各自追求其所好并把偏执的看法当作完美的方术。可悲啊！诸家学派越走越远不能返归正道，必然不能合于古人的道术！后代的学者，实在是不幸不能见到自然纯真之美和古人道术的全貌，道术也就势必受到诸家学派的分割与破坏。

［原文］

不侈于后世，不靡于万物[1]，不晖于数度[2]，以绳墨自矫而备世之急[3]；古之道术有在于是者。墨翟、禽滑厘(lí)闻其风而说之[4]。为之大过，已之大循。作为《非乐》，命之曰《节用》；生不歌，死无服[5]。墨子泛爱兼利而非斗[6]，其道不怒；又好学而博，不异，不与先王同，毁古之礼乐。

黄帝有《咸池》[7]，尧有《大章》，舜有《大韶》，禹有《大夏》，汤有《大濩(huò)》，文王有《辟雍》之乐，武王、周公作《武》。古之丧礼，贵贱有仪[8]，上下有等，天子棺椁(guǒ)[9]七重[10]，诸侯五重，大夫三重，士再重。今墨子独生不歌，死不服，桐棺三寸而无椁[11]，以为法式[12]。以此教人，恐不爱人；以此自行，固不爱己。未败墨子道，虽然，歌而非歌，哭而非哭，乐而非乐，是果类乎[13]？其生也勤，其死也薄[14]，其道大觳(què)[15]；使人忧，使人悲，其行难为也[16]，恐其不可以为圣人之道，反天下之心，天下不堪。墨子虽独能任[17]，奈天下何！离于天下，

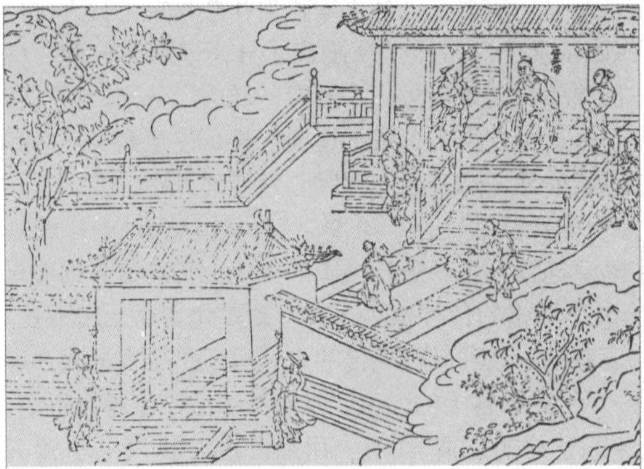

焚裘示俭

“非乐”“节用”的节俭主张是墨家思想的一个重要组成部分，虽然不为道家所支持，但还是对后世产生了重要影响。据说晋武帝司马炎在位时就力倡节俭。当时有一个叫司马程据的太医向武帝敬献了一件用野鸡头顶的毛编织的裘毛衣服，司马炎见这件衣服太过华丽，唯恐助长奢靡之风，当即让人焚烧于宫殿之前，以示节俭。

其去王也远矣。

墨子称道曰：“昔者禹之湮洪水，决江河而通四夷九州也[18]，名川三百，支川三千，小者无数。禹亲自操橐(tuó)耜(sì)而九杂天下之川[19]；腓无胈(bá)[20]，胫无毛[21]，沐甚雨[22]，栉(zhì)疾风[23]，置万国。禹大圣也，而形劳天下也如此[24]。”使后世之墨者，多以裘褐为衣[25]，以跂(juē)跻为服[26]，日夜不休，以自苦为极[27]，曰：“不能如此；非禹之道也，不足谓墨。”

相里勤之弟子[28]，五侯之徒[29]，南方之墨者苦获、已齿[30]、邓陵子之属，俱诵《墨经》，而倍谲(jué)不同[31]，相谓别墨[32]；以坚白、同异之辩相訾[33]，以觭(jī)偶不仵(wǔ)之辞相应[34]；以巨子为圣人[35]，皆愿为之尸[36]，冀得为其后世，至今不决。

墨翟、禽滑釐之意则是，其行则非也。将使后世之墨者，必自苦以腓无、胫无毛，相进而已矣[37]。乱之上也，治之下也。虽然，墨子真天下之好也，将求之不得也[38]，虽枯槁不舍也。才士也夫[39]！

［注释］

①靡：浪费。②晖：炫耀。③绳墨：规矩。矫：勉励。④禽滑厘：墨子的弟子，初学于子夏，后学于墨子。说：通“悦”。以上说明墨家学派从哪些方面体现了古代的道术。这是对墨家的肯定。⑤无服：不穿丧服。⑥泛爱：广泛地爱一切人。兼利：使大家都得到利益。非斗：非攻，反对攻伐。⑦《咸池》：古乐名。下文《大章》《大韶》《大夏》《大濩》《辟雍》《武》，都是古乐名。⑧仪：仪式。⑨椁，外棺。⑩重：层。⑪桐棺：桐木做的棺。三寸：指桐棺厚度。⑫法式：榜样。⑬果类乎：果真合于人情吗？⑭薄：指丧礼简单化。⑮大：通“太”。觳：薄，苛刻。⑯难为：难以办到。⑰独能任：自个儿可以做到。⑱通：达，交通。四夷：四方的少数民族地区。⑲橐：盛土器。耜：锹、锄。九杂：汇合。⑳腓：小腿后面突出的筋肉，俗称腿肚子。㉑胫：从脚后跟到膝的部分。㉒沐：沐浴，指被淋。甚雨：暴雨。㉓栉：梳头发。疾风：猛风。㉔形劳天下：为天下而使身体劳苦。㉕裘褐：粗衣。㉖跂：通“屐”，木屐。跻：草鞋。㉗极：准则。㉘相里勤：姓相里，名勤，南方墨派的首领。㉙五侯：人名。五，同“伍”。当是较出名的墨家子弟。㉚苦获、已齿：人名。二人都是南方墨家重要人物。㉛倍谲：分歧。㉜别墨：非正统的墨家。㉝訾：诋毁。㉞觭：通“奇”，单。偶：双。觭与偶，是相对的两个数目，这里取其

相反之义。作：通“伍”，合。㉟巨子：墨派团体的首领。㊱为之尸：作为其首领。尸，主，首领。㊲相进：相尚，相竞。㊳求之：求爱天下。㊴才士：有才能的人。

[译文]

让后世不奢侈，使万物不浪费，不使各种等级差别突出显明，而且用各种严厉的规矩约束自己以适应社会的急需。古时的道术确实包含上述方面的内容，墨翟、禽滑厘之流听闻这样的遗风并且热衷于这方面的活动。不过他们所主张和推行的又过于激烈，他们所反对、所节止的又过于苛严。他们倡导“非乐”，要求人们“节用”，生前不唱歌，死时不厚葬。墨家主张“泛爱”“兼利”和“非斗”，他们的学说是非暴力的，而且墨家又好学博览，不随意标新立异，也不与前代帝王苟同，古代的乐章黄帝时有《咸池》，唐尧时有《大章》，虞舜时有《大韶》，夏禹时有《大夏》，商汤时有《大濩》，此外周文王时有《辟雍》之乐，武王和周公还作过《武》乐。古代的丧礼，贵贱有严格的规矩，上下有不同的等别，天子的内棺和外椁共有七层，诸侯是五层，大夫是三层，士是两层。如今墨家却独自主张生前不唱歌，死时不厚葬，桐木棺材厚三寸而且不用外棺，并把这些作为法度和定规。用这样的主张来教育人，恐怕不是真正的爱护人；用这样的要求来约束自己，当然不是对自己真正的爱惜。这样的评论并非有意要诋毁墨家的学说，虽然如此，不过情感表达需要歌唱却一味反对唱歌，情感表达需要哭泣却一味反对哭泣，情感表达需要欢乐却一味反对欢乐，这样做果真跟人的真情实感相吻合吗？他们主张人活在世上要勤劳，死的时候要淡薄，墨家的学说太苛刻了；使人忧虑，使人悲悯，而做起来也难以办到，恐怕不能够算是圣人之道，违反了天下人的心愿，天下之人也就不能忍受。墨子即使能够独自实行，又能拿天下人怎么样？背离了天下人的心愿，距离天下百姓一心归往的境界也就很远很远了。

墨子称赞说：“从前大禹治水时堵塞洪道，疏通长江黄河并使四夷九州沟通起来，整治的大河三百条，分支河道三千条，水渠溪流不可计数。大禹亲自抬筐挥铲，终于汇聚地面的水而使它归入大江河。劳苦奔波累得腿肚子消瘦，小腿上无毛，淋着暴雨，冒着狂风，安顿下万家城邑。禹是大圣，仍亲自为天下事务如此操劳。”因此，要让后世的墨家，多用羊皮、粗布做衣服，用木鞋、草鞋作服饰，日夜不停地操劳，把自身清苦看作是行为准则。并且还说：“不这样做，就不符合夏禹的主张，也就不配称作墨家。”

后世墨家学人相里勤和他的弟子五侯之流，南方的墨家苦获与己齿，还有邓陵子一类的人，都口诵《墨经》，却违背了墨家的宗旨，相互指责对方不是正统的墨家。他们用“坚白”“同异”等话题彼此争辩相互诋毁，用奇数偶数不会一致的言辞相互应答，把一时推举出来的首领看作是圣人，全都乐意敬重他为领袖，希望能成为墨家学派的后继人，而且至今各派之间仍争论不休。

墨翟和禽滑厘他们的意愿应当说是好的，但他们的作法却不可取。这将使后世的墨家学人，必定是励行劳苦，争先恐后地弄得腿肚子消瘦、小腿上无毛罢了。墨家的学说算得上是乱世的良方，却又只能是治世的下策。即使这样，墨子还是真正热爱天下的人民，一心追求的目标不能实现，就是弄得形容枯槁面颜憔悴也不会放弃自己的主张，真可算是有才之士啊！

［原文］

不累于俗，不饰于物，不苟于人，不忮于众[1]，愿天下之安宁以活民命，人我之养毕足而止[2]，以此白心[3]，古之道术有在于是者。宋钘(jiān)、尹文闻其风而悦之[4]。作为华山之冠以自表[5]，接万物以别宥(yòu)为始[6]；语心之容，命之曰心之行[7]，以聏(ér)合欢[8]，以调海内，请欲置之以为主[9]。见侮不辱，救民之斗，禁攻寝兵，救世之战。以此周行天下，上说下教[10]，虽天下不取，强聒(guō)而不舍者也[11]，故曰上下见厌而强见也[12]。

虽然，其为人太多，其自为太少，曰："请欲固置五升之饭足矣[13]。"先生恐不得饱，弟子虽饥，不忘天下。日夜不休，曰："我必得活哉！"图傲乎救世之士哉[14]！曰："君子不为苛察[15]，不以身假物。"以为无益于天下者，明之不如已也。以禁攻寝兵为外，以情欲寡浅为内，其小大精粗，其行适至是而止。

伍子胥一战入郢

宋尹学派主张"见侮不辱，救民之斗，禁攻寝兵，救世之战"，主张禁绝攻伐，停止战争。但事实上，春秋战国时期是我国历史上战争频繁之时。图为《楚昭公》剧本中伍子胥一战入郢。

［注释］

①忮：违逆。②毕足：满足。③白心：表白心愿。④宋钘：宋荣子。尹文：姓尹，名文，齐人。⑤华山之冠：以华山作为冠名。⑥别宥：去囿，去除偏见。宥，通"囿"，局限。⑦心之行：心理活动。⑧聏：柔和，亲昵。⑨主：主宰，主导思想。⑩上：指对君主。下：指对百姓。⑪强聒而不舍：说个不停。聒，喧扰，嘈杂。⑫见厌：被人讨厌。强见：硬是表现、宣扬。⑬固：借为姑。⑭图傲：高大的样子。⑮苛察：对人对事苛求挑剔。

［译文］

不受流俗所牵累，不因外物而矫饰，不对人提出苛严的要求，不背违众人的心情，但愿天下太平无事人人都能糊口养生，自己和他人生存条件能够得到保证也就心满意足，并且以此来剖白自己的心迹。古时候的道术确实包含上述方面的内容。宋钘、尹文听闻这方面的遗风并且热衷于这方面的活动。他们戴着特制的华山之形的帽子来表白上下均平的信念，应接外物总是先清除掉各式各样的界说和成见；他们竭力讨论人的思想活动，取个名字叫作内心的行为。他们用和顺柔韧的态度迎合人们的欢心，并调谐整个天下，而把抑制个人的情感和欲念看作主旨。他们受到侮辱却不以为是耻辱，一心解救人们之间的争斗；他们主张禁绝攻伐停止暴力行动，一心想平息世上的各类战争。用这样的学说周游天下，对上劝谏诸侯对下教导百姓，即使天下人都不采纳，他们也絮絮不休地说个没完。所以说，上上下下都受人嫌弃却仍然不遗余力地反复陈述。

即使这样，他们还是为别人考虑很多很多，为自己考虑很少很少。他们常说："只希望准备五升米的饭食就完全足够了！"他们中的师长恐怕都不能吃饱，弟子们就是忍饥挨饿，也不忘怀天下的事务。他们无日无夜地为世人奔波，说："我们大家都得生存下去啊！"那高大的样子确实是救世的人啊！他们还说："君子不事事计较而苛求于人，也不会让自身为外物所役使。"他们认为对天下无益的事，与其竭力申辩倒不如停止不干。他们把禁绝攻伐平息暴力行动看作是主要的社会活动，把抑制个人的情感和欲念看作是对自身的主要要求，无论哪一个方面，他们的所作所为只不过达到这样的境界而已。

［原文］

公而不党[1]，易而无私，决然无主[2]，趣物而不两，不顾于虑，不谋于知，于物无择，与之俱往，古之道术有在于是者。彭蒙、田骈(pián)、慎到闻其风而悦之[3]。齐万物以为首，曰："天能覆之而不能载之，地能载之而不能覆之，大道能包之而不能辩之。"知万物皆有所可，有所不可，故曰："选则不遍，教则不至，道则无遗者矣。"

是故慎到弃知去己[4]，而缘不得已，泠(líng)汰于物[5]，以为道理，曰："知不知[6]，将薄知而后邻伤之者也[7]。"谿髁(xǐ kē)无任[8]，而笑天下之尚贤也；纵脱无行[9]，而非天下之大圣。椎拍輐(wàn)断[10]，与物宛转，舍是与非，苟可以免。不师知虑，不知前后，魏然而已矣[11]。推而后行，曳而后往，若飘风之还，若落羽之旋，若磨石之隧[12]，全而无非[13]，动静无过，未尝有罪。是何故？夫无知之物，无建己之患[14]；无用知之

累，动静不离于理[15]，是以终身无誉。故曰：“至于若无知之物而已，无用贤圣，夫块不失道。”豪杰相与笑之曰：“慎到之道，非生人之行而至死人之理，适得怪焉。”

田骈亦然，学于彭蒙，得不教焉[16]。彭蒙之师曰：“古之道人，至于莫之是、莫之非而已矣。其风窢(xù)然[17]，恶可而言？”常反人，不见观，而不免于魭(wǎn)断。其所谓道非道，而所言之韪(wěi)不免于非[18]。彭蒙、田骈、慎到不知道[19]。虽然，概乎皆尝有闻者也。

［注释］

①党：偏。②决：去私意而无所偏。③彭蒙：姓彭，名蒙，齐国的隐士。田骈：陈骈，齐国人。慎到：赵国人。④去己：抛开己见。⑤泠汰：听从，放任。⑥知不知：知则不知，知就是无知。⑦薄知：鄙薄知识。邻伤：毁伤。邻，借为磷。⑧謑髁：不正直的样子。无任：无能。⑨纵脱：放任不羁。无行：不修德行。⑩椎、輐：敲打用的刑具。⑪魏然：独立的样子。⑫隧：回，转。⑬全：完美。无非：没有不对的。⑭建己：标榜自己。⑮不离于理：合理。⑯得不教：不言之教。⑰窢：风迅速吹过的声音。⑱韪：是。⑲不知道：不真正懂得天道。

［译文］

公正而不结党，平易而不偏私，断然依理不存主见，随物趋进一视同仁；不瞻前顾后，不谋求智巧，对于外物无所选择，随顺自然与物一同变化。古时候的道术确实包含上述方面的内容，彭蒙、田骈、慎到听闻这方面的遗风并且热衷于这方面的活动。他们把平等地对待外在事物放在首要地位，说：“苍天能够覆盖万物却不能托载万物，大地能够托载万物却不能覆盖万物，大道能够包容万物却不能区别万物。”他们懂得万物都有它们可以认可的一面，万物也有它们不可以认可的一面，所以说：“有所挑选就必然不会周遍，有教育就会出现教育不到的方面，一视同仁的规范与齐同划一的尺度才能没有遗漏。”

因此慎到弃置智巧，去除自我而顺应事物的必然，把听任外物的变化规律作为疏导一切事物的方术。他说：“明知不可知，却不能顺应而急迫地力求知道，势必再次使自己受到伤害。”自身怠惰不正无以为能却讥笑他人崇尚贤能，自身纵放不羁无有德行却讥笑他人尊重圣哲。或是击拍或是削截，只求随物婉曲变化，舍弃心中是非之见，希求能够免于各种牵累。不用智巧与谋虑，不究前因与后果，巍然自立而已。推一推然后行进，拽一拽然后前往，像旋风一样回旋，像飞羽一样飘忽，像磨石一样转圈，保全自己不受责难，动静合宜全无过失，不曾有过祸殃。这是为什么呢？大凡没有感知的物类，就不会有建树个人的忧患，就不会留下使用心计的牵累，或动或静不背离客观事理，因此终身无所谓荣誉。所以说：“达到像没有感知的东西那样罢了，无须贤人圣人，

譬如土块就不会失去规范。”那些才华出众的人常在一起讥笑说：“慎到的学说，不是活人所能实行，而是死人的道理，理所当然地被人们看作是怪异的主张。”

田骈也是这样，向彭蒙学习，受到会心的传授。彭蒙的老师说：“古时候得道的人，达到了什么也不肯定又什么也不否定的境界而已。犹如迅急而过的风声不留一点踪迹，怎么可以加以言说？”他们总是背违人们的意愿，不能引起人们的关注，因而始终不能免于随物变化，他们所说的齐同划一的规范并不是真正的道，因而所说的正确也终不免于谬误。彭蒙、田骈与慎到均不真正懂得道。虽然如此，他们恐怕还是都听说过有关大道的概略。

［原文］

以本为精①，以物为粗，以有积为不足，澹然独与神明居②，古之道术有在于是者。关尹、老聃闻其风而悦之。建之以常无有，主之以太一③，以濡弱谦下为表④，以空虚不毁万物为实。关尹曰：“在己无居⑤，形物自著。其动若水⑥，其静若镜，其应若响。芴（hū）乎若亡⑦，寂乎若清。同焉者和，得焉者失。未尝先人而常随人。”

老聃曰：“知其雄、守其雌，为天下谿（xī）；知其白⑧，守其辱，为天下谷。”人皆取先，己独取后⑨，曰受天下之垢；人皆取实，己独取虚，无藏也故有余，岿然而有余。其行身也⑩，徐而不费⑪，无为也而笑巧⑫；人皆求福，己独曲全⑬，曰苟免于咎。以深为根，以约为纪，曰：“坚则毁矣，锐则挫矣。”常宽容于物，不削于人⑭，可谓至极。

关尹、老聃乎！古之博大真人哉！

［注释］

①本：道。②澹然：无心的样子。神明：道的作用。③太一：指绝对唯一的道。④濡弱：软弱。⑤在己无居：自己不存私意。⑥其：指关尹。若水：如流水一样清澈自然。⑦芴乎若亡：恍惚若无。芴，通“惚”。⑧白：清白，与辱对举，可引申为光彩。⑨取后：自甘落后。⑩行身：立身行事。⑪徐：舒缓，从容不迫的样子。费：损。⑫笑巧：笑人之巧。巧，智巧。⑬曲全：委曲求全。⑭削：侵削。

［译文］

把主宰万物的道视为精髓，把各具外形的物类视为粗杂，认为有所积蓄反生不易满足的贪欲，心境恬淡闲适只跟神明为伍。古时候的道术确实包含上述方面的内容，关尹、老聃听闻这方面的遗风并且热衷于这方面的活动。他们树立起“常无”“常有”的观点，并把“太一”视为他们学说的核心，而且还以柔弱谦下的态度为外表，以空虚宁寂、不毁弃万物的心境为内质。关尹说：“内心世界不存己见，外在有形之物便各各自然显露。有所动作像流水一样因势随顺，静止下来犹如明镜显迹无所敛藏，感应外物则像回声那样自然应答。恍恍惚惚仿佛什么也不存在，沉寂宁静如同虚空湛清。混同于万物必能谐和顺达，驰逐外物而有所得内心也就必有所失，从不曾抢在人先，而是常随人后。”

老聃说：“认识事物刚强的一面，却持守事物柔弱的一面，愿做天下可以汇聚潺潺细流的小溪；知道事物显著明亮的一面，却持守事物污浊晦暗的一面，愿做天下可以容受他物的虚空的山谷。”人人都争先恐后，自己却偏偏留在后边，说是承受天下的污辱。人人都求取实惠，自己却偏偏持守虚空，无心积蓄因而处处显得有余；是那么高大、充实而有余。他们立身行事，从容闲适而不耗费精神，无所作为而又耻笑智巧。人人都在追求福禄，自己却偏偏委曲求全，说是只求避免灾祸。以怀藏深邃奥妙的道为根本，以节约俭省的生活态度为大要，说是坚硬的容易毁坏，锐利的容易折损。对物常常宽容，对人无所削夺，就可算是最高的思想境界了。

关尹和老聃，真是自古以来最为博大的真人啊！

［原文］

芴漠无形①，变化无常，死与生与，天地并与，神明往与！芒乎何之②，忽乎何适，万物毕罗，莫足以归，古之道术有在于是者。庄周闻其风而悦之。以谬悠之说③，荒唐之言④，无端崖之辞⑤，时恣纵而不傥⑥，不以觭（jī）见之也⑦。以天下为沉浊，不可与庄语⑧，以卮言为曼衍，以重言为真，以寓言为广。独与天地精神往来而不敖倪于万物⑨，不谴是非，以与世俗处。其书虽瑰玮而连犿（fān）无伤也⑩。其辞虽参差而諔（chù）诡可观⑪。彼其充实不可以已，上与造物者游，而下与外死生无终始者为友⑫。其于本也，弘大而辟，深闳（hóng）而肆⑬，其于宗也，可谓稠适而上遂矣⑭。虽然，其应于化而解于物也⑮，其理不竭，其来不蜕⑯，芒乎昧乎⑰，未之尽者。

［注释］

①芴漠：恍惚茫昧。芴，通“惚”。②芒：通“茫”。之：往。③谬悠：虚远。④荒唐：广大不可测度。⑤无端崖：不着边际。⑥恣纵：放纵。傥：傥荡，随意无拘束的样子。⑦觭：角一俯一仰，犹今说倾向。⑧庄语：庄重的言论。⑨敖倪：轻

视。敖，通“傲”。⑩瑰玮：奇特。连犿：随和。无伤：对人不会有伤害，对自身也不会有伤害。⑪諔诡：奇异。⑫无终始：不分首尾。⑬深闳：深广。肆：放纵，形容广阔无限制。⑭稠适：调和，妥帖。稠，通“调”。上遂：上合乎天道。遂，达。⑮应：反应。化：指事物的变化。解：分析。⑯不蜕：不离于道。⑰芒：通“茫”。

[译文]

虚空宁寂没有形迹，变化万千没有定规，无所谓死无所谓生啊，跟天地共存啊，跟神明交往啊！恍恍惚惚往什么地方而去，又惚惚恍恍从什么地方而来，万物全都囊括于内，却没有什么去处足以作为最后的归宿。古时候的道术确实包含上述方面的内容，庄周听闻这方面的内容并且热衷于这方面的活动。他用虚空悠远的话语，扩大夸张的谈论，没有边际的言辞，时时纵任发挥却不偏执拘滞，从不靠标榜异端来显示自己的观点。他认为天下人沉湎于物欲而不知觉醒，不能够跟他们端庄不苟地讨论问题，因而用随顺无心的言辞不受拘束地随意铺陈，用先辈圣哲的话语让人信以为真，用婉曲的寄寓的文辞来拓展自己的胸臆。他独自跟博大的天地和玄妙的精神来往却又不傲视于万物，不追问是非曲折，而是与世俗相处。他的著述虽然雄奇伟异却宛转连缀不失宏旨，他的言词虽然变化不定却妙趣横生引人入胜。他内心充实因而行文不能自己，上与天地结伴而游，下跟弃置死生，不知终始的得道之人交为朋友。他对于道的阐释，宏大而又通达，深远而又纵放；他对于道的探讨，可以说是谐和适宜而且达到了最高的境界。即使如此，在顺应事物的变化和分解事物的实情方面，他所阐述的道理是那么无穷无尽，他所建立的学说宗于本源脉络清楚，多么窈冥深邃啊，不可能完全洞悉其中的奥妙。

[原文]

惠施多方①，其书五车，其道舛(chuǎn)驳②，其言也不中③。历物之意④，曰：“至大无外⑤，谓之大一；至小无内⑥，谓之小一。无厚，不可积也，其大千里。天与地卑，山与泽平。日方中方睨(nì)⑦，物方生方死。大同而与小同异，此之谓小同异；万物毕同毕异，此之谓大同异。南方无穷而有穷，今日适越而昔来。连环可解也。我知天下之中央，燕之北，越之南是也。泛爱万物，天地一体也。”

[注释]

①多方：多方术，指惠施的学术广博多方面。②舛驳：驳杂不纯。③不中：不当。④历：分析叙述。⑤无外：无限大。⑥无内：无限小。⑦睨：倾斜。

[译文]

惠施懂得许多方面的学问，他的著述多达五车，但他的学说却乖背杂乱，他的言谈也多偏颇不当。他观察分析事物的要理，说：“大到极点的东西已无外围可言，称之为‘大一’；小到极点的东西已无所包容，称之为‘小一’。没有厚度的平面，不可能累积而成体积，但却可以无限扩展以至很远很远。从整个宇宙的角度看天与地都是低的，山峰与湖泽都是平的。太阳刚刚正中就同时开始偏斜，各种物类刚刚产生就同时意味着走向死亡。万物有类别的共同点和种属的共同点的差异，这叫作‘小同异’；万物有完全相同的共性和个别事物完全不同的特点的差异，这叫作‘大同异’。南方可以是无穷尽的但南方也可能是有尽头的，今天到越国去又可以说成是昨天来到了越国。连环是可以解开的。我知道天下的中心部位，可以说是在燕国的北边也可说是在越国的南方。广泛地爱护各种物类，因为天地间本来就是没有区别的整体。”

［原文］

惠施以此为大，观于天下而晓辩者[1]，天下之辩者相与乐之[2]。卵有毛[3]；鸡三足[4]；郢(yǐng)有天下[5]；犬可以为羊；马有卵；丁子有尾[6]；火不热；山出口；轮不蹍(niǎn)地[7]；目不见；指不至，至不绝；龟长于蛇[8]；矩不方，规不可以为圆；凿不围枘(ruì)[9]；飞鸟之景未尝动也；镞矢之疾而有不行不止之时[10]；狗非犬；黄马骊牛三；白狗黑[11]；孤驹未尝有母；一尺之捶[12]，日取其半，万世不竭。辩者以此与惠施相应[13]，终身无穷。

桓团、公孙龙辩者之徒[14]，饰人之心[15]，易人之意[16]，能胜人之口，不能服人之心，辩者之囿也。惠施日以其知与人之辩，特与天下之辩者为怪[17]，此其柢也[18]。

然惠施之口谈[19]，自以为最贤，曰：“天地其壮乎！”施存雄而无术。南方有倚人焉曰黄缭[20]，问天地所以不坠不陷，风雨雷霆之故[21]。惠施不辞而应，不虑而对，遍为万物说，说而不休，多而无已，犹以为寡，益之以怪。以反人为实，而欲以胜人为名，是以与众不适也。弱于德，陈于物，其涂隩(yù)矣。由天地之道观惠施之能，其犹一蚊一虻之劳者也。其于物也何庸！夫充一尚可，曰愈贵道，几矣！惠施不能以此自宁，散于万物而不厌，卒以善辩为名。惜乎！惠施之才，骀(dài)荡而不得，逐万物而不反，是穷响以声，形与影竞走也。悲夫！

[注释]

①观：显示，炫耀。晓：启发，引导。②乐之：乐意和他论辩。③卵有毛：卵含有成为羽毛动物的可能性。④鸡三足：鸡足之实为二，鸡足之名（概念）为一，合名与实为三。⑤郢：楚国都城，在今湖北江陵。⑥丁子：虾蟆，楚人叫作丁子。虾蟆的幼虫为蝌蚪，蝌蚪有尾。⑦轮不蹍地：车轮转动时，只有其中一点在一刹那与地面接触，故说不蹍地。⑧龟长于蛇：龟有大小，蛇有长短，大龟可以长过短小的蛇。⑨凿：安榫的凿孔，今叫卯眼。枘：榫头。凿孔是套榫头的，但认真说来，凿孔与榫头还是有空隙的，不能围得完全紧贴，故说“不围”。⑩镞矢：箭头。⑪白狗黑：白狗身上有黑，如眼珠。根据毛白可叫白狗，根据眼黑亦可叫黑狗。⑫棰：杖。⑬相应：相对答。⑭桓团：人名，姓桓，名团，赵国辩士。⑮饰：蒙蔽。⑯易：改变。⑰特：专门。为怪：造出各种奇谈怪论。⑱柢：大略。㉙口谈：口才。⑳倚：畸，怪癖。黄缭：人名，姓黄，名缭，楚国辩士。㉑故：指产生的缘故。

[译文]

惠施认为上述看法是最为博大的了，游观天下并晓谕各处善辩的人，天下一切喜好争辩的人无不相互津津乐道：卵里面可以说是存在着毛；鸡的脚可以数出三只；郢都内就存在着天下；狗也可命名为羊，马能够说是卵生的；虾蟆可以说是长有尾巴；火本身并没有热感；山中的回音证明大山也生出了口；车轮永远不会着地；眼睛也可说缺乏看视的能力；指认外物永远达不到事物的实际，即使达到实际也会无穷无尽；乌龟可能比蛇还长；角尺不能画出方形，圆规也不能用来画圆；榫眼与榫头不会完全地吻合；飞鸟的身影也可说不曾有过移动；飞逝而去的箭头有停留、也有不曾停歇的时刻；小狗可以不是狗；黄马、黑牛的称谓可以数落出三个；白狗也可以叫它黑狗；称作孤驹应该说它不曾有过母亲；一尺长的棍棒，每天截取一半，一万年也分截不完。喜好争辩的人们用上述命题跟惠施相互辩论，一辈子没完没了。

桓团、公孙龙等善辩之流，蒙蔽人们的思想，改变人们的心意，能够堵住别人的嘴，却不能折服人心，这就是辩者的局限。惠施每天用其心智跟人辩论，独自跟天下的辩者制造出这么多奇谈怪论，而上述就是他们论争的大体情况。

不过惠施的口总是说个没完，自以为最有才气，说：“天地伟大啊！”他实在是心存压倒他人的雄心而又不真正懂得道术。南方有个奇异的人名叫黄缭，向他询问天为什么不会坠落、地为什么不会塌陷，询问风雨雷霆形成的原因。惠施一点也不谦逊立即回应，不加思索地就作出答复，广泛阐述事物的规律与原理，说起来絮絮不绝，话多而无休止，还认为说得太少，把许多奇异的东西也添加进去。他处处违反人的实情，却一心求取超人的名声，因此他总是跟众人不合适宜。他内心修养十分薄弱，而追逐外物的欲念却又十分强烈，他所走的道路真是弯曲狭窄的哩。用阴阳交构化育万物的道术来考察惠施的能耐，不过就像是一只蚊虻在徒劳地嗡嗡作响。他的言论对于万物有什么用处！不过充分了解事理的某一部分还是可以说十分突出的，如果能够尊崇于道也就接近于道术了！惠施不能够在这方面安下心来认真下点功夫，离散心神于外界事物又从不知道倦怠，最终只不过得到善辩的美称。可惜啊！惠施的才气，放荡不羁而无所获，驰逐于外物而不知返归本真，这就像用声音来遏止回声，又像是为了使身形摆脱影子而拼命地奔跑，实在是可悲啊！

图书在版编目(CIP)数据

图解庄子 / 庄子著,崇贤书院释译. —合肥:黄山书社,2015.11

(经典传家系列丛书)

ISBN 978-7-5461-5302-5

Ⅰ.①图… Ⅱ.①庄… ②崇… Ⅲ.①道家②《庄子》-通俗读物 Ⅳ.①B223.5-49

中国版本图书馆 CIP 数据核字(2015)第 286344 号

总 策 划　李　克
选题策划　汤吟菲　白剑峰
编辑统筹　刘　春
责任编辑　程　景
装帧设计　未　氓
责任印制　戚　帅
出版发行　时代出版传媒股份有限公司(http://www.press-mart.com)
　　　　　黄山书社(http://www.hspress.cn)
地址邮编　合肥市政务文化新区翡翠路 1118 号出版传媒广场 7 层　230071
印　　刷　安徽联众印刷有限公司
版　　次　2016 年 3 月第 1 版
印　　次　2018 年 4 月第 3 次印刷
开　　本　700mm×1000mm　1/16
字　　数　400 千
印　　张　26
书　　号　ISBN 978-7-5461-5302-5
定　　价　29.00 元

服务热线　0551-63533706

销售热线　0551-63533761

官方直营书店(http://hsssbook.taobao.com)